Les Séries télé

POUR LES NULS

Les Séries télé

POUR LES NULS

Marjolaine Boutet

FIRST Editions

Les Séries télé pour les Nuls

ISBN : 978-2-7540-0912-6
Dépôt légal : 4e trimestre 2009

Édition : Marie-Anne Jost-Kotik
Correction : Correctif
Illustrations : Marc Chalvin
Mise en page et couverture : ReskatoR
Production : Emmanuelle Clément

Imprimé en France par CPI-Hérissey à Évreux

Éditions First
60, rue Mazarine
75006 Paris – France
Tél. : 01 45 49 60 00
Fax : 01 45 49 60 01
E-mail : firstinfo@efirst.com
Inernet : www.editionsfirst.fr

À propos de l'auteur

Marjolaine Boutet est agrégée et docteur en histoire. Spécialiste des séries télévisées américaines, elle y a consacré son DEA (« Une autre histoire de la guerre du Vietnam : la réhabilitation des anciens combattants de la guerre du Vietnam dans les séries télévisées des années 1980 »), puis un certain nombre d'articles universitaires, avant d'écrire dans *Le Meilleur des séries* de Martin Winckler (Hors Collection, 2007) et de codiriger avec lui *L'Année des séries 2008* (Hors Collection, 2008).

Elle enseigne actuellement à l'université de Picardie-Jules Verne (Amiens) et à l'université de Paris-Sorbonne (Paris IV). De 2006 à 2008, elle a enseigné également l'analyse critique des séries télévisées à Sciences-Po.

Pour lui écrire : marjolaine.boutet@gmail.com.

Remerciements

Merci !

À mes parents de m'avoir laissée regarder des « américanailles » pendant mon enfance et mon adolescence, et de m'avoir envoyée aux États-Unis aussi souvent que possible.

À Martin Winckler d'avoir rendu ce livre possible, et pour sa confiance en mes capacités à l'écrire.

À Marie-Anne Jost pour son aide, sa confiance et son soutien.

À la rédaction du magazine Génériques et à Guillaume Serres en particulier, pour leurs conseils et leur aide.

À Alexandre Letren et Dina Yousef pour leurs précieux conseils et indications.

À Aurélie, Carole, Caroline, Cécilia, Clélie, Élodie, Emmanuel, Fabien, Guillaume, Karim, Malek, Marie, Myrtille, Noëmi et Richard pour leur amitié, leur enthousiasme, leur patience et leur impatience.

À tous ceux avec qui, à un moment ou à un autre, j'ai parlé de séries.

Et… à vous, qui avez acheté ce livre !

Sommaire

Introduction

Les séries télévisées américaines sont aujourd'hui incontournables. Les chaînes de télévision française en diffusent des quantités, à raison de deux à trois épisodes par soirée, et la presse, la radio et le monde de l'édition s'interrogent sans fin sur ce « phénomène », sur les « raisons de cet engouement » ou encore ce « nouvel âge d'or ». Les ventes de séries en DVD explosent, les sites internet spécialisés se multiplient et les fictions télévisées européennes copient de plus en plus le « format » américain, quand elles n'adaptent pas directement leurs scénarios.

Mais la présence des séries télé américaines dans le paysage audiovisuel français est bien loin d'être une nouveauté, et un très grand nombre de ces séries font partie des souvenirs des Français. Dès les années 1960, les petits Français imitaient Steve McQueen dans *Au nom de la loi*, se passionnaient pour *Chapeau melon et bottes de cuir* ou *Mission : Impossible*, puis dans les années 1970 pour *Starsky et Hutch*. Les chaînes privées nées à la fin des années 1980 comme La Cinq et M6 remplissaient leurs grilles de programmes de quantité de séries américaines : *Madame est servie*, *Ma sorcière bien-aimée*, *Shérif, fais-moi peur*, etc. Dans les années 1990, les téléspectateurs français ont découvert des séries comme *Urgences*, *Friends*, *Beverly Hills*, mais aussi des fictions en VOST (version originale sous-titrée) sur le câble comme *Dream On*, *Oz*, etc.

Les séries américaines à la télévision française ne sont donc pas une nouveauté. Ce qui est nouveau aujourd'hui, c'est que de « programmes de remplissage » des grilles, diffusés l'après-midi ou tard dans la soirée, elles sont devenues des succès d'audimat garantis, occupant de plus en plus de soirées sur les chaînes hertziennes.

À propos de ce livre

Il existe beaucoup de livres sur les séries, mais il n'existait pas, jusqu'ici, de livres expliquant ce que sont les séries télévisées, dans quel contexte elles ont commencé, par qui et comment elles sont faites, pourquoi elles peuvent aussi bien durer des années que disparaître au bout de quelques épisodes, etc. L'objectif de cet ouvrage est de rendre la mémoire aux téléspectateurs français, car les séries télé ne sont pas nées d'hier et qu'il existe d'autres « grandes séries » que *Les Soprano*, mais aussi d'expliquer comment fonctionnent les séries télévisées, comment elles sont construites, ce qu'elles racontent, et d'offrir à la fois un panorama vaste des différents types de série et une perspective historique sur ces « produits culturels ».

En effet, à vrai dire, si tout le monde a vu et verra des séries télévisées, qui sait les définir avec précision ? Ces programmes, diffusés dans le monde entier, sont-ils considérés de la même façon aux États-Unis, en France, en Grande-Bretagne ? Comment crée-t-on les séries ? Qui les écrit, qui les filme, qui y tient les premiers et les seconds rôles ? Qui les commande et qui les achète ? Que désignent exactement des termes comme « saison », « *cliffhanger* », « *crossover* », si souvent utilisés par les fans et par les spécialistes ? Quel est le point commun entre *Dallas* et *Twin Peaks* ? Y a-t-il des séries pour les gens qui « détestent les séries » ? De quoi cela parle-t-il ? Pourquoi telle ou telle série nous/leur plaît-elle autant ?

Et, surtout, comment y voir plus clair parmi toutes les séries qui sont aujourd'hui diffusées sur les chaînes et disponibles en DVD ? Quelles séries doit-on voir dans l'ordre ? Peut-on comprendre quelque chose à *Desperate Housewives* ou à *Lost* si l'on n'a pas vu les premières saisons ? Pourquoi préférer la VO à la VF ?

Toutes les questions que vous vous posez sur les séries, des plus simples au plus pointues, *Les Séries télé pour les Nuls* ont vocation d'y répondre. Afin de permettre à ses lecteurs, « nuls » en séries ou non, fans, amateurs ou sceptiques, de se repérer plus facilement dans ce genre, bien plus proche de la littérature, du théâtre et de la radio que du cinéma…

Les conventions utilisées dans ce livre

Tout au long de ce livre, les titres des séries seront indiqués en italique, le titre français étant suivi, **lors de la première mention de la série**, du titre original (s'il est différent du titre français), de la chaîne originale de diffusion et des années de diffusion entre parenthèses.

Par exemple : *FBI Portés disparus* (*Without a Trace*, CBS, 2002-2009) ou *Sex and the City* (HBO, 1998-2004)

Un **index** des séries citées (mentionnant les titres français et les titres originaux) figure page 341.

Les termes anglais du vocabulaire des séries seront également indiqués en italique : *season premiere*, *cliffhanger*, *showrunner*. Leur définition sera donnée au fil du texte et reprise dans le **glossaire**, page 327.

À qui s'adresse ce livre ?

Ce livre s'adresse aussi bien :

- aux débutants, qui ne connaissent les séries que par ce que leur hebdo télé en dit (pas toujours en bien) et ont envie d'en savoir plus ;
- à ceux qui hésitent devant la pléthore de coffrets DVD aujourd'hui disponibles ;
- aux parents qui s'inquiètent de ce que leurs enfants regardent... ;
- à tous ceux qui ne comprennent pas cet engouement ou trouvent les séries américaines stupides ;
- aux enseignants qui veulent comprendre ce que leurs élèves regardent et éventuellement leur faire adopter un regard plus distancié, plus critique et les aider à remettre en perspective ce qu'ils voient ;
- aux curieux de toute espèce ;
- aux « accros », qui en veulent toujours plus !
- et, bien sûr, aux amateurs de longue date, sans cesse en quête d'anecdotes ou de séries méconnues à découvrir.

Bref, à tout lecteur qui s'intéresse de près ou de loin aux fictions télévisées et qui aimerait en savoir plus.

Comment ce livre est organisé

Ce livre comporte six parties, dont voici l'objet :

Première partie : La grande et les petites histoires

Cette partie aborde l'histoire des séries depuis l'apparition de la télévision : leurs origines ancrées dans le théâtre et la radio, leurs débuts à la télévision américaine, leur conception, leur production et leur diffusion ; les enjeux économiques ; leur évolution au fil des décennies ; et elle retrace l'histoire des séries télévisées américaines, britanniques et françaises, en lien avec le développement de l'« industrie de la télévision » dans ces trois pays.

Deuxième partie : Amour, gloire et trahisons, les feuilletons télévisés

Le soap opera, mélodrame télévisé quotidien, est l'héritier des formes les plus anciennes de narration. Cette deuxième partie dit tout sur ce genre méconnu et méprisé qui a pourtant fini par laisser ses marques sur une grande partie de la production télévisée actuelle. Vous y découvrirez qu'il est né à la radio, qu'il s'intéresse beaucoup plus souvent aux riches qu'aux pauvres, qu'il peut durer plusieurs décennies et qu'il s'agit d'un genre mondial, puisqu'on en produit sur tous les continents, et vous découvrirez aussi les points communs entre *Amour, gloire et beauté* et *24 heures chrono*, entre *Dallas* et *Twin Peaks* !

Troisième partie : Rions un peu, les sitcoms et autres comédies

Quand on parle de comédie à la télévision, le mot « sitcom » vient immédiatement à l'esprit. Mais qu'est-ce qu'une sitcom ? Toutes les télécomédies américaines sont-elles des sitcoms ? *Quid* des séries comiques françaises et britanniques ? Les Français sont-ils vraiment incapables de faire de « bonnes sitcoms » ?

Cette quatrième partie vous dit tout sur la comédie télévisée, son histoire, son écriture, ses formes et ses thèmes (famille, lieu de travail, groupe d'amis ou couple d'amants), ainsi que la vérité sur les fameux « rires enregistrés », et insiste sur les points communs entre la sitcom et le théâtre de boulevard…

Quatrième partie : Drama queens, les séries dramatiques

Les séries dramatiques, qui sont les plus nombreuses, sont aussi les plus variées : policières ou judiciaires, historiques ou fantastiques, sombres ou légères, réalistes ou farfelues, elles abordent tous les sujets, et sous tous les angles. Cette troisième partie en décrit les principaux genres, retrace leur évolution et explique l'intérêt que l'on peut trouver dans telle ou telle série, ce que l'on peut y apprendre.

Cinquième partie : La partie Des Dix

Pour le lecteur pressé, l'essentiel des séries au travers de quatre repères :

- **les dix auteurs de séries télévisées à connaître :** toujours scénaristes, souvent *showrunners* (producteurs exécutifs) et parfois aussi réalisateurs, ce sont eux les maîtres d'œuvre des séries les plus importantes de l'histoire de la télévision. Parce qu'une série, ça *s'écrit*, d'abord et avant tout !
- **les dix acteurs à (re)connaître :** dix exemples de carrières et de personnalités qui ont marqué, marquent ou vont marquer l'histoire des séries télévisées.
- **les dix intégrales à posséder en DVD :** pour découvrir ou redécouvrir de grandes séries.
- **les dix séries à suivre en ce moment :** une liste (non exhaustive) des meilleures séries du moment.

Sixième partie : Annexes

Vous y trouverez :

- un glossaire des termes techniques des séries utilisés tout au long du livre ;
- une liste des programmes de prime time les plus regardés chaque année aux États-Unis ;
- une bibliographie ;
- et un index répertoriant les noms de toutes les séries citées dans cet ouvrage.

Les icônes utilisées dans ce livre

Des icônes sont placées dans la marge, tout au long du livre, pour vous permettre de vous repérer en un clin d'œil. Voyez plutôt…

En faisant appel à cette icône, l'auteur attire l'attention de ceux qui voudraient aller encore plus loin et creuser le sujet concerné, en leur indiquant une référence bibliographique, un film à voir ou une série à connaître absolument.

Information insolite, chiffres épatants, cette icône relève pour vous les éléments qui susciteront des « wouahh ! » d'étonnement.

Éléments techniques, définition ou jargon, précision utile pour la suite… cette icône signale des informations particulièrement importantes, à retenir donc au cours de votre lecture.

Parce que vous avez toujours rêvé d'entrer dans les coulisses des séries, de connaître détails croustillants et secrets de tournage ou autres informations privées, cette icône raconte les petites histoires et autres anecdotes qui vous raviront.

Enfin et parce que ce livre traite d'un sujet, les séries télé, qui a vu le jour de l'autre côté de l'Atlantique et s'est développé simultanément aux États-Unis et en Grande-Bretagne tout particulièrement, il nous a semblé utile de signaler grâce à cette icône les séries françaises citées ainsi que les développements ayant trait à l'étude des séries télé tricolores !

Et maintenant, par où commencer ?

Ce livre est conçu pour présenter le monde des séries de manière progressive et logique, mais on peut l'aborder de plusieurs manières :

- le lecteur novice et curieux devrait d'abord lire la première partie (« La grande et les petites histoires ») avant de lire, dans l'ordre qui lui plaira et selon ses affinités, les parties consacrées aux grands genres (soaps, séries dramatiques, comédies) ;
- l'enseignant tirera un meilleur profit d'une lecture intégrale, dans l'ordre de rédaction ;
- l'amateur de séries chevronné, lui, peut évidemment picorer là où bon lui semble. Même s'il connaît bien le genre, il aura certainement la bonne surprise de découvrir des informations nouvelles.

Première partie

La grande et les petites histoires

Dans cette partie…

L'idée de transmettre des images et des sons par-delà de longues distances (la télé-vision) est née au XIXe siècle. La première ligne de télégraphe a été ouverte en 1844, faisant entrer le monde dans l'âge de la communication. À peine plus d'un siècle et demi plus tard, nous sommes tous branchés sur des logiciels de communication instantanée et joignables à tout moment et en tout lieu grâce à nos téléphones portables.

Dans cette ère de la communication, l'apparition de la télévision après la Seconde Guerre mondiale a profondément et indéniablement modifié la culture et les modes de vie des habitants des pays industrialisés. Les images télévisées sont désormais omniprésentes dans notre quotidien et font partie de nos souvenirs.

La façon dont se sont mises en place les chaînes de télévision et le type de programmes produits sont propres à chaque nation et disent beaucoup sur leur identité, leur conception de l'information, du divertissement et du public.

Nous nous concentrerons ici sur l'histoire de la télévision dans trois pays : les États-Unis, la Grande-Bretagne et la France, et les conséquences de ces histoires nationales sur la production des programmes de divertissement spécifiques que sont les séries télévisées.

Chapitre 1

Une sexagénaire radieuse : l'histoire de la télévision américaine

Dans ce chapitre

- La télévision au pays du capitalisme
- Et la lumière fut…
- Le premier âge d'or des séries américaines

Les premières expériences de diffusion immédiate et simultanée d'images et de son ont eu lieu pendant l'entre-deux-guerres, mais ce n'est qu'après la Seconde Guerre mondiale que la télévision est réellement devenue une technique opérationnelle et a commencé à toucher le grand public.

La télévision au pays du capitalisme

Du fait de sa puissance industrielle et parce que le pays a été moins perturbé que les autres, politiquement et matériellement, par la Seconde Guerre mondiale, c'est aux États-Unis que la télévision devient d'abord un média de masse.

La mise en place du réseau de télévision aux États-Unis

Deux entreprises, qui étaient jusque-là des diffuseurs de programmes radiophoniques, CBS (Columbia Broadcasting System) et NBC (National Broadcasting Company), obtiennent un permis de diffuser des programmes télévisés à New York dès 1941. Mais la mobilisation de la population et des structures industrielles dans l'effort de guerre empêchera la mise en place de réels programmes réguliers jusqu'en 1946.

William S. Paley, l'un des pères fondateurs de la télévision américaine

L'histoire de William S. Paley est typiquement américaine. Fils d'un immigré juif de Russie devenu millionnaire en fabriquant des cigares (les Palina), Paley (1901-1990) racheta en 1927 une petite compagnie, appelée Columbia Broadcasting System, qui possédait 16 antennes de radio à Philadelphie et dans sa région et en fit un empire de la communication d'échelle mondiale.

Paley comprit très vite le pouvoir de la radio et la nécessité de proposer des programmes populaires pour fidéliser le public et attirer les annonceurs. Cette conception révolutionnaire à une époque où les antennes de radio étaient le plus souvent considérées comme une version orale des journaux locaux lui permit non seulement d'étendre son réseau de diffusion sur l'ensemble de la côte est en moins d'une décennie, mais surtout de créer la chaîne de télévision la plus appréciée des Américains (et donc la plus rentable) après la Seconde Guerre mondiale : CBS.

Pendant la guerre, Paley avait participé depuis Londres à la « guerre psychologique » que menaient les Alliés grâce à la radio. Il y comprit la nécessité de plaire au public, de lui procurer des émotions, pour faire passer efficacement des messages. L'influence de Paley sur le journalisme d'information et d'investigation à la télévision ainsi que son soutien à des programmes de divertissement qui aient une dimension pédagogique contribuèrent largement à définir la spécificité de la télévision américaine.

Le musée de la Radio et de la Télévision, qui possède un bâtiment à New York et un autre à Los Angeles, porte désormais son nom (The Paley Center for Media), car il a été le fondateur de cette institution destinée à conserver les archives de la radio et de la télévision américaines et qui organise régulièrement des rencontres entre amateurs et professionnels sur l'histoire, l'actualité et l'avenir des médias dans le monde (`www.paleycenter.org`).

Comme pour la mise en place du réseau radiophonique, la création d'un réseau de télévision sur l'ensemble du territoire américain ne s'est pas faite sous l'égide du gouvernement et selon une planification à l'échelle nationale, mais à partir de l'échelon local, d'initiatives individuelles et d'une logique entrepreneuriale.

Le modèle américain de développement est fondé sur la confiance en l'initiative individuelle et dans les mécanismes régulateurs du marché. Contrairement à ce qui s'est passé en Grande-Bretagne et en France (*cf.* chapitre 4), le gouvernement américain n'est pas intervenu dans la mise en place du réseau télévisé sur son territoire, et les grands réseaux de production et de diffusion des programmes sont et ont toujours été des entreprises privées.

La télévision publique aux États-Unis

Les États-Unis n'ont qu'une seule chaîne de télévision publique, créée en 1952 sous le nom de NET (National Educational Television), puis réorganisée en 1970 et rebaptisée PBS (Public Broadcasting System). Cette chaîne publique ne diffuse pas de programmes de divertissement et est essentiellement consacrée à la diffusion de documentaires, souvent très intéressants et bien faits mais peu regardés par les téléspectateurs… (un peu comme Arte aujourd'hui en France).

Une instance de régulation : la FCC

Le pouvoir réglementaire de cette instance de régulation indépendante (la Federal Communications Commission) est fort, ses décisions sont appliquées sous peine de sanctions financières immédiates, mais la négociation (en général par le biais d'avocats) est toujours possible. La FCC ne régule que les émetteurs hertziens (radio, télévision) d'ampleur nationale, pas les chaînes locales ou câblées. Créée en 1934, financée et contrôlée par le Congrès, elle veille au respect de trois grands principes : la diversité de l'offre télévisuelle, la libre concurrence dans l'industrie de la communication et le respect de l'équité face aux citoyens. Elle est également chargée d'exercer un contrôle sur les contenus en bannissant l'indécence, l'obscénité et les actes sexuels des programmes télévisuels.

De ce fait, les programmes diffusés sur les *networks* ne peuvent comporter de gros mots (qui sont bipés lors des interviews, ou alors absents des scripts des programmes écrits à l'avance), les seins et les fesses des acteurs et des actrices ne sont jamais montrés dans leur intégralité (et bien évidemment jamais les sexes), etc. Ainsi, dans une série diffusée sur un *network*, les actrices font toujours l'amour avec leur soutien-gorge…

Depuis soixante ans, les Américains ont su composer avec ces interdits qui définissent l'obscène et la bienséance et ont mis en place un système d'allusions tout aussi efficaces pour contourner la censure et libérer leurs propos. Cela explique aussi le fait que les séries du câble utilisent les gros mots (le fameux *f-word*, entre autres expressions colorées) et montrent le sexe sans restriction (*cf.* p. 78 sur les séries du câble et sur les comédies et le sexe).

La suprématie des networks

En 1944 se mettent en place quatre réseaux privés de télévision hertzienne : ABC (American Broadcasting Company), CBS, NBC et DuMont (qui fait faillite en 1956). Ces grands réseaux hertziens (les *networks*) sont également des réseaux radiophoniques et s'appuient sur les antennes qu'ils possèdent déjà pour diffuser leurs programmes. Les premières émissions de télévision aux États-Unis sont ainsi simplement des programmes radiophoniques filmés, dans les studios de Radio City à New York. Les premiers programmes télévisés à rassembler de larges audiences sont la retransmission des rencontres sportives.

Qu'est-ce qu'un *network*?

Un *network* est une chaîne hertzienne privée américaine, que tout Américain peut capter gratuitement sur son poste de télévision. Ces *networks* sont entièrement financés par la publicité, qu'ils diffusent abondamment (*cf.* p. 36).

En termes juridiques, la FCC (Federal Communications Commission, l'équivalent du CSA français) considère qu'il y a *network* dès lors que quinze heures de programmation hebdomadaire régulière en prime time sont diffusées à un réseau de stations affiliées qui couvrent ensemble au moins 75 % des stations de télévision du pays. Dès l'instant où un ensemble de stations répond à cette définition, il doit obéir à une réglementation conçue pour limiter la concentration et maintenir la concurrence.

Aujourd'hui, aux États-Unis, existent cinq *networks* : les trois networks « historiques » sont ABC, CBS et NBC ; la Fox (créée en 1986) et le CW (né en 2006 de la fusion de deux petits *networks* fondés dans les années 1990, UPN et WB). Ces chaînes appartiennent toutes à de grands groupes multinationaux. ABC appartient à Disney, NBC à la General Electric, CBS au groupe britannique Carlyle, Fox au magnat australien Rupert Murdoch et CW à la Time-Warner.

On les appelle ainsi, car ces chaînes hertziennes s'appuient sur un *réseau* d'émetteurs disséminés sur l'ensemble du territoire américain, appelés *affiliates* (stations affiliées). Les trois grands *networks*, CBS, NBC et ABC, ont respectivement 200, 206 et 215 stations affiliées sur le territoire. Ils possèdent de plus 5, 7 et 8 stations en propre pour les territoires les plus importants (les grandes villes comme New York et Los Angeles, notamment), ce qui constitue une garantie non négligeable de leur survie économique.

Un contrôle local

Les *affiliates* achètent les programmes produits par le *network* et sont par conséquent la courroie de transmission entre les programmes et le public. Ils sont liés par contrat d'exclusivité à un *network* donné mais peuvent modifier ou dénoncer cet accord s'ils ne sont pas satisfaits du contenu des programmes qu'on leur propose. Le pouvoir des instances locales est ainsi très fort, comme dans beaucoup d'autres domaines de la vie économique, politique et sociale américaine.

Le marché de la télévision aux États-Unis est donc soumis à la libre concurrence, mais les « coûts d'entrée » sur le marché national (coût de production des programmes et difficulté de couvrir l'ensemble du territoire américain) sont tellement élevés que jusqu'aux années 1980 seuls trois grands groupes (ABC, CBS et NBC) ont réussi à acquérir durablement le statut de chaîne commerciale nationale (*network*). Le reste du paysage télévisuel américain est composé de chaînes locales, souvent affiliées à ces *networks*, qui ne diffusent que quelques heures de leurs propres programmes par jour, et à partir des années 1980 de chaînes câblées, pour lesquelles le téléspectateur doit payer un abonnement (*cf.* p. 68).

L'échelon local est l'unité de base du système télévisuel américain. Le territoire américain est découpé en 210 marchés télévisuels. Ils comptent d'autant plus de structures de diffusion qu'ils sont denses démographiquement (par exemple, 25 chaînes hertziennes à New York, contre trois ou quatre dans les zones les moins peuplées comme les zones rurales du Midwest). En tout, on compte pas moins de 9 000 chaînes distinctes sur tout le territoire américain.

RÉFÉRENCE

Pour avoir une idée de ce à quoi ressemblent les chaînes locales aux États-Unis, regardez *Prête à tout* (*To Die For*, Gus Van Sant, 1995) avec Nicole Kidman, Matt Dillon et Joaquin Phoenix. L'histoire d'une femme au foyer (une « ménagère de moins de 50 ans ») nourrie de télévision qui devient présentatrice météo dans une chaîne de télévision locale et se met à rêver de devenir journaliste pour une grande chaîne de télévision, en étant « prête à tout » pour y arriver.

Une industrie extrêmement rentable

Jusqu'aux années 1980 (avant l'apparition des chaînes câblées), ABC, CBS et NBC attiraient 90 % des téléspectateurs américains. Même si cette proportion a considérablement baissé au cours des années 1980 pour atteindre environ 60 à 70 % (*cf.* chapitre 3), leur suprématie reste encore d'actualité aujourd'hui. Les revenus de ces *networks* proviennent de la publicité (*cf.* p. 36). En 1988, les dépenses publicitaires sur un support télévisuel représentaient 150 milliards de dollars, dont 95 % sont allés à la télévision hertzienne commerciale. Le coût d'un espace publicitaire est fonction de la taille de l'audience du programme au sein duquel il est diffusé. Si l'espace n'a pas obtenu l'audience escomptée, la chaîne offre en compensation des espaces gratuits à l'annonceur. Les sondages d'audience sont trimestriels sur les petites stations et quotidiens sur les *networks*.

La mesure de l'audience aux États-Unis

De la mesure par foyer à la mesure individuelle

Comme en France, les chiffres se mesurent aux États-Unis en taux d'audience (*ratings*) ou en parts de marché (*shares*). Ces mesures y sont effectuées depuis 1950 par l'Institut Nielsen, une compagnie privée (l'équivalent de Médiamétrie en France).

Jusqu'en 1988, l'Institut Nielsen mesurait l'audience au moyen d'une boîte d'audimat « passive » (c'est-à-dire qu'elle enregistrait la chaîne regardée à un instant *t*) placée dans 1 700 foyers, renouvelés tous les deux ans. Ces foyers étaient rémunérés par l'institut en échange de leur silence sur leur appartenance à l'échantillon, pour éviter toute pression extérieure.

Il y avait aussi 800 foyers qui remplissaient des questionnaires sur les programmes qu'ils regardaient, mais cette méthode souffrait de nombreux biais, car les téléspectateurs n'étaient pas toujours honnêtes, ou même simplement exhaustifs, quant aux émissions qu'ils regardaient au cours de la journée.

Depuis septembre 1988, l'audimat passif a été remplacé par un système de boutons pressoirs, qui permet de savoir quel membre de la famille regarde ou ne regarde pas le programme, et ainsi de fournir de meilleures données aux annonceurs sur le public de tel ou tel programme.

Depuis 2005, l'Institut Nielsen prend également en compte les programmes enregistrés par les foyers sur leur disque dur (le TiVo), un équipement de plus en plus courant aux États-Unis depuis le début des années 2000, qui permet de regarder la télévision en différé (et d'accélérer pendant les coupures publicitaires). Ces données sont transmises aux chaînes pour information, mais celles-ci refusent pour le moment de les transmettre aux annonceurs publicitaires.

Les nouvelles façons de regarder les programmes télévisés (enregistrements sur disque dur, vidéo à la demande sur Internet, téléchargements) posent de nouveaux défis aux instituts de mesure d'audience partout dans le monde.

Les programmes diffusés par les *networks* doivent donc être regardés par le plus grand nombre possible de téléspectateurs (sur un marché national de plusieurs centaines de millions de personnes) pour attirer les annonceurs, faire monter le prix des espaces publicitaires et assurer la survie économique des chaînes.

La télévision est l'une des industries les plus rentables des États-Unis, brassant chaque année des centaines de milliards de dollars. Mais cette puissance financière engendre un certain nombre de contraintes en termes de programmation.

Des grilles de programmes standardisées

En effet, comme le rappelle Bernard Guillou, « la libre concurrence dans le cadre de l'économie de marché aboutit souvent à une grande similitude dans la programmation et à la non-satisfaction des choix minoritaires. [...] Si deux réseaux concourent pour obtenir une audience maximale et que 80 % de l'audience potentielle souhaite regarder un film, il sera plus rentable pour les deux réseaux d'offrir ce type de programme que de chercher à satisfaire les 20 % restants dont les préférences se dispersent sur différents genres. Il en sera de même avec trois ou quatre réseaux dans la mesure où les choix minoritaires, s'ils peuvent s'exprimer, tendront à se reporter sur les programmes disponibles, accroissant ainsi la proportion des grandes chaînes à offrir le même type de programme...[1] »

Les grilles de programmation des trois grands *networks* se ressemblent donc beaucoup. Tous trois programment des jeux et des *soap operas* (*cf.* chapitre 5) dans la journée, lorsque l'audience n'est pas très haute et que le public est composé essentiellement de femmes au foyer, puis un journal d'information à 18h, lorsque la plupart des Américains rentrent chez eux après le travail (remarque : les horaires de bureau traditionnels des Américains sont 9h-17h, avec pratiquement pas de pause au déjeuner). La tranche horaire 19h-20h est réservée aux programmes locaux, en général les informations régionales.

Commence ensuite le moment de la journée où le nombre de téléspectateurs devant leur écran est la plus forte, et par conséquent le moment où les enjeux financiers sont les plus importants : entre 20h et 23h, moment appelé *prime time*. C'est là que sont générés les plus gros revenus publicitaires et que sont diffusés les programmes les plus coûteux pour les chaînes : les fictions originales, dont la plupart sont des séries télévisées (*cf.* p. 43-44).

Et la lumière fut...

La télévision américaine de la fin des années 1940 est ancrée sur la côte est. Les débuts de ce nouveau média sont marqués par une série d'expérimentations techniques et formelles. Comme la technique d'enregistrement sur bande et de stockage des émissions n'est pas encore complètement maîtrisée, la plupart des programmes sont diffusés en direct depuis New York ou Chicago, capitales de la radio et du théâtre avant la guerre. Les chaînes de télévision retransmettent par conséquent en direct des spectacles de théâtre, de cabaret et la version filmée des émissions de radio préexistantes (feuilletons, jeux, bulletins d'information, etc.).

1. Bernard Guillou et Jean-Gustave Padioleau, *La Régulation de la télévision*, Paris, La Documentation Française, 1988.

En 1945, NBC Television Theater propose, comme son nom l'indique, des pièces de théâtre tandis que *The Hour Glass* (NBC, 1946-1977) introduit au petit écran ce que les Américains nomment *vaudeville*, et que nous appelons « émissions de variété ».

Une grille des programmes héritée de la radio

Très vite, et parce que c'est déjà le cas à la radio, toutes les chaînes de télévision américaines commencent leurs programmes au même moment (à l'heure pleine ou à la demie, selon la durée de l'émission) et proposent une grille similaire.

La journée est réservée aux soap operas et aux jeux télévisés (programmes de moindre qualité destinés aux femmes au foyer supposés moins exigeantes et avides de distractions légères pendant qu'elles se consacrent aux tâches ménagères), le tout début de soirée (vers 18 h) aux informations, puis des fictions ou des rencontres sportives à partir de 20 h (programmes de meilleure qualité destinés à l'ensemble de la famille, et notamment aux hommes).

Les fictions télévisées populaires des années 1950 ont souvent commencé à la radio, sous forme de feuilletons radiophoniques : *The Lone Ranger* (*cf.* p. 242) raconte sur le mode du western les aventures d'un justicier masqué dans l'Ouest américain, *Dragnet* (*cf.* p. 196) reconstitue des enquêtes policières ayant réellement eu lieu, et *The Adventures of Ozzie and Harriet* (*cf.* p. 147) est une comédie familiale mettant en scène deux stars du music-hall mariées à la ville comme à l'écran et leurs deux fils.

Ces premiers divertissements télévisés reprennent des formules mises au point du temps de la radio, avec des personnages déjà connus du public américain. Chaque épisode dure en général une demi-heure, entrecoupée de coupures publicitaires qui rythment les « actes » de l'intrigue. Ils sont enregistrés en public et les réactions de ce dernier sont ajoutées à la bande-son pour que l'auditeur (puis le téléspectateur) ait l'impression de regarder un spectacle avec d'autres personnes qui expriment leurs émotions (rire, surprise, contentement, etc.) et se sente davantage touché par l'histoire.

En 1946, DuMont diffuse *Faraway Hill*, le premier soap opera de soirée (dont aucune bobine ou image n'a été conservée) et, en 1947, la première *sitcom* ou « comédie de situation », *Mary Kay and Johnny* (*cf.* p. 145) ; en 1949, NBC met à l'antenne le premier soap opera de journée, *These Are My Children.* Mais ce n'est qu'avec les années 1950 que la télévision va véritablement devenir un média de masse aux États-Unis.

L'invention de la série télévisée

Un média de masse

Le boom économique de l'après-guerre donne à un nombre croissant d'Américains accès à des biens de consommation de moins en moins chers, de la voiture au réfrigérateur, en passant, évidemment, par le téléviseur. En 1949, seuls 2 % des foyers américains en possèdent un, principalement sur la côte est. Mais en 1956 ils sont déjà 70 %. La télévision s'est intégrée à la vie quotidienne des Américains plus vite que n'importe quelle autre technologie du XXe siècle. Il n'a fallu que dix ans entre sa mise sur le marché et son adoption par la majorité des foyers, alors que le même phénomène a pris – à titre de comparaison – quatre-vingts ans pour le téléphone, cinquante ans pour l'automobile, et vingt-cinq pour la radio.

ÉTONNANT

Dès cette époque, les Américains passent en moyenne quatre heures par jour devant le petit écran. Ainsi, un Américain âgé aujourd'hui d'une soixantaine d'années a passé en moyenne neuf ans de sa vie devant le petit écran !

Une diffusion sur quatre fuseaux horaires

Dès 1951, la diffusion des programmes de télévision *coast to coast* (de l'Atlantique au Pacifique) est une réalité. Ce nouveau média est devenu une réalité nationale, les New-Yorkais, les fermiers du Midwest comme les Californiens regardent dorénavant les mêmes programmes. La technique permet désormais non plus seulement la diffusion en direct, mais également l'enregistrement des émissions qui, du fait du décalage horaire entre l'est et l'ouest des États-Unis, doivent être diffusées un peu plus tard à l'ouest pour correspondre au prime time local. En effet, lorsqu'il est 20 h à New York, il n'est encore que 17 h à Los Angeles. Pour que les horaires de prime time correspondent aux soirées à la fois sur la côte est et la côte ouest, les programmes sont diffusés à deux moments différents. Le prime time commence à 20 h sur la côte est et à 19 h dans le Midwest, puis de nouveau à 19 et 20 h sur les deux fuseaux horaires de l'Ouest des États-Unis. Afin de diffuser le même programme sur tout le territoire, il est donc nécessaire de l'enregistrer.

Pour les programmes en live, le problème du choix de l'horaire se pose donc, car il faut choisir une heure qui convient à l'ensemble du territoire (en général 21 h pour la côte est, ce qui correspond à 18 h pour la côte ouest, souvent avec une rediffusion en soirée). Des programmes comme « Saturday Night Live », qui sont des comédies à sketchs jouées en direct par des comédiens depuis New York, le samedi soir à 23 h, sont ainsi joués deux fois, une fois pour la partie est du pays, et une seconde fois pour sa partie ouest.

Cette particularité américaine est très bien décrite dans la série *Studio 60 on the Sunset Strip* (NBC, 2006-2007), qui se passe justement dans les coulisses d'un show qui ressemble à « Saturday Night Live ».

Des spectacles filmés

Les émissions se multiplient, entrant ainsi non seulement dans les foyers américains mais dans l'imaginaire et le bagage culturel collectif. Les modes et les expressions se popularisent sur l'ensemble du territoire. L'émission de variété la plus populaire de l'époque, le *Texaco Star Theater* de Milton Berle, qui avait débuté à la radio en 1940, apparaît à l'antenne dès 1949 et y restera jusqu'en 1956. La popularité de Berle, humoriste de grand talent qui a su adapter ses sketchs à la dimension visuelle du nouveau média, stimulera l'achat des téléviseurs de manière extraordinaire. Tous les Américains voudront recevoir « Uncle Miltie » dans leur salon, et ils seront plus de 10 millions à regarder le programme en 1955. Ce programme est également emblématique de la nature commerciale de la télévision américaine, puisqu'il est sponsorisé par la compagnie pétrolière Texaco, dont il porte le nom (*cf.* p. 36).

Les *networks* diffusent également en soirée des émissions plus « sérieuses » – c'est-à-dire admirées par la critique –, que sont les anthologies de dramatiques, constituées de pièces de théâtre adaptées ou écrites spécialement pour la télévision. Les programmes durent une heure, ils sont interprétés et diffusés en direct une seule et unique fois. Ce type d'événement médiatique existait déjà la radio depuis les années 1930. La télévision y apporte l'image aux téléspectateurs, mais le principe de l'émission-spectacle reste inchangé.

Les années 1950 vont être surtout le moment du premier âge d'or de la télévision, c'est-à-dire la période où vont se mettre en place les grands genres de fiction proprement télévisuels, sous l'égide d'Hollywood. En effet, les grands studios de cinéma américains ont très vite compris la concurrence sérieuse que représentait la possibilité d'avoir accès à des programmes audiovisuels directement dans son salon plutôt qu'en se déplaçant dans les salles et en achetant un billet.

Des séries télévisées tournées à Hollywood

Studios et acteurs hollywoodiens se mettent à leur tour à produire des programmes de télévision, en utilisant les structures déjà existantes. La quasi-totalité des scénaristes quittent la côte est pour la Californie, et Hollywood devient désormais aussi la capitale de la télévision de divertissement, au détriment de New York et de Chicago.

C'est là que vont être inventées les premières grandes séries télévisées de l'âge d'or initial. Pour la plupart des critiques américains, les années 1950 constituent l'âge d'or de la télévision : c'est la période d'expérimentation au cours de laquelle la plupart des grandes orientations du média se sont concrétisées. C'est aussi l'époque qui voit apparaître les premières grandes « plumes » télévisuelles et où des émissions aujourd'hui considérées comme classiques marquent l'imaginaire de tout un pays… et de ses futurs créateurs. C'est également dans les années 1950 qu'apparaissent les grandes catégories de fiction : comédie, série policière et judiciaire, western et récit fantastique.

La série emblématique de cette période, qui reste une référence dans l'imaginaire américain, est la première sitcom filmée dans un studio hollywoodien, avec trois caméras et en public : *I Love Lucy*, diffusée sur CBS de 1951 à 1957. Comme beaucoup de fictions des années 1950, elle est la transposition d'une émission de radio très populaire intitulée « My Favorite Husband ». Interprétée par Lucille Ball et son mari à la ville, Desi Arnaz, elle raconte l'histoire de Lucy, épouse d'un chef d'orchestre d'origine cubaine appelé Ricky Ricardo, qui rêve de quitter ses fourneaux pour faire du music-hall (*cf.* p. 146).

Une productrice de télévision féministe dans l'Amérique des années 1950

Cette comédie abordait donc déjà le thème de l'émancipation féminine par le travail et était l'œuvre d'une femme, Lucille Ball, qui sera la première à concevoir la synergie qu'il peut y avoir entre le cinéma et la télévision, pour rentabiliser décors, matériels, techniciens et mêmes acteurs regroupés en un seul lieu. Elle a eu de plus l'audace et le talent de faire un succès immédiat à partir d'éléments révolutionnaires pour l'époque : un personnage principal féminin qui soit à la fois drôle et sexy, un acteur principal masculin avec un accent cubain à couper au couteau et qui en plus était percussionniste dans un groupe de salsa (musique pas du tout à la mode à l'époque), et une grossesse montrée de bout en bout à l'écran, à une époque où les couples mariés à l'écran devaient dormir dans des lits jumeaux…

La synergie entre cinéma et télévision est également illustrée par une grande série policière des années 1950 intitulée *Alfred Hitchcock Presents* (CBS, 1955-1962).

Cette série est une anthologie, c'est-à-dire que les différents épisodes ne comportent pas de personnages récurrents, mais ont seulement en commun le ton (des enquêtes policières sombres ou des mystères difficiles à élucider) et l'apparition d'Alfred Hitchcock en début et fin d'émission.

Ces fictions policières ne duraient à l'époque qu'une demi-heure (il faut attendre les années 1960 pour que les *dramas* passent à leur durée aujourd'hui canonique d'une heure). Souvent adaptés de nouvelles de grands auteurs anglo-saxons tels que H. G. Wells, Ray Bradbury ou Roald Dahl, les épisodes d'*Alfred Hitchcock Presents* ont été réalisées par de grands noms de Hollywood (passés ou à venir) comme Hitchcock lui-même pour 20 d'entre eux, ou encore Robert Altman.

Robert Redford, Steve McQueen, Charles Bronson ou encore Robert Duvall ont tenu leur premier rôle devant une caméra dans *Alfred Hitchcock Presents*. Ils ont donc commencé à la télévision avant de devenir des stars de cinéma.

Des fictions entre l'art et la rentabilité commerciale

Cette anthologie criminelle a placé haut la barre de la qualité des séries policières, tant en termes d'écriture que de réalisation et d'interprétation, qui recevaient autant de soin que pour une production cinématographique. Dès ses débuts, les fictions américaines sont conçues par des hommes et des femmes venant du théâtre, du cinéma, de la radio et de la littérature, et qui ont une grande maîtrise de l'écriture « en actes », c'est-à-dire de la division des intrigues en séquences pour maintenir le public en haleine.

Mais *Alfred Hitchcock Presents* est aussi emblématique de la fiction télévisée américaine par son absence de honte à l'égard de son côté commercial : ainsi, le « grand Alfred » lui-même n'hésitait pas dans ses apparitions à vanter les mérites de telle ou telle marque qui sponsorisait l'épisode.

Les coupures publicitaires deviennent en effet de plus en plus nombreuses au cours des années 1950 et ont un fort impact sur l'écriture des séries, car il faut donner envie au téléspectateur de voir la suite du programme pour qu'il reste sur la même chaîne et regarde les messages des annonceurs. Les programmes d'une demi-heure sont ainsi classiquement découpés en deux actes, et ceux d'une heure en quatre, en fonction du nombre de coupures publicitaires. L'écriture télévisuelle aux États-Unis est indissociable de la nature privée et concurrentielle du média.

La réutilisation des décors

Le fait que les séries télévisées soient désormais tournées à Hollywood a aussi pour conséquence que les décors, les techniciens, les cascadeurs, les figurants et les animaux peuvent être utilisés pour le cinéma comme pour la télévision. Dans les années 1950, Hollywood produit énormément de westerns, et on réutilise par conséquent ces décors et ces savoir-faire pour créer des séries dans le style du *western* (*cf.* p. 242), car ce genre est extrêmement populaire auprès du public. À la fin des années 1950, sept des émissions télévisées les plus regardées par les Américains sont des séries de style western. Les scènes sont tournées différemment, avec moins de grandes scènes d'action et de poursuites et plus de gros plans, pour correspondre au format du petit écran et à des moyens financiers qui restent bien inférieurs à ceux du cinéma ; mais le cow-boy coiffé de son Stetson, chaussé de santiags et avec son revolver à la taille reste l'emblème du héros américain qui fait rêver les hommes et fantasmer les femmes.

Clint Eastwood et Steve McQueen sont devenus des stars aux États-Unis à peu près au même moment en interprétant le rôle principal d'une série télévisée de style western : *Rawhide* (qui signifie « cuir non tanné », CBS, 1959-1966) pour Eastwood et *Wanted Dead Or Alive* (*Au nom de la loi*, CBS, 1958-1961) pour McQueen.

Le début des produits dérivés

Les années 1950 voient aussi la diffusion de la première série télévisée qui sera déclinée sous forme de produits dérivés (figurines, livres, costumes, etc.) : *Zorro* (ABC, 1957-1959) (*cf.* p. 243). Série la plus chère de l'époque (75 000 dollars par épisode), coproduite par les studios Disney, elle montre l'intérêt que la télévision américaine a témoigné très tôt au jeune public, avec des épisodes mêlant drame, comédie et fantastique, et des trames narratives s'étendant sur plusieurs dizaines d'épisodes. Son impact sur l'imaginaire des jeunes Américains, mais aussi des jeunes Occidentaux en général, qui ont vu cette série régulièrement rediffusée, est indéniable.

Si vous voulez en savoir plus, lisez : Martin Winckler, *Le Rire de Zorro*, Paris, Bayard, 2005.

La naissance des auteurs de télévision

Le dernier grand genre à naître dans cette décennie du premier âge d'or est celui du fantastique, avec *La Quatrième Dimension* (*The Twilight Zone*, CBS, 1959-1964). Cette anthologie raconte comment la vie d'un personnage bascule progressivement ou brusquement dans l'étrange. Ces fables inquiétantes, inspirées de nombreuses nouvelles fantastiques, ont toutes une morale d'autant plus grinçante qu'elle s'applique à des personnages ordinaires et, donc, proches du téléspectateur. Elles sont l'œuvre de trois grandes plumes de la télévision et / ou de la littérature américaine : Rod Sterling (*cf.* p. 295), Charles Beaumont et Richard Matheson. Cinquante ans plus tard, leurs scénarios n'ont pas pris une ride et continuent de donner la chair de poule à ceux qui revoient ces chefs-d'œuvre de fiction télévisée (*cf.* p. 262).

Une télévision commerciale, populaire et de qualité

Dès les années 1950, la télévision est donc un média de masse aux États-Unis et fait partie du quotidien des Américains. Média privé s'adressant à tous les publics, diffusant dans les grandes villes comme dans les territoires les plus isolés, elle a donné au peuple américain des références communes et des habitudes similaires. La télévision est une source d'information et de divertissement dont le seul coût est celui de l'appareil, présent au cœur du foyer, généralement dans le salon.

Les téléspectateurs américains

On estime aujourd'hui à 114,5 millions le nombre de foyers américains équipés d'au moins un poste de télévision, pour une population d'environ 300 millions d'habitants.

En termes de démographie, ces téléspectateurs se répartissent de la façon suivante (catégories élaborées par l'Institut Nielsen en fonction des demandes des chaînes et des annonceurs) :

- 206 millions d'adultes (18 ans et plus), dont 100 millions d'hommes et 107 millions de femmes ;
- 34 millions de 65 ans et plus ;
- 90 millions de 12-34 ans ;
- 66 millions de 18-34 ans ;
- 130 millions de 18-49 ans (la tranche d'âge la plus convoitée par les annonceurs publicitaires) ;
- 121 millions de 25-54 ans ;
- 69 millions de 45-64 ans.

Parce que la télévision cherche à séduire le plus grand nombre, parce que les thèmes « choquants » sont immédiatement rejetés par les téléspectateurs, ses programmes les plus populaires reflètent l'évolution de l'opinion publique américaine au cours des soixante dernières années et permettent au spectateur averti et critique d'en savoir beaucoup sur la société et la culture américaines à un moment donné.

Mais au fait… une série, c'est quoi exactement et ça se fabrique comment ? Pour le savoir, tournez vite la page !

Chapitre 2

Cuisines et dépendances : la fabrication des séries

Dans ce chapitre

- De quoi parle-t-on exactement ?
- Qui est-ce qui s'y colle ? Écriture, production, diffusion des séries
- Ça va coûter combien ? Prix des séries, de la comédie à la superproduction
- Et qu'est-ce que ça rapporte ? (première diffusion, syndication, ventes à l'étranger)

Vous en avez toujours rêvé ? Nous vous offrons ici tous les secrets de fabrication des séries. Parce que chaque ingrédient a son importance, parce que chaque maillon de la chaîne a un rôle, parfois décisif, à jouer, la vie d'une série télévisée se déroule souvent sur le modèle d'un véritable parcours du combattant. Les enjeux économiques sont puissants et ce sont les contraintes du mode de diffusion sur petit écran qui ont modelé la construction même des séries télévisées. Vous avez envie de connaître le dessous des cartes ? Bienvenue dans l'envers du décor…

De quoi parle-t-on exactement ?

Les Américains ont créé un certain nombre de mots très précis pour désigner les différents types de fictions télévisées. En anglais, le mot *series* désigne une suite d'émissions, sans distinction de genre : ce peut être une série documentaire, une série de télé-réalité ou une série de fiction.

À RETENIR

Par exemple, les émissions de télé-réalité sont désignées sous le terme générique d'*unscripted series*, c'est-à-dire « séries sans scénario », ce qui paraît être une excellente définition de ce type de programmes qui se multiplient depuis une dizaine d'années à la télévision et qui n'ont rien à voir avec la « réalité ».

Quand il s'agit de fictions, on désigne par *drama* la série dramatique (*cf.* quatrième partie), par *comedy* la série humoristique (*cf.* troisième partie), par *miniserie* la série à nombre d'épisodes fixé d'emblée, par *TV movie* le téléfilm unitaire. En France, le mot « série » a peu à peu remplacé le mot « feuilleton » pour désigner une fiction à épisodes.

Dans cet ouvrage, nous nous concentrerons sur les séries qui n'ont pas de nombre d'épisodes fixé à l'avance, avec des personnages récurrents, et dont la diffusion a lieu à intervalles réguliers pour « créer un rendez-vous » avec le téléspectateur. Ce type de série est encore balbutiant en France, où il est rare que les séries françaises dépassent les 6 épisodes, et où les rendez-vous réguliers avec les mêmes personnages restent une exception (*cf.* p. 88 et suivantes). Pour cette raison, nous nous concentrerons essentiellement sur les séries américaines et mentionnerons des programmes venus d'autres pays à titre de comparaison ou de contre-exemple. D'autant plus que les séries télévisées américaines restent les fictions télévisées le plus aisément accessibles dans le monde entier, tandis que la plupart des autres fictions, même si certaines sont sans aucun doute de qualité, restent cantonnées à un territoire national donné (*cf.* le glossaire, p. 327) pour maîtriser le vocabulaire propre aux séries).

Même si la culture se globalise et que les nouveaux médias permettent l'accès à de plus en plus de cultures différentes, la culture américaine reste dominante parce qu'elle s'appuie sur une puissance commerciale et industrielle inégalée. L'*entertainment*[1] est un business pour les Américains, qu'ils prennent très au sérieux depuis le début du XXe siècle et qu'ils exportent sans vergogne depuis la Seconde Guerre mondiale. Il nous apparaît donc essentiel de savoir décrypter les codes et les genres de cette culture dominante, pour tenter de trouver un juste milieu entre un rejet en bloc par peur et par snobisme et l'admiration béate par manque de recul et d'éléments de comparaison.

Comment est faite une série ?

Un parcours du combattant : du pitch à la diffusion en prime time

Des scénaristes attachés à une maison de production proposent un sujet (ou « pitch ») à une chaîne de télévision. Celle-ci reçoit des milliers de pitchs par an. Ces pitchs peuvent tenir en une ligne, comme *Friends* (six jeunes adultes

1. L'*entertainment* est un terme anglais qui désigne tout ce qui « divertit » mais essentiellement les médias, la musique et les spectacles vivants.

à New York, unis par des liens d'amitié), ou alors être l'adaptation d'un roman comme *Sex and the City*, basé sur l'ouvrage éponyme de Candace Bushnell. Entre ces deux extrêmes, toutes les variantes sont possibles.

Au cours de l'hiver, la chaîne en sélectionne une centaine et commande à leur(s) auteur(s) un synopsis, qui décrit en détail la situation de la série, ses personnages, ses thèmes. Leurs auteurs sont rémunérés entre 3000 et 20000 dollars (généralement en fonction de la célébrité du scénariste et au vu de ses œuvres précédentes).

De cette centaine de synopsis, une grosse vingtaine deviendront des scénarios de pilote (*cf.* glossaire, p. 327), payés entre 40000 et 100000 dollars. Environ la moitié recevra un ordre de tournage, le reste restera dans les tiroirs de la chaîne. Le tournage d'un pilote a un coût très variable (entre 1 et 10 millions de dollars), selon qu'il nécessite un tournage en extérieur ou non, qu'il comprend des effets spéciaux, que le casting est composé de stars, etc. Sur cette bonne dizaine de pilotes tournés, une demi-douzaine au mieux deviendront une série grâce à une commande de 8, 12 ou plus rarement 22 épisodes, et 1 ou 2 à peine auront la chance de revenir à l'antenne pour une deuxième saison. Conclusion : la sélection est extrêmement rude (1 idée sur 1000 deviendra une série) et le coût financier pour chaque grande chaîne de télévision très important (environ une centaine de millions de dollars chaque année).

Le parcours du combattant des séries

Ces chiffres donnent le tournis. Voyez plutôt : sur 1000 pitchs, 100 synopsis verront le jour, qui donneront matière à 20 scénarios, dont seuls 12 pilotes seront réalisés. Au final, 6 nouvelles séries seulement seront mises à l'antenne, dont 1 ou 2 peut-être seront reconduites pour une deuxième saison.

Le taux de « réussite » – si l'on ose le dire ! – est... réduit : de l'ordre de 0,1 ou 0,2 % !

L'importance du pilote

Du fait des enjeux financiers liés à la production de fictions en prime time, l'élaboration du pilote fait l'objet d'un soin tout particulier. Une fois tourné, il est soumis à un ensemble de tests par les départements recherche, au cours desquels on évalue les réactions d'un public « représentatif » devant l'histoire et les personnages. Jusque dans les années 1980, le pilote des séries dramatiques était souvent un téléfilm de 75 ou 90 minutes (1h30 ou 2h avec les coupures publicitaires), diffusé au printemps. Ses résultats d'audience incitaient ensuite ou non à la commande d'une série par la chaîne. À l'heure actuelle, pour des raisons de coût de production, le pilote est le premier épisode de la série. Il a en général le même format que les suivants (une demi-heure pour les sitcoms, une heure pour les *dramas*). Il est montré aux responsables de la chaîne au printemps et, si ces derniers ne passent pas une commande ferme de 8 ou 13 épisodes, il n'est jamais diffusé.

Le concept initial, ou la distribution des acteurs, peut changer entre la réalisation du pilote et le passage des épisodes à l'antenne. Ainsi, dans le pilote d'*Urgences*, il était suggéré que Carol Hathaway succombait à sa tentative de suicide. Le personnage avait été si apprécié par le public que les producteurs décidèrent de la ressusciter dans les épisodes ultérieurs. Le pilote est si représentatif des objectifs des créateurs que sa construction imprime une marque quasi indélébile sur toute la série. Ce n'est pas seulement le premier des épisodes, mais une sorte de scène d'exposition, un « patron » pour la construction des épisodes suivants, qui donne le ton et présente les relations entre les personnages, et leurs possibilités d'évolution.

Par exemple, si on regarde les sept premières minutes du pilote de *Magnum*, on y trouve déjà tous les éléments qui vont faire le succès de la série pendant huit ans : un personnage principal beau et plein d'humour qui s'adresse directement aux téléspectateurs, le cadre paradisiaque d'Hawaï, sa rivalité constante avec le personnage rigide de Higgins, ses courses-poursuites avec les deux dobermans Zeus et Apollon, des jolies blondes écervelées légèrement vêtues, une Ferrari rouge, de l'ingéniosité et quelques parts d'ombre avec le passé d'ancien combattant du Vietnam de Magnum. À partir de ces quelques éléments, les scénaristes vont écrire 182 épisodes très divertissants et parfois émouvants.

Aujourd'hui, les pilotes sont volontairement mis par les chaînes sur Internet pour que les internautes puissent les découvrir et « créer le *buzz* » pendant tout l'été. Ainsi, au cours de l'été 2007, le pilote de *Pushing Daisies* a été mis en ligne sur différents sites de téléchargement et de *streaming*, a été téléchargé ou visionné environ 14 millions de fois, ce qui n'a pas empêché lors de sa première diffusion sur NBC de rassembler 24 millions de téléspectateurs américains, un record étant donné la dispersion habituelle du public entre les centaines de chaînes qui lui sont accessibles et le grand nombre de nouveaux programmes qui lui sont proposés au mois de septembre. Cet exemple montre bien la synergie – et pas uniquement la concurrence – qu'il peut exister entre les différents moyens de diffusion actuels des programmes télévisés.

La saison

Depuis les années 1950, les séries télévisées sont diffusées sur les *networks* de fin septembre à mi-mai, à un rythme hebdomadaire avec une interruption au moment du week-end de Thanksgiving (fin novembre) et des fêtes de Noël.

On parle de « saison ». L'été est généralement consacré aux téléfilms et aux rediffusions. Néanmoins, très récemment (2008), certains *networks* ont pris le risque de diffuser des séries inédites pendant l'été, prenant exemple sur les chaînes câblées (*cf.* p. 80), et ont connu de véritables succès d'audience.

Par extension, le mot désigne l'ensemble des épisodes diffusés au cours de ce laps de temps. On parle alors de la première ou deuxième ou dernière saison de la série. *Friends* (*cf.* p. 171), qui fut produit et diffusé pendant dix années, comporte donc dix saisons. Dans les années 1960, une saison pouvait compter jusqu'à 35 épisodes. À l'heure actuelle, elle en compte généralement entre 21 et 24. Pour des raisons diverses (lancement en milieu d'année, contraintes de production, grève des scénaristes), certaines saisons comprennent un nombre moins élevé d'épisodes.

En effet, la chaîne ne diffuse pas tous ses nouveaux pilotes et garde un certain nombre de projets en réserve, à l'état de scénarios ou de pilotes, en cas d'échec des séries proposées à l'automne, pour pouvoir proposer de nouveaux programmes à ses téléspectateurs au printemps. Par exemple, *Grey's Anatomy* (*cf.* p. 238), une des séries les plus regardées sur ABC, faisait partie au départ des pilotes de « deuxième choix » et ne fut diffusée que fin mars 2005, avec une première commande de 13 épisodes (dont 8 seulement ont pu être diffusés avant l'été 2005). Devant le succès immédiat remporté par ce programme, la série a évidemment été reconduite et entame cette année sa sixième saison.

Une nouvelle série n'a qu'une chance sur trois d'être renouvelée pour une deuxième saison. Les commandes passées par les chaînes après la sélection d'un pilote sont de 13 épisodes pour les séries du prime time avec possibilité pour les *networks* de commander 9 épisodes supplémentaires au cours du mois de novembre. Pour une série qui en est à sa deuxième année, la commande est en revanche généralement d'une saison complète. Le *network* achète les droits pour deux diffusions pendant un an et possède les droits d'exclusivité tant que la série reste à l'antenne. Ensuite, les droits reviennent au producteur, qui est libre de vendre son programme à d'autres diffuseurs (*cf.* p. 35 et 57-58).

Pour être diffusés dès la fin septembre, les épisodes sont mis en écriture dès les mois de juin-juillet tandis que production et tournage débutent en août. En général, lorsque la saison de diffusion commence, il n'y a qu'une demi-douzaine d'épisodes prêts, et la production se poursuit donc à un rythme effréné (un épisode tourné en six à huit jours, à raison de quatorze heures à dix-huit heures de travail par jour) jusqu'aux mois de mars-avril, avec en permanence le risque que la chaîne déprogramme la série faute d'une audience satisfaisante.

Les chaînes du câble, qui ne sont pas soumises aux mêmes contraintes que les *networks*, peuvent choisir de faire débuter leur saison à un autre moment que fin septembre-début octobre et diffusent en général une douzaine d'épisodes par saison. C'est le cas par exemple des *Sopranos* (*cf.* p. 222, 13 épisodes par saison sauf pour les saisons 5 et 6), de *Dexter* (*cf.* p. 223), de *Damages* (*cf.* p. 221, 13 épisodes par saison). Ces séries du câble peuvent être lancées en même temps que les séries des *networks*, en octobre, ou alors en janvier, au printemps, ou même en plein été (ce fut le cas de la première saison de *Damages* à l'été 2007). De plus, ces séries du câble, surtout lorsqu'elles sont diffusées sur des chaînes pour lesquelles leurs téléspectateurs paient un abonnement élevé (type HBO et Showtime), ne sont pas soumises à la nécessité de rassembler rapidement une audience large et peuvent par conséquent être plus audacieuses et moins fédératrices que les séries diffusées sur les *networks*.

Qui fait les séries ?

Les scénaristes

Au cœur d'une série, il y a son *créateur.* Il est celui qui a eu l'idée (le pitch) et a écrit le scénario du pilote. David E. Kelley, Tom Fontana, Steven Bochco, Donald P. Bellisario, David Simon, David Chase, Aaron Sorkin, Greg Berlanti sont des créateurs de nombreuses séries dans lesquelles on reconnaît leur « patte », comme on reconnaît le style d'un auteur de littérature en lisant l'un de ses textes (*cf.* La partie des Dix : Dix auteurs de séries télévisées à connaître, p. 295 et suivantes).

Une fois la série mise en place, le créateur est le plus souvent également le *scénariste en chef*, c'est-à-dire qu'il supervise l'écriture des scénarios des épisodes. En effet, une série est toujours écrite de façon collective. C'est un travail d'équipe, et le nombre de scénaristes travaillant sur une série est en général compris entre 8 et 20. Évidemment, chaque scénariste, selon son expérience et selon les périodes de l'année ou le sujet, ne travaille pas autant que son collègue, mais le travail en équipe, la confrontation des idées, l'émulation, la répartition des tâches (certains sont chargés d'écrire les dialogues comiques, d'autres s'attachent à un personnage en particulier, certains travaillent sur l'intrigue principale et d'autres encore sur une intrigue secondaire, etc.) sont la clé qui permet aux scénaristes d'écrire entre 13 et 24 épisodes par an. En bout de chaîne d'écriture, on trouve les *script editors*, qui revoient les scénarios et s'assurent qu'ils sont « au format », c'est-à-dire que l'histoire qu'ils proposent puisse être tournée en une vingtaine ou une quarantaine de minutes, avec des coupures publicitaires qui tombent au bon endroit dans l'intrigue. Ce travail fastidieux de « coupes », qui peut être comparé à une sorte de prémontage, est en général réservé à des scénaristes débutants.

Tous les grands créateurs de série que nous connaissons aujourd'hui ont commencé par travailler sur d'autres séries, qu'ils n'avaient pas créées et qui étaient souvent éloignées de leur univers, mais qui leur ont permis d'affiner leur technique d'écriture et de développer leur talent. Aux États-Unis, scénariste est un métier qui s'apprend progressivement, en gravissant les échelons autour de la « table » des scénaristes.

Pour comprendre comment travaillent les scénaristes de télévision aux États-Unis, on peut regarder *Studio 60 on the Sunset Strip* (NBC, 2006-2007), qui raconte les coulisses d'une émission de sketchs comiques de type « Saturday Night Live ». Toutefois, il est à noter que cette série a été créée par Aaron Sorkin (*cf.* p. 299), également créateur de *The West Wing*, et qui est connu pour écrire pratiquement tous ses scénarios tout seul, ce qui est très inhabituel aux États-Unis. Les bonus sur certaines éditions DVD montrent également les scénaristes au travail, ou en tout cas en interviewent un certain nombre.

L'écriture complexe d'une série est donc toujours une œuvre collective, qui réclame une organisation la plupart du temps codifiée et hiérarchisée entre le « capitaine du navire » (le scénariste en chef), les « marins » (les scénaristes expérimentés) et les « mousses » (les stagiaires qui font les « petites mains » sur certaines scènes de transition ou certaines lignes de dialogue). Cette organisation s'est mise en place dès les années 1950 et s'appuie sur des habitudes culturelles très ancrées dans le monde anglo-saxon, où les « ateliers d'écriture », où chacun confronte son travail au regard critique d'autres apprentis écrivains et d'un « maître » plus expérimenté, sont légion.

En France, ce type d'écriture collective systématique et organisée est très rare. Par exemple, *Clara Sheller* a été écrit par un seul homme, Nicolas Mercier, ce qui a conduit à un délai de trois ans entre la première saison (2005) et la seconde (2008), pour 6 épisodes de 52 minutes par saison. Ce long délai a conduit à un changement dans la distribution des acteurs principaux et à une certaine lassitude de la part des fans de la première saison, qui ne sont pas tous revenus pour la seconde.

À l'autre extrême, on compte près de 30 scénaristes, répartis en trois équipes (séquenciers, dialogues, équipe littéraire) travaillant sur le feuilleton *Plus belle la vie*, à l'antenne depuis le 30 août 2004 à raison de 5 épisodes de 22 minutes par semaine, auxquels s'ajoutent quelques épisodes exceptionnels diffusés en soirée.

Entre ces deux cas limites, il semble que les scénaristes français tentent de plus en plus souvent l'expérience du travail en équipe lorsqu'ils travaillent pour une série télévisée. Mais ce changement profond de manière de travailler et d'envisager l'écriture comme un « travail » et une « technique », ainsi que comme une production collective et non une œuvre purement personnelle, fait encore grincer beaucoup de dents…

Le producteur

Le producteur d'une série occupe lui aussi un rôle central. C'est lui qui gère tout l'aspect financier de l'écriture et du tournage, recrute et supervise les équipes, vend le programme aux chaînes de diffusion, en gère les droits.

À ses côtés, le ou les producteurs exécutifs, qui sont souvent également scénaristes de la série, ou acteurs principaux, ou encore réalisateurs de certains épisodes, s'assure(nt) de la cohérence éditoriale et artistique du programme. Ce sont les véritables maîtres d'œuvre en termes artistiques, tandis que le producteur « simple » s'occupe davantage des aspects matériels et financiers.

Les acteurs

De l'importance des « stars » pour les séries…

Les acteurs d'une série télévisée sont la plupart du temps la clé de son succès. Ils sont les membres les plus visibles de l'équipe qui contribue à fabriquer une série. Dans les anthologies (*cf.* définition p. 19), il n'y a pas d'acteurs récurrents. Mais les chaînes de télévision se sont rendu compte très tôt de l'intérêt d'avoir des « visages familiers » à l'écran, de créer des « stars » que le public peut admirer, ou alors des personnages auxquels il s'identifie, qui deviennent quasiment des « amis de la famille ». Dès les années 1950, la plupart des séries ont été construites autour d'un personnage charismatique : par exemple Lucy (interprétée par Lucille Ball) dans *I Love Lucy* (*cf.* p. 146), dans les années 1950, l'avocat Perry Mason (interprété par Raymon Burr), dans les années 1960 (*cf.* p. 212), l'inspecteur Columbo (interprété par Peter Falk), dans les années 1970 (*cf.* p. 198).

Dans les années 1960-1970, les chaînes ont également proposé beaucoup de séries tournant autour d'un « couple » charismatique, en général deux hommes qui travaillent ensemble et nouent des liens d'amitié : James West et Artemus Gordon dans *Les Mystères de l'Ouest* (*cf.* p. 244) pour les années 1960, *Starsky et Hutch* dans la série du même nom dans les années 1970, entre autres.

Les deux exemples donnés ici ne sont pas choisis au hasard. Ces deux séries occupent en effet une place importante dans la culture gay, car leurs scénaristes y montraient déjà, à mots couverts et avec énormément de sous-entendus et de double sens qui peuvent passer inaperçus à un téléspectateur inattentif (et donc passer à travers la censure), deux hommes unis par une affection indéfectible. James West comme Hutch sont beaux, virils, habillés avec soin (et souvent très près du corps) et aiment séduire (officiellement de jeunes femmes, en général blondes, mais avec lesquelles ils n'ont pas de relation suivie). Leur acolyte, Artemus Gordon comme David Starsky, est moins gâté par la nature, fait beaucoup plus rarement des conquêtes féminines et compense cela par un humour dévastateur et un grand sens de l'autodérision. Ils sont d'une loyauté et d'une fidélité sans bornes pour leur « partenaire ». West et Gordon vivaient ensemble à bord de leur train bourré de gadgets, passant en général leurs soirées à boire du champagne et à jouer au billard. De leur côté, Starsky et Hutch se prennent souvent dans les bras l'un de l'autre ou s'envoient des bourrades, et aiment se jurer une amitié éternelle, « unis contre le monde entier ». Comme Batman et Robin dans le monde des *comic books*, ces séries (parmi d'autres) sont des exemples de la présence des référents gays dans la culture populaire américaine, bien avant que cette orientation sexuelle ne soit « politiquement correcte », et même simplement dépénalisée…

Au-delà de leur caractère subversif et croustillant, ces deux anecdotes montrent qu'il existe de nombreux niveaux de lecture pour une série et que tous les téléspectateurs n'y voient pas forcément la même chose selon leur âge et leur recul sur ce qu'ils voient.

Les homosexuel(le)s dans les séries télévisées

De nos jours, les personnages d'homosexuels deviennent de plus en plus fréquents dans les séries télévisées.

En Angleterre, la série *Queer as Folk* (Channel 4, 1999-2000) dépeint avec réalisme et sensibilité la vie sexuelle et amoureuse de quatre homosexuels de Manchester. Cette série a fait l'objet d'un remake américain sur Showtime entre 2000 et 2005, cette fois située à Pittsburg, ville industrielle de Pennsylvanie.

La jolie série britannique *Bob & Rose* (ITV, 2001) raconte, elle, l'amour aussi irrépressible que compliqué entre une femme hétérosexuelle et un homme homosexuel, toujours à Manchester.

Aux États-Unis, Showtime a consacré une série, *The L Word* (2004-2009) à la communauté des lesbiennes de Los Angeles, tandis que sur les networks, la sitcom *Will & Grace* (1998-2006) est centrée autour d'un groupe d'amis célibataires et déjantés comprenant des hommes homosexuels et des femmes hétérosexuelles.

Enfin, le dernier type de série en fonction du nombre de rôles principaux est l'*ensemble show*, c'est-à-dire une série où il n'y a pas un ou deux personnages principaux autour desquels sont bâties les intrigues mais plusieurs personnages qui peuvent avoir une importance variable dans l'histoire selon les épisodes. Ces *ensemble shows* ont été la grande tendance des années 1980-1990 (*cf.* p. 71), mais on en trouve dès les années 1960 avec des séries devenues mythiques, comme *Star Trek* (*cf.* p. 63 et 285) ou *Mission : Impossible* (*cf.* p. 62).

RÉFÉRENCE

Si vous voulez creuser le sujet, lisez : Alain Carrazé, Martin Winckler, *Mission : Impossible*, Paris, Néo-Huitième Art, 1993.

… et des séries pour les acteurs !

Dans tous les cas, le charisme des acteurs, la dynamique qui peut exister (ou non) entre eux (premiers comme seconds rôles), leur implication dans le rôle qu'ils doivent interpréter pendant plusieurs années sont des éléments essentiels dans la relation qui va se créer entre une série et ses téléspectateurs, d'autant que les comédiens sont très fortement identifiés dans l'esprit du public aux personnages qu'ils interprètent. Peter Falk restera dans les esprits comme l'inspecteur Columbo, auquel il a donné une voix et une façon de bouger très particulières et qui donnent toute sa saveur au personnage (*cf.* p. 198). Entre 1957 et 1966, Raymond Burr a incarné l'avocat le plus populaire de la télévision américaine, en défendant épisode après épisode des innocents accusés à tort (*cf.* p. 212). En 1973, la chaîne titulaire du concept, CBS, a essayé de redonner vie au personnage en le faisant interpréter par un autre acteur, mais le public, habitué au visage et à l'interprétation de Burr, n'a pas suivi, entraînant la suppression du programme après 15 épisodes. En revanche, entre 1985 et 1993, lorsque Raymond Burr reprit le rôle pour une suite de 26 téléfilms, le succès fut immédiat, malgré les vingt ans qui s'étaient écoulés depuis l'arrêt de la série originelle. Le lien qui peut se créer entre un acteur, un personnage et les téléspectateurs peut donc être très fort et se maintenir sur une longue période (grâce aux rediffusions notamment).

Mais incarner un personnage populaire à l'écran, si cela permet à l'acteur d'acquérir une immense célébrité, peut parfois l'enfermer dans ce personnage ou dans un certain type de rôle dont il aura du mal à sortir. Tom Selleck, interprète de Magnum, a ainsi eu énormément de mal à se défaire de ce personnage après l'arrêt de la série (*cf.* p. 197). Les contre-exemples existent néanmoins, à commencer par George Clooney, qui a su se défaire du personnage du Dr Ross dans *Urgences* (*cf.* p. 232) pour se construire une solide carrière d'acteur, de réalisateur et de producteur au cinéma. De même, des acteurs de cinéma peuvent choisir la télévision pour y interpréter un personnage fort sans pour autant y perdre complètement leur identité aux yeux du public. C'est le cas par exemple de Glenn Close, grande star de cinéma des années 1980 et 1990, qui fait depuis les années 2000 des apparitions ou des seconds rôles remarqués dans plusieurs séries télévisées (*À la Maison-Blanche*, *The Shield*) et a depuis 2007 le rôle principal dans la série *Damages* (*cf.* p. 221).

Certaines séries peuvent survivre malgré le départ d'un des acteurs principaux, d'autres non. Ainsi, *Urgences* a survécu au départ de George Clooney, puis à celui de Noah Wyle, *Les Experts : Las Vegas* (*cf.* p. 206-207) au départ de trois de leurs acteurs principaux au cours des années 2007-2009, car la « formule » de ces séries, l'originalité des histoires et du point de vue, suffit pour fidéliser les téléspectateurs. À l'inverse, pour une *ensemble sitcom* comme *Friends* (*cf.* p. 171), où la complicité, l'entente et le timing comique entre les différents acteurs étaient les éléments indéniables du succès de la série, le départ de l'un des acteurs aurait été une catastrophe.

C'est pour cette raison que, lors de la dixième saison de *Friends*, le salaire de chacun des six acteurs principaux a atteint la somme mirobolante de 1 million de dollars par épisode. Le budget de production d'un épisode a donc atteint les 10 millions de dollars (au lieu de 7 millions l'année précédente), pour vingt minutes de tournage d'une sitcom en studio. À titre de comparaison, un épisode de *Rome*, série historique recréant la Rome antique dans les studios *Cinecittà* (*cf.* p. 257), coûte le même montant !

Les guest stars

Outre le casting des acteurs permanents, chaque série s'offre régulièrement des *guest stars*, comédiens très populaires interprétant un rôle occasionnel dans un ou plusieurs épisodes, et dont la présence vise à doper le taux d'audience, en début de saison (pour faire revenir le public) ou au moment des *sweeps* (*cf.* p. 49). On a ainsi pu voir Brad Pitt ou Bruce Willis tenir des petits rôles dans *Friends*, ou Sharon Stone dans 3 épisodes de la série judiciaire *The Practice* (*cf.* p. 217), Julia Roberts dans *New York District* (*cf.* p. 210), etc. Ces *guests* peuvent aussi être des stars de la chanson (Ray Charles était un habitué des plateaux de sitcom dans les années 1980-90, la série *Ally McBeal* (*cf.* p. 216) a attiré beaucoup de stars de la chanson, et récemment George Michael est apparu dans *Eli Stone* (*cf.* p. 221)), d'autres séries (Jennifer Aniston venant rendre visite à son ancienne partenaire Courteney Cox dans *Dirt*, série sur la presse people diffusée en 2007-2008 sur la chaîne câblée FX), des présentateurs de jeux télévisés (Bob Barker, présentateur de la version américaine du « Juste prix » de 1972 à 2007, dans *How I Met Your Mother*, *cf.* p. 57 et 173), et même du monde politique (Al Gore a fait une apparition pleine d'autodérision dans un épisode de *30 Rock* (*cf.* p. 184) consacré au réchauffement climatique).

Le principe des *guest stars* est de jouer avec les téléspectateurs fidèles mais aussi de créer le *buzz* autour d'un épisode donné pour faire découvrir une série à un nouveau public en attisant sa curiosité.

Le réalisateur

Contrairement à ce qui se passe au cinéma, le réalisateur d'une série n'a qu'une importance minimale dans la fabrication d'une série américaine. Généralement, les réalisateurs changent d'un épisode à l'autre et ont un cahier des charges très précis à respecter (défini par le créateur de la série et le producteur exécutif) pour assurer la cohérence visuelle de la série. Le style de la réalisation est défini dès le pilote (et en cela le choix du réalisateur du pilote est important) et ne change pas tout au long de la série.

Les séries de « cinéaste » sont rares (*cf. Twin Peaks*, p. 77), car, pour un média tel que la télévision, c'est avant tout l'histoire et l'attachement affectif aux personnages qui priment. Sur un plateau de télévision, le réalisateur est au service des scénaristes et des acteurs, contrairement à ce qui se passe généralement sur un plateau de cinéma.

Certains réalisateurs très connus, comme Quentin Tarantino pour *Urgences* et *Les Experts : Las Vegas*, choisissent parfois de réaliser 1 ou 2 épisodes d'une série et ont ainsi la même valeur que les *guest stars* : créer le *buzz* et attirer davantage de téléspectateurs grâce à leur notoriété.

Le showrunner

La clef de voûte d'une série est la personne qui occupe les fonctions de *showrunner*. Homme-orchestre, celui-ci effectue de constants allers-retours entre la table des scénaristes et le plateau de tournage pour s'assurer que scénaristes, producteurs, acteurs et réalisateurs restent sur la même longueur d'onde quant à l'évolution de la série. Il est responsable des négociations qui ont souvent lieu entre les désirs des uns et des autres quant à l'évolution des personnages ou le développement d'une intrigue.

Les sociétés de production

Toutes les personnes précédemment citées, ainsi que les techniciens et les assistants, sont employées par des sociétés de production, pour la plupart basées à Hollywood. La FCC (*cf.* p. 11) s'efforce de séparer le plus possible les entreprises de diffusion (chaînes de télévision) et celles qui produisent les programmes de télévision, afin de maintenir une concurrence équitable.

Les sociétés de production sont spécialisées par genres et par tranches horaires. En effet, les caractéristiques des marchés pour la journée ou pour le prime time n'ont rien de commun. Les programmes destinés aux grilles de la journée (10h / 18h) sont principalement des jeux, des *talk-shows* et des *soap operas* (*cf.* chapitre 5), dont les coûts de production sont cinq à six fois inférieurs à ceux des programmes de la soirée. Ces programmes ont une durée de vie moyenne de cinq ans pour les jeux et de dix ans pour les soaps. Ainsi, il est assez difficile pour de nouveaux producteurs de pénétrer sur ce marché assez fermé en raison du faible renouvellement des programmes.

Aujourd'hui, les deux plus grandes sociétés de production de jeux télévisés, avec des antennes dans la plupart des pays du monde, sont Endemol et Fremantle. En ce qui concerne les talk-shows, les présentateurs en sont généralement aussi les producteurs, et la reine incontestée du genre aux États-Unis est la présentatrice-productrice Oprah Winfrey (pour les *soap operas, cf.* chapitre 5).

Dans le domaine de la fiction télévisuelle destinée au prime time (20h / 23h), les places sont rares et chères. Une petite trentaine de compagnies, toutes situées à Hollywood, se partagent le marché. On peut les répartir en trois catégories :

- Les *majors studios* (Paramount, Columbia, MGM, Warner Bros, Disney, Universal, Fox 20th, MCA, etc.), qui assurent les productions lourdes. Les *majors* ont des structures de production fixes et leur personnel technique est salarié à l'année.
- Les *independents* (Aaron Spelling, MTM, Lorimar, Cannon…), qui ont principalement conquis leur part de marché en produisant des comédies de situation. Ce sont des producteurs qui fonctionnent avec des structures légères, en sous-traitant toute l'infrastructure technique pour les tournages.
- Certains producteurs, au bénéfice d'un succès, sont parvenus à s'implanter sur le marché de la fiction télévisuelle et à faire de leur nom une véritable marque, comme Jerry Bruckheimer, Donald P. Bellisario, Stephen J. Cannell, etc.

Qu'est-ce que ça rapporte ?

Une série coûte cher… mais peut rapporter gros

Aux États-Unis, le producteur de télévision prend, contrairement à ce qui se passe en France, des risques financiers personnels. En effet, même si les sommes déboursées sont déjà considérables, l'achat de la série par le *network* ne couvre pas l'intégralité des coûts de production (salaires des équipes, location des studios, tournage en extérieur, matériel, etc.). Une fois le contrat d'exclusivité avec la chaîne expiré, il lui faut donc revendre le programme à d'autres diffuseurs. Or, pour qu'une série puisse être revendue à une autre chaîne, il faut qu'elle ait atteint la centaine d'épisodes, pour permettre ce que l'on appelle la *syndication*, c'est-à-dire la rediffusion « par paquets » d'épisodes sur des chaînes spécialisées (type Spike TV, USA, TNT, etc.).

Les marchés étrangers permettent aussi d'accroître la rentabilité d'une série, car les droits d'exclusivité des *networks* sont limités au territoire national. Dès que sa série semble avoir du succès, le producteur s'empresse donc de la vendre à des chaînes étrangères. Chaque année à Cannes se tient le Mipcom (le Marché international des films et des programmes pour la télévision, la vidéo, le câble et le satellite), une sorte de foire internationale des programmes télévisés lors de laquelle les séries télévisées américaines sont vendues à des diffuseurs partout dans le monde. Cette vente des séries à l'étranger se fait aujourd'hui de plus en plus tôt dans la vie de la série, du fait du succès de ces programmes partout dans le monde, de la rapidité des *buzz* qui se créent autour des séries américaines, sur Internet et dans les médias, et de l'accès possible à ces programmes par les internautes dès qu'ils ont été diffusés une première fois aux États-Unis. Les séries américaines sont les seules à se vendre avec autant de facilité et de rapidité sur le marché international, du fait de leur notoriété et de leur qualité mais aussi de leur grand nombre d'épisodes disponibles rapidement.

Toutefois, c'est le marché intérieur qui reste la plus grande source de revenus pour les sociétés de production américaine, du fait de la multiplicité des stations et des possibilités des diffusions, qui peuvent s'étendre sur des dizaines d'années. Des séries « classiques » comme *La Quatrième Dimension* ou *I Love Lucy* sont par exemple toujours diffusées par des chaînes américaines et entretiennent la connaissance par les téléspectateurs américains de leur « patrimoine audiovisuel ».

La publicité au cœur du système

Aux États-Unis, la télévision est un média privé, c'est-à-dire à vocation commerciale. Or, l'accès aux chaînes hertziennes pour un téléspectateur n'est pas payant (au-delà du coût du poste de télévision lui-même, mais la somme versée ne profite pas aux chaînes qui diffusent les programmes). Ceux qui paient les chaînes de télévision sont les *annonceurs*, autrement dit les entreprises qui souhaitent faire passer un message à caractère publicitaire pour leur entreprise par le biais de la télévision.

Ces messages publicitaires prennent deux formes : le sponsoring d'émissions de télévision ou l'achat d'un espace publicitaire (vendu par lots de 30 secondes aux États-Unis).

Les feuilletons radiophoniques des années 1940 puis les séries des années 1950-1960 étaient financés par un *sponsor* unique, ce qui a donné son nom à un genre, le *soap opera* (*cf.* chapitre 5), car les feuilletons – destinés essentiellement aux ménagères – étaient sponsorisés par des marques de lessive, mais les entreprises elles-mêmes donnaient parfois leur nom au programme, comme la compagnie pétrolière Texaco pour le *Texaco Star Theater*, émission de variétés phare qui a commencé à la radio en 1940, pour continuer à la télévision à partir de 1948. Texaco resta l'unique sponsor du programme jusqu'en 1953, ce qui signifiait que la société finançait entièrement la production de l'émission, du salaire de Milton Berle, présentateur vedette, aux cachets des artistes invités. Buick reprit le flambeau du sponsoring unique en 1953-1954 (et l'émission devint le *Buick-Berle Show*), mais, pour les deux années suivantes, le programme n'eut plus de sponsor officiel (et devint simplement *The Milton Berle Show*). En effet, le marché de la télévision était devenu plus concurrentiel et les émissions plus chères à produire. L'ère de la coupure publicitaire avait commencé.

Dès le milieu des années 1950, la diffusion des programmes sur les *networks* est financée par la vente d'espaces publicitaires à des annonceurs multiples. Le prix de ces espaces est fonction du nombre de téléspectateurs susceptibles de voir le message publicitaire. Un bon audimat attire donc les annonceurs et fait monter le prix de vente de l'espace publicitaire. Un mauvais audimat a l'effet inverse. Les programmes dont l'audimat est le plus élevé voient le coût de leurs espaces publicitaires renégocié à la hausse à intervalles réguliers. Ainsi, un programme qui a une audience fidèle et nombreuse rapporte beaucoup d'argent à la chaîne et est assuré de durer longtemps. Un programme qui n'attire pas suffisamment de téléspectateurs aura des espaces publicitaires peu coûteux, mais ils n'attireront pas non plus les annonceurs et il coûtera plus cher qu'il ne rapporte. Il sera alors, impitoyablement, supprimé de la grille.

En ce qui concerne les séries, lorsque l'annulation est décidée suffisamment à l'avance par la chaîne, les scénaristes peuvent écrire une fin à la série et tourner un épisode de conclusion. Ce fut le cas d'*Angel* (*cf.* p. 281), par exemple. Mais une excellente série réaliste comme *Angela, 15 ans* (19 épisodes, *cf.* p. 76 et 134) ou un chef-d'œuvre d'humour noir comme *Profit* (8 épisodes, *cf.* p. 56) n'eurent pas cette chance et restent, à jamais, inachevés.

Coupures publicitaires et rythme des séries

Les épisodes des séries diffusées sur les *networks* sont interrompus, toutes les sept à onze minutes, par une coupure publicitaire de deux à trois minutes environ. Pour chaque demi-heure de programme, il y a huit minutes de publicité.

Ces coupures fréquentes obligent les producteurs et les scénaristes à « formater » chaque épisode en deux (pour les sitcoms) ou quatre (pour les séries dramatiques) « actes » qui se terminent par une « mise en suspens » de l'action. Il faut noter en effet qu'aux États-Unis une page de pub suit systématiquement le générique de la série (ce qui est extrêmement crispant pour un téléspectateur français…).

Un épisode d'une demi-heure est donc divisé comme suit : pub / teaser + générique / pub / acte 1/ pub / acte 2 / pub / conclusion / pub / programme suivant (pour un épisode d'une heure, il y a quatre actes mais le schéma est le même).

Un épisode d'« une demi-heure » comporte donc en fait 22 minutes de fiction, et un épisode d'« une heure » environ 44 minutes (pour les séries diffusées sur les *networks*, toujours).

À la télévision française, où les séries ne sont pas (ou peu) interrompues par la pub, on reconnaît ces coupures à l'écran noir qui sépare deux scènes et qui apparaît souvent après un tournant dans l'intrigue ou un *mini-cliffhanger.*

En effet, de nombreuses études ont montré que l'investissement émotionnel du téléspectateur accroît sa tolérance à la publicité. Ainsi, les coupures publicitaires dans *24 heures chrono* sont souvent accueillies avec un soupir de soulagement par les téléspectateurs, qui peuvent ainsi se détendre un peu et essayer de rassembler la masse d'informations qui leur a été assénée en plus des scènes d'action ultra-rapides.

Cliffhanger signifie littéralement « suspendu à la paroi » et désigne le moment où l'on ne sait pas « de quel côté » va basculer l'action, typiquement quand un personnage est suspendu à une paroi, et que l'on ne sait pas s'il va devoir lâcher ou si une main secourable va lui être tendue pour le sauver. Dans les séries américaines, le *cliffhanger* est abondamment utilisé par les scénaristes pour aviver l'intérêt des téléspectateurs et leur donner envie de savoir la suite de l'histoire. C'est en partie cette technique de narration qui rend les séries « addictives »...

Structures de narration

Ainsi, les scénaristes incluent les coupures publicitaires dans le rythme de leur narration et, depuis les origines des séries à la télévision, un épisode est classiquement divisé en « actes », qui correspondent au rythme des « entractes » publicitaires : quatre pour les drames et deux ou trois pour les comédies. Comme pour le théâtre classique où la longueur des actes était déterminée par la durée de vie des bougies des lustres, la durée des actes et des épisodes d'une série américaine sont déterminés par des contraintes économiques extérieures. Écrire « au format » (c'est-à-dire des histoires qui tiennent dans le temps imparti et progressent selon le rythme des coupures pub) est l'une des contraintes principales à laquelle les scénaristes de télévision américains doivent se soumettre... mais Molière et Racine faisaient de même en leur temps !

Jusqu'à la fin des années 1970, les séries étaient composées d'épisodes « bouclés », visibles de manière indépendante, et dont l'intrigue débutait et se concluait dans le temps imparti. Par exemple, un épisode de *Columbo* (*cf.* p. 198) commence avec un meurtre, et l'inspecteur Columbo arrête le coupable à la fin de l'épisode.

Depuis les années 1980, sous l'influence de *Dallas* (*cf.* p. 70 et 119) et *Hill Street Blues / Capitaine Furillo* (*cf.* p. 71, 133 et 199), la plupart des séries utilisent une « structure modulaire », qui comprend une ligne narrative principale (l'histoire centrale ou « A » de l'épisode) et une ou deux lignes narratives secondaires (dites « B »), qui concernent par exemple un seul personnage de la série. Dans les séries dramatiques, les récits « B » sont en général de tonalité plus légère (romantique, anecdotique, voire franchement comique) afin de libérer le spectateur des tensions induites par le récit « A ».

Les séries-feuilletons sont souvent divisées en « arcs », c'est-à-dire en intrigues qui courent sur un certain nombre d'épisodes mais finissent par se boucler. Une saison de *24 heures chrono* (*cf.* p. 135), par exemple, est subdivisée en plusieurs arcs qui correspondent à la poursuite par Jack Bauer d'un terroriste donné, qu'il finit par attraper / torturer pour que celui-ci lui révèle le nom d'un plus gros poisson, etc., ou bien il déjoue une première tentative d'attentat mais apprend que celui-ci n'était que le prélude à une catastrophe plus terrible encore, etc.

Des séries des années 1990, comme *X-Files* (*cf.* p. 284) ou *Le Caméléon*, étaient constituées d'intrigues « A » en général bouclées en fin d'épisode, mais avec une intrigue « B » (la « conspiration » dans *X-Files*, la quête des origines de Jarod dans *Le Caméléon*) qui courait sur toute la série, avec des « conclusions partielles » qui délimitaient des « arcs ».

Des génériques qui font un… « carton » !

Les épisodes des séries-feuilletons sont précédés d'un rappel des événements d'épisodes précédents (*previously on 24*, « précédemment dans 24 heures chrono », prononcé par une voix masculine très grave), qui permet au téléspectateur de se remémorer les éléments clés pour comprendre l'épisode qui va suivre.

Aujourd'hui, la plupart des séries sont précédées par un *teaser*, séquence courte précédant le générique et qui doit être particulièrement alléchante pour « mettre en appétit » (c'est la signification du verbe *to tease* en anglais) le téléspectateur et lui donner envie de voir la suite.

Enfin, le générique d'une série est le seul élément identique d'un épisode à l'autre (même s'il est souvent modifié d'une saison à l'autre, en fonction de l'évolution de la série et / ou du casting). Il permet de présenter les personnages, l'atmosphère de la série, d'annoncer le nom des personnes ayant participé à la création de l'épisode (acteurs, réalisateur, scénaristes, etc.). En fond sonore passe une musique, le plus souvent entraînante, qui constitue aussi un élément d'identification pour les téléspectateurs. Ces génériques sonores sont vendus sous forme de produits dérivés (45 tours, cassettes audio, CD, et aujourd'hui sonneries pour téléphone portable) et ont une dimension émotionnelle évidente pour tous les fans… et les nostalgiques, lorsque la série disparaît des écrans.

Dans les années 1990, le générique le plus connu dans le monde fut incontestablement celui de la série *Friends* (*cf.* p. 171) intitulé « I'll be there for you » et interprété par les Rembrandts. Leur maison de disques choisit volontairement de ne pas vendre ce titre séparément de l'album du groupe, qui connut des ventes record en 1995 et fit accéder le groupe à une popularité aussi immense qu'éphémère.

Dans *How I Met Your Mother* (*cf.* p. 57 et 173), la nouvelle série « amicale » qui a remplacé *Friends*, le générique est interprété par le groupe que les deux créateurs de la série ont créé à la fac : The Solids. Craig Thomas et Carter

Bays y fredonnent simplement « Papapa... papa... pa... pa » pendant douze secondes à peine, mais c'est diablement efficace !

Depuis les années 2000, les séries ont de plus en plus tendance à se passer d'un générique en bonne et due forme et utilisent de plus en plus un simple « carton » avec le nom de la série, et les noms crédités au générique apparaissent ensuite en surimpression pendant les premières minutes de l'épisode. Cette suppression du générique permet aux scénaristes des *networks* de gagner du temps d'antenne pour leurs intrigues.

À l'inverse, les séries du câble n'étant pas interrompues (et donc pas rythmées) par les coupures publicitaires, elles se permettent de tourner des génériques qui sont des chefs-d'œuvre du court-métrage à eux seuls : le trajet en voiture entre New York et le New Jersey par Tony Soprano dans *Les Soprano* (*cf.* p. 222), la routine matinale de Dexter pour la série du même nom (*cf.* p. 223), ou encore le montage troublant et hyper-signifiant sur fond de country pour *True Blood* (*cf.* p. 282).

De la pub dans les séries à... la pub pour les séries

Les séries font également l'objet de campagnes publicitaires. Celles-ci peuvent être massives et ne se limitent pas à des bandes-annonces diffusées sur leur chaîne d'origine : campagnes d'affichage, encarts dans les magazines, interviews et couvertures par les stars qui jouent dedans, très récemment campagnes de mailing et d'information à partir de sites très connus comme Facebook et Twitter.

Produits dérivés pour fans en demande

Les séries les plus populaires ont également leurs produits dérivés : du *single* du générique (*cf.* p. 40) à la poupée, en passant par les posters, le tee-shirt, le mug, le jeu de société, le jeu vidéo, etc. *Desperate Housewives* (*cf.* p. 122) a ainsi été décliné en jeu vidéo, de même que *Les Experts* (*cf.* p. 226-227), qui ont également fait l'objet d'une exposition itinérante (et très promotionnelle) dans tous les musées des sciences américains au cours des années 2007-2008.

L'avenir de la « réclame » : le placement de produit

Enfin, parce que les habitudes des téléspectateurs ont changé, parce qu'ils sont de plus en plus nombreux à enregistrer les programmes sur leur TiVo et à accélérer pendant les pages de publicité, parce que le *streaming* (diffusion des programmes sur Internet, sans coupures publicitaires) se développe, les annonceurs et les producteurs réfléchissent à de nouvelles façons de faire la « réclame » de leurs produits.

L'avenir de la réclame semble aujourd'hui être le placement de produit. Cette technique provient du cinéma, où producteurs et annonceurs se sont depuis longtemps rendu compte de l'impact de l'utilisation de tel ou tel produit par un héros pour l'« image de la marque ». Cela permet en effet aux annonceurs de présenter leur produit dans un contexte valorisant, et de provoquer davantage de réactions positives (et souvent inconscientes) de la part des spectateurs qui n'ont pas le sentiment de « voir de la pub ».

En pratique, le placement de produit consiste, pour un fabricant ou un distributeur, à participer financièrement et / ou matériellement à la production d'un film ou d'une série télévisée, en échange de la présence à l'écran de l'un de ses produits et / ou de sa marque. Dans le meilleur des cas, cela aboutira à une utilisation ou à une citation valorisante dudit produit et / ou de la marque par les acteurs, générant implicitement une sorte de caution de la part de personnages auxquels les spectateurs s'identifient. On parle parfois de « publicité clandestine ». Le placement de produit peut également s'appliquer à une pièce de théâtre, à une chanson, à un jeu vidéo ou à un roman, à partir du moment où un produit spécifique est cité. Mais la spécificité du placement de produit est que cette citation est décidée à l'avance par un contrat entre producteur, auteur et annonceur, moyennant finance.

Certains producteurs / réalisateurs comme Steven Spielberg estiment que l'insertion de marques réelles et de produits identifiables par le public contribue au réalisme du film. Des produits identifiables tels que les voitures conduites par les personnages sont incontournables de la plupart des films, comme l'Aston Martin conduite par James Bond ; mais on est dans le cas d'un placement de produit lorsqu'une marque paie pour que son produit soit expressément utilisé dans le film, comme quand le James Bond interprété par Pierce Brosnan s'est mis à conduire une BMW plutôt qu'une Aston Martin (mais les fans ont très vite protesté, car Aston Martin était trop étroitement associée à James Bond). Les voitures et les appareils électroniques (les téléphones en particulier) sont les produits le plus fréquemment « placés » à l'écran.

Dans le domaine des séries télévisées, l'exemple le plus marquant de publicité pour des marques est la série *Sex and the City* (HBO, 1998-2004, *cf.* p. 172), dans laquelle les héroïnes ne cessent de faire l'apologie des chaussures Manolo Blahnik ou Jimmy Choo. Si ces designers ont vraisemblablement donné un grand nombre de leurs modèles pour qu'ils soient montrés dans la série, Absolut Vodka a en revanche payé pour apparaître dans quelques épisodes où l'un des personnages pose pour une publicité pour la marque. Ce lien très fort entre la série et de grandes marques de luxe a à la fois donné un certain cachet à la série, une réputation aux actrices (Sarah Jessica Parker a depuis lancé parfums et lignes de vêtements) et accru la visibilité de ces marques auprès du grand public.

La série *Heroes* (NBC, depuis 2006, *cf.* p. 279-279) « place » de façon appuyée une voiture de la marque Nissan, qui sponsorise également les bandes dessinées et les épisodes en *streaming* visibles en ligne.

De façon générale, aucun produit de marque spécifique n'est aujourd'hui mentionné dans une série américaine sans que cela ait fait l'objet d'un accord commercial au préalable, que le paiement par l'annonceur se fasse en nature (produits gratuits pour tous les membres de l'équipe, cadeaux aux acteurs et aux producteurs, etc.) ou en monnaie sonnante et trébuchante.

La question du placement de produit et de l'intégration d'une marque est depuis quelques années au cœur des discussions entre les annonceurs, les dirigeants des chaînes de télévision, les producteurs et les scénaristes de séries télévisées. Les lois de la concurrence et de la publicité étant fortement réglementées, aux États-Unis comme en Europe, les annonceurs et les producteurs font également du lobbying auprès des instances politiques pour obtenir un assouplissement de la législation et faciliter le placement de produit.

Le placement de produit en Europe

Une directive européenne a récemment autorisé le placement de produit à la télévision, mais les gouvernements nationaux, en particulier en France et en Grande-Bretagne, restent très réticents à l'appliquer.

On estime que, globalement (télévision et cinéma confondus), le placement de produit a représenté un marché de 3 milliards de dollars en 2006, et les prévisions sont de 5,6 milliards pour 2010 (mais la crise économique pourrait réduire ce chiffre).

Toutefois, le public ne réagit pas toujours de façon positive au placement de produit, surtout lorsque celui-ci est trop flagrant. Des films comme *Fight Club* (David Fincher, 1999) ou *Minority Report* (Steven Spielberg, 2002) ont ouvertement critiqué le placement de produit et l'omniprésence de la publicité.

Tina Fey, l'une des actrices-scénaristes-productrices les plus puissantes et les plus primées de la télévision américaine actuelle, grâce à sa sitcom *30 Rock* (*cf.* p. 184) et à ses apparitions dans le « Saturday Night Live », s'est par exemple prêtée au jeu du placement de produit avec ironie en utilisant ostensiblement à l'écran un opérateur de téléphonie mobile, puis en se tournant face caméra pour demander : « Bon, on peut avoir notre argent, maintenant ? »

Toutefois, lorsqu'en avril 2009 la série *Chuck* (NBC, depuis 2007, *cf.* p. 55) risquait d'être annulée par NBC, la chaîne de restaurants Subway, « placée » régulièrement dans la série, a lancé une opération de soutien dans ses restaurants, avec le concours des stars de la série, et a joué un rôle non négligeable dans son « sauvetage ».

Les relations entre séries et publicité sont donc ambiguës et contraignantes, mais rappelons-nous que les relations tumultueuses entre Michel-Ange et Jules II ont quand même permis à la chapelle Sixtine d'être peinte… Toute production artistique nécessite un mécène / commanditaire.

Demandez le programme !

Depuis les origines, et parce que c'était déjà le cas à la radio, les programmes de télévision aux États-Unis commencent à l'heure fixe, ou à la demie, et durent pour la grande majorité une heure ou une demi-heure, coupures pub comprises. Tous les programmes commencent donc généralement à la même heure sur toutes les chaînes en même temps.

Une grille globalement stable…

L'Institut Nielsen a confirmé par ses études le principe de la continuité de l'audience, c'est-à-dire qu'un téléspectateur satisfait ne change pas de chaîne. Ainsi, les téléspectateurs resteront plus fidèles à une même chaîne si elle leur propose des programmes de même type à la suite. Les *networks* proposent donc, en règle générale :

- des talk-shows d'actualité et de promotion entre 5 h et 10 h ;
- des talk-shows plus légers entre 10 h et 12 h ;
- des informations de 12 h à 12 h 30 ;
- des jeux, des talk-shows et des soaps tout au long de l'après-midi, en général en alternance avec des programmes produits localement par les stations affiliées ;
- un journal d'information à 18 h ;
- un jeu ou des programmes locaux entre 18 h 30 et 20 h ;
- des séries entre 20 h et 23 h[1] ;
- un journal d'information à 22 h ou 23 h ;
- des talk-shows de 22 h ou 23 h à minuit ou 1 h du matin.

1. En 1987, le prime time des trois *networks* comprenait 34 séries d'une heure, 24 séries d'une demi-heure et 9 films ou émissions sportives de deux heures.

Cela est bien sûr le cas général, et il y a des variations et des exceptions. Il faut également garder à l'esprit que l'immense majorité des Américains a aussi accès à des chaînes spécialisées qui ne diffusent qu'un seul type de programme : chaînes d'actualités en continu type CNN, des chaînes qui rediffusent des séries, d'autres qui diffusent uniquement des rencontres sportives, d'autres qui ne diffusent que des programmes en espagnol, etc. Le but des *networks* est d'être des chaînes généralistes.

Lorsque des films de cinéma sont diffusés à la télévision américaine, ils sont souvent coupés pour correspondre au format, et les coupures publicitaires sont insérées dans un récit qui n'est pas, contrairement aux séries et aux téléfilms, écrit en fonction d'elles.

En ce qui concerne les fictions, les drames durent une heure, les comédies et les soaps une demi-heure (*cf.* les parties de cet ouvrage consacrées à ces différents genres). Les soaps sont diffusés en journée, tandis que les drames et les comédies sont diffusés en prime time, à 20 h, 21 h et 22 h (une heure plus tôt dans le Midwest à cause du décalage horaire). Les séries les plus « familiales » sont diffusées à 20 h, c'est également le cas aujourd'hui de la plupart des émissions de télé-réalité. Par exemple, dans les années 1980, la série familiale la plus populaire, *The Cosby Show* (n° 1 des audiences de 1986 à 1989, *cf.* annexes p. 333), était diffusée le jeudi soir de 20 h à 21 h. Ces séries sont souvent qualifiées de *lead-in*, ou « produit d'appel » : elles invitent les téléspectateurs à se détendre après le repas, et sont en général plus « faciles » que les séries programmées plus tard.

Le créneau de 21 h est en principe réservé à la série « star » de la soirée, destinée à attirer l'audience pour le programme d'avant et celui d'après. *24 heures chrono* (*cf.* p. 135) est par exemple diffusé par la Fox le lundi soir à 21 h.

Enfin, à 22 h sont diffusées les séries plus « difficiles » (toutes proportions gardées : nous sommes encore sur des *networks* où les grossièretés et la nudité sont sévèrement réglementées), destinées à un public adulte. Tous les *networks* proposent des séries (ou des émissions de télé-réalité) six soirs sur sept. Le samedi est traditionnellement réservé au sport ou aux films. Les deux soirs où les audiences sont les plus importantes sont le dimanche et le jeudi. Le vendredi est le soir où le moins d'Américains sont présents devant leur téléviseur.

En effet, aux États-Unis, le vendredi est la soirée traditionnellement réservée aux sorties en famille ou en amoureux, et c'est le jour de sortie des nouveaux films dans les salles de cinéma. Rester chez soi un vendredi soir pour un Américain est vraiment un signe de dépression chronique ou d'absence de vie sociale… ou les deux!

... mais des programmes mobiles

La concurrence est forte entre les *networks*, et une série lors de sa première diffusion est en concurrence avec deux, voire quatre autres programmes originaux. Par exemple, depuis l'automne 2007, deux des séries les plus populaires du moment, *Greys'Anatomy* et *Les Experts*, sont diffusées au même moment, le jeudi soir à 21 h. *Desperate Housewives* passe le dimanche soir à 21 h sur ABC. La programmation est une véritable science, ou du moins un art, aux États-Unis, et les directeurs de la programmation passent un temps infini à essayer de trouver la bonne tranche horaire pour chacun de leurs programmes de prime time, en tenant compte aussi bien de la cible visée (sexe, âge, etc.) que de l'offre sur les chaînes concurrentes.

Les programmateurs ont en effet un triple rôle : ils décident quels programmes acheter ou faire produire, à quelle tranche horaire les affecter, et s'il faut ou non les maintenir à l'antenne en fonction de leurs scores d'audience. Ces scores d'audience sont analysés de façon absolue (le nombre de téléspectateurs à un instant *t*) mais aussi de façon relative (le nombre de téléspectateurs pour le programme de la chaîne par rapport à celui des chaînes concurrentes mais aussi le nombre de téléspectateurs par rapport au chiffre de la semaine précédente devant le même programme). En effet, pour les programmateurs, il est important qu'une série *gagne* des téléspectateurs de semaine en semaine, même si son score de départ est faible. En revanche, si elle en perd, même si les chiffres absolus ne sont pas très bas, c'est que la série est décevante, et elle risque fortement d'être annulée rapidement.

Programmateur est un métier à très grandes responsabilités, dans lequel l'expérience et l'instinct sont déterminants. Les programmateurs possèdent une exceptionnelle culture télévisuelle, sont les garants de l'« image de la chaîne » et doivent à la fois s'assurer de la cohérence de la programmation mais également savoir risquer des « coups de poker » avec effets d'annonce, bluffs, intimidations et *all out*.

Par exemple, en 1988, la concurrence entre CBS et NBC faisait rage le jeudi soir. NBC dominait totalement la case de 20 h avec *The Cosby Show*, à tel point que CBS avait dû déplacer sa série phare, *Magnum*, qui avait perdu trop de téléspectateurs face aux Cosby. Le directeur de la programmation de CBS de l'époque, Kim Le Masters, décide donc de tenter un « coup de poker » et programme le jeudi soir à 20 h la première fiction télévisée racontant la vie des soldats américains au Vietnam à la fin des années 1960 : *L'Enfer du devoir* (eh non ! ce n'est pas *M*A*S*H* ! Rappelez-vous : *M*A*S*H* est censé se passer pendant la guerre de Corée, même si cette sitcom est un commentaire évident de la guerre du Vietnam).

Si vous voulez en savoir plus, lisez : Marjolaine Boutet, « Le Vietnam en prime time », *Le Temps des médias*, avril 2005.

Les différents métiers de la programmation

Les services de programmation du prime time d'un réseau sont séparés en plusieurs départements :

- **Le développement.** Les responsables du développement se consacrent à la conception de nouveaux projets. Chaque responsable couvre un format particulier : téléfilms, miniséries ou séries. Cette dernière catégorie est subdivisée entre *dramas* et sitcoms. Ce département a la difficile tâche de favoriser la création et de sélectionner les futurs succès. Ce sont ses membres qui relisent les pitchs, commandent les scénarios puis les pilotes. Ils les sélectionnent sur de multiples critères : potentialités de la série à long terme, apport compte tenu de la grille, des besoins et des envies de la chaîne, compatibilité avec les programmes existants, risques de plaire ou de déplaire à une partie du public de la chaîne ou à des lobbys influents, répercussion dans les médias, etc.
- **Le département *business affairs*** tient les cordons de la bourse. Il est chargé de négocier les prix et les contrats pour les séries en développement ou en production. Son rôle consiste entre autres à modérer les ambitions des concepteurs de projets et à s'assurer de leur rentabilité.
- **Le département *current program*** s'occupe du suivi de la production des séries en cours et représente la chaîne auprès des producteurs. Il s'agit notamment d'évaluer les problèmes posés par les changements de casting, l'évolution des personnages, le choix de nouveaux décors, la renégociation des contrats, etc. Il représente les volontés de la chaîne face aux créateurs, aux acteurs, aux techniciens, etc.
- **Le *scheduling* ou *program planning*** est chargé, d'une part, de donner des indications au responsable du développement sur le type de programmes dont la chaîne a besoin et, d'autre part, de proposer les créneaux horaires dans lesquels tel ou tel produit a des chances de faire le meilleur score d'audience, en fonction des programmes précédents et suivants mais aussi en prenant en compte ce que programment ou ont l'intention de programmer les autres chaînes.

À la recherche de l'audience perdue

Les programmateurs de *networks* doivent à la fois proposer au public les programmes qu'il a envie de voir à un moment donné et prévoir ceux qu'il aura envie de voir dans les prochaines années. Ils doivent donc observer très finement la société, les modes et les tendances, l'évolution de l'opinion en général et des goûts des téléspectateurs en particulier, le box-office du cinéma, les meilleures ventes en littérature, etc.

La nécessité de séduire le public rapidement se traduit par une multiplication de sous-produits inspirés par les programmes leaders : une série populaire est immédiatement copiée par toutes les chaînes, et des acteurs très populaires dans des rôles secondaires sont souvent sollicités pour d'autres fictions (le plus souvent des *spin-offs*, *cf.* p. 327). Le succès d'audience de ces programmes d'imitation est en moyenne supérieur à celui des séries présentant un caractère novateur. C'est ce qui explique que chaque décennie depuis les années 1950 a été marquée par une mode en matière de séries télévisées, c'est-à-dire que la plupart des séries proposées par les *networks* étaient semblables.

Les années 1950 ont ainsi été les années « western » (*cf.* p. 242), les années 1960 les années « espions » (*cf.* p. 61), les années 1970 sont marquées par de grandes sitcoms qui critiquent la société américaine et des séries de superhéros (*cf.* p. 65 et 274), les années 1980 sont les années des séries policières, des comédies familiales et des *night-time soaps* (*cf.* p. 67), les années 1990 sont celles des *teen dramas* (*cf.* p. 74), et les années 2000 celle des séries policières à caractère « scientifique » et des feuilletons à suspense (*cf.* p. 78, 133 et 206).

Cette stratégie d'imitation présente des risques limités pour la chaîne, mais les programmateurs doivent aussi éviter la saturation et la lassitude des téléspectateurs qui condamneraient leurs programmes à l'échec. Ils doivent donc à intervalles réguliers miser sur des programmes innovants et prendre de plus grands risques artistiques et commerciaux.

Toute nouvelle série fait l'objet d'une analyse minutieuse : il faut définir sa cible d'audience principale (une série à caractère familial sera programmée en début de prime time, une série plus difficile ou plus violente sera programmée après 22 h), décomposer ses paramètres pour trouver sa continuité avec d'autres programmes, évaluer les risques qu'elle comporte sur l'audience des programmes qui la suivront.

Chaque *network* a sa propre manière de tester les programmes avant diffusion : certains diffusent le pilote sur un réseau câblé dans des zones tests et effectuent ensuite un sondage téléphonique, d'autres organisent des projections en auditorium au cours desquelles le public présent manifeste ses réactions positives ou négatives en appuyant sur des boutons placés sur son fauteuil et répond ensuite à un questionnaire. Aujourd'hui, la plupart des chaînes rendent le pilote ou les premiers épisodes d'une nouvelle série disponibles sur le Web avant sa diffusion, puis analysent le *buzz* généré par la série sur la Toile (*cf.* anecdote sur *Pushing Daisies* p. 26).

Ces tests ont pour objectifs de sonder la réaction globale de l'audience au pilote et de cerner les éléments qui posent un problème particulier, au niveau du casting, de l'intrigue, du ton ou du rythme de la série, etc. Ils permettront de donner des indications au producteur sur les remaniements à effectuer avant la première diffusion. Aujourd'hui, de nombreuses éditions DVD proposent le *unaired pilot* (pilote non diffusé) qui permet d'observer les différents changements effectués entre le projet initial et la diffusion hertzienne.

Ces tests sont fiables dans l'ensemble, mais le succès ou l'échec restent en grande partie imprévisibles, comme pour toute autre production artistique proposée au grand public (livres, films, musique, etc.). Dans beaucoup de cas, le flair, l'instinct et l'engagement personnel du programmateur jouent un rôle décisif dans la décision finale de diffuser ou non une série, et par la suite de la garder à l'antenne si ses résultats ne sont pas immédiatement satisfaisants.

Il y a sans cesse des choix à faire : chaque année, les *networks* décident de privilégier certaines séries plutôt que d'autres en les intercalant entre d'autres programmes qui ont déjà consolidé leur audience (c'est la « stratégie du hamac » qui mise sur la fidélité des téléspectateurs à une chaîne donnée et les incite à découvrir un nouveau programme entre deux programmes qu'ils apprécient déjà).

L'affectation horaire d'un programme varie généralement au début de sa diffusion, pour trouver la tranche horaire où il attirera le plus de spectateurs. La série *Dallas* (*cf.* p. 70 et 119) par exemple n'a pas regroupé un large public le lundi soir mais a véritablement décollé en termes d'audimat lorsqu'elle est passée au vendredi, de même *Dynastie* (*cf.* p. 120) n'a pas connu le succès le lundi mais a bien fonctionné le mercredi soir.

Les programmateurs américains savent bien que, lorsqu'une série ne trouve pas son public, cela ne veut pas forcément dire qu'elle est intrinsèquement mauvaise, mais parfois simplement que la concurrence est trop forte sur ce créneau horaire en particulier. Certaines séries changent jusqu'à cinq ou six fois de jour et d'heure au cours des premiers mois de diffusion.

ANECDOTE

Il a par exemple fallu quatre ans et 120 séries différentes à Brandon Tartikoff, directeur de la programmation de NBC dans les années 1980, et le soutien de Grant Tinker, président de NBC et ancien codirecteur de la société de production MTM (*cf.* p. 72), pour rendre sa chaîne n° 1 pendant cette décennie en proposant des séries comme *The Cosby Show*, *Hill Street Blues*, *Alf*, *La Loi de Los Angeles*, *Cheers*, *Deux flics à Miami*, *K 2000*, *L'Agence tous risques*, *Rick Hunter*, *St. Elsewhere*, et bien d'autres encore. Le chien de Punky Brewster, dans la série du même nom, très populaire aux États-Unis comme en France dans les années 1980, est nommé Brandon en son honneur, et Punky Brewster est le nom d'une fille dont il était amoureux à l'école (et qui a donné son accord pour que la série porte son nom et fait une apparition dans un épisode de la saison 2)…

Le rythme de saisons

Au cours d'une saison (*cf.* p. 26 et 27), il y a plusieurs temps forts :

- Le *season premiere* : premier épisode de la série, il doit attirer un maximum de téléspectateurs. Si la série n'en est pas à sa première saison, le meilleur moyen d'attirer les téléspectateurs pour le *season premiere* est d'avoir fait se terminer le *season finale* par un énorme *cliffhanger* (ce qui est souvent le cas).

- Le *season finale* est donc le dernier épisode de la saison. Il contient souvent la conclusion d'un ou plusieurs « arcs » qui ont couru tout au long de la saison mais se termine aussi souvent, pour les raisons susmentionnées, par un *cliffhanger* insoutenable.
- Entre ces deux épisodes, il y a aussi les épisodes diffusés pendant les *sweeps*, qui sont en général des épisodes spectaculaires, cruciaux dans l'évolution des personnages / de l'intrigue, ou alors qui mettent en scène une *guest star* prestigieuse. Les *sweeps* ont lieu quatre semaines par an, en février, mai, juillet et novembre. Pour les séries, les deux *sweep weeks* qui ont une incidence sur le contenu des épisodes sont celles de novembre et de février.

Pourquoi tant d'efforts pour attirer les téléspectateurs lors de ces semaines particulières et que sont ces fameux *sweeps* ?

Nous avons vu plus haut que, pour chaque demi-heure de programme à la télévision américaine, il y avait huit minutes de publicité. Sur ces huit minutes, six sont réservées à des campagnes nationales, et deux à des campagnes locales. Le prix des spots publicitaires étant fonction du nombre de téléspectateurs susceptibles de les voir, la mesure de l'audimat est cruciale.

Les *sweeps*

Aux États-Unis, c'est l'Institut Nielsen qui mesure l'audimat des chaînes de télévision (*cf.* p. 14). Pour les chiffres d'audience nationaux, ces mesures sont effectuées chaque semaine à partir d'un échantillon « représentatif » de foyers américains. Ce sont ces chiffres qui servent de base pour fixer les prix des spots publicitaires nationaux.

Mais, pour les spots locaux, les chiffres nationaux n'ont pas d'intérêt. Les annonceurs ont besoin de mesures d'audience plus fines, marché télévisuel par marché télévisuel. Les États-Unis sont en effet divisés en 210 marchés télévisuels, qui varient très fortement en taille (et donc en coût des espaces publicitaires). Le marché télévisuel new-yorkais s'adresse ainsi à 7 millions de foyers, tandis qu'un plus petit marché télévisuel, celui de North Platte dans le Nebraska, par exemple, en compte à peine plus de 15000. Pour savoir ce que les téléspectateurs regardent, Nielsen demande à un échantillon représentatif dans chaque marché de remplir un journal de ce qu'ils ont regardé pendant la semaine. Ces 1,6 million de « journaux intimes de téléspectateurs » (le terme anglais est *TV diary*) sont ensuite dépouillés par les salariés de l'Institut.

La mesure de l'audimat marché par marché est donc une vaste entreprise qui demande du temps et de la précision, et celle-ci ne peut donc pas être effectuée chaque semaine, mais seulement quatre fois par an, lors des fameuses semaines des *sweeps*.

C'est donc pendant les *sweeps* que les *networks* font davantage d'efforts pour gonfler les audiences (et par conséquent leurs recettes publicitaires). Les recettes publicitaires issues des marchés locaux sont assez négligeables face aux recettes générées par les campagnes publicitaires nationales, mais les *sweeps* sont aussi une façon de s'assurer de la loyauté des *affiliates* (*cf.* p. 12-13), qui sont, eux, très dépendants financièrement des recettes publicitaires locales. En outre, les mesures d'audience des *sweeps* sont très précises et largement diffusées dans les médias. Elles sont donc un argument essentiel dans les négociations autour du prix des spots nationaux lorsque les campagnes sont longues et planifiées très à l'avance mais aussi dans la décision de renouveler une série pour la saison ou la moitié de saison suivante.

En effet, la mi-saison (*midseason* en anglais) est aussi un moment important de l'année télévisuelle américaine. La mi-saison, comme son nom l'indique, marque la moitié de la saison ! Elle a lieu après le « break de Noël », fin janvier-début février, et c'est le moment où les *networks* changent en partie leurs grilles de programme. Une série peut changer d'horaire, ou alors être annulée, apparaître ou, de plus en plus souvent aujourd'hui, réapparaître.

Par exemple, *24 heures chrono* (*cf.* p. 135) et *Lost* (*cf.* p. 265) sont des séries qui ne sont diffusées que pendant la seconde moitié de la saison sur Fox et ABC, la première moitié de la saison dans leur case horaire étant occupée par une émission de télé-réalité.

Ce changement dans la grille des programmes à la mi-saison permet donc d'annuler des séries qui n'ont pas marché auprès du public, d'essayer d'autres créneaux horaires pour des séries installées mais qui perdent des téléspectateurs face à la concurrence (*cf.* p. 46-47).

Le contenu des différents épisodes des séries américaines est donc fortement dépendant du moment où ces derniers sont diffusés pour la première fois. Pour coller au quotidien des téléspectateurs, la plupart des séries proposent également des épisodes spéciaux à la fin du mois d'octobre pour Halloween, qui ont souvent une teneur plus « sombre » ou fantastique, ou montrent les personnages célébrer cette fête très populaire aux États-Unis. En novembre, c'est le moment des « épisodes de Thanksgiving », qui montrent le plus souvent les personnages célébrer cette fête patriotique et familiale, et le ton est en général à l'union et à l'effusion de sentiments. Enfin, en décembre, c'est le moment des « épisodes de Noël », où l'on assiste souvent à des « miracles », des contes ou des moments de grande générosité, dans la droite ligne de l'un des films les plus populaires aux États-Unis (et diffusés plusieurs fois sur différentes chaînes au moment de Noël) : *La vie est belle*, de Frank Capra (1946), avec James Stewart. Certaines séries proposent aussi des épisodes spéciaux pour la Saint-Valentin, le Superbowl, le *spring break*, etc.

Tout cela est bien joli, mais… parlons chiffres !

Parlons chiffres !

Il est assez difficile d'obtenir des chiffres précis sur les accords commerciaux passés entre diffuseurs, producteurs et annonceurs. Toutefois, on peut procéder à quelques estimations.

Money, money, money !

Tout d'abord, les séries sont les programmes télévisés les plus coûteux. En effet, en une journée, on tourne 5 épisodes de jeux, 4 épisodes de talk-shows lorsque ceux-ci ne sont pas en direct, 1 épisode de soap opera, mais il faut au minimum une semaine pour tourner un épisode de série, qui fait suite à plusieurs semaines de travail d'écriture de la part des scénaristes.

Les programmes de télé-réalité coûtent moins cher que les séries, car il n'y a ni acteurs ni scénaristes à rémunérer…

Le budget d'une série est extrêmement variable selon qu'elle est tournée uniquement en studio ou principalement en extérieur, selon le nombre d'acteurs impliqués et leur popularité, selon qu'il y a ou non recours à des effets spéciaux, etc. On peut néanmoins estimer le coût du tournage d'un épisode de série dramatique aux alentours de 1,5 million de dollars et celui d'un épisode de sitcom aux alentours de 700 000 dollars.

L'exception qui confirme la règle

L'une des séries les plus rentables de l'histoire a sans doute été *The Cosby Show* (*cf.* p. 159). Programme le plus regardé aux États-Unis dans la seconde moitié des années 1980, cette sitcom avait un coût de production faible, du fait de décors identiques et peu nombreux (le salon et la cuisine de la famille Cosby, parfois la chambre des parents ou de l'un des enfants), beaucoup d'acteurs principaux mais dont la plupart étaient des enfants et des adolescents, pas d'effets spéciaux. On peut donc estimer son coût de production à l'époque à un maximum de 500 000 dollars par épisode. Or, en 1998, 30 secondes de spots publicitaires pendant cette série étaient vendues au prix de 400 000 dollars ! Étant donné qu'il y a 8 minutes de publicité par épisode, *The Cosby Show* rapportait donc aux alentours de 6 millions de dollars par semaine à la chaîne, soit 12 fois son coût… À raison de 24 épisodes par saison, les Cosby ont rapporté environ 144 millions de dollars en une saison à NBC, rien qu'en recettes publicitaires lors de la première diffusion !

Cet exemple est évidemment une exception dans l'histoire de la télévision américaine et, même à la fin des années 1980, où les coûts de production étaient plus faibles qu'aujourd'hui et les audiences moins dispersées, les spots publicitaires coûtaient en moyenne aux annonceurs 130 000 dollars pour 30 secondes. Toujours en 1988, les dépenses publicitaires sur support télévisuel représentaient un total de 150 milliards de dollars, dont 95 % ont été empochés par les *networks*.

La première diffusion est décisive !

De nos jours, les coûts de production se sont envolés, et les coûts des spots publicitaires ont certes également augmenté mais pas dans les mêmes proportions.

Néanmoins, il faut retenir que c'est avant tout le nombre de téléspectateurs rassemblés en première diffusion aux États-Unis qui détermine le sort d'une série. La vente de DVD, de produits dérivés et la vente des séries américaines à l'étranger n'ont aucune influence sur les décisions des programmateurs américains. Elles permettent simplement de rapporter davantage d'argent aux producteurs de la série.

Ce sont donc les téléspectateurs américains que les séries doivent attirer, séduire et fidéliser…

Addiction en série

Les revenus des *networks* sont donc générés par la publicité. Pour maximiser ces recettes, il faut donc que ces chaînes attirent le plus grand nombre possible de téléspectateurs, et l'histoire des médias américains leur a rapidement montré que ce sont les fictions « sérialisées » qui ont les faveurs du public. En effet, dans *Feuilletons et séries à la télévision française – Généalogies*, Régine Chaniac et Jean Bianchi définissent une série comme des « ensembles d'œuvres télévisuelles conçues pour être diffusées en fragments clos, [où] chaque épisode raconte une histoire complète, la continuité […] étant assurée par la permanence d'un ou de plusieurs personnages et d'un thème dominant [1] ».

Des ami(e)s imaginaires

Nous avons vu plus haut les astuces utilisées par les scénaristes pour maintenir les téléspectateurs, les empêcher de changer de chaîne et leur donner envie de voir l'épisode suivant. Mais ces « pièges » tendus par les scénaristes ne peuvent pas complètement fonctionner si le programme dans son ensemble ne plaît pas au téléspectateur, et cette attirance se décide d'abord et avant tout en fonction de ce que « dégagent » les personnages principaux. Il faut que ceux-ci soient beaux, certes, mais cela n'est pas une condition nécessaire : il faut surtout qu'ils aient une personnalité intéressante, du bagout et du charisme.

Et cela marche sur les Américain(e)s comme sur les Français(es) : en juin 2009, les Français ont en effet élu Hugh Laurie et Lisa Edelstein

1. Jean Bianchi et Régine Chaniac, *Feuilletons et séries à la télévision française – Généalogies*, Rapport INA-IRPEACS/CNRS, 1989.

acteurs les plus « glamour » du petit écran, alors que leurs physiques à l'un et à l'autre, certes pas désagréables, sont loin de la perfection des magazines de mode ou même des jeunes premiers et premières du cinéma. Mais... ils ont un charme fou, beaucoup d'esprit, d'intelligence, de pouvoir, etc.

Bref, on pourrait dire qu'il en va des stars de cinéma et du petit écran comme des rencontres dans la vie : on est attiré au premier abord par quelqu'un d'extraordinairement beau (ou à la plastique irréprochable... ou les deux), mais cette attirance est le plus souvent de l'ordre de la passade. Pour avoir envie de revoir quelqu'un toutes les semaines, sur des années, il faut... plus que ça !

Les séries télévisées permettent en effet de développer des personnages sur la longueur, de les faire vieillir, évoluer... au même rythme que les acteurs qui les interprètent et que les téléspectateurs qui les regardent.

Les jumelles Olsen (Ashley et Mary Kate) ont ainsi grandi sous nos yeux en partageant le rôle de l'adorable Michelle dans *La Fête à la maison* (*cf.* p. 160), sitcom familiale des années 1980 dans laquelle elles ont débuté à l'âge de 6 mois et qui s'est terminée quand elles avaient 9 ans (et continuent depuis lors leur vie sous les projecteurs). Du côté des adultes, au cours des dix années qu'a duré *Friends* (*cf.* p. 171), nous avons vu tous les acteurs changer de poids (Matthew Perry en particulier), de coupe de cheveux (Jennifer Aniston en particulier), et gagner en maturité. Certains acteurs meurent également pratiquement à l'écran, tel John Spencer dans *À la Maison-Blanche* (*cf.* p. 76), que l'on voit de plus en plus fatigué au cours de la saison 7, et qui est mort d'un arrêt cardiaque pendant le tournage de la saison. Les scénaristes ont dès lors intégré son décès à l'intrigue avec beaucoup de talent et de respect.

Cette « relation de longue durée » entre les téléspectateurs et les personnages de série crée des liens affectifs indéniables, même si tout le monde (ou presque) sait bien que ces personnages n'existent pas. Leurs histoires n'en sont pas moins réelles, et les lettres de fans adressées aux acteurs sont souvent pleines de remerciements pour les avoir aidés à résoudre tel ou tel problème, telle ou telle crise. Ainsi, Terence Knox, qui interprétait le sergent Zeke Anderson dans la série *L'Enfer du devoir* (CBS, 1987-1990), a raconté avoir reçu des centaines de courriers d'anciens combattants de la guerre du Vietnam le remerciant de leur avoir permis d'aborder le sujet de la guerre avec leur famille et de donner une image positive (même si historiquement très fausse) de leur rôle « là-bas ».

Les fans

C'est dans ces cas que les analyses des réactions des téléspectateurs (des données qualitatives et pas seulement quantitatives, recueillies par les *networks* ou par l'Institut Nielsen) sont utiles : elles permettent en effet de déceler les séries qui sont regardées par un petit nombre de téléspectateurs, mais qui sont très enthousiastes. C'est ce que l'on appelle la *fan base* d'une série.

Les *fan bases* sont particulièrement importantes pour les séries de science-fiction (*cf.* chapitre 17). Ces séries rassemblent en effet rarement un très grand nombre de téléspectateurs, mais ceux qui les regardent sont extrêmement fidèles et attentifs, et de plus ils sont très souvent de gros consommateurs de produits dérivés. Ils sont donc une cible intéressante (mais exigeante) pour les chaînes de télévision.

Des séries comme *Star Trek* (*cf.* p. 285) – et ses multiples *spin-offs* – *Buffy contre les vampires* (*cf.* p. 280), *Battlestar Galactica* (*cf.* p. 290), ou encore *Lost* (*cf.* p. 265) ont des *fan bases* très actives, qui s'expriment à travers une multitude de sites internet et de forums, éditent des fanzines ou des *fanfics* (fictions écrites par un fan reprenant l'« univers » d'une série, d'une bande dessinée, d'un film existant) et organisent des « conventions » pour se rassembler et parler de leur série favorite. La plus grande et la plus connue d'entre elles est le Comic-Con, qui regroupe chaque année à San Diego les *geeks* du monde entier, qui sont très souvent des fans d'une ou plusieurs séries (généralement de science-fiction, *cf.* p. 55 et chapitre 17).

Lorsque leur série préférée menace d'être annulée, ou est annulée, les *fan bases* se mobilisent pour tenter de faire changer d'avis les dirigeants de la chaîne. L'action récente la plus spectaculaire a été menée par les fans de la série *Jericho* en mai 2007. *Jericho* est un feuilleton à suspense qui porte le nom d'une petite ville du Kansas dans laquelle les habitants tentent de s'organiser après que des bombes atomiques ont détruit les principales villes des États-Unis et que tous les appareils électroniques ont cessé de fonctionner. Lors de sa première saison, la série ne séduisit en moyenne que 9,5 millions d'Américains, perdant surtout de plus en plus de téléspectateurs au fil des semaines, ce qui conduisit CBS à annoncer le 16 mai 2007 qu'il n'y aurait pas de seconde saison.

À cette annonce, les fans de la série se mobilisèrent grâce aux multiples sites internet déjà consacrés à la série et au forum du site officiel de CBS, et décidèrent d'envoyer des noix de toutes sortes au siège de la chaîne, en référence à un mot prononcé par l'un des héros de la série dans le dernier épisode diffusé : « Nuts ! », qui est aussi ce qu'aurait dit le général MacAuliffe face à l'offensive allemande pendant la bataille des Ardennes à l'hiver 1944 (en anglais « *nuts* » signifie aussi « dingue »). CBS reçut plus de 20 tonnes de noix, noix de pécan, cacahuètes et autres noisettes en trois semaines. Le 6 juin, la présidente de la chaîne, Nina Tassler, annonça que 7 épisodes supplémentaires de *Jericho* seraient mis en production et diffusés début 2008.

Mais les taux d'audience de cette deuxième saison furent extrêmement bas (6 millions de téléspectateurs en moyenne), et la série fut annulée définitivement. La loi de l'audimat a vaincu les efforts des fans…

Le *geek*, c'est chic

Le *geek* (prononcer « guik ») est un stéréotype qui désigne de façon générale une personne passionnée, voire obsédée, par un ou plusieurs domaines précis et qui a acquis une connaissance exhaustive ou quasi exhaustive sur ce(s) sujet(s), souvent à l'exclusion de tout autre. Ce type de personnalité a vraisemblablement toujours existé, mais cette attitude de « non-conformisme social » s'est développée avec l'explosion de la culture populaire et de l'informatique personnelle dans les années 1980.

Parmi les domaines de prédilection des *geeks*, on trouve en effet l'informatique, les sciences « dures » comme la physique, les mathématiques ou l'astronomie, les *comic books*, les séries et les films de science-fiction (*Star Trek* et *Star Wars* en particulier) ou de *medieval fantasy* (*Le Seigneur des anneaux* en particulier), les superhéros, les jeux de rôle (sur Internet ou en personne), les mangas, etc. Jusqu'à très récemment, le terme de *geek* était assez péjoratif, notamment aux États-Unis, où les « forts en thème » font l'objet de moquerie pour leur maladresse en société (et avec leurs camarades de lycée en particulier). Mais aujourd'hui, la *geek attitude* est devenue source de fierté pour beaucoup, notamment grâce au boom des start-up à la fin des années 1990 et à l'importance de plus en plus grande de la maîtrise de l'informatique et des outils Internet dans la vie quotidienne et le monde du travail.

Dans le domaine de la télévision, les producteurs ont identifié cette tendance dès la fin des années 1990 et tenté de mettre en scène des *geeks* dans un certain nombre de séries télévisées (on peut citer *Freaks and Geeks*, en 1999, ou *Sports Nights* d'Aaron Sorkin, en 1998) et un jeu télévisé (*Beat the Geek*, sur Comedy Central, en 2001), mais tous ces programmes (en dépit de l'excellence des deux séries citées ici) n'ont pas connu de succès commercial.

Il a fallu attendre 2005 pour que le *geek* devienne populaire aux États-Unis grâce à une émission de télé-réalité intitulée *Beauty and the Geek* (que l'on peut traduire par « La belle et la tête »), dans laquelle étaient associés une bimbo sexy et sans cervelle et un *geek* laid et asocial, avec pour but de donner un peu de « culture geek » à la bimbo et d'améliorer les « compétences sociales » et le look du *geek*, cela ayant pour objectif évident de rendre les candidats plus conformes à une certaine normalité sociale…

Cette émission a rencontré un grand succès et a donc généré un certain nombre de séries télévisées mettant en scène des *geeks*, mais qui cette fois ont plu au public américain. En 2007, les *networks* ont ainsi proposé au public une sitcom hilarante, *The Big Bang Theory* (*cf.* p. 174), très inspirée du principe de *Beauty and the Geek*, puisque ses personnages principaux sont une bande de quatre *geeks* et une bimbo blonde, et *Chuck*, série d'espionnage dont le « héros malgré lui » est un *geek*, timide réparateur informatique pour un grand magasin, lui aussi amoureux d'une ravissante jeune femme blonde, mais qui, en tant qu'agent secret, est loin du stéréotype de la bimbo… Ces deux séries, après un démarrage discret, sont en 2009 parmi les séries les plus populaires aux États-Unis. De nombreuses séries très regardées comme *Les Experts : Las Vegas* ou *Bones* (*cf.* p. 206) ont également rendu hommage aux *geeks* dans plusieurs de leurs épisodes ces dernières années.

En France, la « culture geek » est également en train de se populariser, sous l'influence en particulier de la série *Kaamelott* (*cf.* p. 192 et 319), créée par un *geek* autoproclamé et fier de l'être, Alexandre Astier (*cf.* p. 304), qui fait de très nombreuses références à la « culture geek ». Les *geeks* ont même fait l'objet d'un documentaire diffusé en 2007 sur Canal Plus. Cette même année s'est également tenu à Paris le premier Comic-Con français, joliment sous-titré le « Festival des cultures de l'imaginaire ».

Enfin, aux États-Unis, la presse généraliste comme la presse spécialisée consacrent de nombreux articles de fond sur les nouvelles séries que les *networks* lancent chaque année. Les critiques publiées dans des magazines comme *Variety* ou *Entertainment Weekly*, et dans les grands quotidiens comme le *New York Times*, ont du poids : les séries dont l'audience est faible mais les critiques très bonnes seront maintenues à l'antenne, et on leur laissera plus volontiers le temps de trouver leur public.

De même, depuis 2005 et l'accord entre l'Institut Nielsen et TiVo (*cf.* p. 14), les chaînes savent quels sont leurs programmes les plus enregistrés, et ces données peuvent jouer en faveur du maintien d'une série un peu plus longtemps à l'antenne.

Malgré tout, au final, ce sont quand même les chiffres d'audimat (et les recettes publicitaires associées) qui pèsent le plus lourd dans les décisions prises par les programmateurs et les dirigeants des chaînes.

Le miroir de la société

La façon dont les séries représentent telle ou telle catégorie de la population (les Noirs, les Latinos, les juifs, les musulmans, les femmes, les homosexuel(le)s, les familles monoparentales, recomposées, nombreuses, les policiers, les médecins, les avocats, les enseignants, etc.) n'est donc pas anodine, car les téléspectateurs peuvent prendre ces personnages comme référents, modèles, ou simplement s'attacher affectivement à l'un ou l'autre.

Mais si les séries peuvent contribuer à améliorer l'image de telle ou telle catégorie de la population, elles ne peuvent pas non plus être trop en avance sur la société, sous peine de rebuter une trop grande partie du public et d'être annulée.

Il a ainsi été longtemps impossible de montrer à la télévision des Noirs et des Blancs travaillant ensemble sur un pied d'égalité, sans parler d'un Noir commandant un Blanc ou d'un couple mixte. Nous avons également vu que pendant longtemps l'homosexualité de certains personnages (et des acteurs en général) obéissait à la règle du *don't ask don't tell*, et le premier baiser entre deux hommes dans un soap opera, programme favori des mères de famille américaines, date d'août 2007 (dans le soap *As the World Turns*).

Mais outre ces questions – fondamentales, certes – de représentation des minorités à l'écran, l'évolution des séries américaines permet bien plus largement de suivre l'évolution de ce qui est « politiquement correct » dans ce pays.

Par exemple, l'échec retentissant de *Profit* (Fox, 1996) a montré qu'il n'était pas possible alors d'avoir pour personnage principal un psychopathe prêt à – littéralement – tuer père et mère pour grimper les échelons de son entreprise et accéder au rêve américain. Si les séries du câble proposent aujourd'hui sans sourciller – et avec le succès critique qu'on leur connaît – des héros qui sont un assassin mafieux (Tony Soprano) ou même un *serial killer* (Dexter), les « femmes au foyer désespérées » ou encore le Dr House des *networks* (*House* est diffusé sur la Fox, la chaîne qui a retiré *Profit* de l'antenne) font aujourd'hui preuve d'un cynisme et d'une moralité relative qui les rapprochent assez nettement du regretté Jim Profit.

Politiquement correct

Le ton est bien plus libre aujourd'hui à la télévision américaine que dans les décennies précédentes. Sans remonter aux années 1950, ou même à *La Petite Maison dans la prairie* (NBC, 1974-1983, *cf.* p. 246-247), il suffit de comparer *Friends* et *How I Met Your Mother* pour mesurer combien le « seuil de tolérance » sur les *networks* a évolué. Il s'agit en effet de deux sitcoms mettant en scène un groupe d'amis célibataires new-yorkais d'une grosse vingtaine d'années et à la recherche de l'amour. Sauf que… les personnages de *Friends* boivent bien gentiment du café et mangent des muffins au Central Perk, tandis que ceux de *HIMYM* boivent bière sur bière, ou autres cocktails, chez MacLaren's, avouent sans complexe avoir fumé de l'herbe à l'université, fument occasionnellement des cigarettes (pour les filles) ou des cigares (pour les garçons et les filles) et parlent de sexe (et ne font pas qu'en parler !) de façon bien plus libre que leurs « aînés ». Les scénaristes de *HIMYM* jouent aussi ouvertement avec la censure imposée par la FCC aux *networks*, notamment au niveau du vocabulaire. On voit ainsi Ted et Marshall manger des « sandwichs qui font rire » dans leur chambre d'étudiant, ou encore il y a un épisode entier qui repose sur le fait que Ted a traité Lilly de « salope » (*bitch* en anglais), mais cette grossièreté est remplacée dans tout l'épisode par le mot *grinch*, qui est le nom d'un monstre héros d'un livre pour enfants très populaire aux États-Unis, écrit par le Dr Seuss, et tout l'épisode, qui est aussi un épisode de Noël, est un hommage direct au livre de Seuss. Bref, *HIMYM* est une comédie à tiroirs, aux références multiples, et qui joue avec les codes de la censure et du « politiquement correct » avec d'autant plus d'habileté que toute la série est « racontée » par un père à ses enfants, ce qui explique qu'il ne prononce pas certains mots devant eux…

Les rediffusions : la seconde vie des séries

Une série qui a réussi à gagner son public devient un produit dont la consommation n'a pas de limites. Ainsi, lorsqu'une série américaine dépasse les 100 épisodes, elle est revendue sur le marché de la *syndication*, c'est-à-dire achetée par des chaînes spécialisées dans la rediffusion de séries « par paquets ». Ces chaînes, telles Spike TV, Bravo ou TNT, rediffusent des séries par lots de quatre épisodes à la fois, dans la matinée ou la soirée, souvent plusieurs soirs de suite.

Sur ce marché secondaire des programmes télévisés, la même série peut être rediffusée jusqu'à 20 fois par différentes chaînes, à différentes heures, et pendant des années. La série fantastique mythique des années 1950, *La Quatrième Dimension* (*cf.* p. 21 et 262), est ainsi encore régulièrement diffusée sur des chaînes américaines, de même que d'autres séries qui sont devenues des classiques du patrimoine télévisuel américain, et que nous évoquerons plus loin dans cet ouvrage.

Les rediffusions font en général des scores inférieurs à ceux de la première diffusion, mais il arrive aussi qu'elles obtiennent une audience équivalente, voire supérieure. Par exemple, dans les années 1960, *Star Trek* (*cf.* p. 63 et 285) a rassemblé un public assez restreint, mais c'est grâce à ses multiples rediffusions en *syndication* que la série est devenue culte et a généré la franchise que l'on connaît aujourd'hui.

Ventes à l'étranger, édition de DVD, diffusions à la demande

Les séries télévisées américaines sont également des séries qui s'exportent très bien et qui sont diffusées dans la plupart des pays du monde, doublées ou sous-titrées. Cela a été le cas des années 1950, mais les ventes à l'étranger ont pris depuis quelques années une ampleur bien supérieure, car ces programmes rassemblent de vastes audiences et sont de plus en recherchés par les programmateurs non américains, qui, dans un contexte de concurrence accrue et de multiplication des chaînes, achètent de plus en plus souvent les séries avant leur première diffusion aux États-Unis ou au tout début de leur diffusion, sans savoir si elles vont rencontrer le succès. La rapidité de la circulation de l'information sur le Web, les *buzz* générés par telle ou telle série incitent également les diffuseurs étrangers à diffuser les séries américaines de plus en plus rapidement après leur diffusion aux États-Unis (et leur disponibilité sur la Toile).

Quelques mois à peine après la fin d'une saison, les séries sortent en DVD aux États-Unis. Dans les autres pays, les séries américaines sont également rapidement disponibles sous ce format, selon la législation en vigueur. En France, en 2008, la vente de séries télévisées en DVD représentait plus de la moitié des ventes globales de ce type de produit.

Enfin, depuis quelques années, les séries télévisées américaines sont également disponibles « à la demande » sur Internet, gratuitement en *streaming* sur les sites des chaînes de télévision qui les diffusent, ou alors en téléchargement payant sur des sites comme iTunes ou Amazon. De plus en plus d'opérateurs de téléphonie mobile proposent également le visionnage de séries télévisées sur téléphone portable.

Streaming et téléchargement : les nouveaux modes de visionnage des séries télévisées

Le *streaming* et le téléchargement sont deux modes de visionnage de contenus audiovisuels sur Internet.

Le *streaming* ressemble beaucoup au procédé de la télévision, c'est-à-dire que le programme est diffusé sur l'écran du webspectateur, mais celui-ci ne « garde » pas le programme sur son disque dur une fois la vision achevée.

Le téléchargement, lui, est similaire à l'enregistrement sur magnétoscope ou DVD, c'est-à-dire que le programme est stocké sur le disque dur du webspectateur.

Ces nouveaux modes de consommation des séries télévisées en dehors d'horaires fixes de diffusion ont révolutionné les habitudes des téléspectateurs et constituent de nouveaux défis pour l'industrie audiovisuelle en matière de mesure de l'audimat, de tarification, de législation et de rémunération. La longue grève des scénaristes américains à l'hiver 2007-2008 a été provoquée par un conflit entre diffuseurs et scénaristes autour des droits d'auteur appliqués sur ces nouveaux modes de diffusion.

La grève des scénaristes de 2007-2008

Le syndicat des scénaristes américains, la Writer's Guild of America, a connu la deuxième plus longue grève de son histoire (cent jours), entre le 5 novembre 2007 et le 12 février 2008.

Cette grève a totalement paralysé la création des séries télévisées aux États-Unis, car, dans ce pays, pour travailler en tant que scénariste pour la télévision, il faut faire partie de ce syndicat. Cette grève a entraîné de lourdes pertes pour l'industrie du divertissement, en particulier pour la télévision, qui, selon les sources, s'élèveraient entre 380 millions (fourchette basse) et 2 milliards de dollars (fourchette haute).

Les scénaristes réclamaient de toucher davantage de droits d'auteur précisément sur les recettes générées par les nouveaux modes de diffusion, à savoir l'édition de DVD et la diffusion sur le Web et les téléphones portables.

Cette grève a été très largement médiatisée, a bénéficié du soutien de nombreuses stars du grand et du petit écran, et s'est soldée par une victoire des scénaristes et un nombre d'épisodes inférieurs à la moyenne pour la saison 2007-2008. Cette grève a aussi sans doute quelque peu grippé le processus de sélection des nouvelles séries pour la rentrée 2008 et explique en partie que les nouvelles séries proposées par les *networks* en septembre 2008 aient été assez médiocres dans l'ensemble.

Chapitre 3

Une brève histoire des séries

Dans ce chapitre

- Les petites et grandes révolutions de l'histoire des séries
- À chaque décennie sa tonalité : politique, noire, épicée, réaliste…
- Création et invention au pays du petit écran

Les séries ont une histoire. Une histoire liée à celle de la télévision, mais également à celle de la société en général, et qui s'inscrit aussi dans la mémoire et l'histoire des téléspectateurs particuliers que nous sommes tous. Leur évolution et leurs révolutions sont mues par l'époque qui les ont vues naître, par les événements sociaux qui ont rythmé l'histoire de la société, tout autant que par les modes de diffusion et de visionnage.

La période « classique » : 1960-1978

Nous avons raconté p. 17 à 22 l'« invention de la série télévisée », qui correspond au premier âge d'or des séries télévisées : les années 1950. Voyons quels ont été les ressorts des séries des deux décennies suivantes.

Les années 1960 : l'ombre portée de la guerre froide

Les séries produites dans les années 1960 sont très marquées par l'atmosphère de guerre froide qui règne dans le monde occidental. *La Quatrième Dimension* (*cf.* p. 21 et 262), série qui commence en 1959, comporte des épisodes qui sont des commentaires directs de la guerre froide. Par exemple, un épisode intitulé « The Shelter » (L'Abri), diffusé le 29 septembre 1961, en pleine folie de construction d'abris antiatomiques aux États-Unis, raconte comment une famille américaine « typique » refuse de partager son abri avec ses voisins, avec qui elle est pourtant très amie, et les laisse ainsi potentiellement mourir dehors lors d'une supposée attaque nucléaire, qui se révèle n'être en fait qu'un exercice... À la fin de l'épisode, la famille sort de l'abri et fait face à ses voisins : leurs relations ne seront plus jamais les mêmes... Ce commentaire direct des conséquences de la peur sur les valeurs américaines traditionnelles de solidarité et de bon voisinage est un exemple parmi d'autres d'engagement politique de la part des scénaristes de télévision.

Des séries plus « divertissantes » sont elles aussi typiques de la période de guerre froide. À la suite des succès au box-office de la « série » (eh oui, déjà!) des *James Bond*, le petit écran américain produit un grand nombre de séries mettant en scène des espions. *Des agents très spéciaux* (*The Man From UNCLE*, NBC, 1964-1968), avec Robert Vaughn et David McCallum (qui joue aujourd'hui le médecin légiste dans *NCIS* (*cf.* p. 207) ; d'ailleurs, dans un épisode, un personnage demande à qui McCallum ressemblait quand il était jeune, et il s'entend répondre « Ilya Kuryakin », le nom de son personnage dans la série!), est une série en outre basée sur une idée originale de Ian Fleming, le créateur de James Bond en littérature. La série met en scène un espion américain et un espion russe qui travaillent ensemble sous les ordres d'un Britannique et combattent le crime et, surtout, sauvent un innocent malencontreusement pris dans une histoire qui le dépasse. Comme les autres espions de série que nous allons mentionner, les deux héros utilisent essentiellement la ruse, des gadgets et des déguisements pour parvenir à leurs fins.

Les Espions (*I, Spy*, NBC, 1965-1968) met également en scène deux espions qui parcourent le monde pour accomplir leur mission, sauf qu'ils sont ici tous deux Américains et que l'un est Blanc et l'autre Noir. C'est le premier grand rôle de Bill Cosby (*cf.* p. 307) à l'écran, et la première fois qu'un acteur afro-américain partage la vedette d'une série dramatique aux États-Unis.

Mission : Impossible (CBS, 1966-1973) est LA série d'espionnage mythique des années 1960. Son générique, sur la composition célèbre de Lalo Schifrin et montrant « simplement » une mèche qui se consume, est resté dans toutes les mémoires. Cette série raconte les aventures d'une demi-douzaine d'experts – américains – en techniques d'espionnage diverses (costumes, maquillage, technologie, explosifs, etc.) dans des pays étrangers fictifs pour faire triompher le bien et la liberté, dans la plus pure optique « guerre froide ». Signe des temps, l'un de ces experts – et pas n'importe lequel, celui qui est le plus calé en électronique et possède sa propre entreprise – est interprété par un acteur afro-américain. *Mission : Impossible* est une série d'« action » dans la mesure où les dialogues sont brefs et rares, mais ce n'est en aucun cas une série violente, et l'accent est mis bien davantage sur l'intelligence et la ruse que sur la force pour accomplir les diverses missions. Cette série a fait l'objet d'un remake à la fin des années 1980 (*Mission : Impossible, la deuxième génération*, ABC, 1988-1990), ainsi que de trois adaptations au cinéma entre 1996 et 2006, avec Tom Cruise en premier rôle.

Max la Menace (*Get Smart!*, CBS, 1965-1969, NBC, 1969-1970) est la série d'espionnage le plus ouvertement comique et déjà parodique, créée par Mel Brooks, génie de la comédie à l'américaine. Elle raconte comment l'agent 86, Max, espion catastrophiquement incompétent, et sa partenaire et garde-fou, l'agent 99, parviennent tant bien que mal à déjouer les plans des « méchants ».

Enfin, la dernière grande série d'espionnage des années 1960 est déjà une série hybride : *Les Mystères de l'Ouest* (*cf.* p. 30 et 244), qui mêle l'ambiance du western à l'humour et aux gadgets des séries d'espionnage.

Les Britanniques ont eux aussi fait de très bonnes séries de « guerre froide » dans les années 1960, avec notamment *Chapeau melon et bottes de cuir* (*cf.* p. 84) et *Le Prisonnier* (*cf.* p. 85).

Outre les séries d'espionnage, les années 1960 sont de bonnes années pour les séries de science-fiction, qui surfent sur l'engouement autour de la « nouvelle frontière » : l'espace, avec *Star Trek* (*cf.* p. 285), ou sur la paranoïa d'être envahis par des communistes – ou des extraterrestres – qui nous ressemblent terriblement, avec *Les Envahisseurs* (ABC, 1967-1968).

Star Trek, une vision révolutionnaire du futur

L'équipage de l'*Enterprise*, qui explore l'espace en « allant courageusement là où aucun homme n'est jamais allé », est un équipage multiracial (une Noire, un Japonais, un Russe, un Écossais, et même un métis extraterrestre en la personne de Spock), d'une diversité jamais vue à l'écran jusqu'alors (et il faudra attendre plusieurs dizaines d'années pour retrouver une telle diversité) et qui préfigure nettement que l'Amérique du XXIIIe siècle sera multiraciale. Ce message politique fort est renforcé par le fait que c'est dans cette série, en 1968, que l'on verra le premier baiser entre un homme blanc (le capitaine Kirk) et une femme noire (le lieutenant Uhura) sur le petit écran, un an seulement après que Sidney Poitier a reçu l'oscar du meilleur acteur pour *Devine qui vient dîner ?*.

Les Envahisseurs raconte la quête désespérée de David Vincent pour convaincre ses concitoyens que « le cauchemar a déjà commencé », c'est-à-dire que la Terre a été envahie par des extraterrestres qui veulent la coloniser. Le parallèle avec la « chasse aux communistes » dans l'Amérique de la guerre froide est évident (*cf.* p. 282).

Les extraterrestres ou les créatures étranges envahissent également les sitcoms familiales des années 1960. Là où les années 1950 décrivaient des familles « classiques » (le papa, la maman et deux ou trois enfants), les familles télévisées des années 1960 sont beaucoup plus « originales », voire franchement bizarres. Dans *Mr. Ed* (CBS, 1961-1966), Wilbur et Carol

Post vivent avec un cheval qui parle (mais que seul Monsieur entend), dans *My Favorite Martian* (CBS, 1963-1966), un jeune journaliste vit avec un extraterrestre aux multiples pouvoirs venu étudier les humains, et dans *I Dream of Jeannie* (NBC, 1965-1970), un astronaute (interprété par Larry Hagman, le futur JR de *Dallas*) libère par inadvertance un génie, qui a les traits d'une jeune femme blonde fort avenante, et se retrouve forcé de vivre avec elle. La censure de l'époque a accepté de laisser passer cette histoire d'un homme et d'une femme vivant sous le même toit en dehors des liens du mariage (car Jeannie dormait dans sa bouteille!), et la jeune femme porte donc un costume pour le moins « exotique » – et sexy – à condition que l'on ne voie pas son nombril!

Le nombril du monde

De 1930 jusqu'à la fin des années 1960, l'industrie du cinéma – puis de la télévision – a été soumise à une censure dictée par le code Hays, qui interdisait notamment de montrer le nombril des femmes. Will H. Hays était en effet un fétichiste du nombril, et cette particularité a défini une bonne partie de la mode et du glamour pendant toute cette période (les tailles hautes, pour les bikinis en particulier, dérivent de l'esthétique cinématographique dictée par le code Hays) !

Ce recours aux créatures fantastiques permet de parler métaphoriquement des transformations de la structure familiale américaine, notamment sous l'augmentation du nombre des divorces. Mais cette apparition du fantastique dans la vie de tous les jours touche aussi des séries qui mettent en scène des structures familiales ultra-traditionnelles comme dans *Ma sorcière bien-aimée* (*Bewitched*, ABC, 1964-1972), où les pouvoirs magiques de Samantha permettent de parler des tâches harassantes d'une femme au foyer et des problèmes de « belle-famille », ou encore dans *La Famille Addams* (*The Addams Family*, ABC, 1964-1966), où il est constamment question d'amour malgré les différences et les manies des uns et des autres (*cf.* p. 153).

Dans ce monde en plein bouleversement, restent quand même sur le petit écran des figures paternelles et tutélaires, gardiennes des valeurs et de l'autorité. Dans le domaine de la loi, c'est *Perry Mason* (CBS, 1957-1966, *cf.* p. 212), éternel défenseur de l'innocent accusé à tort, avocat qui mène lui-même l'enquête pour non seulement sauver son client, mais surtout faire éclater la vérité, et dans le domaine de la médecine, c'est le séduisant *Dr Kildare* (NBC, 1961-1966, *cf.* p. 226), interprété par le tout jeune Richard Chamberlain, qui apprend son métier auprès du Dr Gillespie, plus âgé et plus expérimenté. Nous reviendrons sur les séries judiciaires et les séries médicales plus loin dans cet ouvrage (*cf.* chapitres 14 et 15).

Les années 1970 : noir, c'est noir...

Les années 1970 aux États-Unis sont une période de radicalisation de la contestation et de désillusion : l'Amérique a perdu au Vietnam, les Black Panther ont succédé à Martin Luther King, l'héroïne à l'herbe et au LSD, la crise économique éclate, Nixon a menti lors du Watergate, etc.

Le « film noir » explose sur les écrans américains, ainsi que les films d'horreur. À la télévision, les formes sont moins radicales mais n'en sont peut-être que plus efficaces...

Les grandes sitcoms des années 1970 abandonnent la métaphore du fantastique et abordent de front les problèmes et les évolutions de la société américaine : *All in the Family* (CBS, 1971-1979, *cf.* p. 156) montre l'affrontement quotidien entre Archi Bunker, petit Blanc d'âge moyen, raciste « comme tout le monde » et macho « sans y penser » avec sa fille et son gendre, deux « hippies » anticonformistes (mais qui pourtant vivent chez papa et maman, faute d'argent). Inconnue en France, cette série fut le programme le plus regardé aux États-Unis entre 1971 et 1976 et parle des grands problèmes de société de l'époque, dont beaucoup sont encore d'actualité aujourd'hui. Tous ses acteurs principaux ont remporté au moins un Emmy Award.

Roots (1977)

Cette minisérie est très importante dans l'histoire de la représentation des Noirs à la télévision américaine. Cent millions d'Américains ont regardé cette adaptation du best-seller d'Alex Haley, dans lequel il raconte l'histoire de sa famille depuis l'enlèvement de son ancêtre Kunta Kinte en Afrique à l'installation de sa famille, quatre générations plus tard et après la guerre de Sécession, dans le Tennessee comme propriétaires libres de leurs terres.

Cette sitcom donnera naissance à deux *spin-offs* : *The Jeffersons* (CBS, 1975-1986), première sitcom mettant en scène une famille noire (*cf.* p. 157), et *Maude* (CBS, 1972-1978, *cf.* p. 156), première sitcom dans laquelle l'actrice principale subit un avortement !

Autre grande sitcom « révolutionnaire » des années 1970 : *The Mary Tyler Moore Show* (CBS, 1970-1977, *cf.* p. 177), qui est la première sitcom à sortir du cadre familial traditionnel pour narrer les aventures d'une jeune femme célibataire dans le milieu professionnel. Féministe ? Oui, absolument. Et drôle, aussi.

Troisième sitcom révolutionnaire : *M*A*S*H* (CBS, 1972-1983, *cf.* p. 178). Basée sur le film éponyme de Robert Altman qui a reçu la Palme d'or en 1970, cette sitcom raconte les aventures particulièrement loufoques de médecins et d'infirmières militaires pendant la guerre… de Corée. Évidemment, le ton profondément antimilitariste ne trompe personne et les Américains se délectent de cette critique pratiquement en direct (la série commence alors que la guerre au Vietnam n'est pas tout à fait terminée) de la guerre et des règlements militaires absurdes. Les personnages ont également un rapport très libre à la sexualité. Cent cinq millions d'Américains seront devant leur petit écran le 28 février 1983 pour regarder le dernier épisode de cette série. Un record.

Du côté des drames, le ton s'assombrit également. La frontière entre flic et voyou, entre le bien et le mal, entre la loi et la justice, est de plus en plus ténue dans des séries comme *Starsky et Hutch* (ABC, 1975-1979), *Les Rues de San Francisco* (*The Streets of San Francisco*, ABC, 1972-1977) ou encore *Kojak* (CBS, 1973-1978). Enfin, *Columbo* (1971-2003) est une série de téléfilms à la structure et au personnage principal récurrents (*cf.* p. 198) que l'on pourrait qualifier de « révolutionnaire » au sens marxiste du terme, puisqu'il s'agit toujours de l'histoire d'un petit flic mal sapé qui roule dans une poubelle (une voiture française en Amérique, imaginez donc !) et qui fait tomber les riches et les puissants qui pensent être plus intelligents que le reste du monde.

Kung Fu, une série à part

Dans la mythologie américaine, le justicier qui parcourt le pays de ville en ville en quête de rédemption et fait le bien partout où il passe brièvement est une figure récurrente qui a donné lieu à de très nombreuses séries (des bonnes comme *Le Caméléon*, et des mauvaises comme *Le Rebelle*, *cf.* TF1 un samedi en début d'après-midi…). *Kung Fu* (ABC, 1972-1975) s'inscrit dans cette lignée, mais avec un charme tout à fait particulier. David Carradine, qui nous a quittés tout récemment, y interprétait un métis américano-chinois, élevé dans un monastère shaolin, qui parcourt l'Ouest américain des pionniers (nous sommes à la fin du XIXe siècle) à la recherche de son demi-frère, Danny, en fuyant des assassins chinois avides de revanche, mais en en profitant pour faire le bien et rétablir l'ordre et la justice « en passant », tout en nous délivrant la leçon de sagesse orientale zen de la semaine, grâce à des flash-back pleins de nostalgie mettant en scène « Petit Scarabée » et maître Pô. Série à la croisée du western, du film d'arts martiaux et de l'odyssée, la naïveté (ou la sagesse, selon les points de vue) de la morale de chaque épisode, plus de trente ans plus tard, a assez bien vieilli et le magnétisme de David Carradine opère toujours.

Mais il n'y a (heureusement ?) pas que des séries « perturbantes » à la télévision américaine dans les années 1970. On peut aussi y voir des séries d'action divertissantes mettant en scène des superhéros : *Hulk (The*

Incredible Hulk, CBS, 1978-1982), *Wonder Woman* (ABC, puis CBS 1975-1979), *L'Homme qui valait 3 milliards* (*The Six Million Dollar Man*, ABC, 1974-1978) et son équivalent féminin *Super Jaimie* (*The Bionic Woman*, ABC, 1976-1978). En France, ces séries ont fait les beaux jours des après-midi de TF1, M6 et La Cinq entre la fin des années 1980 et le milieu des années 1990. Et, à l'exception de *L'Homme qui valait 3 milliards*, elles ont toutes fait l'objet d'adaptations récentes au cinéma ou à la télévision. Comme quoi, ce ne sont pas toujours les œuvres les plus intéressantes qui restent dans les mémoires ou font fonctionner le tiroir-caisse…

Dans la catégorie « série rassurante », citons *Happy Days* (ABC, 1974-1984), sitcom qui offre une vision nostalgique et lisse des années 1950 (*cf.* p. 167) et *La Petite Maison dans la prairie* (*Little House on the Prairie*, NBC, 1974-1983), vision là aussi ultra-nostalgique et enjolivée de la vie des pionniers dans l'Ouest américain à la fin du XIXe siècle (*cf.* p. 246-247).

Des recettes plus épicées : les séries depuis les années 1980

Les années 1980 : le deuxième âge d'or de la télévision américaine

Lorsque l'on pense aux séries des années 1980, on ne peut s'empêcher de sourire avec nostalgie et condescendance de *Magnum* (*cf.* p. 197), de *Dallas* (*cf.* p. 70 et 119), du *Cosby Show* (*cf.* p. 159), de *Madame est servie* (*cf.* p. 159) et de tant d'autres programmes que nous avalions l'après-midi sans plus y penser qu'au verre de coca siroté en même temps…

Et pourtant… Pourtant, c'est dans les années 1980 que vont être inventés les ressorts d'écriture, les conventions et les inventions qui rendent nos séries américaines d'aujourd'hui si passionnantes et si différentes des films de cinéma. C'est pendant les années 1980 que la série télévisée prend définitivement son indépendance et devient un « art » à part.

De nouvelles façons de regarder la télévision

Cette mutation de la série télévisée se fait sous l'effet de contraintes techniques nouvelles et d'une concurrence accrue pour les chaînes de télévision. En effet, des années 1950 à la fin des années 1970, il y a trois grandes chaînes de télévision aux États-Unis, les *networks* ABC, CBS et NBC, qui se partagent le « gâteau » de l'audimat et des recettes publicitaires, laissant quelques miettes aux chaînes locales dont la plupart leur sont affiliées.

Mais, à partir des années 1980, tout change avec l'apparition quasi simultanée du câble, de la télécommande et du magnétoscope. Regarder la télévision ne sera plus jamais pareil.

Tous les appareils de télévision vendus dans les années 1980 comportent désormais une télécommande qui permet de « zapper » instantanément d'une chaîne à l'autre.

Les différentes façons de regarder la télévision avec une télécommande à la main

Il existe différentes façons de regarder la télévision avec une télécommande à la main. Voyez plutôt :

- le *zapping* : changer de chaîne pour éviter un écran publicitaire ;
- le *flipping* : aller d'une chaîne à l'autre pour voir ce qu'il y a ailleurs ;
- le *muting* : couper le son ;
- le *zipping* : passer les coupures pub en accéléré lorsqu'on a enregistré les programmes ;
- le *cruising* : aller d'une chaîne à l'autre par ennui et pour le plaisir des associations saugrenues ;
- le *switch-hitting* : suivre deux émissions à la fois en passant continuellement d'une chaîne à l'autre.

Le produit phare des années 1980 est le magnétoscope. Produit rare et réservé à un petit nombre de passionnés (riches) dans les années 1970 (1 % des Américains), il devient, grâce à l'invention de la VHS et aux Japonais, un produit de consommation courante dans les années 1980 et deux tiers des foyers américains en sont équipés en 1988.

Le magnétoscope et la télécommande « libèrent » le téléspectateur, qui peut désormais regarder le programme qu'il souhaite au moment où il le souhaite, et accélérer pendant les coupures publicitaires. Le magnétoscope permet également de regarder un programme pendant que l'on enregistre celui qui passe sur une chaîne concurrente. Enfin, la généralisation du magnétoscope permet la commercialisation des premières séries en VHS et… déclenche la plus grande grève de scénaristes américains de l'histoire !

De plus, le progrès technique permet désormais la diffusion de programmes télévisés non plus par ondes hertziennes mais par câble, c'est-à-dire que, moyennant un coût d'installation et un abonnement mensuel, une entreprise vous installe un boîtier qui vous permet de recevoir des chaînes non pas par le réseau hertzien mais par un réseau analogique qui copie le système du téléphone. Le câble permet de multiplier les chaînes de télévision, et par conséquent l'offre de programmes à un horaire donné. En 1980, un foyer américain sur cinq a le câble, et ils sont un sur deux en 1985, et pratiquement 90 % dès les années 1990.

La grève de 1988

Vingt ans avant la grève de 2008, les scénaristes américains avaient déjà arrêté de travailler pendant vingt-deux semaines (la grève la plus longue de leur histoire), pour réclamer d'être rémunérés sur les ventes de VHS et de produits dérivés des séries, car la façon de regarder la télévision et de « consommer leurs produits » avait changé. Mêmes motifs en 2008 (*cf.* p. 59), où les grévistes réclamaient notamment la modification de l'accord passé en 1988...

L'histoire se répète, et l'histoire de la télévision n'est pas un long fleuve tranquille...

À cela s'ajoute la naissance en 1986 d'un nouveau *network*, la Fox, qui allait bouleverser quelque peu le paysage audiovisuel américain en lançant la sitcom familiale corrosive *Mariés, deux enfants* (*Married with Children*, 1987-1997, *cf.* p. 162), en lançant la carrière de Johnny Depp grâce à *21 Jump Street* (1987-1990, *cf.* p. 198), et en diffusant dès 1989 la plus ancienne série encore en production : *Les Simpson* (*cf.* p. 162). La particularité de la Fox par rapport aux autres *networks* est de ne pas proposer de programmes à 22 h, laissant cette case à ses affiliés pour leurs programmes locaux.

Les *networks* sont donc soumis à une concurrence accrue et à des téléspectateurs qui ne sont plus captifs. En 1978, ABC, CBS et NBC se partageaient 92 % de l'audience ; en 1991, ils ne rassemblaient plus que 63 % des téléspectateurs. Fini le temps des scores d'audimat qui frôlaient les 40 %...

Dans les bureaux des *networks*, on parle avec nostalgie d'un certain 11 février 1979 ; ce jour-là, les *networks* se partagèrent la totalité de l'audience : *Autant on emporte le vent* sur CBS (36 %), *Vol au-dessus d'un nid de coucous* sur NBC (32 %) et *Elvis* sur ABC (40 %)... Oui, cela fait plus de 100 %, parce que certaines familles testées par Nielsen (et d'autres sans doute) avaient allumé plusieurs téléviseurs (par exemple pour que Madame puisse regarder Scarlett et Monsieur, Jack Nicholson...)

De fait de cette érosion de l'audimat, les recettes publicitaires chutent dans les années 1980. En 1991, CBS est en déficit de 400 millions de dollars et NBC de 100 millions, tandis que 15 chaînes du câble enregistrent des profits. Pour survivre face à cette concurrence accrue, les *networks* se recentrent dans les années 1980 sur leur activité principale, la fourniture de programmes, et diversifient leur clientèle de chaînes à d'autres que leurs stations affiliées, vers le câble notamment, dont les chaînes ne produisent pas – encore – de séries originales et qui sont nombreuses à se spécialiser dans la rediffusion.

De plus, la plupart des téléspectateurs dans les années 1980 sont des enfants du baby-boom qui ont grandi avec la télévision et ont « avalé » des quantités de séries télévisées, et beaucoup veulent être « surpris » par ce que leur propose ce poste qui n'a plus rien de magique et qui a toujours fait partie de leur quotidien.

Face à ces téléspectateurs plus libres et plus exigeants, les *networks* américains vont devoir proposer des programmes différents et innovants.

De nouvelles façons d'écrire pour la télévision

Les historiens de la télévision ont désigné les années 1980 comme un deuxième âge d'or après celui des années 1950, car c'est le moment où les scénaristes vont inventer une nouvelle façon d'écrire des séries télévisées.

Dallaaas, première révolution

La première révolution en matière d'écriture de fiction télévisée apparaît dès la fin des années 1970 avec un *night-time soap*, *Dallas* (CBS, 1978-1991, *cf.* p. 119). Cette série est en effet la première fiction hebdomadaire avec des épisodes « à suivre » dès sa deuxième saison, en 1979. C'est la première fois que les « faiseurs de télévision » osent faire suffisamment confiance à la mémoire du téléspectateur pour se dire qu'il est capable de se souvenir de ce qu'il a vu non pas la veille, mais sept jours plus tôt ! Les scénaristes de *Dallas* deviennent ainsi des maîtres dans l'art du *cliffhanger*, procédé très rarement utilisé jusque-là et qui va devenir un trait caractéristique de la série télévisée. C'est par ces *cliffhangers* qu'ils parviennent à rendre « accros » la majorité de la population américaine.

Un succès planétaire

80 % des foyers américains (90 millions de personnes) allumèrent leur poste de télévision en 1980 pour regarder le premier épisode de la saison 3 de *Dallas*, après avoir passé tout l'été à se demander « Qui a tiré sur JR ? » (des tee-shirts avec l'inscription « J'ai tiré sur JR » avaient été le succès de l'été !). Ce cliffhanger a fonctionné partout dans le monde lors de la diffusion de Dallas, et, en tout, 360 millions de personnes ont voulu savoir « qui a tiré sur JR » !

Série éminemment ancrée dans son époque, située dans le milieu des producteurs de pétrole texans que la crise des années 1970 a transformé en « nouveaux riches » alors que le reste des États-Unis se bat avec le chômage, *Dallas* traite essentiellement de trois sujets : le pouvoir, le sexe et l'argent, en mettant en scène des personnages caricaturaux et antipathiques. C'est la première fois à la télévision que les personnages principaux ne sont pas des exemples de vertu et de moralité, instaurant une tendance qui va aller en s'amplifiant jusqu'à nos jours. « L'infâme JR » est ainsi, en quelque sorte, le grand-père du Dr House… (*cf.* p. 236)

Enfin, *Dallas* mérite de rester dans les annales pour avoir osé le tour de passe-passe scénaristique le plus « gonflé » de l'histoire de la série télévisée de prime time : à la fin de la saison 7, Bobby, le petit frère « moral » de JR, meurt en sauvant la vie de son ex-mais-future-femme (nous sommes bien dans un soap opera). Cet événement fut un terrible choc pour les téléspectateurs américains, et les audiences de l'année 1985-1986 furent médiocres. Pour tenter de faire revenir les téléspectateurs, les scénaristes révélèrent donc à la fin de la saison 8 que *toute la saison* n'avait été qu'un rêve de Pamela, la femme de Bobby, et que par conséquent celui-ci n'était pas mort ! La saison 9 voit donc le retour de Patrick Duffy dans le rôle de Bobby, et les événements reprendre à la suite de ceux de la fin de la saison 7.

Le « coup du rêve » devint dès lors un cliché dans l'écriture de séries télévisées, permettant aux scénaristes toutes les audaces et toutes les fantaisies sans que cela affecte la continuité et le cours « normal » de l'intrigue.

L'union fait la force : deuxième révolution

La deuxième révolution apparaît avec le premier *ensemble show*, c'est-à-dire une série qui n'est pas centrée autour d'un héros charismatique (comme JR dans *Dallas*), mais sur un groupe de personnages dont l'importance est égale, qui ne sont pas forcément présents à chaque épisode, et dont les lignes narratives s'entrecroisent en permanence. *Hill Street Blues* (1981-1988, *cf.* p. 133 et 199) dépeint dans un style très réaliste (tant au niveau du grain de l'image, qui rappelle les documentaires, que des dialogues, qui empruntent énormément au « langage de la rue » de l'époque) la vie d'un commissariat dans un quartier défavorisé d'une grande ville américaine, avec des personnages ni franchement « bons » ni franchement « mauvais », et un mélange de scènes comiques et tragiques. Si cette série ne rassemble pas un large public, elle séduit néanmoins la critique (elle est la série à avoir remporté le plus de prix en tous genres au XXe siècle !) et les franges les plus riches et les mieux éduquées de la population américaine, cible très recherchée par les annonceurs. Le principe de l'*ensemble show* sera décliné dans l'univers médical avec *St. Elsewhere* (*cf.* p. 228) et dans l'univers judiciaire avec *La Loi de Los Angeles* (*cf.* p. 214), et deviendra pratiquement la règle dans les *dramas* des années 1990.

MTM

Cette société de production a révolutionné l'écriture de la série télévisée. Créée en 1969 par Mary Tyler Moore et son mari Grant Tinker, la compagnie commence par produire dans les années 1970 la sitcom féministe *The Mary Tyler Moore Show* (CBS, 1970-1977), où Madame campe la première *single working girl* du petit écran, une jeune et jolie jeune femme qui ambitionne bien plus de faire carrière que de trouver un mari, puis – entre autres – une série ouvertement « de gauche » et très critique de la société américaine, *Lou Grant* (1977-1982). Dans les années 1980, MTM produit parmi les séries télévisées les plus innovantes et les plus ambitieuses : *Hill Street Blues* et *St. Elsewhere*, ainsi que l'intéressante et mésestimée *Remington Steele*, qui a fait découvrir Pierce Brosnan et a inspiré *Clair de lune* (*cf.* plus bas). Enfin, la dernière production de MTM fut *Le Caméléon*, très belle série des années 1990.

Réflexion et inventivité

Enfin, c'est pendant les années 1980 que la série télévisée devient « réflexive » ou « postmoderne », c'est-à-dire que, pour la première fois, les personnages des séries télévisées s'adressent à leurs téléspectateurs. Les séries télé sont désormais « conscientes » d'être des séries télé. Elles n'essaient plus de faire croire aux téléspectateurs que ce qu'ils voient est la réalité, elles s'adressent parfois à eux comme un conteur qui voudrait réveiller son auditoire. Ainsi, certains personnages de série s'adressent plus ou moins directement aux téléspectateurs, en voix off comme dans *Magnum* (CBS, 1980-1988) ou alors en s'adressant directement aux téléspectateurs face caméra comme dans *Clair de lune (Moonlighting*, ABC, 1984-1988).

Toutefois, même si les années 1980 voient la naissance de petits chefs-d'œuvre d'inventivité, il ne faut pas croire non plus que *toutes* les séries des années 1980 sont révolutionnaires, loin de là…

La grande majorité des séries télévisées des années 1980 véhiculent une morale tout à fait traditionnelle. Les années 1980 sont les années Reagan, celles des *yuppies* de Wall Street qui affichent leur réussite sociale par un style de vie « bling bling », et où les Américains abandonnent le mode de vie hippie des années 1970 pour croire en Dieu, la famille et l'argent (pas nécessairement dans cet ordre). À la suite de *Dallas*, les *night-time soaps* se multiplient, avec leurs cortèges de starlettes hyper-maquillées aux brushings ahurissants dans des décors de rêve comme dans *Dynastie* (ABC, 1981-1989) ou *Côte ouest* (*Knots Landing*, CBS, 1979-1993) (*cf.* chapitre 6 p. 117 et suivantes).

Une série inclassable : *Clair de lune* (ABC, 1985-1989)

Cette série a bien sûr lancé la carrière de Bruce Willis, mais elle est mémorable pour beaucoup d'autres raisons.

Inclassable parce qu'elle appartient sans doute plus au registre de la comédie romantique de type *screwball* (les comédies romantiques des années 1930 à 1950 fondées sur des dialogues extrêmement rapides, futés et pleins de sous-entendus entre deux « amoureux » qui se chamaillent constamment) que de la série policière (même si les deux personnages principaux sont détectives privés), cette série a donné son nom à un effet bien connu des scénaristes de télévision : l'« effet clair-de-lune ». Ce « concept » désigne le fait que l'audimat – et l'intérêt des téléspectateurs – a tendance à baisser quand deux héros « faits pour être ensemble mais qui ne parviennent pas à s'avouer leur attirance mutuelle » réussissent à former un couple. Cet « effet clair-de-lune » – bien que jamais réellement prouvé, même pas dans le cas de *Clair de lune* – explique en grande partie la quantité d'histoires d'amour impossibles et jamais consommées (ou alors furtivement, ou encore « en rêve ») sur nos petits écrans, qui nous font nous ronger les ongles/triturer nos mouchoirs/appeler nos copines en espérant que X et Y s'embrassent enfin… Mais « ils se marièrent et eurent beaucoup d'enfants » est la phrase de fin des contes (sauf si les enfants et/ou les beaux-parents sont insupportables…), et les séries sont des contes télévisés !

La série comprend aussi des épisodes appartenant au genre de la comédie musicale ou à celui du drame shakespearien (avec dialogues et costumes d'époque), des *guest stars* de choix comme Ray Charles, n'hésite pas à filmer ses propres coulisses et à insérer des extraits de vieilles comédies des années 1950 comme *The Honeymooners* (*cf.* p. 148). Ce mélange des genres en fait la première *dramedy* américaine ayant rencontré le succès.

Les dialogues ont été qualifiés de « postmodernes », car ils faisaient souvent des références directes aux scénaristes, à la chaîne, aux tensions connues de tous entre les deux stars de la série, ou aux téléspectateurs eux-mêmes. Par exemple, dans une scène où une femme veut se suicider en jetant un appareil électrique dans son bain, Addison (interprété par Bruce Willis) l'arrête en lui disant : « Mais vous êtes folle ! La chaîne ne vous laissera jamais faire ça, ma p'tite dame ! » Dans une autre, un technicien vient carrément enlever le pistolet des mains du méchant pour sortir les personnages d'une situation délicate, et certains épisodes « laissent la caméra tourner » pendant les changements de décor. Certaines scènes ont également été tournées délibérément en noir et blanc (du jamais vu pour l'époque, à tel point que ABC engagea Orson Welles pour lire un avertissement avant la diffusion de l'épisode. Le célèbre réalisateur mourut quelques jours avant la diffusion de l'épisode, en 1985).

Série inventive, mais parfois incohérente, avec des retards dans l'écriture et le tournage qui obligeaient la chaîne à décaler la diffusion des épisodes, *Clair de lune* finit malheureusement par perdre une trop grande partie de ses téléspectateurs et fut annulée en 1989, laissant Bruce Willis devenir un héros de films d'action… ce qui eut sans aucun doute un effet positif sur son compte en banque mais réduisit assez dramatiquement sa palette de jeu d'acteur…

La mode est aussi aux séries policières légères, copiant le style de *Magnum* (CBS, 1980-1988, *cf.* p. 197) : *L'Agence tous risques* (*The A-Team*, NBC, 1983-1987), *Riptide* (NBC, 1984-1986), aux séries sombres comme *Un flic dans la mafia* (*Wiseguy*, CBS, 1987-1990) et *Deux flics à Miami* (*Miami Vice*, NBC, 1984-1989), ou alors très classiques comme *Rick Hunter* (*Hunter*, NBC, 1984-1991) et *Hooker* (*T.J. Hooker*, ABC, 1982-1985). D'autres types de séries mettent en scène des héros rassurants, aidés par la technologie – de la plus « simple » pour *MacGyver* (ABC, 1985-1992) à la plus coûteuse et complexe dans *K 2000* (*Knight Rider*, NBC, 1982-1986) et *Supercopter* (*Airwolf*, CBS, 1984-1986). Dans l'ensemble, ces séries sont de facture très classique et le « méchant de la semaine » est capturé à la fin de l'épisode.

L'autre grande tendance des années 1980 est la sitcom familiale (*cf.* p. 158), pleine de bons sentiments et assez conservatrice, où les parents tentent tant bien que mal d'éduquer des adolescents turbulents mais pas délinquants et de trouver l'amour/rester un couple uni. On peut citer, entre autres : *The Cosby Show* (NBC, 1984-1992), *Madame est servie* (*Who's the boss ?*, ABC, 1984-1992), *Quoi de neuf, docteur ?* (*Growing Pains*, ABC, 1985-1992), *La Fête à la maison* (*Full House*, ABC, 1987-1995), etc. Ces séries ne traitent jamais de problèmes graves (le racisme, l'anorexie, la drogue, le racket, les problèmes d'argent des parents, un divorce qui se passe mal, etc.) et sont surtout l'occasion de créer des tas d'« enfants-stars », dont certains sont devenus des acteurs à l'âge adulte, comme Alyssa Milano (grâce à une puberté… disons… avantageuse...), d'autres des « people » à plein temps comme les sœurs Olsen, et d'autres encore ont complètement disparu comme les jeunes acteurs de *Quoi de neuf, docteur ?* à l'exception d'un certain… Leonardo DiCaprio, qui avait un rôle récurrent dans la dernière saison.

Dans l'ensemble, la télévision américaine des années 1980 est politiquement correcte et suit les néoconservateurs dans leur campagne pour redonner confiance et fierté aux Américains.

Les années 1990 : le câble s'en mêle

Incontestablement, les années 1990 sont celles des séries télé réalistes. La fin de la guerre froide a paradoxalement laissé place à une Amérique désenchantée. *It's the economy, stupid!* criait-on à George Bush père, qui essayait de voir dans l'effondrement de l'URSS la victoire des valeurs américaines. Après la disparition de leur vieil ennemi, les Américains se retrouvent seuls face à eux-mêmes et l'« homme dans le miroir » a la gueule de bois et des blessures trop longtemps ignorées.

Une bonne dose de réalisme

La série policière et judiciaire *Law and Order* (créée en 1990 sur NBC et toujours en production, ce qui en fait aujourd'hui la plus ancienne série à l'écran, avec des acteurs « de chair » – à la différence des Simpson, qui ne vieillissent pas depuis 1989) est une véritable caisse de résonance des débats légaux et éthiques qui agitent la société américaine et un véritable document sur l'évolution de la ville de New York sur les vingt dernières années (*cf.* p. 210). *NYPD Blue* (ABC, 1993-2005, *cf.* p. 201), *Murder One* (ABC, 1995-1997, *cf.* p. 200), *Homicide* (NBC, 1993-2000, *cf.* p. 202) sont eux aussi de grands drames sombres et réalistes situés dans l'univers de la police, pointant les défauts du « système américain » et montrant ses bas-fonds. Du côté des séries judiciaires, *The Practice* (ABC, 1997-2004, *cf.* p. 217) détaille également les méandres et les grandes questions éthiques soulevées par la pratique du droit à l'américaine. Enfin, *Oz* (HBO, 1997-2003), diffusé sur le câble, est un portrait à la fois lyrique, ultra-violent et sans concession de l'univers carcéral américain, qui fascine par la beauté de sa mise en scène, de ses dialogues, de sa réalisation et du jeu des acteurs, et pétrifie par le discours désenchanté qu'elle tient sur la réalité de la société américaine, ses clivages et sa violence inhérente (*cf.* p. 221).

La tendance réaliste touche aussi les séries médicales avec *Urgences* (*E.R.*, 1994-2009, *cf.* p. 232), qui est une révolution en matière de réalisation : les scènes et les dialogues s'enchaînent à un rythme effréné et la caméra virevolte entre les différentes actions. Le langage du personnel soignant est souvent incompréhensible du profane, mais exact, de même que les cas traités et les actes pratiqués ; le plus intéressant étant sans doute les nombreuses questions morales, politiques et financières auxquelles sont constamment confrontés soignants et patients, avec, en permanence, un regard critique sur le système de santé américain et la dangerosité des armes à feu. Les dernières saisons abordent de front, mais sans manichéisme, la question de la guerre en Irak.

Le montage des séries, et en particulier des *dramas*, devient de plus en plus serré et dynamique à partir de la seconde moitié des années 1990. La grande série décrivant le fonctionnement de la politique au plus haut sommet, *À la Maison-Blanche* (*The West Wing*, NBC, 1999-2006), peut se prévaloir d'un grand réalisme mais aussi d'une virtuosité dans l'écriture et la réalisation qui rendent des dialogues interminables dans des bureaux, et surtout des couloirs, exigus à propos de débats législatifs assommants « cinématographiques » et divertissants.

À la Maison-Blanche (*The West Wing*)

Créée (et écrite quasi intégralement pendant les trois premières saisons) par Aaron Sorkin (*cf.* p. 299), cette série est un genre à part en soi, car c'est la seule série dramatique américaine à avoir réussi le tour de force de rendre les questions de politique nationale et internationale passionnantes, émouvantes, divertissantes, et… compréhensibles ! Si vous voulez enfin comprendre ce que sont les fameuses primaires américaines, et les différentes étapes de l'élection du président aux États-Unis, regardez *The West Wing* !

En sept saisons, *À la Maison-Blanche* raconte le quotidien du cabinet du président Bartlett, entre réformes et gestion des affaires courantes, campagnes de réélection, succès et échec, négociations incessantes et, en bonus, de très beaux discours, des dialogues enlevés et percutants (échangés en marchant dans des couloirs interminables, c'est la marque de fabrique de la série) et un peu d'amour (impossible jusqu'à la fin de la série, évidemment, n'oublions pas l'« effet clair-de-lune » ! *cf.* p. 73).

Très engagée du côté démocrate, cette série, diffusée en 1999 et 2006, offrait aux téléspectateurs anti-Bush l'image d'un président idéal, interprété par le formidable Martin Sheen (lui aussi très engagé dans le camp démocrate et emprisonné à plusieurs reprises pour avoir manifesté contre la guerre en Irak). Le premier épisode de la troisième saison, diffusé trois semaines à peine après le 11 Septembre, intitulé « Isaac et Ismaël », est d'une grande sagesse. Enfin, les deux dernières saisons, diffusées entre 2004 et 2006, racontent la campagne présidentielle pour la succession du président Bartlett d'Arnold Vinnick, un candidat républicain plutôt centriste et assez âgé (interprété par Alan Alda), et de Matt Santos (Jimmy Smits), un jeune démocrate latino au charisme irrésistible, avec une jolie femme et deux jeunes enfants, qui remporte les primaires à la surprise générale et fait des discours destinés à redonner la foi aux Américains… Toute ressemblance avec des événements postérieurs n'est absolument pas fortuite : les scénaristes d'*À la Maison-Blanche* avaient « repéré » Barack Obama dès les primaires démocrates de 2004 et s'étaient inspirés de lui pour construire le personnage de Santos. Le personnage de Vinnick a aussi beaucoup de points communs avec McCain…

Les émois de l'adolescence

À côté de ces grands drames qui dressent un portrait tout en nuances de l'Amérique contemporaine, les années 1990 sont également marquées par l'apparition des *teen dramas*, ces séries qui ont pour personnages principaux des adolescents et se passent essentiellement dans le cadre du lycée. *Beverly Hills* (Fox, 1990-2000, *cf.* p. 134) est l'archétype de ce genre, mais on trouve aussi des sitcoms comme *Sauvés par le gong* (NBC, 1989-1993) et *Parker Lewis ne perd jamais* (Fox, 1990-1993), et des drames plus réalistes comme la magnifique perle *Angela, 15 ans* (*My so-called life*, ABC-1994-1995), la très émouvante *Vie à cinq* (*Party of Five*, Fox, 1994-2000) et la cérébrale *Dawson* (*Dawson's Creek*, WB, 1998-2003). Les *teen dramas* ont également leurs séries de science-fiction comme *Buffy contre les vampires* (WB puis UPN, 1997-2003, *cf.* p. 280) ou encore *Roswell* (WB puis UPN, 1999-2002, *cf.* p. 285), et une version animée et particulièrement caustique avec *Daria* (MTV, 1997-2002).

L'apparition de ce nouveau sous-genre dans les fictions télévisées américaines témoigne d'une segmentation croissante des téléspectateurs, dans un pays où l'on dénombre désormais plusieurs postes de télévision par foyer, où le nombre de chaînes disponibles se compte en centaines, et la création en conséquence de programmes de plus en plus ciblés. Les nouveaux *networks* des années 1990 (WB et UPN, qui ont fusionné en 2006 pour créer The CW) cherchent d'ailleurs, tout comme la Fox, avant tout à conquérir le public adolescent, cible très recherchée par les annonceurs, difficile à séduire mais particulièrement fidèle lorsqu'il « accroche » à une série en particulier.

Retour de la science-fiction et règne de la sitcom

Les années 1990 voient également le retour de grandes séries de science-fiction, genre « oublié » des années 1980, avec de très nombreuses *spin-offs* de *Star Trek* : *Star Trek : The Next Generation* (1987-1994), *Star Trek : Deep Space Nine* (1993-1999), *Star Trek : Voyager* (1995-2001) (puis *Star Trek : Enterprise* (2001-2005) dans les années 2000) ; ainsi que la très populaire *X-Files* (*cf.* chapitre 17).

Les sitcoms parviennent à se renouveler dans les années 1990 et sont même le genre le plus populaire de cette décennie, avec des records d'audience pour *Seinfeld* (NBC, 1989-1998, *cf.* p. 170) et *Friends* (NBC, 1994-2003, *cf.* p. 171), qui appartiennent au sous-genre des séries « amicales » (*cf.* chapitre 11). Les séries familiales perdurent mais adoptent un ton un peu plus réaliste avec *Roseanne* (ABC, 1988-1997, *cf.* p. 161), où les parents ont de vrais problèmes (chômage, notamment) et *Tout le monde aime Raymond* (CBS, 1996-2005), où les beaux-parents sont LE problème (*cf.* p. 164) !

Attention ! Série d'auteur : *Twin Peaks*

Le cinéaste exigeant – et parfois abscons – David Lynch a toujours été fasciné par la télévision et a tenté plusieurs fois l'expérience de l'écriture et de la réalisation de série. Son expérience la plus aboutie est *Twin Peaks* (ABC, 1990-1991). Mêlant enquête policière, suspense, épouvante, film noir, échappées vers le fantastique, comédie et soap, Lynch livre une œuvre qui, comme ses films, ne peut se décrire et doit se « vivre ».

Les débuts des séries sur le câble

Enfin, 1990 constitue un tournant dans l'histoire des séries télévisées américaines. C'est en effet l'année où la chaîne câblée HBO commence à produire ses propres séries, qui reçoivent immédiatement un excellent accueil de la part de la critique et des téléspectateurs les plus riches et les plus éduqués et vont révolutionner le genre.

La particularité des chaînes câblées est qu'elles n'ont pas à se soumettre aux directives de la Federal Communications Commission (FCC), qui imposent deux tabous principaux aux chaînes hertziennes, pour tous leurs programmes : la nudité et le langage « obscène ». Les séries HBO vont donc briser allégrement ces deux tabous mais surtout imposer progressivement le « politiquement incorrect » dans les fictions télévisées américaines.

La première série marquante produite par HBO est *Dream On* (1990-1996, *cf.* p. 179), une comédie « à une caméra », c'est-à-dire sans public (*cf.* p. 144), imaginée par Martha Kaufman et David Crane, qui créeront ensuite la célébrissime *Friends* pour NBC. La particularité de *Dream On*, outre sa liberté en matière de langage et de représentation de la sexualité, est que son héros est un baby-boomer élevé avec la télévision et que ses pensées sont traduites à l'image par des extraits de séries et de films qu'il y a vus (et que beaucoup des téléspectateurs de la série ont vus également). Les archives télévisuelles sont donc utilisées dans cette série comme des références qui créent une proximité avec le téléspectateur et comme des ressorts comiques ou nostalgiques. Cette exploration de la mémoire audiovisuelle des quarante dernières années est également exploitée dans une série contemporaine diffusée sur NBC : *Code Quantum* (1989-1993). Cette série fantastique créée par Donal P. Bellisario (également créateur de *Magnum*, *Supercopter*, *JAG* et *NCIS*) raconte en effet les aventures d'un voyageur temporel, qui sont fortement imprégnées des scénarios de films et de séries entrés dans la « mémoire collective » américaine, et parfois directement calquées sur eux (*cf.* p. 259).

La satire et le politiquement incorrect s'affirment également dans une grande tendance en matière de séries télévisées dans les années 1990 : les séries animées qui passent la société américaine au vitriol, comme *Les Simpson* (*cf.* p. 69 et 162), que nous avons déjà mentionnés, mais aussi des séries encore plus irrévérencieuses diffusées sur le câble, comme *Beavis & Butt-Head* (MTV, 1993-1997) et *South Park* (Comedy Central, depuis 1997) (*cf.* p. 163).

Les années 2000 : troisième âge d'or ou brillant crépuscule ?

(Toutes les séries citées ici seront développées ailleurs dans cet ouvrage.)

Les années 2000 sont incontestablement les années du « politiquement incorrect » et de l'explosion des séries sur le câble. Outre HBO, de plus en plus de chaînes du câble se mettent à produire des séries originales, à commencer par Showtime, concurrente directe de HBO, mais aussi des chaînes spécialisées comme FX, Sci-Fi, TNT, USA et tout récemment AMC.

Les deux grands chefs-d'œuvre de HBO des années 2000, *The Sopranos* (1999-2007, *cf.* p. 222) et *Six Feet Under* (2001-2005, *cf.* p. 267), osent briser les tabous de la mort et du meurtre en décrivant avec empathie le quotidien d'un parrain de la mafia et d'une famille de croque-morts. *The Shield* (FX, 2002-2008, *cf.* p. 204) et *Sur écoute* (*The Wire*, HBO, 2002-2008, *cf.* p. 203) dépeignent avec un réalisme inégalé les eaux troubles dans lesquelles naviguent policiers et criminels.

En matière de sexualité, *Sex and the City* (1998-2004, *cf.* p. 172), toujours sur HBO, donne la parole aux femmes célibataires de plus de 30 ans, avec une liberté et une vérité inouïes. *Queer As Folk* (Showtime, 2000-2005) et *The L Word* (Showtime, 2004-2009) explorent le milieu homosexuel (*cf.* p. 31), tandis que *Nip/Tuck* (FX, depuis 2004, *cf.* p. 239) se complaît dans la mise en scène de toutes les transgressions sexuelles imaginables, tout en s'interrogeant sur la place prépondérante de la beauté physique dans le monde actuel et le caractère trompeur des apparences. *Big Love* (HBO, depuis 2006) raconte le quotidien mouvementé d'une famille de mormons polygames. Même les dealeurs de drogue, grands méchants des séries des années 1980, font l'objet d'un portrait empathique et comique avec *Weeds* (Showtime, depuis 2005, *cf.* p. 223), et *Dexter* (Showtime, depuis 2006) a pour héros un *serial killer* tout à fait sympathique (*cf.* p. 223).

Le « politiquement incorrect » est donc paradoxalement devenu la norme, une norme dont se sont emparés, avec les limites qui sont les leurs (FCC, annonceurs, public plus large), les *networks*.

Même si elles ne vont pas aussi loin dans la transgression morale et la description de personnages hors normes, les séries des *networks* sont de plus en plus politiquement engagées et n'hésitent pas à prendre position contre la guerre en Irak, à dénoncer la corruption à tous les niveaux, à mettre en garde contre le réchauffement climatique et la pollution de l'environnement, contre les excès sécuritaires de l'après-11 Septembre, ou encore à prendre pour cible tous les fanatismes religieux. Les antihéros font florès, à commencer par le charismatique *Dr House* (*House, MD*, Fox, depuis 2004, *cf.* p. 236).

Les deux grandes tendances des séries américaines dans les années 2000 semblent être le caractère « scientifique » des enquêtes policières (*cf.* p. 206), avec la franchise *Les Experts* (CBS, depuis 2000) et *Bones* (Fox, depuis 2005) ou encore *NCIS* (CBS, depuis 2005), et de la médecine avec *Dr House*. Les avancées scientifiques sont présentées comme les armes ultimes pour démasquer les criminels et lutter contre la maladie et la mort. L'autre grande tendance des années 2000 est le retour en force du feuilleton : le *night-time soap* est remis au goût du jour avec *Desperate Housewives* (*cf.* p. 122), mais l'on assiste surtout à l'apparition de feuilletons de genres nouveaux, dans lesquels les ressorts de l'intrigue ne relèvent plus du mélodrame mais du film d'action, comme dans *24 heures chrono* (*cf.* p. 135) et *Prison Break* (*cf.* p. 137), ou du fantastique avec *Lost* (*cf.* p. 265) et *Heroes* (*cf.* p. 279). Cette dernière série témoigne de plusieurs influences nouvelles dans sa structure narrative : les jeux vidéo en particulier et la culture japonaise en général.

Battlestar Galactica (*Sci-Fi*, 2005-2009, *cf.* p. 290) donne un coup de jeune aux voyages intersidéraux et, du côté des sitcoms, alors qu'on les pensait mortes avec la fin de *Friends* et de *Seinfeld*, les excellentes *The Office* (NBC, depuis 2005), *30 Rock* (NBC, depuis 2006), *How I Met Your Mother* (CBS, depuis 2005) et *The Big Bang Theory* (CBS, depuis 2007) prouvent que tous les ressorts comiques n'ont pas encore été épuisés (*cf.* troisième partie).

Enfin, le grand choc de l'année 2007 a été la diffusion de séries «de qualité» pendant l'été, avec *Damages* (FX, depuis 2007, *cf.* p. 221) et *Mad Men* (AMC, depuis 2007, *cf.* p. 255 et 323).

L'histoire des séries est donc longue et pleine de bonnes surprises. Il est vrai que les nouveaux moyens de diffusion, et en particulier Internet, posent des problèmes aux chaînes de télévision, que n'ont pas arrangés la grève de 2008 et la crise économique. La multiplication des remakes de séries des années 1980 et de séries britanniques semble également révéler un manque de créativité de la part des scénaristes et/ou une frilosité plus grande de la part des programmateurs. Néanmoins, comme à la fin des années 1980, on peut espérer que cette «crise» ne soit que passagère et, quoi qu'il en soit, les séries américaines actuelles restent suffisamment nombreuses pour que chacun puisse y trouver son bonheur (*cf.* p. 321).

Chapitre 4

Pendant ce temps, à Londres et à Paris…

Dans ce chapitre

- Le charme britannique pour des séries réussies
- La *French touch* ou la réalité des séries télé en France

Pour toutes les raisons que nous avons évoquées dans les chapitres précédents, les séries télévisées américaines sont élaborées de façon tout à fait spécifique, et les États-Unis sont le seul pays à produire autant de séries télévisées, avec autant d'épisodes par saison, et ces séries sont celles qui s'exportent le plus dans le monde.

Mais tous les pays ayant des chaînes de télévision nationale produisent également des fictions et un grand nombre des fictions à épisodes. Toutefois, aucun ne dispose d'une telle « industrie du divertissement » telle que les Américains l'ont développée à Hollywood, et les « séries » produites comprennent par conséquent un nombre beaucoup plus limité d'épisodes, avec un rythme de diffusion beaucoup moins codifié que celui qui a été mis en place depuis soixante ans aux États-Unis.

À l'exception notable des feuilletons que nous aborderons dans la deuxième partie, les séries non américaines peuvent pour la plupart être qualifiées de « miniséries », c'est-à-dire que, contrairement aux séries américaines *stricto sensu*, elles ont un nombre d'épisodes défini à l'avance (généralement 6, parfois 8 ou 12) et développent une intrigue principale qui est résolue dans le dernier épisode. Dans ces cas, elles sont plus proches des téléfilms que des séries dans leur structure. Toutefois, certaines de ces séries répondent à la définition donnée plus haut, par leur structure, avec des « saisons » et des personnages récurrents.

Nous allons évoquer ici le cas des séries françaises et britanniques, qui sont les mieux connues et/ou les plus populaires en France en dehors des séries américaines, et détailleront certaines d'entre elles dans les autres parties de ce livre.

La Grande-Bretagne, l'autre pays de la (bonne) série

Si la Grande-Bretagne n'a pas Hollywood, les États-Unis n'ont pas la BBC… qui a commencé à produire des fictions télévisées, puis des séries dès les années 1950.

Une brève histoire de la télévision britannique

La BBC (British Broadcasting Corporation) est une entreprise publique, de diffusion de programmes radio d'abord, mais qui dès la fin des années 1930 produit des émissions régulières, suivies en 1939 par 11 000 foyers britanniques. Les émissions reprennent après la guerre, et la BBC jouit d'un monopole jusqu'en 1955, avec la création de la première chaîne de télévision privée en Grande-Bretagne, ITV (Independent Television). Toutefois, la BBC conserve un monopole sur la radiodiffusion jusque dans les années 1970.

Si vous voulez en savoir plus et passer un excellent moment, regardez le film *Good Morning England* (*The Boat That Rocked*, Richard Curtis, 2009), sur la naissance illicite de radios indépendantes concurrentes de la BBC.

En 1964 est créée BBC2, deuxième chaîne publique. En 1982, une nouvelle chaîne privée est créée : Channel Four. Comme aux États-Unis, et sous l'influence des politiques dérégulatrices et ultra-libérales de Margaret Thatcher, les chaînes de télévision se multiplient, sur le câble en particulier, dans les années 1980 et de nouveau depuis quelques années avec le numérique.

Néanmoins, la BBC, ITV et Channel Four restent les producteurs majeurs de séries télévisées en Grande Bretagne.

Le service public à l'anglaise

Depuis les années 1950, la BBC a acquis – à juste titre – une solide réputation de productrice de fictions de qualité. La BBC est financée essentiellement par une redevance payée par chaque foyer britannique et qui s'élevait en mai 2009 à 142,50 livres sterling par an (soit environ 166 euros ; par comparaison la redevance audiovisuelle en France pour l'année 2010 s'élèvera à 120 euros).

La production de fictions télévisées sur la BBC commence dans les années 1950 sous la direction de Val Gielgud, qui était auparavant directeur des fictions radio et qui prit la décision fondamentale de faire des fictions qui aient davantage à voir avec la radio qu'avec le cinéma. Ainsi, comme aux États-Unis, en Grande-Bretagne la série télévisée est héritière de la radio.

Cet héritage a pour conséquence de mettre le scénariste (et non le réalisateur) au centre du système, position qu'il occupe encore aujourd'hui. Dès 1950, Gielgud crée le *script department* de la BBC et salarie des scénaristes pour qu'ils écrivent des « drames » toute l'année pour la télévision. Dans les années 1950, la plupart des drames télévisés étaient joués en direct. En 1954, la BBC adapta *1984*, de George Orwell, qui rassembla 7 millions de téléspectateurs, ce qui en fit le deuxième plus gros succès d'audience, après la retransmission du couronnement d'Elizabeth II (en 1952).

La télévision britannique bénéficie donc depuis les années 1950 d'un vivier de scénaristes, habitués à écrire beaucoup et « au format » télévisé, ainsi que d'un vivier d'acteurs qui pour la plupart naviguent entre le théâtre et la télévision (la tradition de la BBC de faire jouer ses drames en direct a renforcé ces liens). Aujourd'hui encore, les acteurs de télévision britanniques sont le plus souvent excellents, et des stars comme Helen Mirren, Roger Moore, Hugh Laurie et bien d'autres ont longtemps travaillé pour la télévision britannique.

Les grandes séries britanniques

Dès la fin des années 1950, la BBC et ITV commencent à produire des séries télévisées appartenant à trois grands genres : l'enquête policière, le drame historique et la science-fiction. La première série britannique à être parvenue en France et à marquer des millions d'adolescents est *Ivanhoé* (ITV, 1958-1959), qui a lancé la carrière de Roger Moore.

La chanson du générique, qui commençait par un enfant criant « Ivanoooooohé » est encore dans de nombreuses mémoires. Le héros est très proche de Robin des Bois, puisque, dans cette adaptation du roman de Walter Scott, le jeune chevalier Ivanhoé est lui aussi un justicier qui fait le bien en s'opposant à l'« infâme prince Jean » en attendant le retour du roi Richard Cœur de Lion.

Roger Moore

Outre *Ivanhoé*, qui a fait de lui un sex-symbol, Roger Moore a également joué dans deux séries britanniques très populaires en Grande-Bretagne et à l'étranger : *Le Saint* et *Amicalement vôtre*.

Le Saint (ITV, 1962-1969) retrace les aventures du séducteur et aventurier Simon Templar. Adaptée des romans de Leslie Charteris, cette série met en scène une sorte de version « gendre idéal » de l'agent secret à la James Bond : chevalier servant, charmeur, romantique, désintéressé, redresseur de torts en costumes parfaitement taillés, *Le Saint* fait le bien dans des lieux enchanteurs, tels que Paris, Rome, Nassau, Athènes ou Miami. C'est cette série, extrêmement populaire en Grande-Bretagne, autant, voire plus, que *Chapeau melon et bottes de cuir*, qui fit de l'ancien mannequin une star.

En 1971, Roger Moore apparaît dans la série *Amicalement vôtre* (*The Persuaders !*, ITV, 1971-1972), aux côtés de Tony Curtis. Du fait de la mauvaise entente entre les deux acteurs, la série ne comporte que 24 épisodes (contre 118 pour *Le Saint*) et a la particularité d'avoir connu davantage de succès à l'étranger que dans son pays d'origine. En effet, les aventures des deux play-boys milliardaires et justiciers occasionnels n'ont pas passionné les Anglais, mais, grâce à un doublage qui était en fait une réécriture au second degré et pleine d'humour des dialogues, cette série fut un énorme succès en France et en Allemagne. Cette série est l'un des rares exemples où le doublage s'est révélé bénéfique à une série et l'a inscrite profondément dans les références culturelles des Français et des Allemands.

Le générique, composé par le talentueux John Barry, est régulièrement réutilisé pour accompagner des sujets à la télévision qui veulent évoquer – de façon plus ou moins subliminale – des relations amicales compliquées, comme un sujet du journal de France 2 en 2007 évoquant les relations entre Nicolas Sarkozy et François Fillon.

En 1973, Roger Moore quitta définitivement le monde de la télévision pour incarner James Bond au cinéma, et son interprétation du rôle mythique emprunte beaucoup à ses rôles précédents, en matière d'humour et de décontraction notamment.

Les années 1960 en Grande-Bretagne sont l'époque de la création de trois séries qui ont marqué l'histoire de la télévision : *Chapeau melon et bottes de cuir* (*The Avengers*, ITV, 1961-1969), *Le Prisonnier* (ITV, 1967-1968) et *Doctor Who* (BBC, 1963-1989, et de nouveau depuis 2005).

Chapeau melon et bottes de cuir (*The Avengers*, ITV, 1961-1969) est une série qui ne ressemble à aucune autre. Première série d'espionnage (elle commence en 1961 alors que le premier *James Bond* ne sort en salles qu'en 1962), elle trouve son rythme et son originalité à partir de la troisième saison, en opposant le flegmatique John Steed (Patrick Macnee) à une partenaire féminine jeune et jolie, moderne et énergique. Série culte des années 1960, elle se résume en quelques mots : art pop, modernité, tradition, empire et « britannicité », fétichisme et féminisme. La satire et le recours à la parodie sont des ingrédients essentiels de la réussite et du succès de cette série.

Les personnages de *Chapeau melon et bottes de cuir* mènent grand train. Les paysages révèlent les charmes d'un pays peuplé d'aristocrates qui vivent dans des manoirs ou des châteaux. Les lieux de rencontre sont des terrains de cricket, de vieux pubs. L'esprit vieille Angleterre est incarné par le héros, John Steed, qui se déplace en Bentley, qui se plaît à jouer au polo, à tirer à l'arc et à faire de l'escrime. Il est accompagné de partenaires toutes aussi séduisantes les unes que les autres, répondant aux noms de Catherine Gale, Emma Peel, Tara King ou Purdey, toutes attirées par la mode et l'aventure. Courtoisie et fair-play sont de rigueur. Les règles d'or de la série étaient : aucune femme ne doit mourir, aucun figurant ne peuple les rues, tout le monde appartient à la « classe supérieure », aucun policier en uniforme, aucun acteur « de couleur », jamais de sang.

C'est Diana Rigg dans le rôle d'Emma Peel dans les quatrième et cinquième saisons qui a le plus marqué les mémoires, grâce à sa plastique, ses tenues extravagantes qui ont lancé bien des modes, mais aussi à la complicité évidente entre les deux acteurs et les sous-entendus et doubles sens de la plupart des dialogues. L'atmosphère de la série est souvent assez surréaliste, et les deux acteurs évoluent – en l'absence de figurants – dans des décors qui semblent vides, filmés de façon très cinématographique. Les « méchants » sont souvent des scientifiques fous qui ont forgé un plan machiavélique pour détruire le monde, que les deux agents britanniques vont évidemment déjouer avec grâce, humour et efficacité.

Un charme désuet et une ambiance sixties que l'adaptation cinématographique, avec ses effets spéciaux coûteux, n'est pas parvenue à rendre.

Le Prisonnier est une série étrange et envoûtante, baignée d'une atmosphère très « guerre froide ». Le numéro 6 (inoubliable Patrick McGoohan) est apparemment un ancien espion (mais pour quel camp ?) retenu contre son gré dans un village « paradisiaque » en bord de mer, coupé du monde, peuplé de gens trop amicaux pour être honnêtes, et gardé par « le Rôdeur », énorme boule blanche qui rôde autour du village... Régulièrement, le numéro 2 cherche à soutirer « des renseignements » au numéro 6, et invariablement ce dernier clame qu'il « n'est pas un numéro, mais un homme libre ».

Composée de 17 épisodes seulement, la série pose beaucoup de questions mais donne peu de réponses. Elle est la première à générer un véritable culte de par le monde, avec de nombreux fans qui confrontent leurs interprétations de cette réflexion philosophique sur la place de l'individu dans la société, sur la paranoïa de la guerre froide, truffée de métaphores intrigantes et de séquences quasi psychédéliques. Cette série si particulière, qui en a inspiré beaucoup d'autres, comme *Twin Peaks* ou *Lost*, par exemple, va faire l'objet d'un remake américain à la rentrée 2009. À voir...

Doctor Who est une série qui connaît une popularité récente en France depuis sa diffusion sur la TNT, mais peu de gens savent que ce personnage est apparu à la télévision britannique dès 1963! Programme de la BBC, cette série était au départ diffusée le dimanche matin et avait pour vocation d'intéresser petits et grands aux merveilles de l'histoire (avec des épisodes situés dans le passé) et de la science (avec des épisodes de science-fiction). À partir de 1967, *Doctor Who* est devenu essentiellement une série de science-fiction. Le docteur est en effet un extraterrestre, de la race des Seigneurs du Temps, originaire de la planète Gallifrey. Exilé par son peuple, il voyage à bord d'un vaisseau spatial/machine à voyager dans le temps appelé *Tardis* qui à l'apparence d'une « cabine de police » (mobilier urbain typiquement britannique qui ressemble à une cabine téléphonique peinte en bleue) et est accompagné par un ou plusieurs humains dans ses aventures, généralement une jolie jeune femme. Le docteur a également la capacité de se régénérer, c'est-à-dire de changer de corps lorsqu'il en ressent le besoin (et de fait quand l'acteur qui l'interprète change!). Cette astuce est l'une des clés de la longévité de la série, qui est la série de science-fiction encore en production (en dépit d'une interruption de seize ans entre 1989 et 2005) la plus ancienne, avec dix acteurs ayant interprété le docteur à ce jour, et un onzième prévu pour prendre leur suite en 2010.

En 750 épisodes diffusés jusqu'à présent, *Doctor Who* a créé un véritable univers, peuplé de différentes races extraterrestres bienveillantes ou malveillantes, mais, comme pour la plupart des séries de science-fiction (*cf.* chapitre 17), c'est son exploration et son commentaire de la société britannique qui est le plus intéressant, d'autant que son ancienneté dans le paysage audiovisuel britannique en fait un véritable « repère culturel » en Grande-Bretagne. Aujourd'hui, dans le domaine de la science-fiction, les épisodes récents de *Doctor Who* se classent, avec *Battlestar Galactica*, parmi ce qui se fait de mieux.

Les années 1970 à la télévision britannique sont marquées par les élucubrations des Monty Python (Graham Chapman, John Cleese, Terry Gilliam, Eric Idle, Terry Jones et Michael Palin) qui, avant leurs longs métrages cinématographiques comme *Sacré Graal* en 1975 et *La Vie de Brian* en 1979, ont entre 1969 et 1974 « commis » leurs sketchs absurdes, graveleux et/ou scatologiques sur la BBC, dans *Monty Python's Flying Circus*. En 1975 et 1979, John Cleese écrivit et joua aussi dans *Fawlty Towers*, série à sketchs hilarants de tonalité absurde (vous avez peut-être vu « Le ministère des Démarches stupides », ou alors ses leçons de bonnes manières à table).

Ce nouveau type d'humour télégénique « à l'anglaise » a inspiré énormément d'émissions comiques à sketchs, que ce soit en Angleterre avec *Benny Hill* ou *Mr. Bean*, ou en France, des *Nuls* aux *Robins des Bois*.

Réalisme, conscience sociale et humour noir

Les séries télévisées britanniques se caractérisent par un grand réalisme, avec des acteurs qui ont pour la plupart une « gueule » et sont davantage choisis pour leur expressivité que pour leur plastique. Ce souci de réalisme saute aux yeux lorsque l'on compare la présence des « minorités visibles » dans les séries britanniques par rapport aux séries françaises, ainsi que leur incarnation de personnages complexes et très souvent à mille lieues des stéréotypes raciaux.

Les dialogues et les situations sont également d'une grande finesse, et souvent d'une grande noirceur. Peu et mal diffusées en France, nous citerons néanmoins un certain nombre de séries britanniques tout au long de cet ouvrage, car elles influencent largement les productions du reste du monde, et des Américains en particulier. Parmi les plus connues, on peut citer *Suspect n° 1* (avec Helen Mirren), la délirante et politiquement incorrecte *Absolutely Fabulous*, *The Office* (qui a fait l'objet de remakes aux États-Unis, en France, et dans d'autres pays encore), les glaçantes *Fureur dans le sang* et *Jekyll*, et les ultra-réalistes *Skins* et *Shameless*.

Absolutely Fabulous, comédie absolument politiquement incorrecte

Les héroïnes d'*Absolutely Fabulous* sont victimes de l'artificialité de la société de consommation et de la mode. Diffusée par la BBC en 1992, l'émission est loin d'être tendre avec la femme d'un milieu social favorisé de la fin du XXe siècle. Edina Monsoon, la quarantaine, a eu une vie sentimentale mouvementée et, après deux divorces, ses intérêts se portent, du moins en apparence, sur son métier, qui touche aux relations publiques, aux milieux de la haute couture et des médias. Edina a toujours souhaité être au goût du jour et son aspect physique l'obsède. Cette femme des temps modernes est d'un égocentrisme effrayant, elle ne pense qu'aux kilos qu'elle a en trop, au régime qu'elle envisage d'entamer. À l'occasion, elle s'interroge sur les éventuels problèmes psychologiques de sa fille Saffron, qui, à son avis, s'habille très mal et est probablement lesbienne puisqu'elle n'a pas de petit ami et réussit bien en classe.

Patsy, la meilleure amie d'Edina, est une bimbo vieillissante et pathétique : elle fume et boit trop, s'habille de plus en plus court, pour faire plus jeune sans doute, et ne travaille pas. Ses seules préoccupations sont la séduction et les sorties.

Les sujets de réflexion d'Edina et de son amie Patsy sont d'une grande superficialité, mais le rythme des dialogues et l'efficacité des piques que se lancent en permanence ces trois personnages rendent cette comédie satirique très efficace.

Les séries françaises, entre répétition et réinvention

La particularité de la télévision française est d'avoir été exclusivement publique jusqu'au milieu des années 1980. Jusqu'en 1963, les Français n'ont disposé que d'une seule chaîne de télévision. En 1954, on ne compte que 60 000 postes en France, contre plus de 1 million en Grande-Bretagne et en Allemagne de l'Ouest, et 23 millions aux États-Unis. La télévision ne devient un média « de masse » que dans les années 1960.

Le développement de la télévision en France est donc en retard par rapport à la plupart des autres pays occidentaux, et en particulier par rapport aux États-Unis et à l'Angleterre. Contrairement à ce qui s'est passé dans ces deux pays, la production de fictions télévisées n'a pas connu un développement industriel mais plutôt un développement artisanal et chaotique, sans cohérence ou « formatage » des durées, des genres ou des créneaux de diffusion.

Au temps de l'ORTF

Les premières expériences télévisées en France datent des années 1930, mais ce n'est qu'à partir de 1949 que l'on peut parler véritablement de naissance de la télévision en tant que média, avec la création le 9 février de la RTF (Radiodiffusion et télévision française), société nationale française en charge du service public de l'audiovisuel. Dès septembre 1949, la RTF produit le premier feuilleton destiné aux enfants, *Les Découvertes de Télévisius*. Le 24 février 1950 est diffusée la première pièce de théâtre en direct de la Comédie-Française : *Le Jeu de l'amour et du hasard* de Marivaux, filmé par Claude Barma.

À partir de 1951, les « dramatiques », pièces de théâtre filmées en direct et interprétées le plus souvent par des acteurs de la Comédie-Française, se multiplient : de grands auteurs classiques (Racine, Molière, Marivaux, Courteline, Feydeau, etc.) sont mis en scène et diffusés, généralement le vendredi soir. Entre 1957 et 1965, la RTF propose une centaine de dramatiques par an.

En 1958 naît la mythique série policière *Les Cinq Dernières Minutes* (1958-1972 puis 1975-1996), dont la plupart des épisodes furent réalisés par Claude Loursais. Cette série fut conçue au départ comme un jeu où deux téléspectateurs étaient invités sur le plateau pour assister à une « enquête » en direct et devaient trouver le coupable lors des cinq dernières minutes, lorsque l'inspecteur Bourrel (interprété par Raymond Souplex) s'écriait : « Bon Dieu ! Mais c'est bien sûr ! » (Dans ses parodies de l'émission, Gotlib a transformé cette phrase en : « Bon *sang* ! Mais c'est bien sûr ! » et c'est cette formulation qui est ironiquement passée à la postérité.)

Claude Barma, pionnier de séries télévisées à la française

Ingénieur en électricité de formation, Claude Barma (1918-1992) est le premier grand réalisateur français de télévision. Après avoir filmé la première pièce de théâtre retransmise en direct à la télévision, Barma réalise le premier feuilleton tout public de la télévision française : *Agence Nostradamus*, racontant des enquêtes policières sur fond d'astrologie et de prophéties. En 1955, il crée la première série judiciaire française, *En votre âme et conscience*, qui se passe entièrement dans la salle d'audience d'un tribunal et dont la dramaturgie est conçue spécialement pour la télévision. Pour concevoir et écrire cette série (en collaboration avec Pierre Desgraupes), Barma a passé de longues heures dans de vrais tribunaux. Il y a compris l'importance des facteurs émotionnels. La série puise son originalité dans sa direction d'acteurs. Le cadrage essaie de s'approcher au plus près du réel : par de gros plans fixes et par la quasi-absence de mouvements des personnages. Dès l'abord, Barma s'impose par un style et une marque de fabrique proprement télévisuels, qui – par le jeu d'acteur, le direct et l'utilisation de gros plans – permettent une intimité entre l'acteur et le téléspectateur que le théâtre ou le cinéma ne peuvent pas rendre.

En 1959, il réalise une adaptation des *Trois Mousquetaires* et révèle un jeune acteur inconnu dans le rôle de d'Artagnan : un certain Jean-Paul Belmondo...

En 1963, Barma crée le premier feuilleton de cape et d'épée, *Le Chevalier de Maison-Rouge*, en 4 épisodes de 80 minutes chacun, et remporte un énorme succès auprès du public.

En 1964, il réalise la célèbre série *Belphégor*, en 4 épisodes diffusés en 1965, avec Juliette Gréco et Yves Rénier. Il travaille beaucoup l'esthétique et l'éclairage de cette fresque fantasmagorique et ésotérique.

En 1967, il crée *Les Enquêtes du commissaire Maigret* (1967-1990 !), basées sur le célèbre héros des romans policiers de Georges Simenon. La série se caractérise par ses silences et ses clairs-obscurs et permet une véritable plongée dans différentes régions et milieux de la société française. Le commissaire peu bavard et fumeur de pipe y est interprété par Jean Richard. Claude Barma supervisa la série jusqu'en 1981, réalisant de très nombreux épisodes. Un an avant *Les Valseuses*, en 1973, un certain Gérard Depardieu fait ses débuts dans *Les Enquêtes du commissaire Maigret...*

Les réalisations de Claude Barma se caractérisent par un goût pour le mystère, une prédilection pour les décors insolites, une utilisation subtile des éclairages, la longueur des plans et une caméra proche des personnages.

Sa fille, Catherine Barma, est aujourd'hui productrice de télévision (d'émissions dont Laurent Ruquier est l'animateur, notamment).

Dès 1962, la présence des téléspectateurs disparaît et la série devient strictement policière. Son originalité est toutefois que l'enquête se déroulait dans un milieu professionnel ou social bien déterminé et que la peinture de ce milieu donnait toute sa dimension au crime et à sa « morale ». Grâce à cette dimension sociale et réaliste très affirmée, *Les Cinq Dernières Minutes* sont en quelque sorte un vaste documentaire sur la société française des années 1960 : les yé-yé, les agences matrimoniales, la presse, les instituts de beauté, les taxis, la halle de Rungis, la boxe, la brocante, etc.

1958 est également l'année où la première série britannique, *Ivanhoé* (*cf.* p. 83), arrive sur les écrans français et va marquer toute une génération. En 1960, c'est le tour de la première série américaine, *Rin Tin Tin* (ABC, 1954-1959), toujours à destination du jeune public.

Expérimentations dans les années 1960

En 1962 est créée la mythique série « à marionnettes » *Bonne nuit les petits* (1962-1973, reprise brièvement en 1995-1997), destinée à indiquer aux enfants qu'il est l'heure de se coucher, avant que ne débute le journal télévisé destiné aux parents. Elle prend sa forme définitive à partir de 1963, mettant en scène Nounours, qui rend visite chaque soir sur un nuage à Nicolas et Pimprenelle, s'enquiert de leur journée, de leurs soucis ou leur raconte une histoire et, avant de regagner son nuage, leur dit : « Bonne nuit, les petits, faites de beaux rêves ! » alors qu'une poignée de sable doré tombe en pluie sur les enfants endormis. L'ours repart sur un air de flûte à bec joué par le Marchand de sable.

À partir de septembre 1964, Nounours est doté de trois neveux, que l'on découvre épisodiquement : Rémi, Toto et Fanfan, par référence à la RTF. Lorsque le sigle devient ORTF, le 25 décembre 1964, un autre neveu apparaît : Oscar. D'autres personnages rejoignent également la troupe : Cornichon le petit gitan (octobre 1964), Julietta la chouette (février 1965), Dada le cheval (octobre 1966) et Pépita (décembre 1966).

En 1963 apparaissent *Janique Aimée* et *Thierry la Fronde*, tandis que les petits Français découvrent Steve McQueen dans *Au nom de la loi* (*cf.* p. 242). Une deuxième chaîne est créée.

En 52 épisodes de 13 minutes diffusés quotidiennement, *Janique Aimée* raconte l'histoire d'une jeune infirmière (interprétée par Janine Vila) qui part – sur son Vélosolex – à la recherche de son fiancé ayant disparu après un mystérieux appel téléphonique.

Thierry la Fronde (1963-1966) raconte, en 52 épisodes de 30 minutes, les aventures de Thierry de Janville (interprété par Jean-Claude Drouot), jeune seigneur qui décide de résister à l'invasion de son pays par les Anglais en 1360, alors que le roi Jean II est prisonnier en Angleterre. Devenu hors-la-loi et aidé par une bande de fidèles compagnons, Thierry, armé d'une fronde (d'où son surnom), va s'attacher à faire régner l'ordre et la justice en attendant le retour de son roi… Toute ressemblance avec les aventures de *Robin des Bois* et la série britannique *Ivanhoé* (le feuilleton est également doté d'un générique entraînant), n'est, bien évidemment, pas fortuite…

En 1964, la RTF devient l'ORTF, institution publique désormais « autonome », sur le modèle de la BBC britannique, même si le contrôle gouvernemental sur les programmes reste fort, en particulier sous la présidence de de Gaulle. En 1965, 42 % des ménages français sont équipés d'un poste de télévision, mais ils seront 70 % à la fin de cette décennie. Les Français restent toutefois largement sous-équipés par rapport aux Pays-Bas à la même époque (88 %), au Japon (94 %), et évidemment aux États-Unis (98 %).

Parmi les célèbres séries françaises des années 1960, on peut citer *Rocambole* (1964-1965, 78 épisodes de 13 minutes, avec Pierre Vernier), *Les Saintes Chéries* (1965-1970, 39 épisodes, avec Daniel Gélin et Micheline Presle), *Belle et Sébastien* (1965, 13 épisodes, avec le jeune Mehdi El Glaoui), *Vidocq* (1967, 13 épisodes, avec Bernard Noël), *L'Homme du Picardie* (1968, 40 épisodes, avec Christian Barbier).

Cette décennie 1960 est marquée par un grand nombre d'innovations formelles, avec des feuilletons ou des séries d'une durée allant de 5 à 80 minutes, diffusés de façon quotidienne, hebdomadaire ou relativement aléatoire, et avec peu de moyens techniques et financiers. Néanmoins, ces séries des années 1960 ont enchanté leur public et marqué les mémoires, au moins de ceux qui disposaient d'une télévision à l'époque.

Séries en costume dans les années 1970

Dans les années 1970, les fictions françaises ont plus d'argent, notamment parce que, à partir de 1971, l'ORTF commence à diffuser des « réclames », ce qui augmente ses recettes (qui provenaient auparavant uniquement de la redevance). En 1972 est créée la Troisième Chaîne. Les chaînes émettent désormais en couleurs, mais les Français sont très peu nombreux à disposer d'un récepteur couleur, là encore en retard par rapport à d'autres pays occidentaux. En 1974, Valéry Giscard d'Estaing décide de l'éclatement de l'ORTF et, dans le domaine de la télévision, la Première Chaîne devient TF1, la Deuxième Chaîne Antenne 2 et la Troisième Chaîne FR3. Cependant, toutes ces chaînes de télévision restent des chaînes publiques jusqu'à la privatisation de TF1 en 1987.

C'est la période des séries « en costume » : la saga historique familiale *Les Gens de Mogador* (1972), avec Marie-Josée Nat et Jean-Claude Drouot, qui retrace en 13 fois 55 minutes la vie d'une famille du second Empire à la Seconde Guerre mondiale et qui rappelle beaucoup le succès de la BBC de 1967, *La Dynastie des Forsyte* ; l'adaptation des romans historiques de Maurice Druon *Les Rois maudits* (1972-1973, 6 épisodes de 102 minutes) par Claude Barma ; la série policière mythique située au début du XXe siècle *Les Brigades du Tigre* (1974-1983, 36 épisodes de 55 minutes) ; et enfin le drame historique et sentimental *Les Dames de la côte* (1979, 6 épisodes de 75 minutes), situé en Normandie à la veille de la Première Guerre mondiale, dans lequel Nina Companeez révèle Fanny Ardant, aux côtés du jeune Francis Huster.

Vers plus de réalisme à la fin des années 1970 et au début des années 1980

La fin des années 1970 et le début des années 1980 voient aussi le lancement de la série policière *Commissaire Moulin* (TF1, 1976-1982), qui renouvelle le genre par rapport aux *Enquêtes du commissaire Maigret* et aux *Cinq Dernières Minutes*, en mettant en scène un jeune commissaire (interprété par Yves Rénier) énergique et brutal, qui enquête dans des milieux beaucoup plus sombres et urbains que ses aînés. Le rythme est plus rapide, les intrigues mêlent enquête policière et vie privée des personnages, les dialogues sont plus réalistes et moins « écrits ». Olivier Marchal, « flic » de métier, participait, déjà, à l'écriture de cette série.

Médecins de nuit (A2, 1978-1986), avec Catherine Allégret et Georges Beller, est une série médicale elle aussi plutôt sombre et réaliste, racontant les interventions de nuit d'une équipe de médecins en banlieue parisienne n'ayant pas peur d'aborder les problèmes sociaux qui s'y posent. Bernard Kouchner, sous pseudonyme, participa à l'écriture des scénarios.

En 1980 apparaît également une nouvelle série judiciaire sur TF1 : *Julien Fontanes, magistrat*, dont le héros (interprété par Jacques Morel) est un juge chargé d'examiner les dossiers de recours en grâce.

L'année 1985 voit la naissance du premier soap opera à la française, *Châteauvallon*, avec Chantal Nobel et Jean Davy, mais qui, malgré une abondance de décors luxueux et le générique « tubesque » et kitsch chanté par Herbert Léonard (*Puissance et gloire*...), ne connaîtra pas le succès de ses équivalents américains *Dallas*, *Dynastie* et *Santa Barbara* (*cf.* chapitre 6), qui passionnent alors les Français. En revanche, *Maguy* (A2, 1985-1993, *cf.* p. 188), sitcom française avec Rosy Varte et Jean-Marc Thibaut, remporte un grand succès, dû au talent et à la gouaille de ses interprètes.

Au milieu des années 1980, les séries françaises semblent donc faire preuve d'inventivité et de capacité de renouvellement, avec des réussites et des échecs certes, mais une créativité certaine. À la même époque, la relance keynésienne de Mitterrand et Pierre Mauroy permet à de très nombreux foyers français de changer leur poste de télévision pour un poste couleur (si cela n'avait pas été fait), avec télécommande et, surtout, d'acheter un magnétoscope (de marque japonaise). Si la politique économique du premier président de gauche de la Ve République n'a pas permis de relancer l'économie française, elle a, indéniablement, modernisé les pratiques des téléspectateurs français...

Toutefois, l'« ouverture » du marché audiovisuel français à la même époque va complètement redistribuer les cartes...

Apparition des chaînes de télévision privées françaises : pour le pire et... le pire ?

Naissance des chaînes privées et restructuration du PAF

François Mitterrand annonce dès 1982 sa volonté d'« ouvrir » l'audiovisuel français. C'est la naissance des « radios libres », et, le 4 novembre 1984, celle de la première chaîne privée française : Canal Plus. Chaîne payante accessible par le réseau hertzien grâce à un décodeur, elle est réservée à un petit nombre d'abonnés et se spécialise dans la diffusion de films récents, de matchs de football et de films pornographiques. À l'exception de la mythique série à sketchs *Palace*, en 1988, qui sera ensuite retransmise sur Antenne 2, où elle touchera un large public, Canal Plus ne diffuse pas de séries françaises originales avant la fin des années 1990.

En 1985 et 1986 apparaissent également les premières chaînes câblées telles que Canal J, Paris Première, etc. Le rythme de création va augmenter dans les années qui vont suivre. Toutefois, les ménages français ayant accès au réseau câblé restent très marginaux jusqu'à la fin des années 1990, car le coût d'installation (800 francs si l'on habite en plein cœur de Paris en 1993, encore davantage si l'on habite dans une ville de province, inaccessible ailleurs) et l'abonnement (jusqu'à 520 francs par mois) ne sont pas à la portée de toutes les bourses.

Le 20 février 1986 naît la première chaîne privée hertzienne française, La Cinq, dirigée par Berlusconi. Cette chaîne va diffuser de façon massive des séries télévisées américaines (*K 2000*, *Supercopter*, *Mike Hammer*, *Shérif, fais-moi peur !*, *L'Enfer du devoir*, etc.) et des dessins animés japonais, programmes peu coûteux pour « remplir la grille ». La Cinq va « acculturer » toute une génération d'enfants et d'adolescents aux séries télévisées américaines (et aux mangas, mais ce n'est pas l'objet de ce livre) mais aussi provoquer le mépris de beaucoup de parents et des élites intellectuelles face à ces « américanailles ». La Cinq cessera d'émettre le 11 avril 1992.

En 1986, Jacques Chirac, Premier ministre du premier gouvernement de cohabitation de la Ve République, annonce la privatisation de TF1, alors première chaîne publique française. Le 16 avril 1987, l'État vend 50 % du capital de TF1 au groupe Bouygues pour 3 milliards de francs. Le reste est vendu sur le marché boursier. Deux semaines plus tard, le 1er mars 1987, naît M6, autre chaîne privée généraliste.

En 1987, TF1 lance la sitcom *Marc et Sophie* (TF1, 1987-1991, *cf.* p. 188), version « jeune » de *Maguy*, et à l'été 1988 inaugure la tendance des « sagas de l'été » avec *Le Vent des moissons*, dont Annie Girardot est la vedette. Grande maison familiale à la campagne, secrets de famille et amours contrariées : tous les ingrédients des feuilletons qui vont « meubler » les soirées d'été des Français pendant les vingt ans à venir sont déjà là (*cf.* p. 130). En octobre 1988 commence *Navarro* (TF1, 1988-2007), série policière dont Roger Hanin est le héros, et qui, pendant dix-neuf ans, à intervalles non réguliers (entre 3 et 13 épisodes par an), va battre des records d'audience (*cf.* p. 199).

En 1988 et 1991, TF1 tente de lancer des soap operas français, *En cas de bonheur* puis *Riviera*, mais ceux-ci sont des échecs retentissants.

En 1992, les chaînes publiques sont regroupées sont l'entité « France Télévision » : Antenne 2 devient France 2 et FR3 devient France 3. La même année est créée Arte, chaîne culturelle franco-allemande diffusée dans les deux pays et les deux langues. En 1994 est créée une troisième chaîne publique : La Cinquième, consacrée au savoir, à la formation et à l'emploi. Elle partage le même canal hertzien qu'Arte et diffuse ses programmes en journée tandis qu'Arte est responsable de la programmation du soir. En 2000, La Cinquième est intégrée à France Télévisions et devient France 5.

Les années 1990 : feuilletons AB et justiciers rassurants

Les années 1990 en France sont marquées par les « feuilletons AB » : *Salut Les Musclés* (TF1, 1989-1994), *Premiers baisers* (TF1, 1991-1995), *Hélène et les garçons* (TF1, 1992-1994), *Le Miel et les Abeilles* (TF1, 1992-1997), *Les Filles d'à côté* (1993-1995). Tournés rapidement et sans beaucoup de moyens, avec des acteurs pour la plupart débutants, ces sitcoms se distinguent du reste de la fiction française de l'époque par leur grand nombre d'épisodes et leur manque de réalisme mais ont néanmoins marqué toute une génération de téléspectateurs (*cf.* p. 189).

Le reste des séries françaises des années 1990 met en scène des héros récurrents sur le modèle de *Navarro*. France 2 (nouveau nom d'Antenne 2 à partir de 1992) diffuse par exemple de 1992 à 2004 entre 3 et 9 épisodes de 90 minutes par an de *L'Instit*, série dans laquelle Gérard Klein, instituteur remplaçant, parcourt la France pour, à chaque épisode, « sauver un enfant » de problèmes divers. En 1992, TF1 crée également *Julie Lescaut*, interprétée par Véronique Genest et équivalent féminin du commissaire Navarro.

La programmation des fictions sur les chaînes hertziennes pendant les années 1990 peut se résumer de la façon suivante : séries américaines (et allemandes) et feuilletons AB en journée, films de cinéma le soir, et parfois des téléfilms unitaires ou alors séries à héros récurrents comme *Navarro* ou *L'Instit*. TF1 est de loin la chaîne la plus regardée, en grande partie du fait de la stabilité de sa grille et de ses dirigeants, Patrick Le Lay et Étienne Mougeotte, qui axent leur programmation résolument du côté du « divertissement populaire ». Le Français moyen « s'évade » et oublie sa dure journée de travail en allumant le poste… Les élites (et en particulier les « faiseurs de télévision »), elles, vont au cinéma, au théâtre, sortent ou, vraiment faute de mieux, regardent les chaînes du câble ou Canal Plus, puisque, comme le rappelle la chaîne entre 1995 et 1998 : « Au moins, pendant que vous regardez Canal Plus, vous n'êtes pas devant la télé ! »

Pour sa part, France Télévisions fait de son mieux pour attirer les téléspectateurs, souvent en copiant TF1, et souffre des changements fréquents de dirigeants, de grilles et de directeurs des programmes. Enfin, M6, « la petite chaîne qui monte », séduit essentiellement les jeunes par une stratégie de contre-programmation et de très nombreuses séries américaines.

Les années 2000 : crise ou révolution ?

Depuis une dizaine d'années, la télévision française change. Ce changement est douloureux pour certains, trop lent ou trop limité pour d'autres, mais il est réel. Comme pour ce qui est arrivé pendant les années 1980 aux États-Unis (*cf.* p. 67), cette révolution a des causes multiples : progrès technologique, multiplication des chaînes disponibles, changement de génération et « découverte » de la qualité des séries télévisées américaines...

La diffusion des séries télévisées américaines en France

Jusque dans les années 1990, les séries télévisées américaines étaient considérées par l'ensemble des programmateurs français (qui ne regardaient pas la télévision, et surtout pas les fictions) comme des programmes « bouche-trous » : peu coûteuses, disponibles en grand nombre, les séries américaines étaient diffusées et rediffusées, dans le désordre le plus complet, pendant la journée, et par conséquent accessibles aux « inactifs » : enfants, adolescents, retraités, chômeurs et femmes au foyer...

Les choses commencent à changer dans les années 1990. La chaîne câblée Canal Jimmy diffuse pour un petit public d'initiés des séries américaines « branchées » en VO : *Friends*, *Seinfeld*, mais aussi *Dream On*, *Star Trek*, *M*A*S*H*, *Profit*, *Twin Peaks*, etc. Sur cette même chaîne, l'émission « Destination Séries », présentée par Alain Carrazé et Jean-Pierre Dionnet, consacre tous les quinze jours pendant dix ans (entre 1992 et 2002) une demi-heure à présenter une série ou un genre de série et inaugure ainsi la critique de série télévisée à la télévision. Les éditions Huitième Art publient à la même époque un certain nombre d'ouvrages de fond consacrés à de « grandes » séries télévisées (*Le Prisonnier*, *Mission : Impossible*, etc.). Martin Winckler, auteur du best-seller *La Maladie de Sachs* en 1998, profite lui aussi de son exposition médiatique pour dire que « Oui, les séries télé américaines, c'est bien ! » et a écrit un grand nombre d'ouvrages consacrés à ce sujet.

Ce petit groupe d'amateurs éclairés, dont je ne cite ici que quelques noms mais à qui je transmets toute ma gratitude, a œuvré, lentement mais sûrement, pour la « reconnaissance » des séries télévisées en tant qu'objets culturels « valides ».

À la même période, M6, qui diffusait déjà des sitcoms américaines pendant le sacro-saint journal de 20 h depuis 1988 (elle commença avec *The Cosby Show*), ose diffuser des séries américaines en prime time. À partir de 1994,

X-Files, diffusé le samedi soir, à raison de 2 ou 3 épisodes d'affilée, génère un véritable « culte » auprès d'un nombre croissant de téléspectateurs français. Forte de ce succès, M6 lance en 1997 la « trilogie du samedi soir », lors de laquelle elle diffuse successivement 3 épisodes de séries de science-fiction différentes et fait découvrir au grand public *Buffy contre les vampires*, *Le Caméléon*, *Charmed*, *Smallville*, *John Doe*, *Dead Zone*, etc.

De son côté, France 2 « ose » diffuser *Urgences* en prime time le dimanche soir (soirée traditionnellement réservée à un « grand » film) à partir de 1996. Le succès fut tel que France 2 fut la seule chaîne étrangère autorisée à diffuser en direct l'épisode *Ambush*, diffusé également en direct aux États-Unis, en 1997 (en VO et en plein milieu de la nuit pour les Français, mais un certain nombre d'accros ont veillé). À la même époque, France 2 diffuse *Friends* en fin d'après-midi, générant un véritable phénomène auprès des adolescents. À partir de 1998, M6 diffuse en soirée *Ally McBeal*, qui rencontre un énorme succès. La diffusion de séries américaines se multiplie dès lors, surtout en deuxième partie de soirée.

En 2004, c'est le choc : avec des séries comme *FBI Portés disparus* puis *Cold Case*, France 2 bat TF1 en termes d'audience pendant l'été ! TF1 réagit rapidement et, le 29 mai 2005, diffuse *Les Experts* face à *FBI Portés disparus* sur France 2 et remporte la bataille de l'audimat avec 9 millions de téléspectateurs (plus que pour n'importe quel épisode de *Navarro* ou *Julie Lescaut*). À l'été 2005, TF1 décide de diffuser *Lost* en prime time, le samedi soir. Nouveau succès, mais qui s'essouffle rapidement.

Depuis la rentrée 2005, TF1 diffuse régulièrement des séries américaines en prime time, avec une prédilection pour *Les Experts*. Récemment, *Dr House* rassemblait également 9 millions de fans.

Bémol : TF1 comme France 2 diffusent les épisodes de ces séries dans le désordre le plus complet (ce qui ne permet pas au téléspectateur de comprendre l'évolution des personnages, élément déterminant pour toutes les séries écrites depuis les années 1990…), et avec des doublages trop souvent affligeants, car faits dans l'urgence.

Le choix de programmation de certaines séries en prime time par les grandes chaînes hertziennes répond d'abord et avant tout à une logique commerciale mais n'a – malheureusement – rien à voir avec la qualité de la série diffusée, car un grand nombre de très bonnes séries – dont cet ouvrage va parler longuement – continuent de servir de bouche-trous en journée ou dans la nuit…

Malgré tout, les séries télévisées américaines ont gagné depuis dix ans une visibilité infiniment supérieure à ce qu'elles avaient connu jusque-là, et ce phénomène, conjugué aux évolutions techniques récentes, est en train de faire bouger la fiction française… (si ! si !).

La télévision française à l'heure numérique

Avec les années 2000, les habitudes des téléspectateurs français commencent à changer. Le câble, puis la réception par satellite se démocratisent : plus accessibles, moins chers, ils rendent de plus en plus de chaînes disponibles aux Français. En 2005, la création de la TNT (Télévision numérique terrestre) permet l'accès à de nouvelles chaînes (Direct8, W9, TMC, NT1, NRJ12, La Chaîne Parlementaire, France 4, BFM TV, Gulli, etc.), gratuitement (le coût du décodeur numérique est faible, voire intégré aux nouveaux appareils sur le marché). Les fournisseurs d'accès internet proposent également des « bouquets numériques » à leurs abonnés, pour une somme modique. Dans le même temps, le DVD multiplie l'offre audiovisuelle et permet à un nombre croissant de Français de découvrir des films et des séries américaines, dans l'ordre et en VO...

Les téléspectateurs se dispersent, et le « règne » des chaînes hertziennes est contesté. L'Internet à haut débit permet également de regarder de plus en plus de programmes audiovisuels directement sur son écran d'ordinateur, voire sur son téléphone portable. Le « petit écran » est désormais un écran parmi d'autres.

C'est dans ce contexte mouvant, de révolution pour les uns, de crise pour les autres, que les séries télévisées françaises tentent de se moderniser...

Les séries télévisées françaises à la recherche de leur identité

À la fin des années 1990, sous l'effet du succès croissant remporté par les séries américaines, France 2 décide de passer au format de 52 minutes. Les séries à héros récurrent du type *Navarro* ou *L'Instit* comprenaient en effet des épisodes de 90 minutes, et un épisode occupait toute la durée du prime time.

France 2 décide donc de changer de format pour se rapprocher de celui des séries américaines en proposant des épisodes de 52 minutes, en présentant deux séries différentes dans la même soirée, le vendredi soir devient « Une soirée, deux polars ». Parmi ces nouvelles séries policières, au rythme plus enlevé, aux histoires qui se veulent plus réalistes, on trouve notamment : *PJ* (1997-2009), *La Crim'* (depuis 1999) et *Central nuit* (2001-2009). Une série judiciaire fait également son apparition en 1998 : *Avocats et associés* (*cf.* p. 219).

De son côté, TF1 reste plus longtemps fidèle au format 90 minutes, même si *Navarro* et *Julie Lescaut* finissent par tenter le format de 52 minutes. Depuis 2006, TF1 expérimente également l'adaptation de formats étrangers avec *RIS, police scientifique* (qui, malgré sa ressemblance avec *Les Experts*, programme désormais phare de TF1, est l'adaptation d'une série... italienne !), ou alors *Paris enquêtes criminelles* (qui est l'adaptation... ou plutôt le décalque un peu flou de *New York enquête criminelle*). Néanmoins, la série française originale qui rassemble le plus de téléspectateurs en prime time reste une série « traditionnelle » : *Joséphine, ange gardien* (TF1, depuis 1997 !), dans laquelle

Mimi Mathy fait le bien et résout les problèmes des Français en quelques apparitions angéliques et opportunes.

L'année 1999 est marquée par le succès phénoménal de la *shortcom* (comédie à épisodes de 6 minutes) *Un gars, une fille*, adaptation d'une série québécoise, qui fit rire la France entière et propulsa Jean Dujardin au rang de star. Dans la foulée, M6 propose *Caméra café* (2001-2003), *shortcom* de 3 minutes sur le monde de l'entreprise ; et *Kaamelott* depuis 2005, au départ *shortcom* de 3 minutes et demie, puis de 7 minutes, et enfin « comédie d'aventures » en épisodes de 40 minutes.

À la fin des années 1990, Canal Plus se met également sérieusement (ou non…) à produire des séries françaises originales. La plus marquante est *H* (1998-2002, *cf.* p. 189), sitcom de « format américain » (épisodes de 22 minutes, enregistrés face à un public dont les rires sont laissés sur la bande-son), avec le duo comique Éric et Ramzy et Jamel Debbouze. Faisant la part belle aux « minorités visibles », la série est censée se dérouler à l'hôpital de Trappes ; ses ressorts comiques sont à la fois classiques (vaudeville, quiproquos, etc.) et tendent vers l'absurde, les jeux de mots et le *nonsense* à l'anglaise, qui est devenu l'une des marques de l'« esprit Canal » et de ces jeunes comiques (Éric Judor participait à l'écriture).

Depuis les années 2000, prenant pour modèle HBO, Canal Plus produit de plus en plus de fictions originales « exigeantes », en unitaires ou en épisodes, très inspirées des séries britanniques et des séries du câble américaines. Pour citer celles qui ont eu une deuxième saison : *Engrenages* (2005 et 2008), série policière et judiciaire très sombre, *Reporters* (2007 et 2009) ou encore *Mafiosa* (2006 et 2008).

Nous reviendrons sur ces séries et sur d'autres dans la suite de l'ouvrage. La fiction française évolue, c'est certain, mais, outre le manque d'argent dont on nous rebat les oreilles, elle souffre d'un certain nombre de problèmes structurels : très faible nombre d'épisodes produits (en général six, diffusés au rythme de deux par soirée, ce qui fait qu'en trois semaines la série est terminée avant même qu'un bouche-à-oreille ou un attachement affectif ait pu s'installer) ; temps infini entre deux saisons (*cf. Clara Sheller*), car les chaînes décident très tard de commander une seconde saison et que le processus d'écriture, en général l'œuvre d'une ou deux personnes au maximum, est très long ; frilosité des patrons de chaîne, confirmée, il faut le dire, par les résultats d'audimat : lorsque *Joséphine, ange gardien* rassemble plus de 6 millions de Français, alors que la très belle et très audacieuse *Flics* (TF1, 2008) peine à en rassembler 4 millions et que la diffusion « par paquets » de séries américaines vous garantit des audiences record, pourquoi changer ?

Clara Sheller, exemple emblématique de la fiction française

Au printemps 2005, la France tombe amoureuse de Clara Sheller, interprétée par Mélanie Doutey. À 30 ans, Clara cherche en vain le prince charmant et partage ses doutes avec son colocataire et meilleur ami, homosexuel, JP (Frédéric Diefenthal), lui aussi à la recherche du prince... jusqu'au jour où celui-ci emménage dans l'appartement du dessus... Les 6 épisodes sont enlevés, interprétés avec charme et fraîcheur, les dialogues très écrits, mais avec un style bien particulier (celui de Nicolas Mercier) et se déroulent dans un Paris de conte de fées. Grand succès, tant public que critique. Il y aura donc une deuxième saison, très attendue, de *Clara Sheller*...

Mais... celle-ci n'arrive que trois ans et demi plus tard, avec un casting entièrement différent, une intrigue décevante : le charme est rompu, le public ne suit pas.

Cet exemple montre toutes les difficultés de la fiction française aujourd'hui, qui n'a pas les capacités structurelles de produire vite et bien, car les scénaristes français ne savent pas, n'ont jamais appris, à écrire de façon collective (la seule façon d'écrire beaucoup et vite), sont toujours considérés comme quantité négligeable, et surtout parce qu'en France il reste plus prestigieux (et plus rémunérateur) de travailler pour le cinéma que pour la télévision, que l'on soit scénariste, acteur ou réalisateur, ce qui n'est pas du tout le cas en Grande-Bretagne, pays beaucoup plus comparable à la France que les États-Unis au niveau du marché audiovisuel...

Et si la solution se trouvait bien plus dans les mentalités que dans les portefeuilles ?

Cela étant dit, dans ce PAF français si décrié, en plein complexe d'infériorité après des années de suffisance, une exception confirme la règle : *Plus belle la vie* (France 3, depuis 2004). Lentement mais sûrement, ce feuilleton journalier s'est imposé dans le quotidien de millions de Français (entre 5 et 7 actuellement). Nous reviendrons un peu plus loin sur cette exception (*cf.* p. 131), mais *PBLV* est la seule fiction française originale à proposer depuis plus de cinq ans un épisode de 20 minutes chaque soir de la semaine, à 20 h 20 puis 20 h 10, pendant les sacro-saints journaux télévisés de TF1 et France 2, écrite de façon collective par des dizaines de scénaristes et qui a fait entrer les personnages de Luna, Rudy, Myrta, Roland, Mélanie, Samia et les autres dans le quotidien des Français. Même si ce succès reste totalement isolé (tous les autres feuilletons lancés depuis ont été des échecs) et était loin d'être gagné au départ, *PBLV* est la fiction à épisodes qui ressemble le plus, en termes de diffusion régulière, d'attachement des téléspectateurs, de structure des épisodes (intrigues croisées, mélange des genres, thèmes sociaux, représentation des minorités, *cliffhangers*) à une série au sens strict.

Deuxième partie

Amour, gloire et trahisons : les feuilletons télévisés

Dans cette partie…

Le feuilleton télévisé est différent de la série télévisée, dont chacun des épisodes constitue une histoire « complète ». Ici, chaque fois qu'une intrigue se termine, une ou plusieurs autres ont déjà commencé, et le téléspectateur (avouons-le, nous aurions pu écrire directement « la téléspectatrice », tant les femmes forment une part importante de leur public !) ne raterait pour rien au monde l'épisode suivant.

Dans ce chapitre, vous découvrirez ce que sont les soap operas américains, très largement diffusés et au succès établi (chapitre 5), les particularités des soaps diffusés en soirée (chapitre 6), ainsi que les *telenovelas* devenus un phénomène universel (chapitre 7), bien que la France continue d'y résister à quelques rares exceptions. Enfin, le chapitre 8 traitera de l'influence des soaps sur la construction des séries suivantes.

Chapitre 5

On ne prête qu'aux riches : les soap operas américains

Dans ce chapitre

- Feuilletons : leur construction explique la passion qu'ils peuvent susciter
- Les « opéras-lessive » (!), un succès codifié
- Les classiques du soap : *Amour, gloire et beauté* ; *Santa Barbara*… et tous les autres !

Le feuilleton télévisé est un genre télévisuel du domaine de la fiction, qui consiste en une trame narrative segmentée en épisodes dont chacun est la suite du précédent. Il se rapproche en cela des feuilletons publiés dans les quotidiens au XIXe siècle (ex. : *Les Trois Mousquetaires*, *Le Bossu*, etc.) et a comme ancêtre direct les feuilletons radiophoniques du début du XXe siècle.

Les soap operas (ou soaps) (littéralement « opéras-lessive »), eux, sont des feuilletons quotidiens diffusés en fin de matinée ou en début d'après-midi aux États-Unis. *Les Feux de l'amour* et *Amour, gloire et beauté* en sont les exemples les plus connus en France. À la radio puis dans les années 1950 à la télévision, ces feuilletons destinés à meubler la journée de la femme au foyer (par exemple à la distraire pendant qu'elle faisait son repassage) étaient sponsorisés par des marques de lessive, d'où le surnom qui leur a été donné et qui depuis est devenu un genre à part entière de fiction télévisée…

La passion des feuilletons

Avant de plonger avec délice dans l'univers des soaps, voici quelques généralités sur le phénomène « feuilleton ».

Le feuilleton se différencie de la série télévisée, dont chacun des épisodes constitue une histoire « complète » (ex. : séries policières où le coupable est démasqué à la fin de l'épisode). Aux États-Unis, en Grande-Bretagne et en

France, les feuilletons télévisés ont la particularité d'être potentiellement interminables : chaque fois qu'une intrigue se termine, une ou plusieurs autres ont déjà commencé, de nouveaux personnages viennent en permanence enrichir l'histoire, tandis que d'autres disparaissent.

ÉTONNANT

Records

Guiding Light (*Les Vertiges de la passion* en VF), le feuilleton télévisé américain le plus long, a été diffusé tous les jours de la semaine de 1952 à 2009, et il avait même commencé dès 1937 à la radio, soit soixante-douze ans d'antenne et près de 16000 épisodes, ce qui en fait la plus longue histoire jamais racontée !

Helen Wagner interprète le rôle de Nancy Hugues dans le soap américain *As the World Turns* (inédit en France) depuis la création du feuilleton en... 1956 ! Elle est aujourd'hui âgée de 91 ans et apparaît encore très régulièrement à l'écran.

Le 22 novembre 1963, lorsque la nouvelle que le président Kennedy avait été assassiné parvint à la télévision, Helen Wagner était à l'antenne en train de jouer en direct l'épisode quotidien d'*As the World Turns*. Le programme fut interrompu par Walter Cronkite annonçant la mort du président, mais les acteurs du soap ne le savaient pas et continuèrent l'épisode, n'apprenant qu'à leur sortie de scène ce qui s'était passé...

On compte de très nombreux acteurs de soaps américains qui interprètent leur rôle depuis plus de trente ans. Cela est vrai en particulier des acteurs aujourd'hui âgés, car les plus jeunes préfèrent signer des contrats plus courts, pour pouvoir « sortir » de l'univers du soap et obtenir des rôles dans des séries plus prestigieuses, comme Eva Longoria-Parker, qui a fait ses débuts dans *Les Feux de l'amour*, avant de devenir une *desperate housewife*.

Cependant, ces feuilletons peuvent être rejoints par les téléspectateurs à n'importe quel moment, car de nouvelles intrigues s'ouvrent et se ferment en permanence, et, au bout de quelques épisodes, on comprend rapidement qui est qui et quelles sont les motivations des personnages.

Pour les amateurs de ce type de programme, suivre « leur » feuilleton est devenu une tâche quotidienne qui s'additionne aux autres occupations nécessaires et routinières, comme aller faire ses courses, amener les enfants à l'école ou se rendre au travail, même si les feuilletons (en particulier les feuilletons américains) sont avant tout destinés aux femmes au foyer et aux retraités. Une culture du soap opera s'est développée aux États-Unis à tel point que, si le téléspectateur a omis un épisode, il peut s'en procurer un résumé sur Internet ou voir les rediffusions prévues pendant le week-end (appelées « omnibus »). Il existe également des magazines spécialisés sur les soap operas, comme *Soap Opera Digest*, fondé en 1975, en pleine « folie » autour de ces programmes aux États-Unis.

Le succès de ce type de programmes provient de l'attachement des téléspectateurs aux personnages de ces fictions ainsi qu'aux intrigues, parfois tirées par les cheveux mais toujours pleines de suspense et de rebondissements.

Au niveau mondial, deux types de feuilletons connaissent une très large diffusion : les soap operas américains et les *telenovelas* latino-américaines. La France est le seul pays d'Europe à ne pas avoir succombé aux *telenovelas*, à l'exception du *Destin de Lisa*, qui est l'adaptation allemande d'une *telenovela* colombienne, *Betty La Fea*, qui a été adaptée partout dans le monde (y compris en France avec *Seconde chance*, mais en changeant l'élément central de l'intrigue : le fait que l'héroïne soit « moche »... nous y reviendrons, *cf.* p. 128).

Les soap operas, un genre très codifié

Les deux caractéristiques principales des soaps sont leur tonalité (celle de mélodrames où sexe, argent et conflits de pouvoir familiaux et professionnels sont déclinés à l'infini), et leur méthode de tournage (en studio, dans des décors simplifiés, en général le salon de telle ou telle famille, dont on n'a qu'à changer les meubles entre deux scènes) et de diffusion (chaque jour à la même heure, du lundi au vendredi). À l'origine, un épisode de soap durait une demi-heure (soit 20 minutes sans les coupures publicitaires), mais, depuis les années 1970-1980, période où ils ont remporté le plus de succès, les épisodes se sont allongés pour durer une heure (40 minutes sans les publicités). Seuls les épisodes d'*Amour, gloire et beauté* ont conservé leur format originel.

Nous ne parlons ici que des *daytime soaps*. Il existe aussi des *night-time soaps*, comme *Dallas* ou *Melrose Place*, dont nous parlerons dans le chapitre suivant. Ces programmes de journée ont des budgets et des audiences bien inférieurs aux fictions programmées en soirée.

Une trame narrative dense

Les *daytime soaps* donc, mettent en scène exclusivement des gens beaux et riches, dont la principale occupation est de tomber amoureux / se trahir / se venger, en forgeant des plans machiavéliques à grand recours de chantage et de manipulation. Les rebondissements abondent et sont souvent abracadabrants : jumeau à la personnalité opposée, enfant caché, morts qui ressuscitent, etc. Ces univers à mille lieues de la réalité reflètent une certaine idée du rêve américain, ce qui explique en grande partie leur succès aux États-Unis et dans le reste du monde.

Le plaisir du téléspectateur provient à la fois de son anticipation des différentes issues possibles à une intrigue et de sa surprise lorsque vient le retournement invraisemblable qu'il ne pouvait anticiper. De plus, la multiplicité des intrigues et des personnages lui permet de s'identifier tour à tour à l'un ou à l'autre, en fonction des situations. Tous les personnages principaux n'apparaissent pas forcément à chaque épisode et peuvent « disparaître » momentanément pendant plusieurs semaines (ce qui permet aux acteurs de « respirer », car ils doivent tourner 5 épisodes de 20 minutes par semaine, tout au long de l'année).

Les intrigues, multiples, avancent lentement, se croisent et se décroisent, formant une *trame narrative* qu'il est difficile de raconter de façon linéaire. Des personnages très stéréotypés (le méchant, le gentil, le *deus ex machina*, la jolie fille, le beau gosse) apparaissent selon les besoins de l'intrigue et ne deviennent complexes et multifacettes que s'ils sont appelés à rester en tant que personnage récurrent du feuilleton. Chaque épisode se termine sur un *cliffhanger* concernant l'une des trames narratives. Les mariages sont presque toujours interrompus par un événement ou une révélation inattendus et sont très souvent rapidement suivis par un divorce, ce qui n'exclut pas un remariage plus tard entre les deux mêmes personnages.

Des histoires qui s'écoutent

L'action consiste essentiellement en des dialogues entre deux personnages, le cadre et les acteurs bougent peu, et de gros plans accentués par une musique dramatique appuient les émotions provoquées par une révélation fracassante. Lors d'une conversation, les personnages bougent de façon à accentuer leurs réactions émotionnelles, et de façon pas du tout naturelle : ainsi, un personnage ému ou contrarié effectue un virage à 180 degrés afin de se détourner de son partenaire, pour ensuite lui faire face de nouveau si celui-ci s'excuse. Souvent aussi, les personnages se parlent sans se regarder, l'essentiel étant de montrer leurs émotions à la caméra (et donc aux téléspectateurs). Avant une coupure publicitaire, la caméra fait systématiquement un gros plan sur le personnage qui vient de faire la dernière « révélation fracassante », avec une musique dramatique en fond et, après la coupure publicitaire et éventuellement une ou plusieurs scènes montrant d'autres personnages et faisant avancer d'autres intrigues, le dialogue reprendra exactement à ce moment-là, ou un tout petit peu avant. Ces artifices sont des conventions qui peuvent rebuter un téléspectateur peu habitué à ce type de programme mais sont acceptés par les amateurs de soap.

Ces *daytime soaps*, outre le fait qu'ils ont peu de moyens, sont en effet construits pour être *écoutés* davantage que *regardés*, comme leurs ancêtres radiophoniques mais aussi parce que leurs concepteurs savent bien que leur cible privilégiée – la ménagère – est souvent en train de vaquer à diverses tâches ménagères tout en « suivant son feuilleton ». De plus, l'absence de scènes d'action ou de mouvements complexes des acteurs limite le temps de répétition et permet de tourner plus rapidement.

L'éclairage du plateau d'un soap opera n'a rien de « naturel » : la lumière est très forte, et dirigée sur les visages – et les brushings parfaits – des acteurs. Les meubles sont généralement de couleur sombre, en bois ou en cuir, à la fois pour faire ressortir les personnages et donner une impression de luxe.

Grandeur et décadence des soap operas

Dans les années 1950, en l'absence de possibilité technique d'enregistrer les émissions à l'avance, les soaps étaient joués en direct, depuis New York. La plupart des acteurs de soap étaient alors des acteurs de théâtre, et les feuilletons avaient une allure très théâtrale, tant dans le jeu que dans la diction et la mise en scène. Au cours des années 1960 et 1970, la plupart des *soaps* devinrent des émissions enregistrées et non plus interprétées en direct, mais restent tournés dans des studios qui se trouvent généralement à New York ou dans sa région. *As the World Turns* fut l'un des deux derniers soaps à opérer cette transition vers le « différé », en 1975.

Les soaps ont été le plus populaires dans les années 1970, provoquant un engouement généralisé de la part du public américain. Depuis le début des années 2000, les audiences chutent de façon conséquente. La fin de *Guiding Light* en septembre 2009, après soixante-douze ans d'antenne, dont cinquante-sept à la télévision, marque sans conteste la fin d'une ère… Le feuilleton sera remplacé par un jeu.

Le savon le plus vieux : Guiding Light

Guiding Light (*GL*) a rencontré peu de succès en France, comme en témoigne son changement de titre : *Haine et passion* sur TF1, puis *Les Vertiges de la passion* sur France 3. Toutefois, aux États-Unis, ce feuilleton est une véritable institution et mérite que l'on s'y arrête.

ÉTONNANT

GL a commencé comme feuilleton radiophonique en 1937, avant de passer à la télévision, sur CBS, dès 1952. Avec soixante-douze ans d'antenne et près de 16 000 épisodes, *GL* est la plus longue histoire jamais racontée de mémoire d'homme !

Entre 1937 et 1946, *GL* était produit à Chicago, puis à Hollywood (dans des studios de radio) de 1947 à 1949, et depuis 1949 ses studios se trouvent à New York, dans les locaux de CBS, en plein cœur de Manhattan. L'action est toutefois censée se passer dans des villes fictives (Five Points, Shelby Flats, puis Springfield). À la radio, les épisodes duraient 15 minutes, puis sont passés à 30 minutes à la télévision jusqu'en 1980, où ils sont devenus des épisodes de 1 h.

Son titre – littéralement « lueur qui nous guide » – provient du premier personnage central du feuilleton, le révérend John Ruthledge, un pasteur protestant qui laissait la lumière allumée dans son bureau le soir pour que les « âmes égarées » puissent venir lui demander conseil… (eh oui, si cela vous rappelle *7 à la maison*, ce n'est pas étonnant).

Ce point de départ est issu d'une expérience personnelle (et éminemment américaine) de sa créatrice, Irna Phillips. En effet, à 19 ans, la jeune femme avait donné naissance à un enfant mort-né et trouvé réconfort dans les sermons radiodiffusés d'un pasteur prônant la fraternité et l'amour. Elle décida de partager cette « bonne parole » en créant *Guiding Light*, feuilleton radiophonique avec, au départ, une bonne part de messages chrétiens.

En 1958, Irna Phillips quitte *GL* pour travailler sur un autre soap : *As the World Turns* (soap inédit en France qui raconte depuis 1956 les aventures de la famille Hughes, dont la plupart des membres sont médecins ou avocats). Agnes Nixon prend alors les commandes de *GL* : les personnages centraux du feuilleton sont désormais les Bauer, une famille d'immigrés allemands, et les intrigues se concentrent sur les amours, trahisons et vengeances de ses membres, confrontés notamment à la famille Spaulding.

Dans les années 1960, les premiers personnages afro-américains apparaissent dans *GL*. Jerome et Bridget Dobson reprennent les commandes, dans les années 1970 (ce sont eux qui créeront *Santa Barbara* dans les années 1980). Dans un retournement de situation abracadabrant typique des soaps, le personnage de Bill Bauer réapparaît ainsi en 1977, alors que l'on avait annoncé sa mort dans un accident d'avion huit ans auparavant, en 1969. Dans les années 1990, le feuilleton comprend quatre « familles principales » : les Bauer, les Spaulding, les Lewis et les Cooper, mais la série commence à perdre son public. Dans les années 2000 apparaît la famille Santos, des mafieux hispaniques, mais ils disparaissent au bout de quelques années.

Les audiences continuèrent de baisser et les scénaristes furent obligés de se séparer de beaucoup de personnages pour réduire les coûts budgétaires. Toutefois, en 2007, *GL* remporta l'Emmy du meilleur soap de journée et des meilleurs scénarios. Malgré ce succès critique, CBS décida d'arrêter la production du plus vieux soap opera du monde en septembre 2009. *GL* n'a pas su rajeunir son image par rapport à d'autres soaps concurrents, d'autant que le public pour ce genre de programmes aux États-Unis s'est considérablement réduit depuis le début des années 1990.

Days of Our Lives (*Des jours et des vies*), le savon de Joey

Ce soap opera est diffusé depuis 1965 sur NBC. Il est diffusé en France sur France 2 depuis 1991. La diffusion française a environ six ans de retard sur la diffusion américaine. L'action se passe dans la ville fictive de Salem et suit les aventures de la famille Horton et de la famille Brady, qui sont au départ des familles de médecins. Frances Reid, aujourd'hui âgée de 94 ans (!), joue le rôle d'Alice Horton depuis le début du feuilleton. En 1981 a été introduit le personnage de l'infâme Stefano DiMeira, qui cherche à se venger de la famille Horton (pour une raison inconnue). En 2002, Stefano meurt, mais le flambeau de la vengeance est repris par son fils Tony.

L'hommage de *Friends*

Ce soap a été popularisé en France grâce à la série *Friends* (également diffusée sur NBC aux États-Unis), car le personnage de Joey y obtient le rôle – fictif – du Dr Drake Ramore dans la saison 2, puis de son jumeau dans la saison 7. De fait, un certain nombre d'épisodes de *Friends* jouent avec les codes du soap, sur un mode parodique qui permet également de comprendre les « recettes » du soap, et en particulier les techniques d'acteur, dans un « cours » mémorable donné par Joey à des aspirants acteurs dans le septième épisode de la saison 3.

Days of Our Lives (*DOL*) se distinguait des autres soaps dans les années 1960 et 1970 par son traitement de sujets « contemporains ». Ainsi, dans les années 1970, une intrigue tourne autour de la question de l'insémination artificielle et ose également montrer une histoire d'amour entre un homme blanc et une femme noire. Mais c'est une intrigue typiquement « soapesque » autour d'un secret de famille qui fit rencontrer le succès à *DOL*, entre 1968 et 1975 : Laura Horton, épouse de Mickey, a été violée par Bill, le frère de ce dernier, et par conséquent ne sait pas qui est le vrai père de son fils Michael… Des problèmes de santé de Michael vont aboutir à la « révélation du secret » en 1975.

Le 12 janvier 1976, Bill Hayes et Susan Seaforth (en couple à la ville comme à l'écran) sont les premiers acteurs de soap à faire la couverture du prestigieux magazine *Time*. Ce dernier révéla également qu'un juge à la Cour suprême, Thurgood Marshall, demandait des interruptions de séance tous les jours à 13 h pour pouvoir regarder *DOL* !

Dans les années 1980, les intrigues se concentrent principalement sur la vengeance de DiMeira contre les Horton, ainsi qu'autour d'un grand nombre de triangles amoureux entre des acteurs beaux et charismatiques. DOL mêle traditionnellement des histoires à suspense de type « thriller » et des histoires d'amours contrariées.

Néanmoins, depuis les années 1990, les audiences de *DOL* chutent, en particulier parce que le public n'a pas « accroché » avec des éléments surnaturels introduits dans les intrigues, et l'avenir de ce feuilleton reste aujourd'hui incertain.

Monica Lewinsky et Julia Roberts ont toutes deux avoué publiquement être de grandes fans de *DOL*, tout comme 3 millions d'Américains encore aujourd'hui, ce qui fait de *DOL* le troisième soap opera le plus regardé aux États-Unis en 2009.

Le savon le plus utilisé : Les Feux de l'amour

Littéralement « Les jeunes et les agités » (*The Young and the Restless*), *Les Feux de l'amour* (*FA*) est le soap opera le plus regardé, en France comme aux États-Unis. Créé, comme *Amour, gloire et beauté*, par les époux William et Lee Bell, *FA* commença à être diffusé en 1973 aux États-Unis sur la chaîne CBS, et en 1989 en France (sur TF1). Les épisodes duraient au départ une demi-heure et sont passés au format 1 h depuis 1980. *FA* se distingue des autres soaps par un éclairage plus subtil, des décors plus élaborés et plus luxueux et, depuis 2001, il est filmé en haute définition (HD), ce qui n'est pas le cas des autres soaps (sauf *General Hospital*, depuis avril 2009 seulement). Depuis le milieu des années 1980, *FA* est le soap opera le plus regardé aux États-Unis et, même si ses audiences baissent depuis le milieu des années 1990, il rassemble encore régulièrement 5,5 millions d'Américains.

L'action se déroule dans la ville fictive de Genoa City, dans le Wisconsin, et raconte les rivalités entre différentes familles : les Brooks, les Foster, les Chancellor, les Newman, les Abbott, etc. Mais la principale rivalité est celle qui oppose Jill Foster Abbott à Kay Chancellor. Kay est une mondaine alcoolique prisonnière de son mariage de raison avec Philip Chancellor II. Philip tomba amoureux de Jill, qui travaillait alors comme dame de compagnie pour Kay. Philip finit par obtenir le divorce, mais Kay tenta de se tuer avec lui dans un accident de voiture. Kay survécut, mais Philip, agonisant, eut le temps d'épouser Jill et de lui léguer, à elle et à leur enfant, toute sa fortune. Kay entreprit ensuite de déclarer nul le mariage de Philip et Jill puisqu'elle n'aurait pas véritablement consenti au divorce. Depuis, les deux femmes sont prêtes à tout pour se détruire, ainsi que faire le malheur de leurs êtres chers respectifs. On apprendra au début des années 2000 les liens de sang qui unissent étroitement Jill et Kay, ainsi qu'un secret autour de l'enfant de Jill et Philip.

C'est un épisode des *Feux de l'amour* que Travis Bickle (Robert de Niro) regarde dans *Taxi Driver* avant de détruire sa télévision ! Le plateau des *Feux de l'Amour* est également utilisé dans la série ultra-branchée *Entourage* (*cf.* p. 173), lorsque la femme d'Ari pense à reprendre sa carrière d'actrice de soap.

Les Feux de l'amour ont révélé quelques stars telles que Tom Selleck (*Magnum*), David Hasselhoff (*K 2000, Alerte à Malibu*), Eva Longoria (*Desperate Housewives*) et Shemar Moore (*Esprits criminels*).

Amour, gloire et beautéééé, des mots qui font rêêêver

Littéralement « L'audacieux et la belle » (*The Bold and the Beautiful*), *Amour, gloire et beauté* (*AGB*) est, en France comme aux États-Unis, le deuxième soap opera le plus populaire, après *Les Feux de l'amour*. Également créé par les époux Bell, le feuilleton est diffusé aux États-Unis sur CBS depuis 1988, et en France sur France 2 depuis 1989. L'action se situe à Los Angeles, dans le milieu de la mode. Des personnages des *Feux de l'amour* apparaissent régulièrement dans *AGB*. Contrairement aux autres soaps mentionnés jusqu'à présent, *AGB* continue de comporter des épisodes d'une demi-heure. Cela rend le rythme d'*AGB* plus rapide que celui des *Feux de l'amour*, d'autant plus que, contrairement aux autres soaps, *AGB* développe assez peu d'intrigues à la fois (en général une ou deux, au maximum). *AGB* rassemble aujourd'hui autour de 4 millions d'adeptes, et environ 26 millions dans le monde entier.

En 2009, *AGB* a remporté pour la première fois l'Emmy Award du meilleur soap opera. Les personnages centraux de l'histoire sont au départ Eric et Stephanie Forrester, à la tête d'un empire de la mode fondé grâce au talent de Monsieur et à l'argent de Madame. Ils ont ensemble quatre enfants (bien que l'un d'eux ne soit pas biologiquement d'Eric… évidemment, nous sommes dans un soap !), deux filles, Kristen et Felicia, et deux garçons, Ridge et Thorne. Au gré des intrigues, Eric et Stephanie ont divorcé et se sont remariés plusieurs fois, ce qui a donné le temps à Eric d'épouser l'ennemie jurée de Stephanie, Brooke Logan, qui a également été la petite amie de Ridge, le fils aîné d'Eric et Stephanie, alors que Brooke est elle-même la fille d'une ancienne petite amie d'Eric (avant qu'il épouse Stephanie)… Vous suivez ? Eric et Brooke ont eu ensemble deux enfants, Rick et Bridget. Les intrigues, vous l'aurez compris, sont centrées autour de multiples triangles amoureux qui ont souvent lieu au sein de la même famille, avec des arbres généalogiques particulièrement entrecroisés. Ainsi, Brooke Logan, dont le véritable amour est Ridge, a été mariée à Eric, le père de Ridge, mais aussi à Nick, récemment divorcé de sa fille Bridget, à Thorne, le frère de Ridge, et a eu une aventure avec Deacon, un autre ex-époux de sa fille Bridget, avec lequel Brooke a eu une fille, Hope! Brooke a également eu un fils, Jack, avec Nick...

Une des particularités d'*AGB* est que le même personnage a souvent été joué par plusieurs acteurs différents, en fonction des départs – volontaires ou non – de ces derniers. Bridget Harrison a ainsi été interprétée par trois actrices différentes (Jennifer Finnigan, Emily Harrison, puis Ashley Jones). L'autre particularité du feuilleton, mais qui se retrouve dans d'autres soaps, est que les enfants passent miraculeusement de l'enfance à l'âge adulte en quelques années, ce qui leur permet d'être rapidement inclus dans les intrigues amoureuses...

Santa Barbara, qui me dira pourquoi...

Contrairement aux soaps cités ci-dessus, *Santa Barbara* est terminé depuis longtemps. Diffusé sur NBC entre 1984 et 1993, ce feuilleton ne comprend « que » 2 137 épisodes, dont une moitié seulement a été diffusée sur TF1, entre 1985 et 1994, malgré un véritable engouement du public pour ces histoires de beaux Californiens et un générique chanté en français par Gilles Sinclair resté dans toutes les mémoires...

Les intrigues sont centrées autour de la famille Capwell, riche famille de Santa Barbara, en Californie. Les Capwell ont évidemment des rivaux : la famille Lockridge. La question que se posent tous les Capwell est : « Qui a tué Channing Capwell Jr. ? » En effet, le feuilleton débute quand le premier accusé, Joe Perkins, sort de prison, clamant son innocence et renouant avec son amour perdu Kelly Capwell, la propre sœur de Channing...

Mais ce qui a réellement fait le succès de *Santa Barbara* est le « supercouple » (un homme et une femme beaux et puissants qui font rêver les femmes comme les hommes) formé par Eden Capwell (Marcy Walker) et Cruz Castillo (Alessandro Martinez). Le soap n'hésitait pas non plus à se moquer de lui-même et à inclure des éléments comiques, comme lorsque l'une des ennemies de la famille Capwell est accidentellement tuée par la lettre C du gigantesque insigne du « Capwell Hotel ».

Soap emblématique des années 1980, qui a révélé Robin Wright, future (ex?) Mme Sean Penn, il comptait même parmi ses fans Ronald Reagan et sa femme Nancy, qui suivaient ce feuilleton depuis la Maison-Blanche!

Mais ce sont finalement des événements dignes d'un soap qui se sont déroulés entre les producteurs (les époux Dobson) et le scénariste en chef (Jill Farren Phelps) qui ont eu raison du feuilleton. Au début des années 1990, après une intrigue très controversée dans laquelle Eden Capwell se faisait violer par son propre gynécologue, les Dobson tentèrent par tous les moyens de se débarrasser de Phelps, protégé par un contrat en béton, et cette guerre des tranchées qui dura de longs mois eut raison de la qualité du feuilleton : acteurs, scénaristes, puis téléspectateurs fuirent la série les uns après les autres, et *Santa Barbara* fut forcé de mettre la clé sous la porte. Le dernier plan du feuilleton, diffusé en janvier 1993, montre le producteur exécutif Paul Rauch lui-même écraser un cigare sous son talon et s'éloigner, comme un dernier pied de nez à la fois aux téléspectateurs et à ses collègues de travail…

General Hospital, le soap préféré du Dr House

Le dernier soap classique à connaître est *General Hospital* (*GH*), diffusé aux États-Unis sur ABC depuis 1963, et sur TF1 sous le titre *Hôpital central* depuis 1992. Véritable institution aux États-Unis, troisième soap le plus long de l'histoire, c'est celui que regarde le Dr House depuis les chambres de patients dans le coma…

Situés principalement dans le milieu hospitalier d'une ville fictive appelée Port Charles, les décors et les costumes de ce soap le distinguent des autres, avec ses très très beaux docteurs parfaitement « brushés » et ses infirmières très très belles aussi, en blouse blanche la plupart du temps. Créé par les époux Frank et Doris Hursley, *GH* est le quatrième soap le plus regardé aux États-Unis, avec 3 millions de fidèles. C'est également le soap le plus primé aux Emmy Awards (dix récompenses pour le « meilleur soap opera »). Les épisodes de *GH* duraient une demi-heure au départ, puis 1 h depuis 1978.

ÉTONNANT

Luke et Laura, plus célèbres que Charles et Diana

En 1981, 30 millions d'Américains regardèrent le mariage de Luke et Laura, les deux stars de l'époque, pourtant diffusé en pleine journée (un record !). La princesse Diana elle-même fit d'ailleurs envoyer deux bouteilles de champagne aux acteurs interprétant Luke et Laura, Anthony Geary et Genie Francis, pour célébrer leur « mariage ». D'ailleurs, alors que les deux mariages furent célébrés cette même année, moins d'Américains regardèrent le mariage de Charles et Diana que celui de Luke et Laura... En hommage à ce couple mythique, le Dr House cache d'ailleurs ses propres analyses sanguines sous le nom « Luke N. Laura ».

C'est le succès énorme de *General Hospital* à la fin des années 1970 et au début des années 1980 qui a préparé le succès des soaps « du soir » comme *Dynasty* et *Côte ouest*.

Même si les intrigues tournent essentiellement autour d'histoires d'amour, l'aspect médical de ce soap lui a également permis d'aborder des « thèmes de société » osés, comme le don d'organes dans les années 1980, ou le sida dans les années 1990 (avec la mort tragique d'un jeune homme de 19 ans et la séropositivité de sa petite amie de 17 ans à peine...).

Dark Shadows, le savon noir

À la fin des années 1960, ABC propose un genre inédit à ses téléspectateurs, *Dark Shadows* (*DS*), un soap dont les héros sont des vampires, des fantômes, des zombies, des loups-garous et autres créatures surnaturelles plus ou moins sympathiques... Diffusée entre 1966 et 1971, cette bizarrerie en 1 225 épisodes, créée par Dan Curtis, mais surtout développée par Art Wallace, inclut dans ses intrigues des voyages dans le temps, des univers parallèles, et toute une mythologie surnaturelle assez complexe, qui puise ses influences dans les « classiques du gothique » que sont *Dracula, Frankenstein, Dr Jekyll et Mr Hyde, Le Portrait de Dorian Gray, Les Hauts de Hurlevent*, etc.

Les effets spéciaux et la musique étaient particulièrement élaborés et les acteurs, qui interprétaient leurs scènes en direct, jouaient parfois plusieurs rôles, tandis que certains personnages furent interprétés par des acteurs différents, au gré des départs des uns ou des autres. Ce soap, qui préfigure de bien des façons le *Rocky Horror Picture Show*, et qui est régulièrement rediffusé sur les chaînes câblées américaines spécialisées dans la science-fiction, est désormais « culte » (avec un festival Dark Shadows qui se tient tous les ans en Californie ou à New York) et Tim Burton en est évidemment un grand fan, de même que… Madonna ! Quand il était petit, Johnny Depp voulait être Barnabas Collins, le vampire dans *DS*. L'adaptation à l'écran de ce feuilleton par Tim Burton, avec Johnny Depp, évidemment, dans le rôle du vampire, est en projet…

Programmé à l'heure où les enfants sortaient de l'école, *Dark Shadows* fut le seul soap de journée à être regardé quasi uniquement par des adolescents. En 1991, NBC tenta un remake de *Dark Shadows*, avec d'énormes moyens et une réelle attente du public, mais la guerre du Golfe perturba fortement sa diffusion et le nouveau soap fut retiré de l'antenne après 12 épisodes.

Les soaps parodiques

À la fin des années 1970, le soap opera était devenu un genre tellement populaire qu'il a fait l'objet de deux parodies intelligentes et drôles, *Mary Hartman, Mary Hartman* (1976) et *Soap* (ABC, 1977-1981), qui poussent à l'extrême tous les travers des feuilletons quotidiens : dialogues redondants, problèmes sexuels, cruauté, snobisme, arrivisme, etc. Mais ce sont les *night-time soaps*, les feuilletons du soir, qui, dans les années 1980, vont pousser les caractéristiques du soap opera à l'extrême, cette fois au premier degré…

Chapitre 6

Encore plus bling bling : les soaps « du soir »

Dans ce chapitre

- À chaque décennie ses feuilletons phares !
- Les particularités dues à la diffusion en prime time
- De *Dallas* à *Desperate Housewives*, tous les classiques du genre

Les *night-time soaps*, littéralement « feuilletons du soir », jouent sur les mêmes cordes que les soaps de journée (amours, trahisons, secrets, révélations, menaces diverses) mais disposent de budgets bien supérieurs, ce qui signifie : des décors plus somptueux, des scènes en extérieur et des situations encore plus extrêmes. Du fait de leur diffusion en soirée, ils sont diffusés aux États-Unis de façon hebdomadaire, et non quotidienne comme les programmes de journée.

Ces feuilletons, encore plus que les soap operas de journée, ont la particularité de ne montrer que des acteurs blancs dans les rôles principaux (Eva Longoria et Ricardo Antonio Chavira étant les deux exceptions dans *Desperate Housewives*) et la plupart des rôles secondaires. Les choses commencent à changer avec les années 2000, mais ce genre reste essentiellement « uniracial », ce qui le différencie fortement de tous les autres genres depuis les années 1980.

L'ancêtre : Peyton Place

Peyton Place (ABC, 1964-1969) est le premier « soap de soirée », comprenant 514 épisodes d'une demi-heure (tournés en noir et blanc jusqu'en 1966, puis en couleurs ensuite), dont la diffusion fut assez chaotique : deux fois par semaine en 1964-1965, puis, face à son énorme succès, trois fois par semaine de 1965 à 1969, ce qui perturba grandement les téléspectateurs et beaucoup, incapables de se libérer trois soirs pour suivre le même feuilleton, abandonnèrent, ce qui poussa la chaîne à ne plus diffuser qu'un seul épisode par semaine en 1969, l'année où le feuilleton prit fin. Cette diffusion chaotique provient notamment du fait que les dirigeants d'ABC à l'époque ne pensaient pas que les téléspectateurs soient capables de se souvenir d'une semaine sur l'autre de ce qu'ils avaient vu la semaine précédente (élément crucial pour un feuilleton « à suivre »).

Peyton Place (*PP*) a marqué l'histoire de la télévision américaine, car ce fut la première série « feuilletonesque » diffusée en prime time. Au début de chaque épisode, une voix off racontait « ce qui s'était passé dans les épisodes précédents », inaugurant une méthode qui est utilisée dans toutes les séries « feuilletonesques » depuis (les « précédemment, dans *24 heures chrono…* » par exemple !).

Adaptation assez libre du best-seller de Grace Metalious, qui avait fait l'objet d'un film en 1957 (avec Lana Turner, notamment), *PP* raconte les amours et les secrets de près d'une centaine d'habitants d'une petite ville de Nouvelle-Angleterre. Centré autour de trois personnages de femmes d'âge et de classe sociale différente, le roman était éminemment féministe et parlait sur un ton très libre de sexualité mais aussi de l'hypocrisie bourgeoise, des inégalités sociales, d'inceste, d'avortement, d'adultère et de meurtre… La version télévisée s'éloigne quelque peu du roman, surtout à partir de la troisième saison, mais *PP* fut tout de même la première série américaine diffusée en prime time à parler sans détour de sexualité et d'adultère. Ces sujets « choquants » poussèrent les dirigeants d'ABC à programmer le feuilleton à 21 h 30, heure où les enfants et les adolescents étaient supposés ne plus être devant la télévision.

C'est dans ce « feuilleton du soir » qu'ont notamment débuté Mia Farrow (alors âgée de 19 ans, et future épouse de Frank Sinatra, Andre Previn et Woody Allen), et Ryan O'Neal (le héros de *Love Story* et compagnon de Farah Fawcett par la suite).

Malgré un grand succès lors des deux premières années de sa diffusion et de bonnes critiques, *Peyton Place* resta un exemple isolé jusqu'à la fin des années 1970, principalement parce que les dirigeants des chaînes ne savaient pas comment diffuser efficacement un feuilleton en soirée, car ils étaient convaincus qu'une diffusion hebdomadaire ne permettrait pas à la majorité des téléspectateurs de se souvenir de ce qu'ils avaient vu.

Les grands soaps des années 1980

Dallas, ton univers impitoya-able...

Nous l'avons vu précédemment (*cf.* p. 70), c'est *Dallas* (CBS, 1978-1991) qui marque la véritable naissance du feuilleton en prime time aux États-Unis, en inaugurant un mode de narration révolutionnaire : raconter une histoire à suivre un soir par semaine seulement ! Les épisodes de la première saison sont « bouclés », mais dès la deuxième saison, ils sont « à suivre... ». Les personnages sont machiavéliques, à commencer par l'« infâme JR », premier antihéros délicieusement détestable, les intrigues d'une grande complexité (mêlant histoires d'amour, histoires de famille et histoires de gros sous), les *cliffhangers* intenables, tout cela dans un Texas pittoresque où les milliardaires portent santiags et Stetson et où les femmes sirotent du bourbon en s'ennuyant ferme...

EN FRANCE

Diffusée à partir de 1981 en France (sur Antenne 2), cette série fut un « carton », car JR symbolisait à merveille tout ce que nous, fiers Gaulois, aimons détester chez les « Ricains » : la cupidité, l'absence de culture, les instincts les plus bas, etc.

Côte ouest (Knots Landing), le long du grand Pacifique...

Avant de créer *Dallas*, Michael Fileman et David Jacobs avaient imaginé une série tournant autour du couple, sous toutes ses formes : un couple stable (les Fairgate), un couple qui se déchire (les Avery), un couple de jeunes mariés (les Ward) et un couple de divorcés remariés (les Ewing, dont Monsieur n'est autre que le petit frère de JR et le grand frère de Bobby). Tous ces couples habiteraient au fond d'une même impasse résidentielle.

Trouvant le pitch moins alléchant que celui de *Dallas* (des pétroliers texans cupides qui se déchirent), CBS attendra l'année suivante pour programmer *Côte ouest* (1979-1993), en demandant aux deux créateurs de « pimenter » leur recette. Les intrigues incluent donc des histoires de viol, de meurtre, de kidnapping, de détournement de fonds, de corruption, etc., ainsi qu'une inévitable « méchante » : Abby Fairgate, qui prend un malin plaisir à compliquer la vie de ses voisins, souvent pour le pire... Néanmoins, ce *night-time soap* est plus réaliste que *Dallas*, avec des personnages moins profondément haïssables et souvent même attachants et émouvants, grâce à des moments plus calmes entre deux complots diaboliques.

Dynastie, la quintessence du night-time soap des années 1980

Troisième grand *night-time soap* des années 1980, *Dynastie* (ABC, 1981-1989) est sans doute celui qui va le plus loin dans la perversité des sentiments et des actes. Situé à Denver, ce feuilleton raconte la lutte impitoyable à laquelle se livrent les familles Colby et Carrington pour le pouvoir et l'argent, et met également en scène un grand nombre de triangles amoureux, élément incontournable du soap. Le principal est celui formé par Krystle, Blake et Alexis : la pauvre Krystle a fait l'erreur d'épouser son patron, le riche et puissant Blake Carrington, qui depuis la considère comme sa propriété et la viole à loisir, tandis que leur majordome la traite comme une étrangère et que l'ex-femme de Blake, Alexis (interprétée par Joan Collins), est bien décidée à lui pourrir la vie, par tous les moyens… La plupart des personnages n'hésitent pas à commanditer ou à commettre des meurtres, lorsqu'un adversaire (ou un amant) devient trop embarrassant (sans jamais être traîné en justice, bien entendu).

Tout est poussé à l'extrême dans *Dynastie* : les perversions certes, mais aussi les apparences : les personnages, maquillés et « brushés » à mort, presque toujours dans des robes de soirée et des costumes très coûteux, consomment champagne et caviar en abondance, roulent en Rolls, s'offrent ou s'arrachent des rivières de diamants, bref, c'est le « bling bling » totalement décomplexé !

Melrose Place, LE soap des années 1990

Le grand soap des années 1990 est sans conteste *Melrose Place* (Fox, 1992-1999). Situé dans une résidence chic d'un quartier huppé de Los Angeles (Melrose), avec des appartements donnant tous sur la même piscine, ce soap du soir raconte comment des jeunes gens entre 25 et 35 ans s'aiment, se déchirent, se vengent, se font chanter, tentent de s'entretuer, se marient et divorcent à une rapidité déroutante. Toutes les recettes du soap sont là, poussées à outrance, avec des personnages tous beaux et le plus souvent très très méchants, pour le plus grand plaisir du téléspectateur. Outre Heather Locklear, belle blonde découverte dans *Dynastie* et *Hooker*, la série a révélé un grand nombre d'acteurs et d'actrices, tels Marcia Cross et Doug Savant, qui joueront ensuite dans *Desperate Housewives* (*cf.* p. 122), Kristin Davis, qui sera ensuite Charlotte dans *Sex and the City* (*cf.* p. 172), ainsi que les formes adultes d'Alyssa Milano, enfant-star de *Madame est servie* (*cf.* p. 159), devenue bombe sexuelle depuis les années 1990. Cette série fait l'objet d'un remake très attendu pour la rentrée 2009 aux États-Unis, situé dans un décor identique, avec le retour de la terrible Sidney (Laura Leighton), pourtant supposée être morte dans un accident de voiture à la fin de la cinquième saison (mais nous sommes dans un soap, les morts ne sont jamais vraiment morts si les scénaristes en décident autrement), et du Dr Michael Mancini (Thomas Calabro). Heather Locklear, désormais mariée à Jack Wagner, son ancien partenaire dans *Melrose* et acteur dans *Amour, gloire et beauté*, serait en train de négocier elle aussi son retour.

Aaron Spelling, le maître du *night-time soap*

Aaron Spelling (1923-2008) détient le record mondial du nombre d'émissions de télévision produites par un seul homme (218 !) et a assurément marqué l'histoire de la télévision américaine. Il a commencé sa carrière de scénariste pour la télévision dès les années 1950. Sa carrière de producteur exécutif décolle à la fin des années 1960, avec *La Nouvelle Équipe* (*The Mod Squad*, ABC, 1968-1973) dont le principe est d'avoir « un Blanc, un Noir et une blonde », tous jeunes et beaux, en train de traquer des criminels (assez gentils). Les dialogues sont enlevés, l'image belle à regarder, les acteurs sexy et charismatiques (Spelling avait en particulier l'œil pour dénicher de belles blondes, de Farah Fawcett à Heather Locklear), l'intrigue légère et divertissante. Les ingrédients de la recette Spelling pour le succès sont déjà là.

La suite de la carrière de Spelling le prouve : c'est lui qui a produit *Drôles de dames* (ABC, 1976-1981), *La croisière s'amuse* (*The Love Boat*, ABC, 1977-1987), *L'Île fantastique* (*Fantasy Island*, ABC, 1978-1984), *Starsky et Hutch* (ABC, 1975-1979), *Dynastie* (ABC, 1981-1989), *Hooker* (ABC puis CBS, 1982-1986), *Beverly Hills* (Fox, 1990-2000), *Melrose Place* (Fox, 1992-1999), *Sunset Beach* (NBC, 1997-1999), *7 à la maison* (*7th Heaven*, WB puis CW, 1996-2007), *Charmed* (WB, 1998-2006), et bien d'autres encore…

Mais si Spelling a incontestablement créé un très grand nombre de séries « ultra-légères », il faut aussi ajouter à son crédit que c'est lui qui a coproduit *Twin Peaks*, le chef-d'œuvre télévisé ultra-exigeant de David Lynch (*cf.* p. 77), ce qui n'est pas si étonnant que ça non plus, car Lynch s'est beaucoup inspiré des codes du *night-time soap* dans cette série, pour mieux les détourner…

Mélange des genres et réinvention dans les années 2000

Newport Beach, à la frontière du soap et de la série adolescente

Le grand soap des années 2000 est *Newport Beach* (*The O.C.*, Fox, 2003-2007). Situé dans le quartier extrêmement huppé et très fermé d'Orange County, au sud de Los Angeles, le point de départ de la série est l'arrivée de Ryan, un jeune adolescent des quartiers pauvres, dans la riche famille de son avocat, Sandy Cohen, qui devient rapidement son tuteur. Sandy et sa femme Kirsten ont un fils du même âge que Ryan, Seth, mal dans sa peau et *geek* (ce personnage introduira d'ailleurs de très nombreuses références à la « culture *geek* », attirant un nouveau type de public pour ce soap). À côté des Cohen habite la très jolie, très riche et très perturbée Marissa (Mischa Barton), avec sa mère Julie, elle aussi passablement névrosée. Ryan tombe immédiatement amoureux d'elle, et les intrigues prennent très rapidement un tournant soap, avec secrets, trahisons, kidnapping, accidents, grossesses, mariages, divorces, etc.

Le caractère excessif des passions et des intrigues, leur déroulement dans un cadre ultra-luxueux, l'importance des personnages adultes nous ont fait classer cette série parmi les *night-time soaps*, même si une grande partie de ces intrigues est également une réflexion sur l'adolescence et le passage à l'âge adulte. Depuis *Beverly Hills*, la frontière entre série (dramatique) adolescente et *night-time soap* est de plus en plus ténue, nous y reviendrons… (*cf.* p. 134).

Desperate Housewives ou la réinvention du night-time soap

Avec *Desperate Housewives* (ABC, depuis 2004), Marc Cherry (son créateur) a réinventé le *night-time soap*, jouant de façon jubilatoire avec ses codes. Située dans la banlieue chic et proprette de Wisteria Lane, *Desperate Housewives* suit les aventures (amoureuses et criminelles) de quatre « femmes au foyer désespérées », amies pour la vie, qui incarnent toutes un stéréotype de la « femme américaine » : Susan (Teri Hatcher), fleur bleue divorcée à la recherche du grand amour, Bree (Marcia Cross), maîtresse de maison psychorigide, Lynette (Felicity Huffman), mère de famille au bord de la crise de nerfs, et Gabrielle (Eva Longoria-Parker), *trophy wife* (très jolie jeune femme épousée par un homme riche et puissant pour la « montrer » en société, au même titre qu'une belle voiture de sport…) adultère. Outre leurs maris, fiancés et enfants qui viennent régulièrement leur compliquer la vie (et les empêcher de mourir d'ennui…), ces quatre femmes sont également confrontées à un personnage essentiel de tout bon *night-time soap* : la « méchante » Edie (Nicolette Sheridan), puis l'encore plus retorse Katherine (Dana Delany). Chaque saison tourne autour d'un mystère à résoudre (par exemple, dans la première saison : pourquoi Mary Alice, le cinquième membre de leur bande, s'est-elle suicidée ?) et génère son lot de secrets, chantages, menaces et manipulations diverses.

Peinture au vitriol de la banlieue résidentielle américaine, dénonciation sans concession des affres de la vie de couple et de famille, *Desperate Housewives* n'hésite pas non plus à aller vers l'outrance la plus débridée, élément incontournable du *night-time soap*.

Chapitre 7

Le feuilleton, genre universel

Dans ce chapitre

- Une réussite mondiale : les *telenovelas*
- L'exception française... et le raz-de-marée du Mistral : *Plus belle la vie*

Les feuilletons télévisés existent partout dans le monde. Dans ce chapitre, nous allons traiter essentiellement des *telenovelas*, genre mondialement apprécié (sauf en France), et des difficultés françaises à produire des feuilletons « au long cours », avec pour exception notable – et récente – *Plus belle la vie*. Nous dirons également un mot des feuilletons britanniques.

La telenovela

Le deuxième genre de feuilleton le plus diffusé dans le monde est la *telenovela* latino-américaine, qu'elle soit hispanophone (mexicaine essentiellement) ou lusophone (brésilienne). Ce mot signifie littéralement « roman télévisé », et la *telenovela* a un format bien plus court que celui des interminables soaps américains (une ou deux centaines d'épisodes, au lieu des milliers que comptent les soaps américains), qui tend effectivement à la rapprocher davantage du roman-feuilleton du XIXe siècle. Les références à Balzac, auteur français très populaire en Amérique latine, y sont d'ailleurs nombreuses.

Chaque épisode dure 1 h (pauses publicitaires comprises), et les *telenovelas* sont diffusées tous les jours entre 18 h et 22 h au Brésil, et de 15 h à 22 h au Mexique, proposant un très grand nombre d'histoires différentes à des téléspectateurs passionnés.

Les *telenovelas* brésiliennes comprennent en général entre 200 et 260 épisodes, et les *telenovelas* mexicaines entre 100 et 130. Ces durées relativement réduites permettent aux chaînes de renouveler l'intérêt des téléspectateurs en leur proposant régulièrement de nouveaux personnages, de nouveaux décors, de nouvelles intrigues. Ces intrigues sont presque exclusivement des intrigues amoureuses, avec une intrigue principale consistant à narrer les péripéties qui vont permettre au « plus beau » et à la « plus belle » (qui ont toujours la peau très claire et, si possible, sont blonds aux yeux bleus, les canons de la beauté restant très européens en Amérique latine) de vivre heureux et de faire beaucoup d'enfants, et comme intrigues secondaires la quête de l'amour de leurs amis, parents, voisins, etc.

Un genre très ancré dans la culture latino-américaine

La première *telenovela* hispanophone a été diffusée par la chaîne mexicaine Televisa en 1953 et la première *telenovela* lusophone (en portugais) a été diffusée au Brésil par Globo en 1963. Les productions latino-américaines sont extrêmement variées : *telenovelas* « historiques » en costume, fantastiques, pour adolescents, pour enfants, familiales, contemporaines, certaines sont même tournées à Paris ou aux États-Unis. Le budget par épisode varie de 20 000 à 100 000 dollars mais génère des recettes publicitaires très importantes, d'autant plus que le placement de produit est une caractéristique courante des *telenovelas*.

Les intrigues sont toujours fondées sur des histoires d'amour contrariées mais qui, dans la plupart des cas, se terminent bien pour les deux héros. Le plaisir du téléspectateur provient de l'originalité des rebondissements imaginés par les scénaristes pour « empêcher le couple phare de s'embrasser pendant 150 épisodes ».

Lorsqu'elles sont situées dans la période contemporaine, les *telenovelas* renvoient une image très moderne de la société (et des femmes en particulier). Les *telenovelas* les plus récentes n'hésitent pas à aborder de front des thèmes comme le racisme, l'homosexualité, la violence urbaine, les gangs, la pauvreté, la prostitution, etc., et font quelques efforts – qui restent très limités – pour donner une image plus réaliste de la diversité ethnique et culturelle de la population (car les stars des *telenovelas* ont toutes un look très européen).

La façon dont les personnages principaux s'habillent ou se coiffent lance immédiatement des modes. Les génériques – qui, en Amérique latine, sont diffusés après chaque coupure publicitaire, pour rappeler les téléspectateurs devant leur écran – deviennent immédiatement des tubes et sont diffusés en boucle à la radio. Si les histoires changent régulièrement, ce sont souvent les mêmes acteurs, immenses stars sur tout un continent, qui incarnent les rôles principaux. Pour toutes ces raisons, les *telenovelas* sont une part très importante de la culture latino.

Des feuilletons regardés dans le monde entier

Ces *telenovelas* brésiliennes et mexicaines s'exportent dans le monde entier et touchent un public de 2 milliards de personnes ! Les *telenovelas* hispanophones de Televisa sont vendues dans une centaine de pays, traduites en 27 langues et connaissent le même succès en Russie, en Chine, en Indonésie, aux Philippines, au Vietnam, en Hongrie, en Grèce, en Allemagne, en Israël, au Maroc... L'universalité des intrigues (histoires d'amour, secrets de famille), la beauté des paysages et des décors, le jeu très expressif des acteurs (à côté desquels les acteurs de soaps américains passent souvent pour des modèles de sobriété…), l'omniprésence et la popularité de la musique, de la balade sirupeuse aux chansons pour danser, expliquent le succès de ces feuilletons dans le monde.

Aujourd'hui, les *telenovelas* brésiliennes ont une réputation de meilleure qualité et d'un plus grand réalisme au sein de ce genre très particulier, mais les *telenovelas* hispanophones, en raison du nombre de gens dont l'espagnol est la langue maternelle, s'exportent davantage. Au cœur de la production hispanophone de *telenovelas*, les colombiennes sont en général les plus inventives et les mieux écrites, puisant leurs influences dans une longue tradition littéraire.

De nombreux pays, les Philippines et la Corée notamment, se sont mis très tôt à produire des *telenovelas*, aujourd'hui immensément populaires en Asie (les *koreanovelas* en particulier). Dans le monde francophone, le Québec produit des « téléromans » depuis les années 1950 (*La Famille Plouffe*, par exemple). Depuis les années 2000, tous les pays où ce genre est extrêmement populaire se sont mis à produire leurs propres *telenovelas*, souvent des adaptations locales de feuilletons déjà existants (brésiliens ou colombiens, en général).

L'exception française

Dans ce monde conquis par les *telenovelas*, la France fait figure de « village d'Astérix », dernier camp retranché résistant à l'invasion latino-américaine. Des *telenovelas* sont régulièrement diffusées en journée sur les chaînes hertziennes, ainsi que sur le câble, mais aucune n'a rencontré le succès… à une exception près.

Le Destin de Lisa, telenovela… allemande !

L'adaptation allemande de la *telenovela* colombienne *Betty La Fea* (littéralement « Betty la moche », 2001) a conquis la France, sous le titre *Le Destin de Lisa* (*Verliebt in Berlin*, 2005). L'histoire en est à la fois archi-connue et éminemment contemporaine, et n'a pas manqué de rencontrer un succès considérable partout où elle a été diffusée ou adaptée. Et, pour une fois, la France n'a pas fait exception.

« Betty la moche » (rendons aux Colombiens ce qui leur appartient), c'est l'histoire du vilain petit canard, mais dans le milieu hyper-branché et fascinant de la mode. Betty (ou Lisa, ou ce que vous voulez) est embauchée comme assistante personnelle d'un play-boy rédacteur en chef d'un magazine de mode, pour la simple raison qu'elle est moche, et que par conséquent il y a une petite chance pour que le play-boy en question pense un peu plus à travailler... Évidemment, Betty/Lisa/Tartampionne tombe amoureuse du play-boy, et évidemment ce n'est pas réciproque, en tout cas pas tout de suite... Ce qui est particulièrement intéressant dans cette histoire, ce n'est pas tant le point de départ très classique, ni le cadre branché et sexy, que le fait que Betty la moche va finir par gagner le respect de tous – et l'amour du patron – par ses qualités professionnelles et humaines plus que par son physique (même si à la fin, quand même, dans le feuilleton colombien, elle devient jolie grâce aux conseils avisés d'une femme plus âgée), dans un milieu où l'apparence compte plus que tout.

Ugly Betty, de la telenovela au night-time soap comique

Cette histoire a fait l'objet d'une adaptation américaine sous le titre *Ugly Betty* (ABC, depuis 2006), mais, comme il s'agit d'une *dramedy* et non d'une *telenovela*, la différence fondamentale est que Betty n'est pas amoureuse de son patron, ce qui « ouvre » le champ des intrigues possibles et fait d'*Ugly Betty* un mélange original de comédie (romantique, parfois, mais pas seulement) et de *night-time soap*, avec des personnages au caractère exagéré, des secrets, des manipulations, des chantages, des intrigues machiavéliques pour s'emparer de l'empire Meade et même des changements de sexe, des enfants cachés et des enfants posthumes !

Seconde chance, une adaptation à la française...

En 2008, devant le succès de *Plus belle la vie* (*cf.* p. 131) et du *Destin de Lisa*, TF1 décide de tenter l'aventure d'un feuilleton « à la française » et adapte « Betty la moche », dont elle a non seulement acheté les droits mais également diffusé les adaptations allemande et américaine...

Seconde chance est une adaptation très libre de « Betty la moche ». En effet, son héroïne, Alice Leroy, n'est pas moche. À la place, elle a la « tare » d'avoir fait des enfants très tôt (elle élève deux ados d'environ 17 ans à tout juste 35 ans) et de n'avoir jamais travaillé... Quittée par son mari, elle décide d'entrer dans la vie active et se fait embaucher dans une agence du pub grâce à une ancienne amie de lycée, bien décidée à lui mener la vie dure... Comme dans *Betty* et *Lisa*, elle finira par tomber amoureuse du patron.

Dans des décors ultra-colorés qui rappellent les feuilletons AB, *Seconde chance* adopte la structure classique de la *telenovela*, avec des intrigues amoureuses multiples et des complots au bureau pratiquement calqués sur *Le Destin de Lisa*. Mais, alors que l'héroïne de *DL* était adorablement cruche et attachante avec ses grosses lunettes et ses soupirs pour son chef distant et idéalisé, ancrant ainsi l'histoire dans le domaine du conte de fées et du roman à l'eau de rose, Alice, trop lisse, ne parvient pas à devenir un personnage attachant et se débat dans des intrigues qui, moins d'un an après la fin du *Destin de Lisa*, paraissent complètement téléphonées et ne surprennent pas. La série a également eu beaucoup de mal à trouver un public (les « ménagères de moins de 50 ans » ou les adolescentes ?) et un horaire de diffusion cohérent. Au bout de presque sept mois de diffusion, TF1 a fini par supprimer le programme, qui est alors allé rejoindre *Cinq sœurs* (France 2) et *Pas de secrets entre nous* (M6) au cimetière des feuilletons français qui n'ont « pas pris ».

Les feuilletons britanniques

La Grande-Bretagne a lancé son premier feuilleton télévisé en 1960, sur la chaîne privée ITV. Toujours en production aujourd'hui, *Coronation Street* passionne depuis presque cinquante ans des millions de Britanniques.

Contrairement aux feuilletons américains ou latino-américains, les feuilletons britanniques ne transportent pas le téléspectateur dans un monde irréel ou idéalisé, ne cherchent pas à la dépayser ou à le faire rêver mais au contraire à lui montrer la dure réalité sociale. *Coronation Street* se déroule ainsi dans le milieu ouvrier de Manchester, et *Eastenders*, l'autre grand feuilleton britannique, lancé par la BBC en 1985 et lui aussi toujours en production, est situé dans l'un des quartiers (fictifs) les plus populaires de Londres.

Ainsi, les feuilletons britanniques s'inscrivent d'une certaine façon dans la lignée du cinéma social de ce pays. Ils mêlent aux classiques histoires d'amour, de jalousie et de trahisons qui font le sel d'un feuilleton des problèmes de société tels que le racisme, la drogue, la misère, la prostitution, la violence conjugale, etc. Très ancrés dans la réalité sociale britannique et traitant de thèmes peu « universels », ces feuilletons ne s'exportent guère à l'étranger, en dehors des pays du Commonwealth (Australie, Canada, Nouvelle-Zélande).

Pour l'anecdote, Franck Dubosc a eu un rôle récurrent dans *Coronation Street* au début des années 1990...

Les feuilletons télévisés français

Pour des raisons historiques et structurelles (*cf.* p. 88, passage sur l'histoire de la télévision française), la France a commencé bien plus tard que beaucoup d'autres pays la production de feuilletons télévisés au long cours.

Les sagas de l'été

Les feuilletons français à dépasser la centaine d'épisodes se comptent sur les doigts d'une seule main… Les feuilletons du temps de l'ORTF, du type *Janique Aimée* (*cf.* p. 90), comprenaient un nombre d'épisodes très limité, et les « sagas de l'été », même si un certain nombre comme *Les Cœurs brûlés* (TF1, 1992) et sa suite *Les Yeux d'Hélène* (TF1, 1994) avec Mireille Darc et Pierre Cosso notamment, comprenaient des éléments « soapesques » : vengeances, secrets, triangles amoureux, jumeau maléfique ; mais ils ne peuvent pas être qualifiés de « feuilletons au long cours », car, là encore, le nombre d'épisodes ne dépassait pas la dizaine par an. L'été 2009 a été le premier été en France sans qu'aucune des grandes chaînes hertziennes propose sa jusqu'alors traditionnelle « saga de l'été ». Outre *Les Cœurs brûlés* et leur suite, on pense au *Vent des moissons* (TF1, 1986, avec Annie Girardot), au *Château des oliviers* (France 2, 1993, avec Brigitte Fossey), à *La Rivière Espérance* (France 2, 1995, avec Jean-Claude Drouot, Manuel Blanc, Pascal Greggory et bien d'autres), à *Terre Indigo* (TF1, 1996, avec Francis Huster et Christiana Reali), et plus récemment à *Zodiaque* et au *Maître du zodiaque* (TF1, 2004 et 2006, avec Claire Keim et Francis Huster), ou encore à *Dolmen* (TF1, 2005, avec Ingrid Chauvin).

Ces feuilletons rocambolesques et souvent spectaculaires reposant essentiellement sur des secrets de famille ont rassemblé des millions de Français et les ont fait rêver devant des paysages grandioses (généralement de Provence ou de Bretagne), mais toutes les autres tentatives d'installer des feuilletons du type « soap à l'américaine » dans les années 1980 et au début des années 1990 (pourtant la grande époque de *Dallas* et autres *Santa Barbara*) se sont soldées par des échecs.

« Sous le Solei-eil, bleu marine et blue, ébloui pareil… »

Le seul soap qui ait réussi à s'installer durablement dans le paysage audiovisuel français, sans faire trop de bruit, est *Sous le soleil* (TF1, 1996-2008). Fiction française la plus vendue dans le monde – sous le titre *Saint-Tropez* –, *Sous le soleil* adopte tous les codes du *night-time soap* : décors luxueux (magnifiques villas avec piscine à débordement surplombant la mer, jolies voitures, plages désertes, etc.), très beaux acteurs toujours impeccablement peignés et légèrement vêtus (surtout les femmes), unions et désunions, suspense, manipulations, chantages, secrets, enfants qui « disparaissent » rapidement après avoir été faits (ou adoptés), pour ne réapparaître qu'à l'adolescence, etc. Néanmoins, les scénaristes ne versent pas tout à fait dans les excès des *night-time soaps* américains, et les épisodes ont tous une intrigue principale « bouclée », souvent simpliste, tandis que les intrigues secondaires (généralement les histoires d'amour compliquées des uns et des autres) font le lien d'un épisode à l'autre.

Même si *Sous le soleil* a mis en scène en presque 500 épisodes une quantité impressionnante de personnages et de situations, les personnages centraux restent néanmoins les trois amies de toujours, Laure (Bénédicte Delmas), Jessica (Tonya Kinzinger) et Caroline (Adeline Blondieau). Outre leurs multiples histoires d'amour, le trait le plus caractéristique – et le plus drôle – de *Sous le soleil* est la mobilité sociale de Caroline et Jessica (Laure reste médecin tout au long de la série, même si un passage en prison vient un peu épicer cette carrière fort plan-plan…) : Caroline exerce ainsi en douze ans les métiers de serveuse, chanteuse, éleveuse de chevaux et avocate (sans avoir jamais fait d'études pour cela…), tandis que Jessica a été – souvent en même temps – danseuse, serveuse, princesse (!), prof de danse, directrice de restaurant, animatrice radio, maire de Saint-Tropez (!) et directrice d'une école de danse, de chant et de comédie.

Plus belle la vie, premier feuilleton à la française

L'aventure du Mistral

En 2004, France 3 tente de nouveau l'aventure du « feuilleton au long cours ». Les débuts sont difficiles et, malgré un lancement à grand renfort de publicité en septembre, le feuilleton, diffusé à 20 h 20, en pleine « messe du 20 h » et décrivant la vie quotidienne des habitants du Mistral, quartier fictif de Marseille, ne trouve pas son public. Malgré tout, France 3 persiste, refuse d'annuler le programme, et la sauce finit par prendre, lorsque ses scénaristes, avec Olivier Szulzynger à leur tête, décident d'y ajouter quelques épices… venues du soap !

Dès l'hiver 2004, des intrigues abracadabrantes et pleines de suspense (meurtres, manipulations, vengeances, trahisons, secrets, et même parfois le diable lui-même ou un médium) viennent pimenter la vie des habitants du Mistral, les intrigues se croisent, se complexifient, et des *cliffhangers* ponctuent chaque épisode (en particulier celui du vendredi soir), grâce à une écriture « à l'américaine », c'est-à-dire collective. Les résultats d'audimat s'envolent et *Plus belle la vie* devient un « phénomène ».

Les raisons d'un succès

Mélange savant de soap et de thèmes de société (sans-papiers, homosexualité, contraception, cancer, sida, SDF, travailleurs précaires), *Plus belle la vie* a le mérite de donner enfin (!) une image multiculturelle de la France, avec des Noirs, des Arabes, des métis, des Asiatiques (même si cette dernière « catégorie » reste très stéréotypée), dans des rôles loin des clichés habituels (avocat, flic, contrôleur des impôts, étudiant en médecine, etc.), comprend des personnages principaux extrêmement sympathiques qui sont homosexuels, et la règle est bien plus la famille monoparentale ou recomposée que la famille nucléaire traditionnelle.

Bref, au-delà d'un jeu d'acteur parfois sommaire et de dialogues souvent téléphonés (mais qui sont la règle des feuilletons quotidiens, où le temps de tournage est extrêmement réduit, avec généralement seulement deux prises par scène), *PBLV* offre un portrait contemporain d'une France diverse et tolérante et, pour cela comme pour la qualité globale des intrigues développées, mérite amplement son succès.

Un succès qui, même si pour le moment *PBLV* reste unique en son genre, s'explique par plusieurs facteurs :

- une chaîne qui a laissé le temps au programme de s'installer et n'a pas modifié son horaire de diffusion, malgré les faibles audiences de départ ;
- des scénaristes qui travaillent en groupe et qui ont appris à maîtriser les techniques d'écriture du soap (intrigues multiples, mélange des genres : comédie et suspense, sujets graves et sujets légers, histoires d'amour compliquées à toutes les générations) ;
- des acteurs principaux qui pour beaucoup sont là « depuis le début » et génèrent un véritable attachement des téléspectateurs au personnage qu'ils incarnent.

Chapitre 8

Les feuilletons... sans savon

Dans ce chapitre

- L'influence des recettes des soaps sur la construction des séries suivantes
- Les poids lourds : *24 heures chrono*, *Prison Break* et les autres !

Dans ce chapitre, nous abordons l'influence croissante des recettes des soap operas sur l'ensemble des séries américaines, puis la difficulté de concevoir un feuilleton sur plusieurs saisons sans éléments empruntés aux soaps.

Éléments feuilletonesques à gogo !

Depuis les années 1980, et en grande partie grâce au succès de *Dallas*, la plupart des séries sont « feuilletonesques », c'est-à-dire qu'elles comportent des éléments « à suivre » d'un épisode à l'autre. Toutes les séries américaines font aujourd'hui appel à la mémoire du téléspectateur, ne serait-ce que parce que les personnages principaux évoluent et ont un passé qui influe sur leur comportement présent.

De fait, les épisodes de série ne possèdent plus une seule histoire, mais plusieurs, dont l'une se boucle à la fin de l'épisode, tandis que d'autres courent sur plusieurs (et définissent des « arcs », *cf.* glossaire p. 327).

La première série américaine à incorporer des éléments feuilletonesques et à croiser plusieurs intrigues sans appartenir au genre du soap fut la série policière *Hill Street Blues* (NBC, 1981-1987). Première série policière sans personnage central, les intrigues s'intéressaient successivement aux différents policiers travaillant dans un même commissariat et alternaient ton grave, voire tragique, et ton plus léger, voire comique ou romantique. Toutefois, cette série d'un grand réalisme ne basculait jamais dans le soap et est restée fermement ancrée dans le genre policier (*cf.* p. 71 et 199).

Dès lors, tous les personnages de séries dramatiques ont commencé à avoir des vies personnelles à l'écran (à la différence de Columbo qui parle tout le temps de sa femme, mais avec laquelle on ne le voit jamais). Celles-ci ont souvent une influence sur leur vie professionnelle et permettent de créer des personnages plus profonds et plus complexes, bref, plus proches du téléspectateur. Du côté des sitcoms, les éléments feuilletonesques ont pris une importance croissante dans les années 1980 avec la mode des séries familiales centrées autour des relations parents-enfants, car les enfants grandissaient, forcément… Dans les années 1990, *Friends* (*cf.* p. 171) a sans doute été la série qui jouait le plus sur la mémoire du téléspectateur et a introduit le plus d'éléments feuilletonesques, allant même jusqu'à inventer un passé, complexe et savoureux, aux personnages principaux grâce à des flash-back situés avant même le début de la série.

Les séries « dramatiques » qui ont pour personnages principaux une famille et/ou un groupe d'adolescents sont particulièrement proches des *soap operas* par leur construction et les thèmes abordés. Les éléments feuilletonnants y sont en effet essentiels et les histoires de cœur des ressorts majeurs des intrigues. Ainsi, *Beverly Hills* (Fox, 1990-2000), *La vie à cinq* (*Party of Five*, Fox, 1994-2000), *Les Frères Scott* (WB puis CW, depuis 2003) ou encore *Gossip Girl* (CW, depuis 2007) sont de véritables *night-time-soaps* décrivant les émois de l'adolescence, mais surtout des triangles amoureux, des manipulations, des chantages, des trahisons et des rebondissements tirés par les cheveux. D'autant plus que lorsque ces séries durent longtemps, comme *Beverly Hills* (10 ans) et *Les Frères Scott* (6 ans pour le moment), les personnages quittent le monde de l'adolescence pour celui des adultes et ces séries deviennent alors franchement des *night-time-soaps*. Le drame familial *Brothers & Sisters* (ABC, depuis 2006), un peu moins tiré par les cheveux et beaucoup mieux écrit que les séries citées précédemment, tire lui aussi souvent vers le *soap*.

Les autres hybridations des séries adolescentes

Si les séries qui traitent de l'adolescence mêlent souvent à leur récit des éléments empruntés au genre des *soap operas*, d'autres s'inspirent des séries réalistes des années 1990 comme *Angela, 15 ans* (ABC, 1994-1995), de la *dark fantasy* comme *Buffy contre les vampires* (*cf.* p. 280), de la comédie loufoque et/ou romantique comme *Gilmore Girls* (WB puis CW, 2000-2007), ou bien encore de la série policière sombre comme *Veronica Mars* (UPN puis CW, 2004-2007).

Le soap s'est donc introduit partout, dans toutes les fictions américaines, à des degrés divers, et ces éléments feuilletonesques sont ceux qui donnent une grande part de leur saveur et de leur ampleur aux personnages et qui, je le dis et le répète, exigent que l'on regarde les séries produites à partir de 1990 *dans l'ordre* !

Des feuilletons d'un genre nouveau

Toutefois, si les éléments feuilletonesques font désormais partie intégrante de toutes les séries, les années 2000 ont vu naître aux États-Unis des feuilletons au sens strict qui n'appartiennent pas au genre du soap opera. Ces séries sont des feuilletons dans la mesure où chaque épisode reprend exactement là où l'action s'est arrêtée la semaine précédente. Nous ne parlerons ici que de *24 heures chrono* et de *Prison Break*, et aborderons les cas de *Lost* et de *Heroes* dans le chapitre consacré aux séries de science-fiction (*cf.* chapitre 17). Là encore, les genres se mêlent et il est difficile de catégoriser strictement un grand nombre de séries produites depuis la fin des années 1990.

Jack Bauer sauve les États-Unis en... 24 heures chrono

Diffusé pour la première fois en novembre 2001, deux mois à peine après les attentats du 11 Septembre, *24 heures chrono* (*24*, Fox, depuis 2001) a incontestablement renouvelé le genre du feuilleton télévisé.

Imaginé par Joel Surnow et Robert Cochran, le concept de cette série est à la fois simple et révolutionnaire : comme les séries comportent classiquement 24 épisodes par saison, et qu'il y a 24 heures dans une journée, pourquoi ne pas raconter une journée en temps réel ? Bien évidemment, pas la journée de Mme Tout-le-monde, mais celle d'un agent spécial luttant contre une menace extérieure pour sauver les États-Unis. D'autre part, le « temps réel » n'est qu'un prétexte pour faire monter le suspense (les secondes qui défilent sur un écran digital avant et après chaque coupure publicitaire), car, en vingt-quatre heures, Jack ne mange pas, ne dort pas, ne boit pas et ne va jamais aux toilettes. En revanche, il court beaucoup, téléphone en permanence, se bat, torture, utilise son arme et s'énerve...

L'écriture de cette série est semblable à tout feuilleton : intrigues multiples et croisées (souvent montrées en *split screen*, c'est-à-dire simultanément dans différentes parties de l'écran, une des marques de fabrique visuelles de la série), « arcs » qui se ferment tandis qu'un autre s'ouvre, *cliffhangers* insoutenables, révélations, retournements de situation, etc.

Cette série montrant un héros qui sauve les États-Unis eut un succès immédiat dans l'Amérique post-11 Septembre, pour laquelle la menace terroriste devient une réalité… Le feuilleton est fondé sur l'action, la violence, la peur et la précipitation, des ingrédients qui, alternés à un rythme haletant, rendent la série particulièrement addictive. Toutefois, le principe étant toujours le même (et Jack Bauer gagne systématiquement à la fin), les saisons peuvent être regardées de façon indépendante. Les saisons 1 à 6 se passent à Los Angeles, la saison 7 à Washington.

Saison 1 : Jack Bauer déjoue une tentative d'assassinat sur David Palmer (Dennis Haysbert), candidat démocrate noir à la présidence des États-Unis, en campagne à Los Angeles.

Saison 2 : Jack Bauer empêche un groupe terroriste de faire exploser une bombe atomique sur Los Angeles.

Saison 3 : Jack Bauer évite une attaque bactériologique, toujours sur la ville de Los Angeles. (Cette saison est moins bonne que les deux précédentes, car le scénario est beaucoup moins cohérent et assez répétitif par rapport à la saison 2.)

Saison 4 : Jack Bauer doit cette fois-ci déjouer des attaques multiples contre les États-Unis, commanditées par le même groupe terroriste. Cette saison est la plus violente de toutes.

Saison 5 : les terroristes s'en prennent aux amis les plus proches de Jack Bauer, et le complot implique les plus hauts sommets de l'État américain. C'est l'une des meilleures saisons de *24 heures chrono* et un commentaire assez savoureux sur les liens entre la présidence des États-Unis et le complexe militaro-industriel…

Saison 6 : un scénario qui reprend les principaux éléments de la saison 5 et qui, du coup, surprend peu.

Rédemption : épisode de deux heures « hors cycle » qui voit Jack Bauer, en fuite en Afrique (dans le pays fictif du Sangala), sacrifier sa liberté pour offrir à un groupe d'orphelins un avenir aux États-Unis plutôt que de devenir des enfants soldats. Belle histoire, qui renouvelle un peu la série, car, loin des États-Unis, Jack n'a pas accès à une haute technologie (les fameux satellites et autres banques de données du gouvernement) et laisse parler son cœur…

Saison 7 : Jack Bauer sauve à la fois un pays d'Afrique fictif, le Sangala, et la présidente des États-Unis. Il travaille désormais en collaboration (tendue) avec le FBI et non plus pour la cellule antiterroriste comme dans les saisons précédentes. Son usage systématique et illégal de la torture pour obtenir des informations est fortement critiqué.

Outre Jack Bauer, bras armé qui agit dans l'urgence et n'a pas le temps de se poser de questions, l'autre personnage important de *24 heures chrono* est le président des États-Unis qui n'est pas toujours le même, car le temps passe et les élections amènent des candidats plus ou moins taillés pour réagir à une menace terroriste imminente (quand ils ne l'ont pas eux-mêmes provoquée...).

Parmi les incarnations notables du président des États-Unis, il y a eu David Palmer (Dennis Haysbert, saisons 1 à 5), président noir ultra-charismatique avec lequel Jack Bauer a noué une très forte relation d'amitié (car, dans la première saison, Jack lui sauve la vie alors qu'il n'est que candidat à la présidence), le détestable Charles Logan (Gregory Itzin, saisons 4 à 6), et enfin, dans la saison 7, une femme remarquable, Allison Taylor (Cherry Jones). Certains ont vu dans le président Palmer une préfiguration d'Obama, ou en tout cas un personnage fictif qui a préparé les Américains à la possibilité d'élire un Noir à la présidence. Peut-être qu'Allison Taylor les prépare à élire un jour une femme à ce poste ?

En dépit de passages à vide de temps en temps, *24 heures chrono* est un feuilleton dont le succès ne se dément pas et qui sait se renouveler tout en restant fidèle à son principe de départ.

Prison Break : y a-t-il une vie hors de la prison ?

Cela n'a pas été le cas pour *Prison Break* (Fox, 2005-2009), feuilleton créé par Paul Scheuring qui a eu beaucoup plus de mal à se renouveler, après une brillante première saison. Le concept de départ est le suivant : un jeune homme commet un crime dans le but de se faire envoyer dans la même prison que son frère, qui, lui, est incarcéré pour un crime qu'il n'a pas commis. Auparavant, il a pris soin de se faire tatouer sur tout le torse un plan extrêmement élaboré et codé pour leur permettre de s'évader ensemble...

La première saison, complexe et haletante, croisant de multiples intrigues (le plan pour s'évader de la prison, un complot au plus haut niveau politique, la vie quotidienne au sein de la prison, quelques histoires d'amour et de famille) a rencontré un énorme succès et fait de Wentworth Miller un sex-symbol. À la fin, les deux frères parviennent à s'évader. La Fox, ravie par les résultats d'audience, commande une seconde saison. Que faire quand on a une série qui s'appelle *Prison Break* et que les deux personnages sont sortis de la prison ?

La saison 2 se concentre sur la fuite des fugitifs (les deux frères Burrows ont dû inclure un certain nombre de comparses dans leur évasion) face à des agents du FBI plus ou moins bien intentionnés, car le complot au plus haut niveau de l'État n'a pas été déjoué. À la fin de la saison, les deux frères parviennent à quitter les États-Unis pour Panamá et le complot paraît déjoué.

Les téléspectateurs ont pour la plupart suivi, même si cette saison n'a pas connu le même succès que la première. Que faire pour la saison 3 ?

La saison 3 est une sorte de mélange des deux saisons précédentes, avec un frère en prison et l'autre en dehors, à Panamá, et toujours des très très méchants qui leur en veulent. Cette saison voit la mort d'un des personnages principaux les plus aimés des téléspectateurs et entraînera leurs protestations véhémentes. Les scénarios perdent en cohérence, et l'audience commence à chuter.

La saison 4 est de nouveau une course des deux frères à travers les États-Unis pour déjouer un complot, sauver leurs êtres chers et faire éclater la vérité. Le nombre de téléspectateurs chute de façon dramatique (de 8 à 5 millions), et la série prend fin.

Prison Break est l'archétype des feuilletons de soirée « à concept » conçus pour n'avoir qu'une seule saison, et qui se retrouvent victimes de leur succès. Les feuilletons de prime time sont en effet des produits à haut risque : très addictifs, et donc générateurs de fortes audiences si les téléspectateurs accrochent (sinon, la série est rapidement retirée de l'antenne), ils peuvent être « lâchés » brutalement par leurs fans si les scénaristes cessent de les surprendre, ou alors s'ils prennent une direction trop éloignée du concept de départ.

Pour toutes ces raisons, les feuilletons en prime time restent assez rares par rapport à l'écrasante majorité des fictions à épisodes, qui appartiennent soit au genre de la comédie, soit au genre du drame…

Troisième partie

Rions un peu... : les sitcoms et autres comédies

Dans cette partie…

Nous allons traiter ici des comédies, c'est-à-dire des fictions télévisées destinées principalement à faire rire. Ces séries comiques se divisent en trois grands genres : les *sitcoms*, genre inventé aux États-Unis et qui représente la grande majorité des séries comiques (*cf.* p. 141), les *shortcoms*, genre particulièrement populaire en France (*cf.* p. 191), et les « autres », c'est-à-dire des séries comiques filmées dans les mêmes conditions qu'une série dramatique, avec une seule caméra (*cf.* p. 144).

Aux États-Unis, les séries comiques ont toutes des épisodes d'une demi-heure (22 minutes sur les chaînes avec publicité, 30 sur les chaînes sans publicité).

Chapitre 9

Faire rire à la télévision : comment ça marche ?

Dans ce chapitre

- Les ingrédients du théâtre au service des sitcoms
- Les premières grandes comédies sont familiales
- De l'image du rêve américain aux premières satires sociales

Comment provoquer le rire ? Comment le susciter, le préparer ? Et a fortiori, comment faire réagir un public, tenu à si bonne distance des comédiens par l'écran de leur téléviseur ? C'est ce que vous découvrirez dans les paragraphes qui suivent.

Une sitcom, c'est du théâtre !

Les sitcoms sont des comédies « de situation », c'est-à-dire qu'elles sont tournées en studio, en public, dans des décors qui ressemblent beaucoup à des scènes de théâtre, avec le fameux « troisième mur », des portes qui claquent et un public qui réagit vivement (les fameux rires enregistrés, mais aussi des « oooh », des « aaaah », des applaudissements, etc.). Les sitcoms sont filmées avec trois caméras pour saisir simultanément la scène dans son ensemble (plan large), celui qui dit la vanne, et celui à qui elle s'adresse. Le but de ce type de fictions télévisées est de provoquer le rire par des effets comiques comparables à ceux du vaudeville, dans l'idéal toutes les quatre secondes (!).

Un comique hérité du théâtre

Les effets comiques des sitcoms sont tout droit hérités du théâtre. Le comique de geste, typique de la farce, de la commedia dell'arte et de Guignol, que l'on retrouve dans les films muets du début du XXe siècle (Charlot, Laurel et Hardy, ou même Buster Keaton), est très présent dans les sitcoms des années 1950 et 1960. Si la plupart des acteurs comiques ne recourent plus à de grands gestes ou à des chutes spectaculaires, les gros plans permettent de mettre en valeur leurs expressions faciales, qui à elles seules déclenchent le rire. Une grande partie des effets comiques des sitcoms est fondée sur la tête que font les acteurs lorsqu'ils viennent d'être humiliés par leur partenaire, ou alors quand ils sont surpris ou désespérés par une situation.

Le deuxième type d'effet comique récurrent est le comique de situation, hérité du vaudeville et du théâtre de boulevard : portes qui claquent, apparition inopinée d'un personnage, personnage caché dans la pièce et qui entend ce qu'il n'aurait pas dû entendre, etc.

Le troisième type d'effet comique est basé sur la parole : quiproquos, malentendus, doubles sens, eux aussi très présents dans le théâtre de boulevard.

Ces trois sources de situations comiques rapprochent très fortement les sitcoms des vaudevilles et soulignent encore une fois le fait que les fictions télévisées sont bien plus des héritières du théâtre que du cinéma. Dernier aspect qui rapproche les sitcoms du théâtre de boulevard : la nécessaire entente entre les différents comédiens, qui est l'une des clés du tempo comique et de l'efficacité des répliques. L'« esprit de troupe », la complicité entre les acteurs, est par exemple l'une des clés du succès de *Friends* (*cf.* p. 171).

Un décor de théâtre

Les sitcoms, filmées au moyen de trois caméras fixes en studio, ont par force un nombre limité de décors. Ces décors doivent donc être des lieux où les différents protagonistes se rassemblent facilement.

Traditionnellement, les sitcoms ont pour cadre principal le living-room d'une famille, dans lequel celle-ci se croise et se retrouve, où les voisins viennent discuter (*cf.* chapitre 11), avec quelques décors additionnels tels que la cuisine ou les chambres.

Certaines ont pour cadre le lieu de travail, en général un *open space*, avec en décors additionnels le bureau du patron, la salle de photocopie, etc. (*cf.* chapitre 13). Dans d'autres, ce sont les lieux de socialisation amicale : le bar, le café, le *diner*, le grand salon des uns ou des autres (*cf.* chapitre 12).

La construction de ces décors ne vise pas le réalisme mais l'efficacité des entrées et des sorties des comédiens, ainsi que leur occupation de l'espace et la possibilité d'y être tous rassemblés. Ainsi, le living-room traditionnel d'une sitcom familiale comporte une porte à gauche et une autre à droite (vers la cuisine et vers l'« extérieur ») et un escalier dans le fond, si l'on est dans une maison, ou une troisième porte vers les « chambres », si l'on est dans un appartement : c'est exactement la configuration de tous les décors des pièces de boulevard, où les acteurs ont toujours trois entrées ou sorties de scène possibles. De même, le traditionnel canapé familial est systématiquement installé face aux téléspectateurs et au « quatrième mur » qu'est l'écran de télévision.

La présence du public

Dernier aspect qui rapproche les sitcoms du théâtre comique : la présence du public, et d'un public qui réagit ! De nombreux Américains se pressent une fois par semaine pour assister à l'enregistrement de leur comédie préférée dans les studios hollywoodiens, et un chauffeur de salle, ainsi que des rieurs professionnels disséminés au milieu d'eux, s'assurent qu'ils réagissent bruyamment à ce qu'ils voient.

Toutes les sitcoms au sens strict sont enregistrées en public : un public qui rit, qui crie de surprise ou de plaisir à l'apparition d'un personnage, qui fait « ooouh » lorsque l'un des personnages se montre particulièrement mesquin ou méchant envers un autre. Ces réactions sonores gratifient les acteurs, permettent aux scénaristes de s'assurer de l'efficacité de leurs vannes et, surtout, encouragent le téléspectateur seul devant son écran à rire lui aussi et participent au plaisir de la sitcom, qui est encore une fois très similaire au plaisir consistant à aller voir une pièce de théâtre de boulevard.

Les rires enregistrés ne sont donc pas – la plupart du temps – des rires ajoutés artificiellement par les monteurs des sitcoms mais ont été enregistrés au moment même où la scène était jouée, même s'ils sont presque toujours remixés.

Stand-up et art de la vanne

Enfin, les ressorts comiques des sitcoms reposent aussi largement sur l'« art de la vanne », développée dans les cabarets américains par les comiques qui font du *stand-up*, le but étant d'accumuler les bons mots pour provoquer l'hilarité générale, aux dépens de soi-même ou d'un tiers. Cette technique se retrouve dans les sitcoms, non plus dans le cadre de monologues mais dans les dialogues entre les personnages.

Conflits de personnalités et situations sans issue

Ainsi, le conflit, les personnalités opposées sont des éléments centraux du comique des sitcoms. Et ce qui est typique des sitcoms (à la différence des pièces de boulevard) est que ce conflit n'est jamais définitivement résolu : les personnages continuent à s'affronter et à refuser de se comprendre pendant des années. La clé d'une sitcom est une situation bloquée entre des personnages ultra-stéréotypés : si les enfants s'arrêtent de faire des bêtises, la comédie ne fonctionne plus, si le patron / la belle-mère / le voisin / le meilleur ami arrête d'être insupportable, même chose, si les colocataires « adulescents » de *Friends* deviennent réellement adultes et déménagent pour élever leurs enfants, la série s'arrête…

Par conséquent, exploitant le comique de répétition, les sitcoms répètent à l'envi des situations qui seraient totalement insupportables dans la vraie vie et seraient rapidement résolues, mais justement dans une sitcom elles ne le sont jamais et sont inspectées sous tous les angles. Par exemple, dans *Tout le monde aime Raymond* (*cf.* p. 164), les beaux-parents s'immiscent continuellement dans la vie de leur fils et de sa femme, et les situations embarrassantes sont poussées à l'extrême pour déclencher l'hilarité.

Des comédies plus cinématographiques

Mais si la plupart des comédies sont des sitcoms, certaines, et ce depuis les années 1960, sont filmées dans des conditions qui les rapprochent du cinéma plutôt que du théâtre.

Ces comédies sont appelées au États-Unis *single-camera comedies*, car leur spécificité est en effet d'avoir un seul cadreur mobile (au lieu de trois caméras fixes), comme au cinéma, ce qui veut dire : pas de public, la possibilité de tourner en extérieur, ou en tout cas dans des décors plus vastes et plus complexes que les scènes des sitcoms.

Parfois, ces comédies n'ont pas de rires enregistrés, mais la plupart du temps elles en ont, qui proviennent de projections tests faites en public pour voir où le téléspectateur va rire et pour souligner les effets comiques.

Ces comédies « cinématographiques » peuvent faire appel au même type de comique que les sitcoms : comique de répétition, comique de situation, etc., mais elles ont un rythme plus lent que les sitcoms (lié à leur montage), et de fait peuvent comporter des passages plus lents, plus émouvants. Elles permettent également les flash-back, les ellipses, les répétitions et toutes les techniques cinématographiques que le dispositif théâtral des sitcoms ne permet pas.

Ces comédies sont donc moins efficaces en termes d'éclats de rire par minute mais permettent de raconter des histoires plus subtiles, et les effets comiques sont souvent plus « cérébraux » que ceux des sitcoms. Néanmoins, le but de ces fictions reste principalement d'être drôles, ou satiriques, et leur format (une demi-heure par épisode) les distingue clairement des séries dramatiques (qui ont des épisodes de 1 h).

De vraies familles à l'écran : les premières sitcoms familiales

Les premières sitcoms américaines mettent en scène de vrais couples, des femmes réellement enceintes et parfois même leurs vrais enfants, dans un véritable esprit « de la balle », qui là encore souligne les liens entre la télévision et le théâtre (voire le cirque…).

Mary Kay and Johnny, entre fiction et réalité

Diffusée entre 1947 et 1950, avec des épisodes d'un quart d'heure puis d'une demi-heure, cette sitcom était écrite et jouée en direct de New York par un couple également mari et femme dans la vraie vie, Mary Kay et Johnny Stearns. Les histoires s'inspiraient tellement de leur vie quotidienne que lorsque Mary Kay tomba enceinte, les deux futurs parents décidèrent d'inclure cette grossesse dans la série et leur fils Christopher fit sa première apparition à l'écran âgé de moins d'un mois et devint dès lors un personnage de la sitcom.

N'ayant pas été filmée sur pellicule, la quasi-totalité des épisodes de *Mary Kay and Johnny* a aujourd'hui disparu. Le Paley Center, musée de la radio et de la télévision américaine qui a une antenne à New York et une autre à Los Angeles, dispose dans ses archives d'un épisode de 1949.

Cette comédie fut également la première à montrer à la télévision un couple marié partageant le même lit. Cela est resté une exception pendant une vingtaine d'années, où la chambre parentale était rarement montrée, et, si elle l'était, les lits étaient généralement des lits jumeaux, comme dans *I Love Lucy*, la première sitcom « moderne ».

I Love Lucy, ou l'invention de la sitcom télévisée

Diffusée sur CBS entre 1951 et 1957, *I Love Lucy* (*ILL*) a marqué l'histoire de la télévision et les esprits des Américains (grâce à de très nombreuses rediffusions depuis). Transposition télévisée d'un feuilleton radiophonique très populaire intitulé *My Favorite Husband*, *ILL* met en scène un véritable couple à la ville, Lucile Ball et son époux d'origine cubaine, Desi Arnaz, ainsi que leurs voisins de palier Ethel et Fred Mertz. Ces quatre personnages sont régulièrement embarqués, par de petits mensonges qui prennent des proportions énormes, dans des aventures drolatiques parfois à la limite du surréalisme (Lucy se retrouve par exemple avec un cheval dans son salon, qu'elle essaie de dissimuler à son mari !), en général provoquées par la nouvelle carrière de Lucy, jusque-là épouse « modèle » de son chef d'orchestre de mari, qui décide de devenir chanteuse de music-hall.

Interprète du rôle de cette femme mariée en quête d'une certaine indépendance, productrice avisée, Lucille Ball a véritablement inventé la sitcom américaine. Non seulement elle imposa à l'écran la présence de son mari, dont l'accent ne cachait pas les origines cubaines, mais elle fut la première à mettre en place le dispositif des « trois caméras », pour donner plus de relief et de rythme à l'accent et permettre un montage proprement télévisuel. C'est elle aussi qui décida qu'*ILL* serait tourné en public, et filmé sur pellicule, ce qui allait permettre la rediffusion des épisodes et leur vente à d'autres chaînes que CBS. Enfin, c'est elle qui décida de quitter New York pour Hollywood, afin de profiter des infrastructures des studios de cinéma.

Comme pour *Mary Kay and Johnny*, la grossesse de Lucille fut intégrée dans les histoires d'*I Love Lucy*, et, à partir de 1953, Lucy et Ricardo eurent un fils, Ricky Junior, né à l'écran le jour même de l'accouchement de Lucille, et interprété par des bébés jumeaux (car les lois sur le travail des enfants permettaient très peu de présence à l'antenne d'un seul bambin), tandis que Lucille et Desi confiaient Desi Junior, ainsi que sa grande sœur Lucie, à des nounous...

I Love Lucy fut la série la plus regardée par les Américains pendant quatre de ses six saisons (*cf.* annexe B, p. 333) et s'arrêta non du fait de la chute des audiences mais parce que les deux acteurs principaux le souhaitaient.

Femme de tête, professionnelle avant tout, Lucille Ball mena ensuite une longue carrière à la fois d'actrice et de productrice, jouant dans de nombreuses sitcoms, la plus connue étant *The Lucy Show* (CBS, 1962-1968), et produisant grâce à sa compagnie Desilu (maison de production fondée au départ avec son mari, mais elle lui racheta ses parts au moment de leur divorce en 1960) de grandes séries comme *Les Incorruptibles* (*The Untouchables*, ABC, 1959-1963), *Star Trek* (NBC, 1966-1969) et *Mission : Impossible* (CBS, 1966-1973).

The Adventures of Ozzie and Harriett : une famille à l'écran

Dernière sitcom des années 1950, *Les Aventures d'Ozzie et Harriet* étaient également interprétées par une vraie famille : Ozzie et Harriet Nelson, et leurs deux fils David et Ricky. Diffusées d'abord à la radio de 1944 à 1954, ces « aventures » d'une famille américaine typique passèrent sur le petit écran dès 1952 et ne prirent fin qu'en 1966. Le réalisme était poussé à l'extrême puisque des vues de l'extérieur de la vraie maison des Nelson étaient utilisées dans la série, et le décor en plateau était arrangé comme le véritable salon familial !

Avec 14 saisons, cette sitcom détient le record de longévité pour une série de ce type. La seule « famille » à être restée plus longtemps à l'écran est celle de personnages animés : les Simpson…

Symbole de la famille nucléaire idéale des années 1950, *Ozzie and Harriet* ne survécut pas à la révolution culturelle des années 1960 et disparut de l'antenne en 1966.

Y a-t-il une vie après la télévision ? La fin tragique de la famille Nelson

La vie fut difficile pour les Nelson après l'arrêt de la série. Ozzie et Harriet tentèrent en vain de faire un retour à l'écran dans une nouvelle sitcom, *Ozzie's Girls*, dans les années 1970, mais ce fut un échec. Ozzie travailla ensuite comme producteur et réalisateur de quelques sitcoms mineures. Il mourut d'un cancer du foie en 1975, à 69 ans. Ricky Nelson était devenu une « idole des jeunes » à la fin des années 1950 et au début des années 1960 en chantant des tubes de rock, mais l'arrêt de la série signa aussi la fin de sa carrière, et il eut une vie difficile dans les années 1970, avant de trouver la mort dans un accident d'avion le 31 décembre 1985. Harriet resta très discrète et fut extrêmement touchée par les décès successifs de son mari et de son fils. Elle mourut en 1994. Seul David Nelson, le fils aîné, semble mener une vie équilibrée en étant producteur et réalisateur de publicités… pour le cinéma et la télévision, évidemment.

Un portrait idéalisé de la société américaine : The Andy Griffith Show

La première comédie « à une caméra » ultra-populaire, diffusée sur CBS entre 1960 et 1968, fut *The Andy Griffith Show*, du nom de son acteur principal, une star de la comédie des années 1950 (célèbre pour ses sketchs sur le football américain, en particulier). Il y incarne Andy Taylor, un shérif veuf d'une petite ville américaine typique, gardien de l'ordre établi et qui élève seul son fils, aidé par sa tante, qui leur sert à tous deux de figure maternelle. Tous ces éléments n'auraient rien de comique si la vie du brave shérif n'était constamment pimentée par les bêtises de son adjoint Barney, celles de son fils et même de sa tante, auxquelles s'ajoutent une série de « problèmes » incarnés par une multitude de personnages secondaires.

Cette sitcom était à la fois drôle, touchante et ultra-moralisatrice, une incarnation de la télévision des années 1950 et 1960, mais qui va être radicalement remise en cause dès le milieu des années 1960, car la société américaine, sous l'effet du rock'n'roll, des revendications des minorités et de la guerre du Vietnam, est en train de bouger, et de bouger vite... La télévision n'a eu d'autre choix que de s'adapter à ce changement de mentalités.

Les difficultés du rêve américain : les premières satires sociales

The Honeymooners

Sitcom de seulement 39 épisodes diffusés entre 1955 et 1956, *The Honeymooners* est une référence incontournable aux États-Unis en matière de comédie, grâce à de multiples rediffusions. Des extraits de cette sitcom sont notamment insérés dans *Clair de lune* (*cf.* p. 73). Les personnages principaux sont deux couples de petites gens, les Kramden et les Norton, qui échafaudent toujours des plans abracadabrants pour devenir riches rapidement et sans effort, et bien entendu ces plans ratent invariablement. Cette comédie a pour héros, bien avant *Earl* (*My Name Is Earl*, NBC, depuis 2005), des oubliés du rêve américain.

Les scènes de ménage, parfois violentes, et les quiproquos sont très fréquents comme sources comiques, et témoignent de l'évolution des mentalités : il est difficile aujourd'hui d'éclater de rire en voyant un mari lever la main sur sa femme...

The Beverly Hillbillies

Cette comédie à une caméra, diffusée entre 1962 et 1971 sur CBS, fut l'une des séries les plus regardées par les Américains au cours de cette décennie. Cette série raconte les aventures de « bouseux du Texas » ayant fait fortune grâce à du pétrole trouvé dans leur champ, et qui décident de s'installer à Beverly Hills. Le ressort comique tient essentiellement dans la confrontation de ces Texans mal dégrossis (qui sortent leur revolver à la moindre occasion, distillent leur propre tord-boyaux, etc.) à la société californienne sophistiquée des années 1960.

La popularité de cette série a généré dans les années 1960 une mode de sitcoms mettant en scène des « bouseux » : *Petticoat Junction* (CBS, 1963-1970) raconte la vie d'une famille gérant un hôtel au milieu de nulle part, tandis que *Green Acres* (CBS, 1965-1971) prend le contre-pied exact des *Beverly Hillbillies* en racontant les aventures d'un couple de citadins sophistiqués s'installant à la campagne. Mais cette mode prit fin avec les années 1970, le public américain étant alors bien plus intéressé par des thèmes de société plus modernes (*cf.* p. 65-66).

La satire sociale, genre universel

Une sitcom saoudienne extrêmement populaire au Moyen-Orient depuis 1993, *Tash Ma Tash*, reprend exactement le principe des *Beverly Hillbillies*, se moquant de « ploucs du désert » découvrant la vie moderne et urbaine à Ryad. Les nouvelles saisons de *Tash Ma Tash* sont diffusées pendant chaque ramadan, juste après le coucher du soleil.

Cette série est la première à critiquer, sur le mode de la comédie, les travers de la société saoudienne, abordant des thèmes sensibles comme le choc des cultures occidentale et traditionnelle saoudienne, la condition des femmes (et notamment leur impossibilité de faire quoi que ce soit sans être accompagnées d'un homme), le terrorisme, les relations conjugales et la religion. Cette sitcom est la cible des islamistes, et les acteurs reçoivent régulièrement des menaces de mort, mais elle dure néanmoins depuis plus de quinze ans, contribuant sans aucun doute à faire évoluer les mentalités par le rire.

Dès les années 1960, les producteurs et scénaristes américains se rendent donc compte de l'arme qu'est le rire pour critiquer la société dans laquelle ils vivent, et les téléspectateurs en demandent toujours plus. De fait, le portrait de la société américaine fait dans les sitcoms est souvent bien plus en avance que celui que l'on peut voir dans les séries dramatiques de la même époque. Caractéristique typique du divertissement à l'américaine : le message politique n'est jamais loin. C'est ce que nous allons voir en étudiant de plus près les trois grands genres de sitcoms et comédies à une caméra : celles qui ont pour cadre la famille, celles qui parlent d'un groupe d'amis et celles qui ont pour cadre le lieu de travail.

Chapitre 10

Papa, maman, les voisins et moi : les comédies familiales

Dans ce chapitre

- Le quotidien de chaque époque passé au crible!
- Un miroir de la société, de la famille nucléaire des années 1950 aux familles recomposées des années 1970
- L'âge d'or des années 1980 et les succès du genre

La comédie familiale est le genre auquel appartiennent le plus de sitcoms et autres comédies télévisées américaines. Plus petite entité sociale, institution et valeur fondamentale aux États-Unis, la famille est également le lieu par excellence où les personnalités opposées se côtoient sans pouvoir / vouloir s'éviter.

Les petits travers de la vie quotidienne, les problèmes de couple, de voisinage, d'éducation des enfants sont des sources d'inspiration inépuisables pour les scénaristes.

Nous avons vu dans le chapitre précédent que les premières comédies à la télévision américaine avaient été des comédies familiales, mettant en scène de vrais couples, parfois accompagnés de leurs enfants. Nous allons ici revenir, dans l'ordre chronologique, sur les grandes comédies familiales et le portrait qu'elles réalisent de la famille américaine.

La famille nucléaire idéale des années 1950 : Leave It to Beaver

Les Cleaver, la famille de *Leave It to Beaver* (CBS puis ABC, 1957-1963), sont l'incarnation pour les Américains de la famille idéale : papa partait le matin pour gagner l'argent du ménage et revenait tous les soirs à la même heure pour se mettre les pieds sous la table, gronder les enfants si nécessaire ou alors leur donner de lumineux conseils, et embrasser chastement sa femme (dans la plus pure tradition de la télévision des années 1950, les parents dorment dans des lits jumeaux) ; maman restait à la maison, s'occupait de toutes les tâches ménagères, surveillait les enfants et leur prodiguait toute son affection ; et leurs deux fils, Wally, 12 ans au début de la série, et Theodore, surnommé « Beaver » (« Castor »), 8 ans au début de la série (et interprété par un acteur du même âge), allaient à l'école et découvraient la vie, dans une banlieue résidentielle proprette. Les personnages secondaires incluaient les amis des enfants et les voisins. La série prit fin au bout de six saisons, à un tournant dans la vie de la famille Cleaver : le départ de Wally pour l'université et l'entrée de Beaver au lycée, quittant définitivement l'enfance.

Le personnage central est Beaver, petit garçon espiègle et plein d'imagination. Les deux créateurs de la série, Joe Conelly et Bob Mosher, eux-mêmes pères de famille, s'inspiraient de leur propre vie et de celle de leurs enfants pour les différents épisodes, sans pousser les effets comiques trop loin, laissant la candeur enfantine parler d'elle-même.

Les épisodes se terminaient toujours de façon très morale : les mensonges étaient découverts, les bêtises punies (par des menaces et des privations de sorties, jamais par un châtiment physique), et la « leçon de ses erreurs » apprise par l'enfant, grâce à une longue explication avec l'un des deux parents ou les deux. Les problèmes sont toujours ceux des enfants, ou éventuellement des voisins ou des amis des enfants, le couple parental Cleaver étant un modèle d'entente et d'union.

Comédie à une seule caméra, *Leave It to Beaver* (*LIB*) comportait un grand nombre de scènes en extérieur, notamment toutes celles impliquant les jeux des enfants, qui découvraient le monde et le sens de la vie dans la nature, dans la plus pure tradition américaine. Si le décor principal est la maison des Cleaver, plusieurs épisodes suivent les aventures de Beaver ou de son frère à l'école ou dans les magasins du quartier.

Les comédies familiales des années 1960 et 1970

Mais, dès le milieu des années 1960, cette représentation idéale de la famille nucléaire vivant dans son pavillon de banlieue ne suffit plus aux téléspectateurs américains, qui réclament davantage de variété. Les comédies familiales des années 1960 et 1970 vont mettre en scène des modèles familiaux bien plus diversifiés et aborder, au départ de façon métaphorique, puis directement, les problèmes sociaux américains de cette époque.

La mode dans la seconde moitié des années 1960 est aux créatures étranges, en particulier dans les comédies familiales, comme *La Famille Addams* (ABC, 1964-1966). La série emblématique de ce sous-genre est *Ma sorcière bien-aimée* (*Bewitched*, ABC, 1964-1972).

L'irruption du surnaturel comme métaphore des mariages mixtes et des tensions entre les sexes : Ma sorcière bien-aimée

Cette comédie à une caméra raconte la vie quotidienne du couple « mixte » Jean-Pierre (Darrin en VO, interprété par deux acteurs différents au cours de la série), un mortel, et Samantha (Elizabeth Montgomery), une puissante sorcière, qui tente de vivre une vie « normale » dans une banlieue résidentielle.

Les autres personnages importants de cette comédie sont le patron de Jean-Pierre et sa femme, ainsi que le stéréotype de la belle-mère envahissante, Endora, la mère de Samantha. Au cours de la série, Samantha et Jean-Pierre auront deux enfants, Tabatha (Tabitha en VO) et Adam. Tabatha, interprétée par deux jumelles (ce qui permettait de faire apparaître davantage l'enfant à l'écran), manifestera très tôt ses pouvoirs magiques, tandis qu'Adam semble tenir de son papa, même si dans les derniers épisodes les scénaristes le gratifient de quelques pouvoirs.

Les épisodes tournent en général autour d'un sort jeté sur Jean-Pierre par un membre de la famille de Samantha, qui lui joue des tours, et que le couple s'efforce de cacher à son entourage « mortel », Samantha arrivant finalement à le faire disparaître à la fin de l'épisode, restaurant l'ordre initial.

Cette comédie est en fait bien plus intéressante qu'il n'y paraît à la lecture de l'argument. Les pouvoirs magiques de Samantha (qu'elle active en remuant le nez) fonctionnent comme une métaphore à plusieurs niveaux et permettent aux scénaristes d'aborder tous les thèmes liés au mariage mixte : différences culturelles, désapprobation de la belle-famille, préjugés divers, questions concernant les valeurs à transmettre aux enfants, etc. Un épisode aborde même de front la question du racisme, à travers la petite Tabatha, qui, agacée de voir son amie noire être traitée différemment à l'école, décide de leur dessiner, grâce à ses pouvoirs, des pois noirs et blancs sur leurs deux visages, pour qu'on les traite de la même façon. Ce scénario a été écrit par une classe de seconde, et accepté par les producteurs.

La série interroge également le féminisme et les rapports entre les sexes, car l'on voit souvent Jean-Pierre lutter contre sa réticence « naturelle » à avoir épousé une femme bien plus puissante que lui, ce que la belle-mère ne manque pas de rappeler à l'un et à l'autre en permanence. Endora ainsi qu'une grande partie des sorcières de la famille de Samantha sont également des stéréotypes de « femmes libérées », bien souvent caricaturales.

Enfin, la série est aussi progressiste dans sa description des rapports de couple, car les parents de Samantha sont manifestement séparés (ils n'apparaissent jamais ensemble, et le père est souvent accompagné d'une jolie jeune femme – toujours différente) sans que cela pose de problème à qui que ce soit. D'autre part, Elizabeth Montgomery est la première actrice de télévision à partager un lit à deux places avec un acteur qui n'est pas son mari dans la vraie vie.

La série s'essouffla avec les années 1970 et disparut des écrans en 1972, mais elle resta dans l'inconscient collectif grâce à de multiples rediffusions (aux États-Unis comme en France). En 2005, elle fit l'objet d'une adaptation assez bancale au cinéma, avec Will Ferrel et Nicole Kidman.

Une famille recomposée : The Brady Bunch

L'autre célèbre comédie familiale associée aux années 1960 date en fait de la toute fin de cette décennie. *The Brady Bunch* (ABC, 1969-1974) est la plus célèbre comédie familiale américaine à mettre en scène une famille recomposée, ce qui était un modèle familial de plus en plus répandu aux États-Unis dans les années 1960.

Son créateur, Sherwood Schwartz, en avait eu l'idée dès 1965, mais les chaînes de télévision américaines trouvaient le sujet trop délicat, à une époque où le divorce était encore considéré comme quelque chose de honteux. Mais en 1968 sortit sur les écrans un film avec Lucille Ball et Henry Fonda, intitulé *Les Tiens, les miens et le nôtre* (*Yours, Mine and Ours*), produit par Desilu, qui parlait justement d'une famille recomposée. Le succès de ce film encouragea les chaînes et, l'année suivante, ABC diffusa *The Brady Bunch*.

Néanmoins, le mot « divorce » restait controversé, et par conséquent le père était veuf avec trois fils (bruns), tandis que la mère avait eu trois filles (blondes), sans que l'on sache véritablement comment ce premier mariage s'était terminé ni que les filles mentionnent jamais leur père. Toute la famille prend en effet le nom de Brady lorsque les deux parents se marient. La famille Brady comportait donc deux parents, six enfants, un chien et une bonne.

Les épisodes de la première saison traitent essentiellement des problèmes d'ajustement des uns et des autres à la nouvelle organisation familiale, d'autant que les enfants Brady étaient trois par chambre et partageaient tous la même salle de bains (qui n'avait pas de toilettes, ce qui a fait beaucoup rire certains commentateurs). Le reste de la série aborde les thèmes classiques liés à l'éducation des enfants, aux émois de l'adolescence et aux éternelles rivalités entre frères et sœurs.

Après sa diffusion originale en prime time, *The Brady Bunch* fut rediffusé en permanence à la télévision américaine et généralement à l'heure où les enfants sortaient de l'école, ce qui fit de cette comédie un vrai phénomène culturel, et la famille Brady devint le symbole de la famille nombreuse et harmonieuse. ABC reçut d'ailleurs de très nombreuses lettres d'enfants demandant à être adoptés par les Brady !

Olivier m'a « tuer »

The Brady Bunch a également donné un nom à un travers classique des comédies familiales : le « syndrome du cousin Olivier ». Le « cousin Olivier » fut en effet un enfant plus jeune qui s'installa chez les Brady pendant la dernière saison de la série, car les enfants Brady étaient désormais trop âgés pour permettre des histoires « mignonnes » liées aux bêtises enfantines. Mais ce nouvel arrivant ne fut jamais vraiment accepté par les téléspectateurs et beaucoup pensent que l'arrivée du « cousin Olivier » a tué la série.

Ce « syndrome du cousin Olivier » a notamment touché toutes les grandes comédies familiales des années 1980 lorsque les enfants acteurs devenaient trop grands : *The Cosby Show*, avec l'énervante Olivia venue remplacer la craquante Rudy à partir de la sixième saison ; *Madame est servie*, avec l'arrivée du petit Billy lors de la sixième saison ; et surtout *Quoi de neuf, docteur ?*, avec d'abord le passage miraculeux de la petite dernière, Chrissie, de 0 à 6 ans en une saison, et l'adoption du jeune Luke lors de la dernière saison, interprété par un certain… Leonardo DiCaprio, alors âgé de 17 ans (mais en paraissant 14).

Tous ces ajouts, et bien d'autres, ne parvinrent pas à faire remonter les audiences et contribuèrent même à la fin de ces comédies, les téléspectateurs n'étant pas dupes du caractère artificiel de ces personnages dans une famille à laquelle ils s'étaient attachés « en l'état ».

Une famille « musicale » : The Partridge Family

À la même époque, une autre comédie familiale connut un grand succès aux États-Unis, *La Famille Partridge* (ABC, 1970-1974), racontant les aventures d'un groupe de musique formé par cinq frères et sœurs, coaché par leur mère (la famille Partridge, signe des temps, est monoparentale). David Cassidy, l'acteur interprétant Keith, l'aîné des Partridge et chanteur du groupe, fut une idole auprès des adolescents dans les années 1970.

Le choc des générations : All in the Family

All in the Family (CBS, 1971-1979) est sans conteste la comédie familiale la plus intéressante pour comprendre le changement des mentalités aux États-Unis pendant cette décennie de crise.

Cette sitcom met en scène Archie Bunker, un ouvrier raciste, conservateur, obtus et macho, sa femme Edith, tolérante et aimante, leur fille Gloria, étudiante et mariée à Michael, stéréotype du hippie fumeur de marijuana. Tout ce petit monde vit dans la même maison, ce qui ne manque pas de générer des crises régulières entre Archie et les « jeunes », tempérées autant que possible par la bienveillante Edith.

Selon une tradition américaine qui fera florès dans les séries dramatiques des années 1990, chaque personnage incarne un point de vue radical, et les dialogues permettent à la fois de montrer le ridicule des positions extrêmes et de faire émerger un certain consensus. De plus, les personnages incarnent certes des stéréotypes mais ont aussi leurs propres incohérences (Archie, bien que raciste, est par exemple un grand fan de Sammy Davis Jr., chanteur et comédien noir) qui les rendent touchants et sympathiques.

All in the Family aborde des sujets ultra-sensibles comme le racisme, l'antisémitisme, l'homosexualité, la libération des femmes, le viol, les fausses couches, le cancer du sein, la ménopause et l'impuissance masculine. Cette sitcom eut un énorme succès aux États-Unis. Elle a été le programme le plus regardé pendant cinq saisons consécutives, entre 1971 et 1976, un record que seul *The Cosby Show* a égalé, une décennie plus tard (*cf.* annexe B, p. 333).

Sur les enregistrements des conversations téléphoniques du président Nixon au moment du Watergate, on l'entend parler deux fois d'*All in the Family* à ses conseillers !

All in the Family a généré deux *spin-offs*, tout aussi osés sur le plan politique : *Maude* et *The Jeffersons*.

Une femme de 40 ans, Maude

Maude (CBS, 1972-1978) a pour personnage principal la cousine d'Edith, une femme très progressiste d'une bonne quarantaine d'années, qui en est à son quatrième mariage. Elle vit dans une grande maison avec son mari, sa fille elle-même divorcée et maman d'un petit Philipp, et une bonne.

La comédie était plutôt satirique, parfois même versant dans la tragédie plus que dans la comédie, et comprenait une bonne dose d'humour noir. Maude avalait régulièrement du Valium, et son mari Walter était alcoolique et souvent dépressif. Dans un épisode particulièrement choquant pour les téléspectateurs, Walter va même jusqu'à lever la main sur Maude, qui tente de l'empêcher de boire.

Mais *Maude* est restée dans la mémoire pour un épisode en particulier, dans lequel Maude, enceinte à 47 ans, décide de subir un avortement, car, après en avoir discuté longuement avec sa fille et son mari, elle estime qu'elle est bien trop âgée pour faire l'expérience d'une grossesse et élever de nouveau un bébé. Diffusé en novembre 1972, deux mois *avant* que la Cour suprême des États-Unis ne légalise l'avortement dans tout le pays (l'avortement était déjà légal dans l'État de New York, où était supposée se passer la série) et en plein débat national sur le sujet. CBS rediffusa même l'épisode en août 1973. Mais cette audace politique eut des conséquences économiques : 30 stations affiliées à CBS décidèrent de ne plus diffuser *Maude* sur leur antenne.

Dans les saisons suivantes de la sitcom, les thèmes abordés sont particulièrement sombres : Maude supporte très mal sa ménopause, tandis que Walter fait plusieurs dépressions et même une tentative de suicide...

The Jeffersons, première black sitcom

L'autre *spin-off* d'*All in the Family* est *The Jeffersons* (CBS, 1975-1985), du nom des voisins noirs de la famille Bunker. Propriétaire d'une petite entreprise de nettoyage à sec, George Jefferson fait fortune en créant une chaîne de boutiques. Devenu riche, il quitte le quartier où habitent les Bunker (et fait même « don » de sa maison à Gloria et Michael, ce qui irrite au plus haut point Archie, qui est très loin d'avoir les mêmes moyens financiers).

Installé avec sa famille dans un appartement cossu dans l'East Side, l'un des beaux quartiers de New York, George Jefferson est la caricature du parvenu, et, comme Archie Bunker, il est plein de préjugés. En effet, George Jefferson n'est pas moins raciste qu'Archie Bunker et voit d'un très mauvais œil ses nouveaux voisins, les Willis, car Tom est blanc et Helen est noire.

Montrer un couple mixte à la télévision dans les années 1970 était extrêmement audacieux, car les unions interraciales étaient un vrai tabou à l'époque et très mal vues, autant chez les Blancs que chez les Noirs. Première sitcom populaire (11 saisons!) avec des Afro-Américains comme personnages principaux, *The Jeffersons* va entraîner une véritable mode de la *black sitcom*, dont l'exemple le plus connu est *The Cosby Show* (*cf.* p. 159).

Il faut de tout pour faire un monde : Arnold et Willy

Arnold et Willy (*Diff'rent Strokes*, NBC puis ABC, 1978-1986) est la sitcom qui fait la transition entre les années 1970 et les années 1980. Mettant en scène un riche veuf blanc, sa fille adolescente et deux orphelins noirs adoptés, *Arnold et Willy* aborde la question du racisme et des différences sociales et culturelles (les deux enfants ont grandi à Harlem et habitent désormais dans un quartier huppé de Manhattan) de façon extrêmement légère.

Cette sitcom est surtout une comédie familiale, et les effets comiques sont créés principalement par le petit Arnold et sa réplique récurrente : « Qu'est-ce que tu me racontes, là ? » (*Wat'chou talkin' bout*? en VO).

Le succès d'*Arnold et Willy* va lancer la mode des enfants-stars dans les sitcoms des années 1980. Malheureusement, l'histoire se termine mal pour les trois jeunes acteurs de la série : Dana Plato (Virginia dans la série) fit par la suite la couverture de *Playboy* et tourna dans un certain nombre de films érotiques, avant de mourir d'une overdose en 1999, à l'âge de 34 ans ; Todd Bridges (Willy) connut d'importants problèmes de drogue, dont il s'est aujourd'hui tiré ; enfin, Gary Coleman (Arnold) eut le destin le plus pathétique. Affecté d'une grave maladie des reins qui non seulement a retardé sa croissance (il mesure 1 m 42), mais l'a obligé à être greffé deux fois et à être dialysé quotidiennement, ses cachets obtenus grâce à la série ont été volés par ses propres parents. Après une longue bataille judiciaire, il retrouva une partie de sa fortune, qu'il dilapida rapidement, et est aujourd'hui gardien de parking à Los Angeles. Il défraie régulièrement la chronique, généralement à cause de bagarres qui tournent mal, mais aussi en 2003 lorsqu'il se porta candidat au poste de gouverneur de Californie (l'année où Arnold Schwarzenegger remporta l'élection).

Les années 1980, l'âge d'or de la comédie familiale

Les années 1980, la décennie de Reagan, du néoconservatisme et de la « flambe » des nouveaux *golden boys* de Wall Street, sont à la télévision les années du règne de la famille « idéale » dans les sitcoms. Même si les modèles familiaux sont souvent assez originaux, la relation parents-enfants est toujours harmonieuse, fondée sur le dialogue et la transmission des valeurs morales, et les « leçons » clairement martelées à l'intention des téléspectateurs. La télévision des années 1980 avait pour ambition affichée de remplacer les modèles parentaux vacillants de la « vraie vie ».

Le choc des générations 2 : Sacrée famille

La longue liste des comédies familiales des années 1980 commence avec une sitcom qui prend l'exact contre-pied d'*All in the Family*. *Sacrée famille* (*Family Ties*, NBC, 1982-1989) raconte en effet la vie de famille mouvementée du couple Keaton, anciens hippies des années 1970 ayant gardé des idées très libérales, dont l'aîné des trois enfants, Alex (interprété par Michael J. Fox, qui creva l'écran avant la trilogie des *Retour vers le futur*), est un républicain tendance Reagan convaincu. S'ensuivent évidemment des débats sans fin et extrêmement drôles.

Ronald Reagan lui-même aurait déclaré que cette sitcom était sa série préférée…

La famille idéale est noire : The Cosby Show

Série la plus regardée dans les années 1980 (n° 1 des audiences entre 1985 et 1990), *The Cosby Show* (NBC, 1984-1992) mettait en scène la famille Huxtable, riches Afro-Américains, avec un père gynécologue-obstétricien qui travaille chez lui et une mère avocate, et cinq enfants (quatre filles et un garçon), dont quatre vivent encore à la maison.

Comme toutes les comédies familiales traditionnelles, les épisodes tournent autour des difficultés (mineures) posées par l'éducation des enfants, leurs petits mensonges et leurs grosses bêtises, les scènes les plus drôles étant les confrontations entre le père (Bill Cosby, grand acteur de *stand-up* et acteur de cinéma et de télévision très célèbre aux États-Unis, *cf.* p. 307) et sa petite dernière, l'espiègle Rudy (Keshia Knight Pulliam), à laquelle il avait bien du mal à refuser quoi que ce soit. La question du racisme n'est quasiment jamais abordée, l'entourage des Huxtable étant composé à 95 % d'Afro-Américains comme eux, et leurs problèmes sont ceux de n'importe quel Américain, quelle que soit sa couleur de peau : payer les études de la grande, surveiller les fréquentations de la cadette, soigner la dyslexie du fils, surveiller les devoirs des petites, etc.

Le succès du *Cosby Show* entraîna la création d'une multitude de *black sitcoms* dans les années 1980 et 1990, les plus connues étant *Le Prince de Bel-Air* (*The Fresh Prince of Bel-Air*, NBC, 1990-1996), qui révéla les talents d'acteur du rappeur Will Smith, et *La Vie de famille* (*Family Matters*, ABC puis CBS, 1989-1998), avec comme personnage central l'insupportable Steve (Jaleel White). Les *black sitcoms* continuèrent dans les années 2000, mais avec de moins en moins de succès au niveau des audiences.

Famille recomposée et inversion des rôles : Madame est servie

Madame est servie (*Who's the boss ?*, ABC, 1984-1992) est une sitcom familiale mettant en scène une famille un peu particulière composée d'Angela (Judith Light), femme de tête divorcée travaillant dans la pub, de son fils Jonathan (Danny Pintauro, environ 8 ans au début de la série) et de Tony (Tony Danza), son homme de ménage veuf qui vient s'installer chez elle avec sa fille adolescente, Samantha (Alyssa Milano). La mère d'Angela, la savoureuse Mona (Katherine Helmond), passe régulièrement chez eux pour raconter ses frasques avec son amant du moment et pimenter leur « vie de famille ».

Cette comédie familiale classique trouve son originalité et son « suspense » dans l'histoire d'amour naissante entre Tony et Angela, évidemment.

Quoi de neuf, docteur ?

Quoi de neuf, docteur? (*Growing Pains*, ABC, 1985-1992) met en scène une famille « normale » (un papa, une maman, trois enfants) dont la particularité est que, au début de la série, Madame part travailler à l'extérieur tandis que Monsieur installe son cabinet de psychiatre à la maison et surveille les enfants. Monsieur a une conception très laxiste de l'éducation des enfants, tandis que Madame est plus stricte. Mike (Kirk Cameron), l'aîné, est celui qui leur pose le plus de problèmes, tandis que leur fille Carole est un petit génie et que le dernier, Ben, joue le rôle de l'« adorable et turbulent enfant ».

Trois papas, pas de maman : La Fête à la maison

La Fête à la maison (*Full House*, ABC, 1987-1995) montre une organisation familiale peu orthodoxe. En effet, pendant les deux premières saisons de la série, Donna, Stéphanie et Michelle sont trois petites filles élevées par trois hommes : leur père veuf Danny, leur jeune oncle Jesse et le meilleur ami de l'oncle, l'éternel enfant Joey. À partir de la troisième saison, Jesse « se case » avec la jolie Rebbeca, qui devient une figure maternelle dans cette grande maison située à San Francisco.

Le discours éducatif dans cette série est tout à fait traditionnel, mais cette sitcom a un charme particulier dû à la tendresse des relations entre ces petites filles et leurs papas, et les plus grands éclats de rire sont provoqués par l'adorable Michelle, interprétée par les jumelles Ashley et Mary Kate Olsen dès l'âge de 6 mois (!).

La sitcom souffrit du « syndrome du cousin Olivier » (*cf.* p. 155) avec l'arrivée des jumeaux Alex et David, les enfants de Jesse et Rebecca, lors de la saison 6, qui n'avaient pas le talent comique des sœurs Olsen. Après l'arrêt de la série, les sœurs Olsen déjouèrent d'ailleurs la malédiction des enfants-stars en devenant de véritables icônes de l'industrie du divertissement pour enfants dans les années 1990, avant de devenir depuis quelques années des icônes de la mode (et des magazines people...), à tout juste 23 ans.

Jouaient également dans cette série John Stamos (oncle Jesse), qui interpréta par la suite Tony Gates dans les trois dernières saisons d'*Urgences*, et Bob Saget (Danny, le père), grand comédien de *stand-up* qui fait aujourd'hui la voix off (en VO) de *How I Met Your Mother* (*cf.* p. 57 et 173).

À la fin des années 1980, les écrans américains étaient tellement saturés de comédies familiales dégoulinantes de bons sentiments que ce genre commença à faire l'objet de parodies et de détournements dès les années 1990...

Les comédies familiales des années 1990

Féminisme et réalisme social : Roseanne

Avec *Roseanne* (ABC, 1988-1997), la sitcom familiale commence à s'éloigner du monde idéal et factice des années 1980 pour entrer dans le « réalisme » des années 1990. Dan (John Goodman) et Roseanne (Roseanne Barr, célèbre comédienne de *stand-up*) appartiennent en effet à la classe populaire et, contrairement à toutes les autres familles télévisées des années 1980, ont de vrais problèmes d'argent (ce qui inscrit la série dans la lignée des *Honeymooners*, *cf.* p. 148). Pour nourrir leurs trois enfants, ils doivent travailler tous les deux à l'extérieur.

Roseanne avait la particularité de traiter avec humour et réalisme de vrais sujets qui étaient totalement absents des comédies familiales des années 1980 tels que la pauvreté, l'alcoolisme, les problèmes cardio-vasculaires, les maladies mentales, la consommation de drogues, les relations sexuelles, les règles, les grossesses non désirées, la masturbation, l'obésité, l'avortement, le racisme, la violence domestique et l'homosexualité. De plus, les parents se disputent vraiment.

Roseanne est également une série féministe : la mère, femme extravertie, têtue et qui n'a pas sa langue dans sa poche, est sans conteste la figure forte (au propre comme au figuré) de cette famille, et l'éducation de ses deux filles adolescentes, ses relations avec sa sœur Jackie et sa meilleure amie (puis belle-mère) Crystal occupaient bien plus de temps d'antenne que les histoires autour des deux hommes de la famille.

Dès sa deuxième saison, *Roseanne* devint la série la plus regardée par les Américains, à égalité avec *The Cosby Show*. Outre un excellent casting pour les personnages principaux et secondaires, on peut y apercevoir en *guest stars* Leonardo DiCaprio, Tobey Maguire, Alyson Hannigan (Willow dans *Buffy contre les vampires* et Lilly dans *How I Met Your Mother*), Neil Patrick Harris (l'inénarrable Barney de *How I Met Your Mother* et la star de *Docteur Doogie*, une comédie « ado-médicale », *cf.* p. 200), Sharon Stone, Ellen DeGeneres ou encore Tony Curtis.

Le succès ne se démentit pas jusqu'à la huitième saison, où la sitcom souffrit du « syndrome du cousin Olivier » avec la naissance du quatrième enfant de Dan et Roseanne à la fin de la septième saison… La série s'arrêta au terme de la neuvième saison.

Le machisme de retour ? Papa bricole

Papa bricole (*Home Improvement*, ABC, 1991-1999) est l'une des plus longues sitcoms des années 1990. Elle a révélé Tim Allen, acteur comique extrêmement populaire aux États-Unis, et… Pamela Anderson (!), qui y joue un petit rôle dans les deux premières saisons avant d'enfiler le maillot de bain rouge qui fera sa renommée internationale…

La sitcom raconte l'histoire de la famille Taylor (papa, maman et leurs trois fils), qui vit dans la banlieue de Detroit. Tim Taylor est l'animateur d'un show télévisé autour du bricolage, mais il se trouve qu'il est particulièrement maladroit et ses démonstrations de nouveaux outils tournent fréquemment à la catastrophe. Le fils aîné, Brad, est le stéréotype du capitaine de l'équipe de football : populaire auprès des filles et pas très intelligent. Le deuxième, Randy, est le plus malin, tandis que le petit dernier, Mark, souffre-douleur des deux aînés, devient gothique à l'adolescence. Dans cette famille d'hommes, Jill, la mère, a bien du mal à se faire entendre.

L'essentiel des gags tourne autour de ce que les hommes sont « censés savoir faire » et de leurs difficultés à répondre à leurs propres attentes.

Politiquement incorrect : Mariés, deux enfants

Mariés, deux enfants (*Married… With Children*, Fox, 1987-1997) est une sitcom parodique qui tire à boulets rouges sur les codes de la comédie familiale. Le générique de la série, une chanson intitulée « Love and Marriage », est interprété par Frank Sinatra. Les Bundy (le père, la mère, la fille, le fils) sont « affreux, sales et méchants », les archétypes des *white trash*, ces Blancs pauvres sans éducation qui peuplent les quartiers populaires aux États-Unis.

Volontairement trash, pleine de mauvais esprit et de blagues graveleuses, *Mariés, deux enfants* est une sitcom hilarante qui préfigure les sitcoms politiquement incorrectes de la fin des années 1990 et des années 2000.

Les petits hommes jaunes : Les Simpson

L'autre sitcom familiale très politiquement incorrecte des années 1990 (et 2000 !) met en scène des personnages animés : *Les Simpson* (Fox, depuis 1989). Créés par Matt Groening, ces petits bonshommes à la peau jaune caricaturent depuis vingt ans la famille américaine traditionnelle et tous les aspects de la vie quotidienne aux États-Unis. Homer, Marge, Bart, Lisa, Maggie et les habitants de Springfield font désormais partie de la culture populaire américaine (et mondiale) et offrent un commentaire à la fois drôle et pertinent de l'*American way of life*, parodiant avec intelligence les événements contemporains. Les huit premières saisons sont particulièrement assassines, mais le ton s'adoucit avec la fin des années 1990, faisant dire à un certain nombre de commentateurs que « le niveau baisse ». Néanmoins, *Les Simpson* restent un programme très regardé aux États-Unis et ont battu le record de longévité d'une série à l'écran, détenu auparavant par la série-western *Bonanza* (*cf.* p. 243).

Les Simpson ont généré toute une vague de comédies animées satiriques américaines destinées à un public adulte. Beaucoup mettent en scène des adolescents : *Beavis & Butt-Head* (MTV, 1993-1997) qui personnifient deux ados fans de hard-rock, désœuvrés et méchants, dans une banlieue américaine classique ; *South Park* (Comedy Central, depuis 1997), qui, à travers quatre enfants d'école primaire qui ont grandi trop vite, critique violemment la société américaine ; ou encore *Daria* (MTV, 1997-2002), série dans laquelle une adolescente mal dans sa peau nous livre ses réflexions sans concession sur le monde des adultes et sur ses petits camarades.

D'autres reprennent le principe de la « famille américaine traditionnelle » comme dans *Les Simpson*, pour offrir elles aussi un regard critique sur la société, comme dans *Les Griffin* (*Family Guy*, Fox, depuis 1999), *American Dad* (Fox, depuis 2005) et *Les Rois du Texas* (*King of the Hill*, Fox, 1997-2009).

Tous ces « dessins animés pour adultes », et d'autres encore, ont la particularité d'être mal dessinés, c'est-à-dire de ne pas chercher le naturalisme dans leur représentation des êtres humains mais plutôt d'accentuer les expressions des personnages. De plus, même si ces comédies appartiennent au genre des sitcoms, elles ne comportent pas de rires enregistrés, ce qui est une nouveauté dans les années 1990.

Les voix des doubleurs, en particulier dans le cas des *Simpson*, sont particulièrement importantes dans la caractérisation des personnages et le succès de la série. À ce titre, le travail des doubleurs français des *Simpson* est remarquable, en particulier pour les voix si caractéristiques de Marge et de Homer.

La fin de l'ère des enfants-stars

Outre les parodies des comédies familiales remplies de bons sentiments, les années 1990 offrent également deux réinventions de la sitcom familiale, en axant le comique non plus sur les bêtises des enfants, mais sur des beaux-parents forcément insupportables qui viennent s'immiscer dans la vie de couple.

Dharma et Greg (ABC, 1997-2002) raconte comment la vie d'un charmant petit couple (interprété par la pétillante Jenna Elfman et Thomas Gibson, actuellement dans *Esprits criminels*) est constamment perturbée par les parents respectifs des deux protagonistes, que tout oppose : les parents de

Dharma sont des hippies new age farfelus tout droit sortis des années 1970, tandis que ceux de Greg sont des wasp psychorigides et mondains aux idées très arrêtées. La confrontation de ces deux cultures est la source de débats et de quiproquos jubilatoires.

Dans *Tout le monde aime Raymond* (*Everybody Loves Raymond*, CBS, 1996-2005), ce sont les parents de Raymond qui viennent mettre leur grain de sel dans la vie de famille de leur fils aîné qu'ils refusent de voir grandir. Cette comédie est basée sur les expériences réelles de Ray Romano, comédien de *stand-up* d'origine italienne qui interprète le rôle principal, et du créateur juif de la série Phil Rosenthal. Ces deux stéréotypes – la mamma italienne et la mère juive abusive – rassemblés en un seul personnage font de Marie Barone (Doris Roberts) un monstre comique particulièrement savoureux.

Les années 2000

Après deux décennies de règne de la sitcom, les années 2000 voient la réapparition de la comédie à une caméra. Les comédies familiales se font beaucoup plus rares mais quelques exemples notables méritent d'être mentionnés.

L'hystérie du quotidien : Malcolm

Malcolm (*Malcolm in the Middle*, Fox, 2000-2006) est une comédie familiale à une caméra, racontée du point de vue de Malcolm, un jeune garçon surdoué, dont l'occupation principale, avec ses deux grands frères et son petit frère, semble être de faire tourner ses parents en bourrique (ce que les quatre garçons font très bien). Comédie sans rires enregistrés, dans laquelle Malcolm n'hésite pas à s'adresser directement aux téléspectateurs pour commenter ce qui se passe, cette série est à la fois une satire de la vie familiale, présentée comme un désordre perpétuel dans lequel les gens se crient dessus et se chamaillent pour se dire qu'ils s'aiment, et un hommage assez réaliste aux familles qui ne sont jamais parfaites mais qui, malgré tout, « fonctionnent ». En cela, *Malcolm* est un contre-pied rafraîchissant et souvent touchant des comédies familiales moralisantes des années 1980.

Le rêve américain dynamité : Arrested Development

Arrested Development (Fox, 2003-2006) est une comédie à une caméra qui dynamite de façon jubilatoire tous les codes de la comédie familiale, jouant également avec ceux du soap opera. Les Bluth forment une famille hautement dysfonctionelle : le père, patron d'une entreprise immobilière prospère, est arrêté au début de la série pour avoir détourné de l'argent, et la famille se retrouve dans un marasme financier dont elle n'a pas l'habitude ; la mère est narcissique à l'extrême, étouffant l'un de ses fils et s'intéressant peu au reste de sa progéniture ; Lindsay (Portia de Rossi) est une mondaine qui se veut engagée dans les causes humanitaires mais se préoccupe bien plus de sa garde-robe ; Gob, le fils aîné, se rêve magicien mais rate tous ses tours ; Buster, le petit dernier, vit encore avec maman à 30 ans passés et est à la limite de la débilité mentale ; enfin, Michael, l'« enfant du milieu », a tenté de rester aussi loin que possible de cet environnement délirant pour fonder sa propre famille. Mais son récent veuvage ainsi que les problèmes financiers de sa famille l'obligent à prendre en charge ce petit monde, tout en essayant de préserver son fils, intelligemment prénommé… George Michael !

Avec la voix off de Ron Howard, producteur exécutif de la série, réalisateur de talent et interprète inoubliable de Richie Cunningham dans *Happy Days* (*cf.* p. 167), cette comédie tourne en dérision tous les piliers de la société américaine : la famille, évidemment, mais aussi le système capitaliste, le système judiciaire, la religion, le mariage et toutes les valeurs morales.

Avec un humour particulièrement grinçant, *Arrested Development* tout à la fois détruit et réinvente la comédie familiale, avec des acteurs impeccables et un grand talent pour la mise en scène et la cinématographie (caméra à l'épaule, voix off, photos d'archives, films de famille, etc.).

Outre la voix off de Richie Cunningham / Ron Howard, Henry Winkler, l'interprète de Fonzie dans *Happy Days*, joue aussi dans *Arrested Development* (le rôle de l'avocat pervers et incompétent de la famille Bluth).

United States of Tara

United States of Tara (Showtime, depuis 2009) est la dernière-née des comédies familiales. Comédie à une caméra du câble, elle met en scène une famille particulièrement atypique. En effet, Tara, la mère, brillamment interprétée par Toni Collette, change de personnalité à la moindre contrariété (ce qui, avec deux ados à la maison, arrive assez souvent !). Outre le père, la mère et les deux enfants, la famille comprend donc aussi T., une adolescente de 16 ans nymphomane qui fait les pires bêtises, Alice, femme au foyer parfaite modèle années 1950 (Bree Van de Camp de *Desperate Housewives*, en encore plus énervante et moralisatrice… si ! si ! c'est possible), et Buck, un camionneur qui rote, pète, se gratte l'entrejambe et regarde des films porno en buvant de la bière…

Tout ce petit monde met évidemment une sacrée pagaille dans une vie de famille déjà ordinairement compliquée (vie de couple, crise d'adolescence et premiers émois des enfants, intrusions des parents, amis et voisins, etc.).

L'un des personnages les plus touchants de cette série est le fils, adolescent homosexuel et sensible, accepté tel qu'il est par tous et qui connaît ses premiers émois et son premier chagrin d'amour dans la saison 1.

La tolérance par le rire : *La Petite Mosquée dans la prairie*

En 2007, la chaîne canadienne anglophone CBC a diffusé une comédie familiale hilarante qui tourne en dérision tous les clichés appliqués aux musulmans depuis les attentats du 11 Septembre.

Racontant la vie quotidienne d'une famille musulmane, de leurs amis et de leurs voisins, au fin fond de la campagne canadienne (chez les « ploucs »), *La Petite Mosquée dans la prairie* (*Little Mosque on the Prairie* en VO) se joue des stéréotypes pour montrer des femmes voilées, un imam et ses fidèles comme des êtres humains complexes, imparfaits et particulièrement drôles, et fait découvrir au profane une religion et une culture riches et sympathiques, semblables à n'importe quelle autre.

Chapitre 11

Les copains d'abord : les comédies « amicales »

Dans ce chapitre

- La grande tendance des années 1990
- L'emblématique *Friends*, ses prédécesseurs et les petits derniers

Si la comédie familiale est le genre le plus traité par les comédies et sitcoms américaines, peut-être jusqu'à épuisement aujourd'hui, la tendance depuis les années 1990 est assurément à la comédie « amicale », mettant en scène non plus une communauté imposée (la famille), mais une communauté choisie, rassemblant la plupart du temps des personnages en rupture, ou en voie de rupture, avec leur famille d'origine, et qui rêvent (ou non) de fonder la leur.

L'importance du groupe d'amis est bien sûr un phénomène générationnel propre à la fin du XXe siècle et au début du XXIe avec l'augmentation des célibataires peuplant les grandes villes, ce qui explique le succès de sitcoms comme *Friends* ou *Seinfeld*, mais ce genre télévisé est plus ancien que ces deux grandes comédies.

Avant Friends, les comédies amicales des années 1970 et 1980

Happy Days, première sitcom amicale

Diffusée entre 1974 et 1984 sur ABC, *Happy Days* (appelée dans un premier temps *Les Jours heureux* en France) est à la croisée de plusieurs genres : sitcom familiale, comédie historique, mais aussi – et à mes yeux surtout – sitcom amicale. Si un certain nombre de scènes ont lieu dans le salon ou la cuisine des Cunningham, l'essentiel de l'action se passe dans le *diner* (restaurant typiquement américain où l'on mange des hamburgers, des pancakes, des milk-shakes, etc.) du coin, où les jeunes se retrouvent après l'école.

Vision idéalisée d'une Amérique des années 1950 tranquille où les adolescents, après le lycée, buvaient du Coca-Cola et embrassaient les filles dans les drive-in avant de les faire swinguer au son du rock'n'roll, *Happy Days* est aussi un roman d'initiation où le jeune et innocent Richie Cunningham (interprété par Ron Howard) apprend à être un homme au contact de son « mentor », Fonzie (Henry Winkler), le « mec le plus cool » qu'il connaisse. D'abord fasciné par la banane et le perfecto de « Fonz' », par le fait qu'il a laissé tomber l'école pour « vivre la vraie vie » sur sa moto, Richie va progressivement voir les défauts et le pathétique derrière cette jolie façade, et se rendre compte que les vraies valeurs ne sont pas dans l'apparence et la frime mais dans la sincérité, la générosité, le travail, l'amitié et l'amour filial.

Sitcom ultra-morale donc, *Happy Days* sait aussi être drôle et touchante, avec une galerie de stéréotypes américains au premier degré comme on n'en fait plus aujourd'hui.

Three's Company, les premiers colocataires du petit écran

Three's Company est une sitcom de la fin des années 1970 (ABC, 1977-1984) inédite en France, qui est la première à mettre en scène des colocataires : deux femmes et un homme, tous célibataires, à la recherche de l'amour, d'un vrai métier et… d'argent pour payer le loyer de leur appartement de Santa Monica, sur la côte californienne.

Le comique de situation est créé par le fait que, pour emménager avec Janet et Chrissy, Jack est obligé de faire croire au concierge qu'il est homosexuel. La cohabitation entre ces trois jeunes gens est également une source continue de quiproquos et de malentendus, d'autant que Chrissy est le stéréotype de la blonde écervelée, dont Jack est bien évidemment amoureux et qu'il doit absolument cacher à Janet sous peine d'être expulsé de l'appartement.

Cette sitcom se classa parmi les séries les plus regardées de son époque, atteignant même la première place en 1978-1979, et fut rediffusée de nombreuses fois aux États-Unis. Plusieurs épisodes de *Friends* y font référence, notamment lorsque Monica et Chandler décident de vivre ensemble et essaient de faire comprendre à Rachel qu'il faut qu'elle déménage. *Les Experts* et *The Office* font également quelques références à cette sitcom inscrite dans la mémoire de beaucoup de téléspectateurs américains.

Cheers : à la vôtre !

Cheers (NBC, 1982-1993) est l'une des rares sitcoms des années 1980 à ne pas être une comédie familiale et à ne pas avoir d'enfant-star dans son casting. Cette série inaugure le bar comme lieu de socialisation amicale et fait sortir les sitcoms du sempiternel salon familial. Cheers (« Santé ! » en anglais) est en effet le nom du bar où se retrouvent une dizaine de personnages pour commenter/fuir leur vie : Sam (Ted Danson), ancien joueur de baseball, ancien alcoolique et patron du bar (où il officie en tant que barman), Rebecca (Kristie Alley), la manageuse du bar, les serveuses Diane (Shelley Long) et Carla (Rhea Perlman), Coach Pantusso (Nicholas Colasanto) puis Woody Boyd (Woody Harrelson, qui vit sa carrière d'acteur décoller grâce à cette série), le barman adjoint, et quatre habitués qui sont Cliff, le postier fan de quiz de culture générale (John Ratzenberger), le chômeur Norm (George Wendt) et deux psychiatres en instance de divorce (Kelsey Grammer et Bebe Neuwirth).

Lors de sa première saison, la série faillit être annulée du fait d'audiences catastrophiques, mais, en raison de critiques dithyrambiques dans la presse, NBC décida de lui donner une seconde chance et, dès la seconde saison, la sitcom séduisit un nombre croissant de téléspectateurs grâce à son originalité, à la qualité exceptionnelle du casting, de ses scénarios, de ses dialogues et de la mise en scène (contrairement à beaucoup d'autres sitcoms, les acteurs de *Cheers* sont presque toujours en mouvement). *Cheers* est également l'une des premières sitcoms à développer des arcs narratifs longs et à faire évoluer ses personnages.

Les thèmes abordés, sous l'angle de la comédie, sont beaucoup plus adultes que ceux des comédies familiales de la même époque (homosexualité, alcoolisme, adultère, féminisme, différences sociales), avec, en ligne de mire, le « grand amour ». *Cheers* innove aussi avec la tension sexuelle et amoureuse entre Sam, séducteur invétéré et macho, et sa serveuse Diane, féministe au cœur brisé, puis entre Sam et sa manageuse Rebecca, femme de tête arriviste, fondée sur le principe « les opposés s'attirent » (et se détestent en même temps). Cet ajout des ingrédients de la comédie romantique à la sitcom sera reprise dans *Madame est servie*, mais surtout… dans *Friends*, évidemment !

ÉTONNANT

Le dernier épisode de *Cheers* fut le deuxième épisode le plus regardé par les Américains, après le *finale* de *M*A*S*H* (*cf.* p. 178).

Cheers a généré un *spin-off* qui a rencontré également beaucoup de succès aux États-Unis : *Frasier* (NBC, 1993-2004), du nom de l'un des deux psys, habitué du bar et qui raconte ses aventures d'animateur radio à Seattle.

Les grandes comédies amicales des années 1990 : Friends et Seinfeld

Seinfeld, une bonne tranche d'humour juif new-yorkais

Seinfeld (NBC, 1989-1998) est l'une des sitcoms les plus populaires de l'histoire de la télévision américaine. Autour du grand comédien de *stand-up* Jerry Seinfeld qui y interprète son propre rôle, elle rassemble un petit groupe de célibataires juifs new-yorkais particulièrement pathétiques : George (Jason Alexander), Elaine (Julia Louis-Dreyfus) et Kramer (Michal Richards). « Comédie à propos de rien », selon les propres mots de Jerry Seinfeld et du principal scénariste de la série pendant ses sept premières saisons, Larry David, *Seinfeld* tourne en dérision les situations les plus banales de la vie quotidienne : faire la queue devant le cinéma, dîner au restaurant, faire du shopping, etc. Allant souvent vers l'absurde et porté par un casting extraordinaire et des dialogues ciselés pour un effet comique maximal, *Seinfeld* est un petit bijou d'humour juif new-yorkais, très ancré dans cette ville et dans cette culture (ce qui la rend parfois un peu absconse pour un public non initié).

Seinfeld et la pub

Programme le plus regardé en 1994-1995 et 1997-1998, très bien classé entre ces deux dates, cette série fut la première à générer des espaces publicitaires qui se vendaient à plus de 1 million de dollars la minute ! *Seinfeld* était également célèbre pour ses blagues récurrentes autour d'un nombre impressionnant de produits et de marques existantes, que les producteurs ont affirmé ne pas avoir négociés comme des « placements de produits ». Les personnages de *Seinfeld* ont par ailleurs été utilisés dans un grand nombre de spots publicitaires aux États-Unis.

Sacrée meilleure série de tous les temps par le magazine *TV Guide* en 2002, *Seinfeld* est resté un mythe aux États-Unis : elle fait partie des rares séries qui se sont arrêtées en pleine gloire et sur une pirouette (la dernière scène reprend mot pour mot les dialogues de la première, avant que les personnages ne s'interrompent en se disant qu'ils ont déjà entendu ça quelque part). Le *finale* de *Seinfeld* fut le troisième *series finale* le plus regardé par les Américains (après *M*A*S*H* et *Cheers*), malgré sa diffusion le jour de la mort de Frank Sinatra, le 14 mai 1998.

Jerry Seinfeld a depuis ostensiblement « pris sa retraite » après avoir amassé (et continuant de gagner 60 millions de dollars par an grâce aux rediffusions !) une fortune considérable grâce à cette sitcom (dont il était également le créateur, l'un des scénaristes et le producteur exécutif pour les deux dernières saisons, en remplacement de Larry David) et chacune de ses apparitions télévisées depuis est vécue aux États-Unis comme un véritable événement.

La malédiction Seinfeld

Cette sitcom a également donné son nom à une malédiction. La « malédiction Seinfeld » est celle qui touche les acteurs d'une sitcom très populaire qui, après l'arrêt de la série, ne parviennent pas à retrouver le succès séparément.

Cette malédiction semble avoir touché en particulier les acteurs de *Seinfeld* et de *Friends*, mais elle semble aussi s'évanouir avec le temps, comme le montre le succès récent, à la fois public et critique, de Julia Louis-Dreyfus dans *Old Christine* (*The New Adventures of Old Christine* en VO), une sitcom qui a débuté en 2006 sur CBS.

Friends, universel !

Plus universel que *Seinfeld*, *Friends* (NBC, 1994-2004) a conquis des générations entières d'adolescents et de jeunes adultes dans le monde entier. Suivant pendant dix saisons l'évolution de six jeunes New-Yorkais unis par des liens d'amitié indéfectibles, *Friends* mêle comique de situation, comique de geste, comique de répétition, vannes et jeux de mots à un rythme effréné (un éclat de rire toutes les quatre secondes) mais développe aussi des personnages tous attachants et un peu fêlés, et plusieurs belles histoires d'amour. Empruntant un certain nombre d'éléments aux *night-time soaps* (*cliffhangers* de fin de saison, les multiples mariages de Ross, la famille non conventionnelle de Phoebe, la relation amoureuse intermittente entre Rachel et Ross, etc.), *Friends* est une sitcom particulièrement addictive, où les éléments feuilletonesques sont très nombreux.

La qualité du casting (Courteney Cox, Jennifer Aniston, Lisa Kudrow, David Schwimmer, Matt Leblanc et Matthew Perry) et des dialogues de cette série créée par David Crane et Marta Kauffman en fait, à juste titre, la série sans doute la plus emblématique des années 1990. Au-delà de la comédie (extrêmement efficace !), des thèmes plus profonds expliquent probablement l'énorme succès de *Friends* : les six amis sont des enfants de divorcés, de suicidés, de parents abusifs ou non-conventionnels (mention spéciale au père de Chandler, travesti), qui font de leur mieux pour devenir adultes et bâtir leur propre famille, qui elles non plus n'ont rien de conventionnel : stérilité, adoption, mère porteuse, homoparentalité, grossesse non désirée et parentalité sans relation amoureuse sont les modèles que l'on trouve dans cette série et qui la rendent éminemment contemporaine.

Et si *Friends* était, au fond, une comédie familiale?

Coupling, la série anglaise qui fait le lien entre *Friends* et *How I Met Your Mother*

Dans le genre des séries amicales, il faut mentionner l'excellente *Coupling* (BBC, 2000-2004). Cette comédie raconte en 28 épisodes le passage de l'« adulescence » à l'âge adulte d'une bande de six Londoniens, autour du couple central, Steve (Jack Davenport) et Susan (Sarah Alexander), qui tente, tant bien que mal, de « faire couple » (c'est ce que signifie *coupling*). Autour d'eux, on trouve leurs ex respectifs et envahissants – Jane (Gina Bellman) et Patrick (Ben Miles) – ainsi que leur indispensable « meilleur(e) ami(e) » – Sally (Kate Isitt) et Jeff (Richard Coyle).

Écrite par le talentueux Steven Moffat (*cf.* p. 303), qui a ensuite écrit l'impressionnant *Jekyll*, le script de *Tintin* pour Steven Spielberg, et écrira en 2010 les nouvelles aventures du Dr Who, *Coupling* repose sur le principe simple mais inépuisable des différences de perception d'une même situation par les hommes et les femmes, surtout lorsqu'il s'agit de relations amoureuses, en utilisant des effets spéciaux tels que le *split screen*, en montrant deux fois la même scène de deux perspectives différentes, en ayant recours au récit et aux fantasmes, etc. (toutes ces « recettes » seront réutilisées dans *How I Met Your Mother*).

Les comédies amicales des années 2000

Femmes entre elles : Sex and the City

Comédie du câble, diffusée sur HBO entre 1998 et 2004, *Sex and the City* est la première comédie à libérer la parole des femmes en matière de sexe (à la télévision). Les quatre personnages principaux – Carrie (Sarah Jessica Parker), l'observatrice fleur bleue, Miranda (Cynthia Nixon), l'avocate féministe, Charlotte (Kristin Davis), la princesse ultra-romantique à la recherche de son prince, et Samantha (Kim Cattrall), la femme libérée en quête de sensations fortes – sont des trentenaires new-yorkaises célibataires, à la recherche du grand amour et / ou du partenaire idéal.

Guest stars de choix (ici, Rock Hudson, à gauche), décors hollywoodiens, comique de geste et de situation : ***I Love Lucy*** (CBS, 1951-1957) invente la sitcom moderne. Sa productrice et interprète principale, Lucille Ball, se trouve au centre de l'image.

Bien avant *Les Experts*, Joe Friday (Jack Webb, à gauche de l'image) n'examinait « que les faits » dans ***Dragnet*** (NBC, 1952-1959) pour démasquer les criminels.

La Quatrième Dimension (*The Twilight Zone*, CBS, 1959-1964) a été la première série à créer une atmosphère fantastique envoûtante, où par exemple ici une marionnette prend vie, revisitant le conte de *Pinocchio* avec un zeste de frisson et une bonne dose de réflexion philosophique sur la frontière ténue entre le rêve et la réalité…

Dans les années 1960, Jean-Claude Drouot fait les rêver les petits Français avec ***Thierry La Fronde*** (1963-1966) : univers médiéval, générique dynamique qui reste dans toutes les mémoires, aventures et combats de cape et d'épée (et de fronde !), cascades et courses à cheval, tous les ingrédients d'un bon divertissement populaire sont réunis.

En 1965, Cécile Aubry écrit et réalise les treize épisodes de ***Belle et Sébastien*** et le jeune Mehdi émeut des générations de Français par son amour inconditionnel pour sa grande chienne blanche.

« Bon Dieu ! Mais c'est bien sûr » : l'inspecteur Bourrel (Raymond Souplex) démasquait toujours les coupables pendant ***Les Cinq Dernières Minutes*** (1958-1972) sur la RTF puis l'ORTF.

Ambiance furieusement sixties dans la série britannique ***Chapeau Melon et Bottes de Cuir*** (*The Avengers*, ITV, 1961-1969), série d'espionnage qui flirte souvent avec le fantastique (ici, Patrick Macnee dans le rôle de John Steed et l'inoubliable Diana Rigg dans le rôle d'Emma Peel).

Paranoïa du temps de la Guerre froide et univers surréaliste : ***Le Prisonnier*** (ITV, 1967-1968) avec Patrick McGoohan.

Star Trek (NBC, 1966-1969) invente le voyage intersidéral sur le petit écran et une vision idéalisée du futur qui fascine encore aujourd'hui (Leonard Nimoy dans le rôle de Spock, William Shatner dans celui du capitaine Kirk, et James Doohan dans celui de Scotty).

Le rire est la meilleure arme contre la bêtise et la violence : ***M*A*S*H*** (CBS, 1972-1983) le prouve en critiquant l'ineptie de la guerre et de la hiérarchie militaire, et en célébrant l'amour libre, la tolérance, et tous les plaisirs de la vie, aussi futiles et grivois soient-ils.

Dans les années 1970, la famille Ingalls de ***La Petite Maison dans la prairie*** (NBC, 1974-1983) incarne la perfection terrifiante des valeurs américaines bien-pensantes dans un Ouest sauvage de carte postale. Du « western » moral et édifiant. (Lindsay ou Sidney Greenbush dans le rôle de Carrie, Michael Landon dans celui de Charles, Karen Grassle dans celui de Caroline, Melissa Gilbert dans celui de Laura, et, au premier plan, Melissa Sue Anderson dans celui de Mary).

La sitcom ***Happy Days*** (ABC, 1974-1984) propose une vision idéale de l'Amérique des années 1950 sur fond de *diner*, milk-shakes et rock'n'roll (ici, Ron Howard dans le rôle de Richie et Henry Winkler dans celui de Fonzie).

La série la plus regardée aux États-Unis dans les années 1980 est une sitcom mettant en scène une famille afro-américaine et montrant que les valeurs morales, l'amour parental et filial et l'humour n'ont pas de couleur de peau (***Le Cosby Show***, NBC, 1984-1992, avec ici Keshia Knight Pulliam dans le rôle de Rudy et Bill Cosby dans celui de Cliff Huxtable).

Hill Street Blues (NBC, 1981-1987) annonce les grandes séries des années 1990 : réalisme social, atmosphère sombre et désenchantée, intrigues croisées, personnages principaux multiples et complexes (à droite, Dennis Franz, futur interprète d'Andy Sipowicz dans *NYPD Blue*, dans le rôle du lieutenant de police Norman Buntz).

Vampires et adolescent(e)s font bon ménage depuis ***Buffy contre les vampires*** (WB puis UPN, 1997-2003). (Sarah Michelle Gellar dans le rôle de Buffy et un vampire au maquillage caractéristique de cette série et de sa spin-off *Angel*).

Événements inexplicables, théorie du complot, univers fantastique, extra-terrestres : les ingrédients fascinants de ***X-Files*** (Fox, 1993-2002). (Gillian Anderson dans le rôle de l'agent Scully).

Série britannique déjantée et furieusement politiquement incorrecte, ***Absolutely Fabulous*** (BBC, 1992-1996 et 2001-2004) met en scène les terribles quarantenaires Edina (Jennifer Saunders, à gauche) et Patsy (Joanna Lumley, à droite).

À la fin des années 1990, le monde entier tombe sous le charme d'***Ally McBeal*** (Callista Flockhart), avocate immature à la recherche du Prince charmant.

Amitié, famille, amour, sexe et cinéma : les adolescents de ***Dawson*** (*Dawson's Creek*, WB, 1998-2003) questionnent le monde (de gauche à droite : Kerr Smith dans le rôle de Jack McPhee, Michelle Williams dans le rôle de Jen Lindley, Katie Holmes dans celui de Joey Potter, James Van Der Beek dans celui de Dawson Leery, Meredith Monroe dans celui d'Andie McPhee et Joshua Jackson dans le rôle de Pacey Witter : impressionnant vivier d'acteurs !)

LE soap adolescent des années 1990 : ***Beverly Hills*** (Fox, 1990-2000) avec, en haut : Tori Spelling (Donna Martin), Brian Austin Green (David Silver), Gabrielle Carteris (Andrea Zuckerman), Ian Ziering (Steve Sanders), Jennie Garth (Kelly Taylor) ; et en bas : Jason Priestley (Brandon Walsh), Shannen Doherty (Brenda Walsh) et Luke Perry (Dylan McKay).

On ne choisit pas sa famille, mais on choisit ses amis : ***Friends*** (NBC, 1994-2004), sitcom hilarante des années 1990, raconte l'adulescence de Joey (Matt LeBlanc), Monica (Courtney Cox), Phoebe (Lisa Kudrow), Chandler (Matthew Perry), Rachel (Jennifer Aniston) et Ross (David Schwimmer).

Barney (Neil Patrick Harris), dragueur compulsif et attachant de ***How I Met Your Mother*** (CBS, depuis 2005), nouvelle grande série « amicale » des années 2000.

Dans ***Les Experts*** (*CSI*, CBS, depuis 2000), Gil Grissom (William Petersen) et ses coéquipiers scrutent le monde à la recherche de la Vérité.

Dans ***Cold Case*** (CBS, depuis 2003), Lilly Rush (Kathryn Morris) et son équipe (Thom Barry dans le rôle de Will Jeffries, Jeremy Ratchford dans celui de Nick Vera, Danny Pino dans celui de Scotty Valens et John Finn dans celui de John Stillman) interrogent inlassablement le passé de l'Amérique.

Cette photographie est issue de l'un des *cliffhangers* les plus terribles du *soap* de nuit ***Dynastie*** (ABC, 1981-1989) : Amanda, la plus jeune fille de Blake Carrington (John Forsythe, à gauche) y épouse le prince moldave Michael, mais des rebelles viennent interrompre le mariage en tirant sur tout le monde… Outre Blake, se trouvent sur cette image Krystle Carrington (Linda Evans), à côté de lui, l'infâme Alexis (Joan Collins, à côté de la mariée), et on reconnaît la jeune Heather Locklear, dans le rôle de Sammy Jo (deuxième jeune femme en partant de la droite).

En dignes héritières des *night-time-soaps*, les ***Desperate Housewives*** (ABC, depuis 2004) Bree (Marcia Cross), Susan (Teri Hatcher), Lynette (Felicity Huffman) et Gabrielle (Eva Longoria Parker, dans la voiture) connaissent également leur lot de complots, mariages, divorces, trahisons, secrets de famille et enfants cachés !

Grey's anatomy (ABC, depuis 2005) ou les tourments du cœur et le difficile passage à l'âge adulte, conjugué à l'apprentissage du métier de chirurgien. (ici, Sandra Oh dans le rôle de Christina Yang, et Isaiah Washington dans celui de Preston Burke).

Le misanthrope, toxicomane et estropié ***Dr House*** (Fox, depuis 2004), magistralement interprété par Hugh Laurie, entouré de quatre de ses souffre-douleur appartenant tous à une « minorité », les docteurs Kutner (Kal Penn), d'origine indienne, Foreman (Omar Epps), afro-américain, Taub (Peter Jacobson), juif et « Treize » (Olivia Wilde), très jolie femme, bisexuelle et atteinte d'une maladie génétique incurable de surcroît : le politiquement incorrect dans toute sa splendeur.

Bienvenue dans la mafia : ***Les Soprano*** (HBO, 1999-2007). (ici, de gauche à droite : Michael Imperioli dans le rôle du « neveu » Christopher Moltisanti ; James Gandolfini dans la peau de Tony Soprano ; Tony Sirico dans celle de Paulie Gualtieri et Steven Van Zandt dans celle de Silvio Dante).

La mort en face : ***Six Feet Under*** (HBO, 2001-2005).
Ici, le « croque-mort » Nate Fisher (Peter Krause) contemple sa propre fin…

Vision désenchantée et terriblement politiquement incorrecte des années 1960, superbement écrite, filmée et interprétée : ***Mad Men*** (AMC, depuis 2007). Ici, January Jones dans le rôle de Betsy Draper et John Hamm dans celui de son époux Don. Rien ne va plus chez Ken et Barbie…

Ca va saigner ! Expert de la police scientifique *et* serial-killer, ***Dexter*** (Showtime, depuis 2006) sait comment commettre les crimes parfaits… Politiquement incorrect et jubilatoire. (ici, Michael C. Hall dans le rôle de Dexter Morgan, et sa victime du moment…)

Cette comédie amicale est surtout une comédie romantique à partir de sa deuxième saison, avec en fil conducteur le jeu du chat et de la souris entre Carrie (Sarah Jessica Parker), la narratrice, et Mr Big (Chris Noth), un homme aussi brun que riche et mystérieux… Mais au-delà des histoires d'amour ou de sexe (parfois les deux!) des unes et des autres, qui rendent les personnages attachants et donnent envie de savoir la suite, au-delà des chaussures de grand prix et des tenues couture des héroïnes qui ont lancé bien des modes, cette comédie plus touchante qu'hilarante est avant tout une belle histoire d'amitié et un portrait tout en nuances des femmes d'aujourd'hui, dont la série propose quatre versions stéréotypées mais assez justes.

Tant qu'il y aura des hommes : Entourage

Entourage (HBO, depuis 2004), c'est *Sex and the City* version « mâles ». En effet, sous couvert de raconter la vie d'un jeune acteur rencontrant le succès à Hollywood, cette comédie est surtout une belle histoire d'amitié entre cinq hommes, à laquelle se mêlent inévitablement des affaires de cœur et de business, quelques jalousies et rivalités, mais beaucoup de solidarité et d'entraide.

Comédie douce-amère, *Entourage* est aussi un portrait de Hollywood apparemment assez fidèle (Mark Wahlberg est le producteur exécutif de la série et beaucoup d'épisodes s'inspirent de sa vie), ainsi qu'une description des tourments des hommes d'aujourd'hui.

La comédie amicale réinventée : How I Met Your Mother

Avec la fin de *Friends* en 2004, beaucoup avaient annoncé la mort de la sitcom. Il ne fallut pas attendre longtemps pour voir qu'ils se trompaient. En effet, depuis 2005 sur CBS, *How I Met Your Mother* réinvente la comédie amicale.

Comédie à une caméra, mais néanmoins projetée à un public dont les rires sont enregistrés, *HIMYM* occupe des décors qui pourraient être ceux d'une sitcom : salon avec un canapé face aux téléspectateurs (et de multiples entrées et sorties possibles), bar sans quatrième mur, voitures et taxis, etc. Mais, sous l'apparence d'une sitcom, *HIMYM* est aussi un récit très cinématographique : flash-back, *flash-forward*, récit d'un même événement sous plusieurs angles, *split screen*, trucages divers viennent pimenter l'action.

Le trait de génie qui a permis à Carter Bays et Craig Thomas de réinventer la comédie amicale est d'en avoir fait une *série racontée*. En effet, le prétexte de départ est que Ted, le personnage central de la série, raconte à ses enfants, en 2030, comment il a rencontré leur mère, et l'histoire commence… en

2005 ! Cette narration permet toutes les libertés avec l'histoire et donne entièrement son originalité à cette comédie amicale et romantique.

L'autre originalité, et ce qui tient le téléspectateur en haleine, c'est que, évidemment (en tout cas pour les quatre premières saisons), Ted n'a toujours pas rencontré la mère de ses enfants, et sa « quête » est le prétexte à une description hilarante et juste des mœurs des jeunes adultes d'aujourd'hui en matière de couple, de relations sexuelles, de consommation d'alcool (et autres drogues douces), de sorties et de vie professionnelle. Nous suivons en effet non seulement Ted (Josh Radnor), mais aussi ses meilleurs amis depuis l'université, Marshall (Jason Segel) et Lilly (Allyson Hannigan), jeune couple moderne et touchant, son autre meilleur ami, Barney (Neil Patrick Harris, le personnage le plus populaire – et le plus hilarant – de la série), dont le but unique est de coucher avec le plus de filles possibles en inventant les stratagèmes les plus élaborés (et souvent… foireux), et Robin… dont Ted tombe amoureux dans le premier épisode, mais qui n'est pas « la mère » et devient un membre du « groupe » à part entière.

HIMYM dispose des ingrédients de *Friends* (un casting impeccable, des répliques imparables, de l'amour, de l'amitié), mais les met au goût du jour : plus de réalisme, moins de politiquement correct, plus de sexe et plus d'alcool. À consommer… sans modération.

Le monde des geeks : The Big Bang Theory

Avec *How I Met Your Mother*, *The Big Bang Theory* (CBS, depuis 2007) est la sitcom américaine la plus drôle du moment. Sitcom classique, son originalité réside dans le fait d'avoir pour personnages principaux quatre *geeks* (*cf.* p. 55), et de les confronter, dans la plus pure tradition du comique télévisé, à leur exact opposé : une blonde pulpeuse sans beaucoup de culture générale, qui emménage sur le même palier.

Avec sans aucun doute la plus forte teneur de mots « compliqués » et de référence à la « culture *geek* » à la minute, *TBBT* est une comédie ultra-efficace et extrêmement intelligente qui présente tous ces personnages complètement « barrés » avec une grande tendresse et les rend attachants et intéressants. Mention spéciale à Sheldon (Jim Parsons), physicien de génie, sur-sur-surdoué mais bourré de toc et de manies les plus bizarres, et complètement handicapé en matière de relations sociales. On a rarement vu personnage aussi insupportable être finalement sympathique.

Chapitre 12

Le travail, c'est la santé : les comédies « professionnelles »

Dans ce chapitre

- Profs et soldats… même combat !
- La place des femmes interrogée
- Subversif et progressiste : *M*A*S*H*
- Plongée dans les univers politique, médiatique, médical, etc.

Le dernier grand milieu propre à la comédie est le lieu de travail. Dès la fin des années 1940, des sitcoms vont mettre en scène des gens dans leur vie professionnelle, se moquant plus ou moins gentiment de cette obligation journalière et de ce milieu plus ou moins fermé où se côtoient des gens qui ne l'ont pas forcément choisi…

Les comédies américaines ont pour cadre une assez grande variété de métiers.

Les premières comédies sur le travail

Les premiers « professionnels » à l'écran : des profs et des soldats

Our Miss Brooks est la première comédie télévisée sur le travail, diffusée sur la radio CBS à partir de 1948, puis à la télévision sur la chaîne du même nom de 1952 à 1956. Il est intéressant de noter que cette comédie met en scène une femme qui travaille. En effet, miss Brooks (Eve Arden) est un professeur d'anglais sarcastique, qui aime son métier mais se prend continuellement le bec avec le principal du collège et ses collègues. S'ajoutent à ces histoires « de boulot » d'inévitables histoires d'amour entre enseignants.

Mr Peepers est l'équivalent masculin d'*Our Miss Brooks*, et la série fut diffusée sur la chaîne concurrente NBC, entre 1952 et 1955. Mr Peepers (Wally Cox) est professeur de sciences, lui aussi au collège. Le comique de cette sitcom est très visuel, avec de nombreuses gaffes commises par le maladroit Mr Peepers, dans et en dehors de sa classe. Comme miss Brooks, Mr Peepers était également à la recherche de l'amour et tombe amoureux de Nancy, l'infirmière scolaire, et finit par l'épouser. La plupart de ces épisodes ont été conservés par l'université de Los Angeles (UCLA), ce qui est assez rare pour être souligné, et ont été récemment édités en DVD aux États-Unis.

La dernière comédie professionnelle des années 1950 quitte le monde de l'école pour s'intéresser aux soldats. Diffusée sur CBS entre 1955 et 1959, *The Phil Silvers Show* est la première comédie à une caméra tournée « comme un film », c'est-à-dire par toutes petites séquences et sans que les acteurs aient mémorisé l'intégralité de leur scène. Cette comédie présentait la caserne comme un grand camp de vacances, où les soldats, souvent désœuvrés, forgeaient des plans plus ou moins bancals pour faire fortune et/ou escroquer leurs petits camarades. Le personnage principal en était le sergent Bilko (Phil Sanders), escroc au grand cœur, charmeur et très aimé des soldats sous ses ordres. Cette comédie fut rediffusée de nombreuses fois à la télévision américaine, et notamment dans les années 1970, au moment du succès de *M*A*S*H* (*cf.* p. 178).

La grande comédie professionnelle des années 1960 : The Dick Van Dyke Show

The Dick Van Dyke Show (CBS, 1961-1966) est la première d'une longue série de comédies ayant pour cadre les coulisses de la télévision (*cf.* p. 182-183). Les principaux personnages de cette sitcom sont les auteurs d'une émission à sketchs, et l'essentiel des intrigues tourne autour de leur difficulté – ou non – à écrire, et de leurs échanges toujours très drôles et très rythmés. Cette série voit en particulier les débuts à l'écran de Mary Tyler Moore, de qui l'Amérique tombera amoureuse et qui aura sa propre comédie professionnelle dans la décennie suivante (*cf.* p. 65, 72 et 177).

Les femmes au travail

Depuis *I Love Lucy* et *Our Miss Brooks*, les sitcoms ont traditionnellement été aux États-Unis un genre télévisé où les femmes ont su et pu s'épanouir artistiquement et professionnellement. Il apparaît donc logique que, sous l'influence du mouvement féministe en particulier et de l'évolution de la société américaine en général, un certain nombre de sitcoms des années 1970 et 1980 traitent spécifiquement de la présence de plus en plus importante des femmes dans le monde du travail.

The Mary Tyler Moore Show

Cette sitcom diffusée de 1970 à 1977 sur CBS est la première série américaine à dépeindre une femme célibataire par choix et qui, à 30 ans, se consacre à sa carrière professionnelle. La série, programmée le samedi soir, était alors un véritable réconfort pour les femmes – le plus souvent célibataires – qui ne sortaient pas ce soir-là. Elle fut unanimement saluée par la critique et est encore aujourd'hui reconnue comme une des meilleures séries américaines de tous les temps.

Comme son personnage de *The Dick Van Dyke Show*, Mary Tyler Moore, par ailleurs grande productrice de séries télévisées (*cf.* p. 72), y interprète Mary Richards, une femme qui travaille pour la télévision. Mary Richards est productrice associée du journal télévisé de la chaîne locale de Minneapolis et cherche à se faire une place dans un monde d'hommes sans jouer la carte de la séduction.

Murphy Brown ou la crise de la quarantaine au féminin

La deuxième grande série féministe qui a marqué l'histoire de la télévision américaine date de la fin des années 1980. *Murphy Brown* (CBS, 1988-1998) avait pour personnage principal une femme célibataire de 40 ans environ, présentatrice d'une émission d'investigation et d'information, interprétée par la très belle Candice Bergen, et qui a sacrifié sa vie personnelle – et même sa santé puisque au début de la série elle revient de cure de désintoxication car elle est alcoolique – à sa vie professionnelle. Elle se voit notamment obligée de collaborer avec une jeune et jolie journaliste dont l'élément principal du CV est d'avoir été miss Amérique... Cette confrontation de caractères totalement opposés est bien entendu la source de nombreuses scènes comiques. Une autre blague récurrente est la valse incessante des secrétaires de Murphy, différents quasiment à chaque épisode et presque tous incompétents. Lors de la dernière saison, une ribambelle de stars interprétèrent le ou la secrétaire, et notamment... John F. Kennedy Junior !

Dans la quatrième saison de la série, Murphy Brown tombe enceinte de l'un de ses amants et, lorsque celui-ci déclare qu'il n'a aucune intention de devenir père, décide d'élever l'enfant seule. Cette décision fera couler beaucoup d'encre aux États-Unis, notamment lorsque, lors de la campagne présidentielle de 1992, Dan Quayle, le colistier de George Bush père et vice-président en exercice, fit une remarque désobligeante à propos de ce personnage fictif, disant qu'elle symbolisait tout ce qui allait mal dans la société américaine (comprenez : ces affreuses féministes qui osent vouloir se passer d'une figure patriarcale, travaillent et font des enfants toutes seules).

Lors du premier épisode de la cinquième saison, diffusé à la rentrée 1992 (en pleine campagne présidentielle), les scénaristes de *Murphy Brown* répondirent directement aux attaques de Quayle avec un épisode célébrant la diversité des familles américaines modernes et tournant en dérision les fameuses valeurs familiales chères aux néoconservateurs, et utilisèrent même un extrait du fameux discours. À la même période, Candice Bergen reçut l'Emmy Award de la meilleure actrice dans une comédie télévisée et, dans son discours, remercia Dan Quayle ! Cet incident marqua bien la fin (provisoire) du règne des néoconservateurs, confirmée par la victoire de Bill Clinton lors de l'élection présidentielle quelques mois plus tard.

Dans la dernière saison de la série, un thème fit de nouveau grand bruit : Murphy Brown souffrait d'un cancer du sein. On la vit donc fumer de la marijuana pour combattre les effets de la chimiothérapie et acheter des implants mammaires... Ces épisodes eurent pour effet d'augmenter de 30 % le nombre de femmes allant subir une mammographie de contrôle cette année-là, et Candice Bergen reçut un prix de l'American Cancer Society pour son rôle dans la diffusion de l'information sur le cancer et sa prévention (prix d'autant plus émouvant que son mari, le réalisateur français Louis Malle, est mort d'un cancer en 1995).

La grande sitcom subversive des années 1970 : M*A*S*H

Adaptation en sitcom du film de Robert Altman ayant obtenu la palme d'or en 1970, *M*A*S*H* (le sigle signifie « hôpital militaire mobile ») fut diffusé sur CBS de 1972 à 1983. Comédie antimilitariste censée se passer pendant la guerre de Corée, *M*A*S*H* est, pour tous les téléspectateurs, un commentaire évident de l'absurdité de la guerre en général, et de la guerre du Vietnam en particulier (les Américains ne sortiront du bourbier vietnamien qu'en 1973). L'humour est volontairement potache et graveleux, un peu dans l'esprit carabin, mais sait aussi être très noir et souvent grinçant tant les critiques de la hiérarchie militaire, de l'injustice de la conscription et de la violence des combats tombent juste (les épisodes s'inspiraient généralement d'anecdotes racontées par de vrais médecins militaires).

Le discours est particulièrement libéral et progressiste, dans le plus pur esprit *seventies*, prônant la liberté sexuelle et la tolérance entre les races. Son dernier épisode, diffusé le 28 février 1983, battit tous les records d'audience, avec 105 millions d'Américains devant leur poste !

Cette série fit d'Alan Alda (connu surtout en France grâce aux films de Woody Allen) une star aux États-Unis. Il participa à l'écriture de nombreux épisodes. Il s'est récemment illustré de nouveau sur le petit écran en interprétant le candidat républicain à la présidence, Arnold Vinnick, dans les sixième et septième saisons d'*À la Maison-Blanche* (*cf.* p. 76).

Les comédies douces-amères du câble

Les années 1980 sont la décennie des comédies familiales et *Cheers* (*cf.* p. 169), série « amicale » plus que « professionnelle », est pratiquement la seule comédie « adulte » de cette période. La vague des comédies dans le milieu professionnel reprend avec les années 1990, et d'abord sur le câble.

En vingt ans, HBO a produit nombre de comédies douces-amères, dont deux inclassables et remarquables dont nous allons parler ici.

Dream On

Dream On est l'une des premières séries produites par la chaîne câblée HBO et la première œuvre du tandem qui créera ensuite *Friends*, David Crane et Marta Kaufman. Cette comédie à une caméra est d'abord un hommage aux téléspectateurs, car le personnage principal, Martin Tupper, a, comme le montre un très beau générique, grandi devant la télévision.

Parvenu à l'âge adulte (Martin est un éditeur fraîchement divorcé d'une petite quarantaine d'années), Martin « pense » au moyen de références télévisées. Ses sentiments, ses émotions et ses pensées sont ainsi traduites à l'écran par des extraits de films – en général des comédies et des westerns de série B, avec une prédilection pour ceux avec Ronald Reagan. Ce comique « autoréférentiel » est tout à fait nouveau et fait en grande partie le charme de la série.

Première comédie américaine sans coupure publicitaire, *Dream On* adopte un rythme plus lent et permet des passages qui n'utilisent pas des ressorts comiques mais qui sont franchement émouvants, notamment entre Martin et son fils, ou alors avec son ex-femme ou sa conquête du moment. Les scènes les plus franchement comiques sont celles qui ont lieu dans son bureau d'éditeur, où il doit supporter une secrétaire caractérielle qui n'en fait qu'à sa tête, un patron tyrannique et une pléthore d'auteurs plus névrosés les uns que les autres.

Larry et son nombril (Curb Your Enthusiasm)

Diffusée depuis 2000 sur HBO, *Larry et son nombril* est une comédie étrange, « autoréférentielle », qui mélange le comique le plus cérébral avec des gags dignes de la farce la plus grotesque. Mettant en scène son auteur dans son propre rôle, Larry David (cocréateur de *Seinfeld*), cette comédie à une caméra montre essentiellement ce clown blanc se comporter de façon étrange en société, une société composée de gens connus (Ted Danson, Ben Stiller, tout le casting de *Seinfeld* sauf Jerry, John McEnroe, Shaquille O'Neal, etc.).

Larry David a joué le rôle principal dans le dernier film de Woody Allen, *Whatever Works* (2009).

Une comédie sur le milieu politique : Spin City

Spin City (ABC, 1996-2002) est une comédie hilarante sur l'équipe de conseillers du maire de New York (Barry Bostwick). Michael J. Fox y jouait son premier adjoint, dont la tâche principale était de réparer les bourdes du maire. L'opposition des physiques autant que des caractères des deux personnages (Barry Bostwick est immense et jouait avec beaucoup de flegme et de décontraction, Michael J. Fox jouait l'histrion nerveux qui courait partout) était la source de nombreuses scènes comiques.

Beaucoup de scènes se passaient également entre Michael J. Fox et les autres conseillers sous ses ordres, tous plus ou moins incompétents, et beaucoup plus intéressés par le fait de s'envoyer des vannes et / ou se faire des blagues et / ou s'intéresser à la vie amoureuse des uns et des autres. Au final, *Spin City* parle assez peu de politique (la seule vraie série sur la politique reste *À la Maison-Blanche*, *cf.* p. 76) et demeure une comédie classique dans le milieu professionnel.

Spin City reste néanmoins drôle et efficace, mais elle est surtout émouvante à revoir, car c'est pendant le tournage de cette série que Michael J. Fox a été diagnostiqué comme ayant la maladie de Parkinson, et, après deux ans où il réussit tant bien que mal à dissimuler ses tremblements, il fut obligé de quitter la série en 2000. Son dernier épisode est particulièrement touchant, car on le voit chanter avec tous ses camarades sur une scène de concert, face à toute l'équipe et à de nombreux fans venus l'acclamer...

Il sera remplacé par Charlie Sheen et Heather Locklear. L'anecdote devient ici moins émouvante et plus amusante : dans plusieurs épisodes de 2001, la nouvelle petite amie – et future ex-femme – de Charlie Sheen, Denise Richards, a un rôle récurrent dans la série. C'est sans doute là qu'elle se lie d'amitié avec Heather Locklear, puis avec le mari de celle-ci, Richie Sambora (guitariste du groupe Bon Jovi). Le petit groupe semble assez ami, jusqu'à ce que Charlie et Denise entament une sanglante procédure de divorce en 2005 et que Denise s'affiche au bras de Richie Sambora, qui venait tout juste de quitter Heather (pour elle ?) et que celle-ci dise pis que pendre de son « ancienne meilleure amie » par voie de presse... Pour cette raison, les épisodes où on les voit réunis prennent une saveur particulière...

Les comédies à propos du bureau

Un certain nombre de comédies américaines racontent les affres de la vie professionnelle au sein d'une entreprise.

The Drew Carey Show

Dans les années 1990, *The Drew Carey Show* (ABC, 1995-2004) raconte les aventures personnelles (le personnage se marie plusieurs fois) et professionnelles de Drew Carey, comédien de *stand-up*, qui joue une version fictive de sa vie d'employé de bureau. La série connut le succès entre 1996 et 1999 mais perdit ensuite un grand nombre de téléspectateurs.

The Office, version anglaise

La « comédie au bureau » va être réinventée en Angleterre, par Ricky Gervais. Comédie à microbudget diffusée sur la BBC de 2001 à 2003, elle remporte un énorme succès en Grande-Bretagne grâce au personnage de David Brent (Ricky Gervais), stéréotype du petit chef, qui est l'objet d'un documentaire dans lequel il explique ses hautes conceptions du management, avant que la caméra ne montre la réalité de ses relations avec ses collègues fondées sur l'humiliation permanente, la misogynie, le racisme et l'injustice la plus criante. Comédie dérangeante et grinçante, très politiquement incorrecte, miroir de l'enfer que peut être la vie au bureau, *The Office* devient rapidement une série culte et est adaptée dans le monde entier (en France, au Québec, au Brésil, en Chine, en Russie).

En France, *The Office* a été adaptée sur Canal Plus en 2006 avec François Berléand dans le rôle de Gilles Triquet, patron persuadé d'être « cool » mais qui est en réalité détesté par ses employés du fait de sa nullité en tant que chef d'équipe, et de son humour pathétique, raciste et sexiste.

En 2005-2006, Ricky Gervais écrivit une nouvelle comédie, intitulée *Extras*, tirant encore une fois à boulets rouges sur un nouveau milieu professionnel : celui du cinéma, avec de très nombreuses stars venues interpréter des versions outrées et insupportables d'elles-mêmes, avec le même humour grinçant et le même regard sans concession sur le monde du travail, ses rapports de pouvoir, ses petites mesquineries et ses grandes hypocrisies.

The Office

The Office (NBC, depuis 2005) est l'adaptation américaine de la série britannique mentionnée ci-dessus. Même si les séries britanniques sont très appréciées aux États-Unis et considérées par la critique comme les « meilleures séries du monde », les adaptations de leurs concepts aux États-Unis rencontrent très rarement le succès. *The Office* fait partie des exceptions.

Le point de départ est le même : une entreprise de papier dans une petite ville, un patron imbécile et imbu de sa personne (interprété par l'excellent Steve Carell), un faux documentaire, des employés harcelés moralement. Mais, contrairement à la comédie britannique et à ses diverses adaptations ailleurs, les Américains ont laissé de côté le grinçant et l'humour noir pour aller davantage vers la satire et développer les personnages des subordonnés et collègues de Michael Scott.

Dès lors, *The Office* version américaine prend de l'ampleur et devient une comédie satirique sur la vie de l'entreprise, avec des personnages irritants mais aussi émouvants et profondément sympathiques. Une grande partie des gags provient des blagues que fait continuellement Jim à Dwight le lèche-bottes, essentiellement pour tromper son ennui. Sans doute aussi au départ pour tromper son ennui, Jim tombe amoureux de Pam, la réceptionniste discrète, mais qui est déjà fiancée à Roy, son petit ami depuis le lycée. Le triangle amoureux Jim / Pam / Roy et l'histoire d'amour / amitié entre Jim et Pam est sans doute l'élément le plus attachant de cette comédie, qui prend de fait une tournure romantique avec cette intrigue. D'autres relations importantes se nouent au sein de l'entreprise et donnent une humanité indéniable à ces personnages qui seraient autrement simplement pitoyables.

The Office n'en reste pas moins une comédie à une caméra hilarante, grâce à des acteurs au talent comique incroyable (Steve Carell en tête, mais Rainn Wilson, qui interprète Dwight, n'est pas en reste) et à de nombreux moments improvisés. Une des comédies américaines actuelles les plus drôles !

Les coulisses drolatiques de la télévision

D'autres comédies « professionnelles » ont pour cadre le milieu que les scénaristes connaissent souvent le mieux : celui de la télévision.

Sports Night

Sports Night (ABC, 1998-2000) est la première création d'un scénariste très talentueux, Aaron Sorkin (*cf.* p. 299).

Sports Night dévoile les coulisses d'un journal d'informations consacré aux résultats sportifs, et en particulier les relations tumultueuses entre ses deux présentateurs, la productrice, son assistante et tous les gens qui travaillent pour produire cette émission hebdomadaire. À la frontière entre la comédie, la comédie romantique, la série réaliste et le drame, *Sports Night* est une description touchante de la vie professionnelle et de ses aléas, avec un casting impeccable. On y voit en effet, entre autres, Peter Krause, qui deviendra Nate dans *Six Feet Under* (*cf.* p. 267), Felicity Huffman (Lynette dans *Desperate Housewives*) ou encore Joshua Malina (que l'on retrouve ensuite dans *À la Maison-Blanche, cf.* p. 76) dans un des premiers rôles de *geek* du petit écran.

Aaron Sorkin

Aaron Sorkin (né en 1961) est au départ auteur dramatique, puis scénariste de cinéma, où il se fait remarquer notamment en adaptant sa pièce *Des hommes d'honneur* (*A Few Good Men*, de Rob Reiner, 1992, avec Tom Cruise, Jack Nicholson et Demi Moore), puis en écrivant *Le Président et miss Wade* (*The American President*, toujours de Rob Reiner, 1995, avec Michael Douglas, Annette Bening et déjà... Martin Sheen, film qui préfigure *À la Maison-Blanche*).

Il se tourne à la fin des années 1990 vers la télévision et écrit – pratiquement tout seul, c'est là sa particularité – la comédie *Sports Night*, les quatre premières saisons du fabuleux drame politique *À la Maison-Blanche* (*The West Wing*, NBC, 1999-2006), puis l'ambitieuse *Studio 60 on the Sunset Strip* (NBC, 2006-2007), de nouveau sur les coulisses de la télévision. Il est ensuite retourné à l'écriture de scénarios pour le cinéma, avec notamment *La Guerre selon Charlie Wilson* (*Charlie Wilson's War*, de Mike Nichols, 2007, avec Tom Hanks, Julia Roberts et Philip Seymour Hoffman) et des pièces de théâtre.

Avec son acolyte le réalisateur Thomas Schlamme, il a notamment inventé le fait de filmer des acteurs récitant de longs dialogues très fouillés alors qu'ils marchent dans d'interminables couloirs (scènes que l'on retrouve en particulier dans *À la Maison-Blanche* et *Studio 60*).

The Larry Sanders Show

The Larry Sanders Show (HBO, 1992-1998) est une comédie du câble qui est une version fictive d'un talk-show du soir, émissions très populaires aux États-Unis dans lesquelles des stars viennent faire leur promo en répondant à des interviews sur un ton généralement comique et détendu. *The Larry Sanders Show* met en scène un présentateur fictif, Larry Sanders (Garry Shandling, qui avait auparavant présenté un vrai talk-show du soir sur NBC), imbu de sa personne et névrosé, que l'on suit sur et en dehors du plateau, dans ses relations avec ses collègues et souffre-douleur, mais aussi avec tout un tas de stars se parodiant elles-mêmes.

30 Rock

30 Rock (NBC, depuis 2006) est la comédie télévisée actuellement le plus acclamée par la critique aux États-Unis. Elle aussi s'intéresse aux coulisses d'une émission de télévision, cette fois une émission de sketchs comiques type *Saturday Night Live* (comme pour *Studio 60 on the Sunset Strip, cf.* p. 300) et a pour personnage principal la productrice et scénariste en chef Liz Lemon (interprétée par Tina Fey, elle-même productrice et scénariste principale de la série, et actrice occasionnelle dans *Saturday Night Live*, où elle parodie notamment Sarah Palin de façon hilarante).

Celle-ci doit gérer comme elle peut la star de son émission, l'imprédictible Tracy Jordan (Tracy Morgan), sa coprésentatrice Jenna Maroney (Jane Krakowski) qui est à la fois sa meilleure amie, son employée et la souffre-douleur de Tracy, tous ses coscénaristes et les techniciens, et surtout son patron prétentieux, exigeant et envahissant, Jack Donaghy (excellent Alec Baldwin), dont la vie personnelle est très compliquée et influe largement sur son humeur et ses décisions.

Le milieu médical, sujet à comédie

Dernier milieu professionnel à servir de cadre à des comédies : le milieu médical. Ces comédies réalisent le tour de force de rendre drôle le métier probablement le moins drôle du monde, car les médecins, les infirmières et tout le personnel soignant sont constamment confrontés à la maladie et à la mort. C'est sans doute précisément parce que leur travail est particulièrement stressant et anxiogène que ces professionnels recourent dans la vraie vie à de très nombreuses blagues, pour mettre à distance la dure réalité de leur métier.

Outre *M*A*S*H* (*cf.* p. 178), qui se situait aussi dans le milieu médical, nous mentionnerons ici deux comédies récentes mettant en scène médecins et infirmières.

Scrubs

Diffusée depuis 2001 sur NBC, et rachetée en 2009 par ABC, cette comédie à une caméra raconte sur le mode comique l'apprentissage du métier de médecin en milieu hospitalier par JD (Zach Braff), son meilleur ami Turk (Donald Faison) et Elliot (Sarah Chalke), sous les ordres de médecins plus ou moins farfelus (les Dr Cox et Kelso en tête), et devant également gérer leurs relations avec les autres membres du personnel hospitalier (infirmières, homme à tout faire, avocat, comptable, etc.). Se concentrant avant tout sur les relations entre les membres du personnel soignant plutôt que sur les patients eux-mêmes (dont il est plus difficile de rire), cette comédie est une mine de blagues potaches et généralement graveleuses, qui ne volent pas souvent très haut, mais *Scrubs* comporte aussi des moments plus émouvants et de vraies réflexions sur la difficulté du métier de soignant, l'absurdité et la fragilité de la vie, les difficultés des relations amoureuses et amicales, et la nécessité absolue d'« en profiter pendant qu'il en est encore temps ».

Après le départ de JD et d'une grande partie des acteurs principaux à la fin de la huitième saison, la neuvième saison de *Scrubs* va mettre en scène de nouveaux personnages, en particulier de jeunes internes commençant leur apprentissage comme JD et Turk au début de la série.

Nurse Jackie

En 2009 a commencé sur la chaîne câblée Showtime une nouvelle comédie sur le milieu hospitalier : *Nurse Jackie*, avec Edie Falco (qui interprétait la femme de Tony dans *Les Soprano, cf.* p. 222 et 312) dans le rôle principal. L'humour de cette série est noir, parfois très noir, et fortement politiquement incorrect (comme dans toutes les séries du câble aujourd'hui). Jackie est en effet une infirmière accro aux antidouleurs, qui couche avec le pharmacien de l'hôpital, sans dire qu'en dehors elle est mariée et mère de deux petites filles, n'hésite pas à faire de fausses cartes de donneur d'organe pour ses patients en mort cérébrale, ou à aider à mourir une ancienne collègue en phase terminale d'un cancer des poumons. Malgré tout, Jackie est une bonne infirmière, respectée par ses collègues et les autres médecins. Elle est l'équivalent féminin du Dr House (*cf.* p. 236), avec sa vision très personnelle de l'éthique mais un dévouement incontestable à son métier, ses collègues et ses patients.

Cette série est également annonciatrice d'une nouvelle mode dans les séries médicales : celle de s'intéresser désormais davantage aux infirmières qu'aux médecins (c'est le cas par exemple avec *Hawthorne*, sur TNT depuis 2009, avec Mme Will Smith, et *Mercy*, qui a débuté à la rentrée 2009 sur NBC).

Le genre de la comédie télévisée américaine est donc très varié, de la sitcom produisant un rire réflexe aux comédies plus noires et plus cérébrales, de la comédie familiale à la comédie professionnelle, mettant en scène tous les âges et tous les milieux. Bref, il y en a pour tous les goûts !

Chapitre 13

Les shortcoms et autres séries comiques françaises

Dans ce chapitre

- Les bonnes comédies françaises
- AB ou le leader d'une époque
- Les *shortcoms*, format d'excellence pour la comédie *made in France*

Face aux innombrables comédies et sitcoms américaines, la France fait figure de parent pauvre de la comédie et les médias se plaignent souvent de cette « incapacité française » à écrire de « bonnes sitcoms », alors que le cinéma français produit quantité de films comiques.

Pourtant, si la télévision française est réputée surtout pour ses très nombreuses émissions à sketchs (*Palace*, et les sketchs des Nuls, des Inconnus, des Deschiens, des Robin des Bois, et j'en passe…), les chaînes françaises ont produit un certain nombre de bonnes comédies, qui méritent d'être mentionnées.

Au temps de l'ORTF

L'ORTF a produit peu de comédies, préférant se concentrer sur des fictions « de qualité » pour éduquer le public français. Celle qui est restée dans les mémoires est *Les Saintes Chéries* (1965), avec Micheline Presle et Daniel Gélin, qui traitaient sur le mode comique et avec beaucoup d'efficacité les petits tracas d'un couple de Français moyens dans les années 1960.

Les sitcoms françaises des années 1980 et 1990

Maguy

De 1985 à 1993, sur Antenne 2, Rosy Varte et Jean-Marc Thibaut ont fait rire les Français en racontant la vie de couple (et de famille) mouvementée de Maguy et de son troisième mari, Georges, qui se chamaillaient en permanence, au sujet de ou avec leurs enfants, leurs petits-enfants et/ou les voisins qui apparaissaient régulièrement dans leur vie.

Adaptée librement de la sitcom américaine *Maude* (*cf.* p. 156), *Maguy* était une sitcom beaucoup plus légère, et diablement efficace.

Marc et Sophie

À la même époque (1987-1991), TF1 propose elle aussi deux sitcoms. La première s'intitule *Marc et Sophie* (interprétés par Gérard Rinaldi et Julie Arnold) et racontait les aventures d'un couple formé par un vétérinaire et un médecin partageant le même cabinet. Le comique résidait là encore sur les ressorts classiques du théâtre de boulevard : quiproquos, apparitions inopportunes, scènes de ménage, patients farfelus, etc.

Vivement lundi !

La seconde sitcom de TF1 à cette époque est *Vivement lundi !*, dans le monde du travail, avec dans le rôle du patron ridicule Bernard Menez.

Ces trois exemples (et il y en a sûrement d'autres) montrent que la télévision française était capable à l'époque d'écrire de bonnes sitcoms, en embauchant des comédiens de boulevard qui avaient fait leurs preuves (et continuent de le faire aujourd'hui) sur les planches et en créant des situations tout droit tirées du vaudeville, qui, après tout, est une tradition française dont Feydeau et Labiche ont été les représentants les plus illustres.

D'ailleurs, lorsque France 2 diffuse aujourd'hui du « théâtre filmé », ce sont en majorité... des pièces de boulevard, qui font un carton d'audience !

Les feuilletons AB

Les années 1990 en France sont incontestablement marquées par les feuilletons AB, omniprésents en fin d'après-midi sur TF1. *Salut Les Musclés* (1989-1994), *Premiers baisers* (1991-1995), *Hélène et les garçons* (1992-1994), *Le Miracle de l'amour* (1995-1996), *Les Vacances de l'amour* (1996-2007), *Le Miel et les Abeilles* (1992-1997), *La Croisière foll'amour* (1995-1997), *Les Années fac* (1995-1998), *Les Années bleues* (1998), *Le Collège des cœurs brisés* (1992), *La Philo selon Philippe* (1995), *Les Filles d'à côté* (1993-1995), *Les Nouvelles Filles d'à côté* (1995-1996) sont toutes des sitcoms créées par Jean-François Porry et / ou Jean-Luc Azoulay qui sont les *spin-offs* les unes des autres (avec *Salut Les Musclés* comme « source ») et forment à elles toutes un véritable univers (le 1er janvier 1993 fut d'ailleurs diffusé un 52 minutes intitulé *La Famille fou rire*, regroupant tous les acteurs des séries AB de l'époque) et indiscutablement un genre qui a marqué toute une génération de téléspectateurs français.

Sitcoms sucrées dans des décors ultra-colorés, avec des effets comiques classiques (quiproquos, portes qui claquent, scènes de ménage ou disputes futiles, etc.), ces séries se distinguaient à l'époque par le très grand nombre d'épisodes produits en un minimum de temps, avec un minimum de moyens, et des acteurs souvent débutants, voire non francophones de naissance mais qui étaient tous très beaux et faisaient rêver les adolescent(e)s.

Évidemment, ces séries ne sont pas « de qualité », évidemment aussi les dialogues sont souvent poussifs, voire récités, et les relations entre les personnages n'ont rien de réaliste, mais ces séries « inoffensives » ont indubitablement distrait, fait rire et rêver les jeunes téléspectateurs, en préservant leur innocence (les thèmes abordés étaient le plus souvent légers comme des bulles de savon, et l'« amour », c'était surtout se tenir par la main, se regarder dans les yeux et parfois se faire un smack).

H

Entre 1998 et 2002 sur Canal Plus, *H* va tenter de réinventer la sitcom « à la française ». Première série dont les personnages principaux sont interprétés essentiellement par des membres des « minorités visibles », comiques révélés sur les scènes de *stand-up* (Jamel Debbouze, Éric et Ramzy), *H* se situe dans l'hôpital de Trappes et, à la manière de *Scrubs*, se concentre sur les relations entre les différents membres du personnel hospitalier, leurs histoires d'amour et d'amitié, et surtout leurs grosses bêtises. Les ressorts comiques sont pour la plupart assez classiques, mais s'y ajoutent un sens aigu de la vanne, un jeu permanent avec la langue française (influence de Jamel) et des blagues absurdes (influence d'Éric et Ramzy).

Les comédies des années 2000

Quelques semi-échecs

L'animatrice belge Virgine Efira, révélée sur M6, a joué dans deux sitcoms françaises créées pour elle. Dans *Off Prime* (M6, 2007-2008), Virginie interprète, à la *Larry et son nombril*, une version fictive d'elle-même. Aspirante comédienne, Virginie partage un grand appartement avec des colocataires, à la *Friends*. La sitcom prend rapidement un aspect choral et, sous la direction de Simon Astier (le frère d'Alexandre, *cf.* p. 304), est plutôt efficace et bien écrite. Malheureusement, diffusée tard le soir (un horaire pas très favorable aux sitcoms), l'audience ne suit pas.

Virginie Efira passe donc chez Canal Plus, qui crée pour elle en 2008 *Canal Presque*, de nouveau une sitcom qui joue sur la frontière entre fiction et réalité comme beaucoup de comédies du câble américain. Après un premier échec, la série est actuellement en cours de réécriture.

Une vraie réussite

Fais pas ci, fais pas ça (France 2, 2007 et 2009) est la meilleure série comique française récente. Partant d'un principe simple : deux familles, les Lepic, famille nombreuse et « traditionnelle », et les Bouley, bobos « recomposés », confrontent leurs modes d'éducation, pendant la première saison, face à une caméra venue les filmer (et à laquelle ils s'adressent, comme dans *The Office*). La comédie décrit des moments connus par toute famille française : la rentrée des classes, la visite du patron, la balade en famille du dimanche, l'examen des bulletins scolaires, les fêtes d'anniversaire des enfants, la Toussaint, Noël, etc., en poussant les situations et les confrontations à l'extrême pour en faire ressortir tout le comique.

Comédie fraîche aux dialogues réalistes et rythmés, servie par un casting impeccable (Bruno Salomone et Isabelle Gélinas dans le rôle du couple Bouley, Guillaume de Tonquédec et Valérie Bonneton dans celui du couple Lepic, ainsi que tous les enfants, qui sont remarquables), avec des personnages savoureux et crédibles, *Fais pas ci, fais pas ça* observe la société française contemporaine dans son quotidien avec une acuité et une sincérité qui se faisaient rares à la télévision.

Les shortcoms ou la série comique à la française

Les *shortcoms* sont sans doute le format dans lequel les séries comiques françaises excellent le plus, loin de l'exemple souvent écrasant des comédies américaines. Avec des épisodes qui vont de 3 à 7 minutes, les créateurs de ces séries ont réussi à réaliser de vrais univers, avec des personnages qui sont entrés dans le quotidien et les références culturelles des Français. Nous allons ici mentionner les trois meilleurs exemples de ce genre.

Un gars, une fille

Adaptation d'une comédie québécoise par Isabelle Camus et Hélène Jacques, *Un gars, une fille* (France 2, 1999-2003) est rapidement devenu un vrai phénomène de société. Avec des épisodes d'environ 6 minutes diffusés juste avant le journal de 20h, Chouchou (Alexandra Lamy) et Loulou (Jean Dujardin) décryptaient tous les petits travers de la vie de couple, avec beaucoup d'humour et des dialogues qui font mouche.

Caméra café

Créée par le tandem Yvan Le Bolloc'h / Bruno Solo, qui en interprétaient également les rôles principaux, *Caméra café* (M6, 2001-2003) décortiquait, en épisodes de 3 minutes, des scènes de la vie au bureau, dans un lieu unique : devant la sacro-sainte machine à café (et là aussi, comme sur une scène de théâtre, trois entrées possibles (à gauche, à droite, par l'ascenseur) et un « placard » (les toilettes). Avec des personnages ultra-stéréotypés, les saynettes inspirées d'événements très quotidiens de la vie de bureau déclenchent assez efficacement le rire, et parfois même l'émotion, car, en 700 épisodes, les personnages évoluent (un peu) et s'enrichissent.

Un succès dont le concept s'est exporté dans de nombreux pays, qui a généré deux comédies au cinéma (*Espace détente* en 2005 et *Le Séminaire* en 2009) et dont nous attendons, au moment où nous écrivons ce livre, le retour sur les écrans (prévu en septembre 2009) avec la vie de l'entreprise concurrente dont les personnages de la première série parlaient tout le temps : « ceux de chez Digix ».

Kaamelott

Last but not least : *Kaamelott* (M6, depuis 2005). Cette comédie créée par Alexandre Astier (*cf.* p. 304), qui en interprète également le rôle principal et y fait jouer presque toute sa famille, réinvente le mythe des chevaliers de la Table ronde en faisant du roi Arthur et de ses compagnons des personnages assez pathétiques, en quelque sorte des héros malgré eux.

Détournant avec intelligence et érudition les codes et les éléments de la légende arthurienne, y ajoutant des quantités de références à la culture populaire et aux autres grands mythes, *Kaamelott* réussit le tour de force de créer un véritable univers et de devenir une série culte chez les *geeks* français, tout en connaissant un grand succès populaire au moins entre 2002 et 2005.

Découpée en livres (et non en saisons), avec des épisodes (découpés en 5 séquences : un prologue avant le générique, puis 3 actes et un épilogue après le générique de fin) qui duraient autour de 3 minutes pour les livres I à IV, puis 7 minutes pour le livre V, et 40 minutes, en « prime », pour le livre VI (diffusion prévue fin 2009), *Kaamelott* est écrit au cordeau, malgré une apparence de joyeuse poilade entre potes. À partir du livre IV, la « comédie culte » se paie même le luxe de verser dans le drame épique et la tragédie, entraînant ses fans les plus fidèles dans un univers plus sombre et encore plus référencé.

Ovni du PAF, *Kaamelott* est assurément une brillante preuve de la créativité dont peuvent faire preuve les Français, lorsqu'ils ont l'envie (et les moyens) de raconter leurs propres histoires...

Quatrième partie

Drama queens, les séries dramatiques

Dans cette partie...

Après les feuilletons et les comédies, les séries dramatiques (*dramas* en anglais) regroupent... TOUT LE RESTE ! Ce « genre » est le plus varié et le plus difficile à définir tant la variété des séries qu'il regroupe est grande. Aux États-Unis, un épisode de *drama* dure 1 h (une quarantaine de minutes sans coupures publicitaires), et c'est aussi le cas en Grande-Bretagne. En France, les épisodes d'une série dramatique durent généralement 90 ou 52 minutes (le format le plus en vogue aujourd'hui).

Une série dramatique n'est pas forcément triste ou sombre. Elle peut l'être, mais ce n'est pas obligatoire, et beaucoup de *dramas* font rire, font réfléchir, divertissent, émeuvent, font peur... On peut classer les séries dramatiques en cinq grands genres : séries policières et judiciaires (le genre auquel le plus grand nombre de séries dramatiques appartiennent, et de loin ! *cf.* chapitre 15), séries médicales (*cf.* chapitre 16), séries historiques (*cf.* chapitre 17), séries de science-fiction (*cf.* chapitre 18). Mais il existe aussi beaucoup de séries qui n'appartiennent à aucun de ces genres, ou alors à plusieurs à la fois...

Essayons de démêler un peu la pelote de séries dramatiques...

Chapitre 14

La loi et l'ordre : les séries policières et judiciaires

Dans ce chapitre

- Arsenic et vieilles dentelles… ou comment les séries policières passionnent les foules
- Les différentes figures du héros
- L'irruption de la science et des *experts* !
- Le judiciaire dans tous ses débats

Nous allons parler ici de différents types de séries policières (qui racontent comment les criminels sont démasqués par des individus épris de justice), puis des différents types de séries judiciaires, qui traitent du rapport de l'individu à « la loi » sous un angle plus complexe.

Crimes en séries

Les plus vieilles histoires du monde…

L'une des toutes premières histoires racontées était déjà une histoire de crime : le meurtre d'Abel par Caïn, dans la Bible… Depuis, il semble que les hommes ne se soient jamais arrêtés de relater ce genre d'histoires, que l'on retrouve dans tous les mythes et toutes les cultures. Il n'est donc pas étonnant que ces formes contemporaines de récit que sont les séries racontent elles aussi des histoires de crimes, de criminels et de ceux qui les poursuivent, rejouant l'éternelle lutte du bien contre le mal…

Une série policière décrit simplement la façon dont un héros (ou un groupe de héros) parvient à arrêter un criminel, qui est le plus souvent un meurtrier. Ces séries mettent en scène soit la police (fédérale ou locale pour les États-Unis, avec des personnages qui appartiennent à diverses unités, spécialisées ou non), soit un détective privé, ou encore – c'est une tendance de plus en plus marquée aujourd'hui – un « consultant », qui aide la police grâce à ses compétences particulières.

Classiquement, un épisode de série policière s'arrête quand le « méchant » a été attrapé. La plupart de ces séries sont extrêmement rassurantes, car le « bien » gagne toujours à la fin, et la vérité triomphe.

Mais, au-delà de cet aspect presque mythique, ou archétypal, de la série policière, une histoire de crime est toujours « une histoire » d'individus particuliers, de leurs relations et de la société dans laquelle ils vivent. Les meilleures séries policières sont de véritables caisses de résonance de la société contemporaine et de l'âme humaine, dans ce qu'elles peuvent avoir de plus terrible.

La première série policière américaine : Dragnet (NBC, 1952-1959)

Diffusée sur Canal Plus à la fin des années 1980 sous le titre de *Badge 714*, cette première série policière américaine des années 1950, qui avait, comme la plupart des séries de cette époque, commencé à la radio, s'inspirait de faits divers réels et avait pour héros le sergent Joe Friday (Jack Webb), dont la devise était : *Just Facts, Ma'am* – « [Donnez-moi] seulement les faits, madame ». En effet, le sergent Friday cherchait la « vérité » et ne voulait pas s'embarrasser des sentiments ou impressions des témoins ou des victimes. Sa vie privée n'était jamais évoquée à l'écran, et il remontait le fil des événements de façon tout à fait logique et linéaire pour parvenir à démasquer le coupable au cours de la demi-heure que duraient les épisodes à l'époque.

Cette série est extrêmement populaire aux États-Unis, où elle est régulièrement rediffusée et a fait l'objet de deux remakes, le premier entre 1967 et 1970, et le second entre 2003 et 2004 (avec Ed O'Neill, le père de *Mariés, deux enfants* dans le rôle du sergent Friday).

Gangsters, flingues et prohibition : Les Incorruptibles (ABC, 1959-1963)

La première série policière américaine à avoir été diffusée en France (sur l'ORTF, à partir de 1966) est *Les Incorruptibles* (*The Untouchables*). Racontant les aventures de l'équipe de choc du FBI dirigée par Eliot Ness (Robert Stack) dans sa lutte contre les pires gangsters du temps de la prohibition, cette série, produite par Desilu (la maison de production de Lucille Ball), est donc une série à la fois policière et « historique », ou du moins « en costume ».

Dans une atmosphère très noire (la série était en noir et blanc et les scènes étaient pour la plupart censées se dérouler la nuit), les balles sifflaient (sans jamais atteindre les « gentils »), les personnages conduisaient d'énormes voitures des années 1930, utilisaient de gigantesques mitraillettes sans froisser leurs costumes et leurs longs manteaux, détruisaient les ateliers de distillerie clandestins à grand renfort de verre brisé, et les « méchants » étaient plus généralement tués qu'arrêtés. L'histoire était racontée par une voix off, au ton très journalistique. La « morale » à la fin de chaque épisode était très souvent grinçante et désabusée.

C'est dans cette série que Peter Falk (le futur Columbo) a fait ses débuts à l'écran, de même que Charles Bronson.

Cette série, par sa violence et son esthétisme, a marqué toute une génération, en France comme aux États-Unis, et il est certain que les grands réalisateurs de films de gangsters que sont Martin Scorsese et Brian De Palma, entre autres, ont été impressionnés très jeunes par cette série.

Brian de Palma a d'ailleurs adapté cette série sur grand écran dans son film *Les Incorruptibles* (1987), avec Kevin Costner, Sean Connery et Robert De Niro.

Les multiples figures du justicier

Après ces deux grandes séries « originelles », la télévision américaine a produit un très grand nombre de séries policières dans les années 1960 et 1970, avec en général un détective privé pour héros.

Figure classique des polars américains (chez Raymond Chandler et Dashiell Hammett, entre autres), le détective privé, vieux loup solitaire en quête de justice et de vérité, a pris notamment les traits de Mike Connors dans *Mannix* (CBS, 1967-1975), ou ceux de James Garner dans *200 dollars plus les frais* (*The Rockford Files*, NBC, 1974-1980).

Deux séries emblématiques des années 1980 ont pour héros un détective privé : *Magnum* (CBS, 1980-1988) et *Arabesque* (*Murder, She Wrote*, CBS, 1984-1996).

Thomas Magnum (Tom Selleck) est un ancien combattant du Vietnam qui a quitté l'armée et se retrouve, à la suite d'un pari, hébergé par un mystérieux milliardaire que l'on ne voit jamais (Robin Masters), avec à sa disposition une superbe Ferrari rouge… La seule ombre au tableau est le majordome de la somptueuse villa, le rigide Higgins, qui ne peut pas supporter le flegme du détective à la moustache et lui mène la vie dure avec ses deux énormes dobermans, Zeus et Apollon. L'opposition de caractère entre Magnum et Higgins génère un très grand nombre de scènes comiques au sein de cette série policière assez légère dans l'ensemble, et très divertissante.

Stephen J. Cannell, le maître du crime à l'écran

Le plus grand scénariste de séries policières aux États-Unis est Stephen J. Cannell (né en 1941). En dépit de sa dyslexie, Cannell a créé plus de 40 séries, pour la plupart policières, écrit plus de 450 scénarios et supervisé la production de plus de 1 500 épisodes. Il est connu du grand public, car, pour les séries dont il est le producteur, il apparaît à la fin du générique devant sa machine à écrire, dont il sort une page qu'il jette au vent, et celle-ci va se poser sur une pile d'autres feuilles stylisées qui forment ensuite le *c* de Cannell.

Il a créé, produit et supervisé l'écriture de beaucoup de séries qui ont « meublé » les après-midi de TF1 de ces vingt dernières années : *200 dollars plus les frais* (*cf.* ci-dessus), *Les Têtes brûlées* (*Baa Baa Black Sheep*, NBC, 1976-1978, une série sur des pilotes d'avion pendant la Seconde Guerre mondiale dans le Pacifique), *L'Agence tous risques* (*The A-Team*, NBC, 1983-1987, série sur une bande d'anciens combattants du Vietnam un peu fêlés devenus justiciers pour défendre les « petits » contre les « gros », avec notamment l'impressionnant Mr. T. dans le rôle de Barracuda), *Rick Hunter* (NBC, 1984-1991), *21 Jump Street* (Fox, 1987-1991, la série qui a révélé Johnny Depp), *Un flic dans la mafia* (*Wiseguy*, CBS, 1987-1990), *Les Dessous de Palm Beach* (CBS puis USA, 1991-1999), *Le Rebelle* (USA, 1992-1996), etc.

Ces séries policières, inégales en qualité et en inventivité mais toutes « efficaces » et bien construites, ont marqué l'histoire de la télévision américaine des années 1980 et 1990. Cannell a également innové en tant que producteur en étant le premier à « délocaliser » au Canada le tournage d'une série pour en réduire le coût. C'est ainsi que *21 Jump Street*, une série dont les héros sont des officiers de police se faisant passer pour des lycéens afin de résoudre leurs enquêtes (trafics de drogue, bizutages violents, rackets, parfois meurtres) et qui a fait de Johnny Depp une idole auprès des adolescentes du début des années 1990, a été entièrement tournée à Vancouver.

Cannell a également eu le courage de produire *Profit* au milieu des années 1990 (*cf.* p. 56, « Les scandaleuses »).

Il se consacre aujourd'hui à l'écriture de romans et encourage les enfants dyslexiques à croire en leurs capacités.

Dans *Arabesque*, Jessica Fletcher (Angela Lansbury) est, quant à elle, un ancien professeur d'anglais à la retraite, une veuve qui passe le temps en écrivant des romans policiers. Cousine de la miss Marple des romans d'Agatha Christie, elle utilise son sens aigu de l'observation pour résoudre des affaires criminelles, sur lesquelles elle ne manque pas de tomber. Cette série policière très classique est pleine d'un charme désuet et de personnages dans l'ensemble courtois et bien élevés (même s'ils s'assassinent de temps en temps…).

Autre série policière qui se passe entre « gens civilisés » : *Columbo* (NBC, 1968-2003). Le lieutenant de police Columbo (Peter Falk) traque en effet les riches et les puissants qui commettent des meurtres et se pensent trop intelligents pour pouvoir en être accusés. Avec son imperméable miteux, sa voiture (une Peugeot 403) minable et son regard en coin, Columbo n'en dispose pas moins d'un sens affûté de l'observation et d'une ténacité à toute épreuve qui lui permettent généralement de démasquer le coupable dès les premières minutes de l'épisode (le téléspectateur a, lui, assisté au meurtre et en connaît donc tous les détails). Il joue ensuite au chat et à la souris avec lui pour le pousser dans ses retranchements jusqu'à ce que le coupable, de guerre lasse, avoue son crime presque avec soulagement.

Les séries policières françaises ont également produit leur lot de « justiciers ». Parmi les plus connus, on peut citer les commissaires Maigret (F2, 1967-2005), Navarro (1989-2007) et Julie Lescaut (TF1, depuis 1992). Ces trois héros sont des figures paternelles (ou maternelle) rassurantes qui brutalisent rarement les suspects, protègent les victimes, ont une vie de famille plutôt équilibrée et parviennent à faire éclater la vérité grâce à leur perspicacité.

Des séries policières plus sombres

Mais, à côté de toutes ces séries policières traditionnelles, assez légères et très rassurantes, apparaissent à partir des années 1980 des séries plus sombres, dans lesquelles les criminels deviennent de plus en plus dangereux, inquiétants, et les flics qui les pourchassent de plus en plus désabusés.

La série « tournant » des années 1980 est une série policière, que nous avons déjà évoquée (*cf.* p. 71 et 133) : *Hill Street Blues* (NBC, 1981-1987), connue en France sous le titre de *Capitaine Furillo*. Steven Bochco et Michael Kozoll, ses créateurs, ont en effet réinventé la série policière en lui donnant un aspect sombre et désabusé plus réaliste que les séries classiques mettant en scène un justicier perspicace et toujours victorieux.

Le commissariat de Hill Street, situé dans une grande ville anonyme du nord des États-Unis, est délabré, les flics sont sans illusions, les criminels malins et puissants, la population désespérée. Pas de happy end à chaque épisode, pas même d'histoire complète. Les histoires commencent, s'interrompent, reprennent, semblent se clore, repartent de plus belle. Comme dans la vie. Les personnages souffrent, rient, pleurent, et parfois même ils meurent. La caméra tremble, l'image n'est pas léchée, les acteurs ne sont pas beaux. Les deux scénaristes ont décidé d'hybrider série policière, comédie satirique, soap opera et fiction documentaire engagée, initiant un mélange des genres, qui est aujourd'hui la règle à la télévision américaine.

Mais, au tout début des années 1980, *Hill Street Blues* déroute. Lors de la projection test du pilote, en mai 1980, les spectateurs le trouvèrent déprimant, confus et violent, mais néanmoins NBC, alors à la recherche de programmes innovants car en perte de vitesse par rapport à ABC et CBS, décida de le diffuser, commanda une saison à Bochco et Kozoll, en leur laissant en prime une « liberté artistique totale ». Une fois à l'antenne, la série va de miracle en miracle : ballottés entre cinq cases horaires différentes, les 15 épisodes de la première saison n'attirent qu'un public restreint ; en termes d'audience, la série arrive en 83e sur 97 émissions alors diffusées en prime time !

L'accueil critique, en revanche, est spectaculaire tant dans la presse que dans les milieux de la télévision. NBC commande une deuxième saison, alors que jamais auparavant une série aussi peu regardée n'avait été renouvelée. Progressivement, *Hill Street Blues* séduit un public très exigeant et appartenant aux classes professionnelles supérieures, ce qui attire les annonceurs prestigieux. À la fin de l'année 1981, la série est nominée 21 fois aux Emmy Awards, l'équivalent des oscars pour la télévision américaine, et elle en remporte huit, dont ceux de meilleure série dramatique, meilleur acteur, meilleure actrice, meilleur scénario et meilleure réalisation ! Ce record n'a été battu qu'en 2000 par *À la Maison-Blanche*, qui remporta neuf Emmys pour sa brillante saison 1.

Hill Street Blues est la première série policière à aborder de front les problèmes urbains aux États-Unis : les gangs ultra-violents et très organisés, les ravages de la drogue, la ségrégation de fait entre les différentes minorités, les familles monoparentales, etc. Elle ouvrira la voie aux grandes séries réalistes des années 1990, dont beaucoup furent créées par Steven Bochco.

Steven Bochco, scénariste engagé

Né en 1943 dans une famille d'artistes, Steven Bochco se fait remarquer dans les années 1980 en créant *Hill Street Blues* et en réclamant une liberté artistique totale. Dynamitant les codes de la série policière classique, il crée le premier *ensemble show* (série avec une multitude de personnages principaux et pas de « héros ») de la télévision américaine ; il aborde également de front les vrais problèmes de l'Amérique. Il continua par la suite à jouer avec les codes de la série policière grâce à *Cop Rock* (ABC, 1990), qui fait chanter les policiers comme dans une comédie musicale !

Mais il est également le créateur des très belles et très sombres séries policières réalistes comme *NYPD Blue* (ABC, 1993-2005).

Dans le domaine des séries médicales, il a aussi créé *Dr Doogie* (*Doogie Howser, M.D.*, ABC, 1989-1993), qui, certes, avait pour héros un médecin surdoué de 16 ans à peine mais abordait déjà des thèmes comme le sida, le racisme, le sexisme, l'homophobie, et l'inégalité des Américains face au système de santé.

Dans le domaine des séries judiciaires, Bochco a créé *La Loi de Los Angeles* (*L.A. Law*, NBC, 1986-1994), qui pour la première fois portait un regard sans concession sur la profession d'avocats aux États-Unis et révélait les failles d'un système dans lequel les riches ont bien plus de chances d'éviter la prison que les pauvres. *Murder One* (ABC, 1995-1997) détaille en 23 épisodes le déroulement d'un seul procès d'assises (pour meurtre avec préméditation) et dénonce le pouvoir des images et de l'argent. La dernière création de Bochco aujourd'hui est également une série judiciaire très engagée, *Raising the Bar* (TNT, depuis 2008), qui met en lumière les travers du système judiciaire américain, qui broie souvent les « petits » et les faibles pour des délits mineurs.

Enfin, dernière preuve de l'engagement politique de Steven Bochco : il a été le premier à oser écrire et produire une fiction sur la guerre en Irak (FX, 2005), dénonçant l'absurdité de la présence américaine dans ce pays.

Depuis les années 1990 : les héros sont fatigués

À la suite de *Hill Street Blues*, les séries policières des années 1990 adoptent un ton beaucoup plus sombre et décrivent désormais avec davantage de réalisme la difficulté du métier de flic.

Les flics ont le blues : NYPD Blues

La série emblématique de cette époque est *NYPD Blue* (ABC, 1993-2005, diffusée actuellement sur France 3 sous le titre *NYPD Blues*). Dennis Franz, qui jouait déjà dans *Hill Street Blues*, y incarne Andy Sipowicz, inspecteur de police alcoolique, violent, raciste, bourré de rancœur et de mauvaise foi, qui inaugure la tendance des « antihéros » dans les séries américaines, et particulièrement dans les séries policières. On est bien loin de *Columbo* et de *Magnum* !

Même si Sipowicz a de nombreux collègues et notamment un équipier (joué par David Caruso, puis par Jimmy Smits, Rick Schroder et Mark-Paul Gosselaar), *NYPD Blue* est centrée principalement sur ce personnage et sa lente remontée des enfers. Avec le temps, Sipowicz se montre en effet de moins en moins borné et, même si sa vie reste difficile et compliquée, ponctuée de drames atroces, il apprend petit à petit à nouer de vraies relations d'amour, d'amitié et de respect avec ses semblables. Les imperfections d'Andy, personnage complexe, le rendent particulièrement attachant.

Conformément à la tendance des années 1990, vie privée et vie professionnelle se mêlent constamment, et *NYPD Blue* montre sans concession les ravages du métier de policier sur la vie de couple. La série s'inspire de témoignages de vrais policiers (en particulier de Bill Clark, ami du cocréateur de la série, David Milch, et qui deviendra coproducteur exécutif de la série), et le portrait qui est fait de ces « gardiens de la paix » est loin d'être tendre : intimidation des suspects, violence, non-respect des procédures et de la loi, mensonges, manipulations, chantage, etc. La frontière entre flics et voyous s'amenuise, et la vérité n'est plus noire ou blanche mais prend désormais toutes les teintes de gris… De plus, le langage employé est particulièrement cru, plus proche de celui employé dans la « vraie vie », et les réalisateurs n'hésitent pas à filmer des corps nus et des scènes de sexe assez « chaudes » pour les *networks* américains où la plupart des personnages se contentaient auparavant d'échanger des baisers passionnés sur fond de musique romantique.

ÉTONNANT

David Caruso (aujourd'hui Horatio Caine dans *Les Experts : Miami*, *cf.* p. 206-207) a acquis sa célébrité sur le petit écran grâce au rôle de John Kelly dans la première saison et les quatre premiers épisodes de la seconde saison. Irrité par l'aspect trop sombre et trop réaliste des scénarios, irritant par son caractère de diva, Caruso quitta la série pour se consacrer au cinéma… Après une carrière loin de répondre à ses ambitions, il retourne sur le petit écran dans *Les Experts : Miami*, série ultra-ensoleillée sur laquelle il inscrit sa marque de fabrique (autrement dit un ÉNORME manque de réalisme dans le comportement des « experts » de la police scientifique de Miami, et une obsession pour les lunettes de soleil qui font rire l'Amérique entière).

Entre série policière et documentaire : Homicide

Homicide : Life on the Streets (NBC, 1993-1999) est basé sur le livre du journaliste d'investigation David Simon (*cf.* p. 298) à propos du travail de la police à Baltimore, la ville des États-Unis où le taux de criminalité est le plus élevé (presque un meurtre par jour en 1991 !).

Contrairement à *NYPD Blue*, censé se passer à New York mais tourné à Hollywood, *Homicide* est tourné dans les rues de Baltimore, et l'atmosphère très particulière de ce port industriel en décrépitude à quelques kilomètres au nord de Washington, avec sa population en majorité noire et désœuvrée, imprègne chaque image. Le diable est dans les détails, et les scénarios de chaque épisode leur consacrent un temps important, donnant une impression de regarder un documentaire avec des temps morts plutôt qu'une série écrite au cordeau comme les *networks* américains ont l'habitude d'en écrire. Il n'y a pas de personnage principal, et les histoires comme les personnalités sont généralement d'une effrayante banalité. Les journées sont longues, les enquêtes stagnent, de longues heures s'écoulent parfois sans que le téléphone sonne, la clim tombe en panne en plein été, et les relations de travail ne se transforment pas forcément en amitiés « à la vie, à la mort ».

La description de la communauté afro-américaine est particulièrement fine dans cette série, avec des personnages à la fois éloignés des stéréotypes traditionnels et conscients de leur image dans le regard des autres (et des Blancs en particulier).

La caméra tremble, les faux raccords abondent, accentuant encore l'aspect documentaire de cette véritable « série d'auteur », où le cinéaste Barry Levinson, également producteur exécutif de la série, a mis sa griffe. Cette série marque aussi la naissance (ou la confirmation du talent) de deux grandes plumes de la télévision américaine : Tom Fontana, qui a débuté avec la série médicale *St. Elsewhere* (NBC, 1982-1988, *cf.* p. 228) et créera ensuite la magistrale série carcérale *Oz* (HBO, 1997-2003, *cf.* p. 221) ; et David Simon, créateur de LA grande série policière réaliste des années 2000 : *Sur écoute* (*The Wire*, HBO, 2002-2008, *cf.* p. 203).

Il y a eu quatre *cross-over* (*cf.* lexique) entre *Homicide* et *New York District* (*cf.* p. 210) et un avec la série médicale *Chicago Hope* (*cf.* p. 230). Mais, surtout, un des personnages de *Homicide* détient le record d'apparitions dans d'autres séries : John Munch (interprété par Richard Belzer). Ce policier est apparu notamment dans *X-Files* (*cf.* p. 284), *Arrested Development* (*cf.* p. 164), *The Wire*, et, par-dessus tout, il est maintenant l'un des personnages principaux de *New York : Unité spéciale* (*cf.* p. 209).

Homicide est aussi l'une des premières séries à avoir eu un *spin-off* sur le Web, *Homicide: Second Shift*, diffusé sur le site de NBC entre 1997 et 2000.

The Wire : série d'auteur !

Après *Homicide*, qui a « tenu » sept saisons malgré des audiences confidentielles, David Simon (*cf.* p. 298), ancien journaliste d'investigation devenu scénariste, a créé une nouvelle série policière située dans sa ville de Baltimore : *Sur écoute* (*The Wire*, HBO, 2002-2008). L'aspect documentaire de cette série saute aux yeux : les personnages y parlent comme dans la vie, avec cet argot des rues de Baltimore si particulier et des injures comme signes de ponctuation (la série étant diffusée sur le câble, les *fuck* foisonnent) ; le rythme est parfois lent et contemplatif, parfois très rapide ; la réalisation alterne plans très cinématographiques et décadrages inspirés du style documentaire.

Chaque saison forme un « arc » narratif autour d'une enquête principale : le trafic de drogue par la « famille » Barksdale dans la première saison et les difficultés de la police à les faire tomber ; la deuxième saison est centrée sur les difficultés financières des dockers et les multiples tentations de faire de la contrebande pour arrondir les fins de mois, flirtant ainsi dangereusement avec la grande criminalité ; la troisième saison s'éloigne un peu des domaines policiers et criminels, même si les personnages découverts dans les deux premières saisons continuent d'être très présents, pour observer le monde politique ; la quatrième saison s'intéresse quant à elle aux problèmes du système scolaire, et la cinquième au pouvoir des médias.

En cinq saisons, David Simon et son acolyte Ed Burns ont ainsi réalisé un véritable portrait de la ville de Baltimore en particulier, et de la société américaine en général, dénonçant ses difficultés et ses hypocrisies dans le détail, décortiquant les mécanismes de la corruption et de l'inefficacité bureaucratique, et peignant de beaux portraits d'hommes et de femmes souvent coincés dans des situations sans espoir.

Tout récemment, une nouvelle série policière, *Southland* (NBC, depuis 2009), a repris l'aspect « réaliste et documentaire » initié dans les années 1990 pour décrire le travail quotidien et souvent frustrant des différents types de policiers de Los Angeles (agents en uniforme qui patrouillent en voiture et répondent aux appels d'urgence, inspecteurs de l'antigang ou encore des crimes sexuels). Encensée par la critique, cette série est servie par un casting impeccable.

The Shield, flic et ripou

Parmi les séries policières chocs de ces dernières années, il faut citer *The Shield* (FX, 2002-2008). Dans la lignée de *NYPD Blue*, son personnage central est un antihéros à la fois détestable et attachant : l'ultra-violent Vic Mackey (Michael Chiklis), armoire à glace au crâne rasé qui, à la tête de sa brigade de choc, fait régner l'ordre un peu, et la terreur surtout, dans un quartier malfamé fictif de Los Angeles. Ses méthodes pour combattre le crime, peu conventionnelles (brutalité, corruption, meurtre) mais très efficaces, flirtent spécialement avec celles utilisées par les criminels qu'il poursuit, et il n'hésite pas non plus à se servir dans les stocks de drogue qu'il découvre, ou alors à accepter des pots-de-vin.

La morale est extrêmement relative et vacillante dans cette série caractéristique des années 2000, où le politiquement incorrect est devenu la règle, en particulier dans les séries diffusées sur le câble comme celle-ci. La caméra virevolte, les explosions et les scènes de combat sont nombreuses, donnant à cette série un aspect « musclé » et anticonventionnel. Réflexion désabusée sur le bien et le mal, *The Shield* fait le portrait d'une police qui a été profondément contaminée par la criminalité, petite et grande, qu'elle côtoie et essaie comme elle peut de contenir plutôt que de la stopper.

Les séries policières françaises sont très nombreuses, et un certain nombre d'entre elles ont tenté une approche « réaliste » du métier de policier. Le créateur de séries policières le plus intéressant en France est Olivier Marchal, ancien flic devenu acteur, réalisateur et scénariste pour le cinéma et la télévision. Après avoir participé à l'écriture de certains épisodes de *Commissaire Moulin* (*cf.* p. 92), il a joué dans la très sombre *Police District* (M6, 2000-2002), qui décrivait sans complaisance le quotidien d'une poignée de flics malmenés par la vie et leur dur métier, dans un commissariat miteux de la capitale. Loin des clichés réconfortants, le scénariste Hugues Pagan s'intéressait aux quartiers pauvres, aux lourdeurs bureaucratiques, à la corruption, ainsi qu'à tous les aspects déprimants du métier, tout en servant les acteurs de belles lignes de dialogues.

Un peu moins « déprimante » mais également sombre et teintée d'humour noir, *Central nuit* (F2, 2001-2009), dont Olivier Marchal était l'un des scénaristes, s'intéressait à la vie quotidienne de l'équipe de nuit d'un commissariat de quartier, aux prises avec la misère sociale et la petite criminalité, avec un point de vue moins optimiste et moins « pittoresque » que *PJ* (F2, 1997-2009).

Tout récemment, Olivier Marchal a travaillé comme scénariste pour la très sombre et remarquablement bien construite série *Flics* (TF1, 2008) et a créé

Braquo (Canal +, 2009), prolongeant son œuvre cinématographique par ces peintures sans concession de la violence du monde que côtoient les membres de la police.

D'autres séries policières françaises ont également fait le choix du « côté obscur », avec notamment la très onirique série *Les Oubliées* (F3, 2008), dans laquelle Jacques Gamblin interprète un gendarme insomniaque hanté par la disparition de jeunes filles dans le nord de la France.

Malheureusement, à part *Central nuit*, encadré lors de sa diffusion par des séries plus « légères » comme *La Crim'* (F2, 1999-2006), *Avocats et Associés* (*cf.* p. 219), *PJ* et d'autres, ces séries n'ont pas séduit le public français, qui continue, d'après les chiffres d'audience, à préférer les bluettes rassurantes et moralisatrices comme *Julie Lescaut* ou *Joséphine, ange gardien*…

Le retour des héros

Mais, à côté de ces séries sombres et désabusées, qui portent un regard sans concession sur la société, sont réapparues depuis les années 2000 des séries policières plus rassurantes, où le(s) héros démasque(nt) le coupable à tous les coups (ou presque). Néanmoins, ces séries ne ressemblent pas aux séries classiques des années 1970 et 1980 et ont toutes un « twist » qui fait leur originalité et leur modernité.

Les nouveaux détectives

Dans *L.A. Enquêtes prioritaires* (*The closer*), diffusée depuis 2005 sur la chaîne câblée TNT (et en France sur France 3 depuis 2006), Brenda Lee Johnson (Kyra Sedgwick) traque les meurtriers à Los Angeles et parvient toujours, grâce à des prouesses de manipulation psychologique, à leur arracher une confession en règle. Brenda, avec son accent du sud des États-Unis à couper au couteau (malheureusement perdu en VF), son rouge à lèvres pétant et ses tenues près du corps, fait un peu penser à son illustre ancêtre Columbo, dans la mesure où les coupables ne se méfient pas d'elle. C'est aussi un très beau personnage de femme d'une petite quarantaine d'années, comme la télévision américaine sait en faire dans les années 2000 : têtue, obstinée, obsédée par son métier qu'elle fait passer avant tout, accro aux pires sucreries (tout en ayant une silhouette irréprochable… Vive la télévision !), meneuse d'hommes et profondément aimée par un très bel agent du FBI, qu'elle fait tourner en bourrique plus qu'à son tour.

Le charme entêtant de cette série de facture assez classique provient aussi de sa bande originale, composée principalement d'accords « bluesy » de guitare électrique, qui donne un côté « vieux sud » aux paysages très urbains de la ville des Anges.

Monk (USA, depuis 2002) aussi est une série policière assez classique, avec un détective privé qui aide la police locale à résoudre ses enquêtes, mais son originalité réside dans la personnalité d'Adrien Monk. Maniaco-obsessionnel à la limite de l'autisme, bourré de toc, de rituels et de manies, cet « handicapé de la vie » n'en est pas moins doté d'un sens de l'observation exceptionnel, qui lui permet de résoudre les énigmes les plus complexes, tout en nous faisant hurler de rire.

La science à la rescousse : Les Experts, Bones, Numb3rs...

La grande tendance pour les séries policières des années 2000 est incontestablement le recours aux sciences exactes pour parvenir à démasquer des criminels de plus en plus malins.

Les Experts (*CSI*, CBS, depuis 2000), *Les Experts : Miami* (*CSI: Miami*, CBS, depuis 2002) et *Les Experts : Manhattan* (*CSI: New York*, CBS, depuis 2004), les trois séries qui font un carton d'audience des deux côtés de l'Atlantique, sont basées sur la même formule : des experts de la police scientifique recourent à toutes les techniques de pointe (analyse d'ADN, de résidus divers, d'empreintes digitales, chimie, physique des matériaux, etc.) pour « comprendre comment le crime s'est déroulé » et identifier le coupable. La science est ici présentée comme la garantie pour parvenir à la vérité, et les dires des témoins, les interrogatoires et la psychologie ne servent pas à grand-chose face à la puissance (et à la rapidité : nous sommes à la télévision…) et à l'exactitude des techniciens et de leurs machines.

Pourtant, si ces trois séries font partie de la même « franchise », elles sont quand même différentes les unes des autres. Tout d'abord par la couleur dominante de l'image. Située à Las Vegas, ville des casinos, de l'argent facile et de tous les excès, la série *Les Experts* a le bleu pour tonalité dominante, surtout lors des scènes tournées dans le labo, où « les experts » travaillent de nuit. *Les Experts* : *Miami* ont le jaune pour tonalité dominante, car Miami est une ville écrasée de soleil, tellement écrasée d'ailleurs que la plupart des personnages portent pratiquement en permanence des lunettes de soleil… Enfin, *Les Experts : Manhattan* sont « verts », donnant un aspect littéralement glauque aux rues de New York.

Ensuite, au niveau du « ton » et du regard sur la société américaine. La série *Les Experts*, l'originelle, est la plus humaine de toutes, et, depuis la saison 7, ses scénarios font preuve d'une grande inventivité, avec l'apparition d'éléments feuilletonesques et des hommages réguliers à certains genres comme le film d'horreur, le *comic book*, les « films avec des extraterrestres », les films du *Rat Pack* (la « bande » de Frank Sinatra. *Ocean's Eleven* est un remake de l'un de leurs films)… ou encore à certaines « sous-cultures » : les *geeks*, les fous de robotique, de kart, de combat extrême à main nue… La

« morale » des épisodes est en général une célébration de la diversité des goûts et des comportements, et en même temps un constat de l'universalité des passions humaines, des plus nobles au plus meurtrières...

La série *Les Experts : Miami* est la plus caricaturale de toutes. Les méchants sont vraiment très méchants et les gentils, chapeautés par l'inénarrable Horatio Caine (David Caruso), sont des gravures de mode qui manient le flingue avec autant d'agilité que leur microscope et se posent rarement des questions auxquelles ils ne peuvent pas apporter rapidement une réponse. Ce sont des héros, des vrais, et Horatio ne manque pas d'asséner régulièrement des maximes moralisantes à l'emporte-pièce en replaçant ses lunettes de soleil, avant de faire volte-face et de quitter l'écran... Série ultra-rassurante sur les pouvoirs de la police et de la science, *CSI: Miami* surprend rarement, comporte beaucoup de scènes d'action et des dialogues courts et est souvent, plus ou moins volontairement, extrêmement drôle au second degré...

Les Experts : Manhattan, voilà sans doute la série la plus sombre des trois. Située dans un New York post-11 Septembre, avec comme leader Mac Taylor (Gary Sinise), un ancien marine désabusé et cabossé par la vie, cette série raconte le plus souvent des crimes tout à fait sordides et délivre un message rarement optimiste sur les tréfonds de l'âme humaine et l'avenir de la société américaine.

Surfant sur le succès des *Experts*, un grand nombre d'autres séries policières montrent elles aussi comment les sciences exactes peuvent aider à démasquer les criminels. Parmi celles-ci, on peut citer *NCIS*, *Bones* et *Numb3rs*.

NCIS (CBS, depuis 2003) est la plus récente création de Donald P. Bellisario. Elle raconte les enquêtes d'un service spécialisé de la Marine américaine, le NCIS. Tous ses membres ne sont pas des experts de la police scientifique, mais le charisme de leur « experte » Abby Sciuto (Pauley Perrette), *geek* gothique accro à la caféine et très expansive, ainsi que de leur médecin légiste Ducky Mallard (David McCallum, qui a joué l'agent secret russe Ilya Kuryakin dans *Agents très spéciaux*, une série des années 1960, *cf.* p. 62) place cette série du côté des séries « scientifiques ». Les ordinateurs, bases de données, recherches internet et images satellitaires sont également très utilisées pour permettre à ces agents de comprendre ce qui s'est passé et trouver le coupable.

Dans *Bones* (Fox, depuis 2005), la science a également une part prépondérante, puisque le Dr Temperance Brennan, anthropologue de génie, aide le FBI à identifier la victime, la cause de la mort et à démasquer le meurtrier même lorsque le cadavre se trouve dans un état de décomposition extrêmement avancé. Malgré des scènes d'ouverture (la découverte du cadavre) très « gore », cette série flirte résolument du côté de la comédie romantique grâce à la tension amoureuse et sexuelle tangible entre l'agent du

FBI Seeley Booth (David Boreanaz, qui a auparavant séduit les adolescentes en interprétant Angel dans *Buffy contre les vampires* puis dans *Angel*, *cf.* p. 280) et « Bones » (surnom affectueux qu'il a donné au Dr Brennan).

Enfin, avec *Numb3rs* (CBS, depuis 2005), ce sont les équations mathématiques qui permettent de débusquer les criminels.

D'autres types d'aide pour la police

Outre les sciences exactes, un très grand nombre de séries policières américaines racontent comment tout type d'aide vient soutenir le travail de la police, laissant entendre que, désormais, les capacités de logique et d'observation seules ne suffisent plus à confondre les coupables.

Esprits criminels (*Criminal Minds*, CBS, depuis 2005) raconte comment une équipe de *profilers* du FBI traque les *serial killers* dans la totalité des États-Unis, en utilisant toute une batterie de sciences comportementales : psychologie, psychiatrie, sociologie, anthropologie, cryptologie… et même parfois littérature, théologie ou encore histoire de l'art. Une citation littéraire ou philosophique ouvre chaque épisode et donne le ton. Description des pires turpitudes de l'âme humaine, *Esprits criminels* est aussi un véritable *ensemble show* porté par une équipe d'acteurs remarquables et des scénarios qui arrivent à ne pas être trop répétitifs et qui font immanquablement froid dans le dos… Le *serial killer* étant en effet l'incarnation du mal absolu et la figure la plus fascinante de la littérature criminelle (de fiction ou non) contemporaine.

Outre les sciences humaines ou sociales, des séries policières font même appel au paranormal, comme *Médium* (NBC, 2005-2009, CBS, depuis la rentrée 2009), série dans laquelle Patricia Arquette interprète Alison DuBois, une mère de famille d'Arizona qui a la particularité de faire des rêves prémonitoires, mais souvent cryptés, sur des affaires criminelles en cours qui lui permettent d'aider la police et/ou le bureau du procureur à traquer les criminels.

Tout récemment, *The Mentalist* (CBS, depuis 2008) relate la façon dont un ancien escroc, qui se faisait passer pour un médium à la télévision, met désormais ses dons d'observation quasi divinatoires au service de la police de l'État de Californie.

Enfin, *Castle* (ABC, depuis 2009) montre comment un auteur de romans policiers à grand succès met ses talents de conteur au service de la police de New York et les aide à imaginer les scénarios les plus complexes pour résoudre leurs enquêtes.

En miroir de *Bones* et reprenant une recette classique de la série télévisée, ces deux séries séduisent le téléspectateur en grande partie grâce à l'attirance/répulsion entre les deux personnages principaux (dans ces deux cas, un « consultant » fantasque et une fliquette rigide) et à leur constant jeu du chat et de la souris.

Des enquêteurs spécialisés

Enfin, certaines séries policières racontent les aventures d'enquêteurs spécialisés.

FBI Portés disparus (*Without a Trace*, CBS, 2002-2009) suit le travail d'une équipe spécialisée du FBI à New York qui recherche les personnes portées disparues en essayant de savoir ce qui leur est arrivé (et en espérant les retrouver vivantes), et, pour cela, fait toute la lumière sur leur vie, et sur leurs secrets, qui ne manquent pas d'être lourds et nombreux. Cette série est plus optimiste que les autres, car la victime a encore une chance d'être sauvée, mais la course contre la montre est haletante.

Dans un esprit similaire, la canadienne *Flashpoint* (CTV, depuis 2008) suit le quotidien d'une équipe d'intervention d'urgence qui intervient lors des prises d'otages et tente de désamorcer les situations les plus critiques d'une part par la négociation, la psychologie et la compréhension des raisons du comportement de celui qui a « pété les plombs » et, d'autre part, en étant prête à l'abattre en cas d'échec de la discussion.

Cold Case (CBS, depuis 2003) est une série policière qui raconte les enquêtes très particulières d'une équipe d'inspecteurs spécialisés dans la réouverture de dossiers classés sans suite, dont certains remontent jusqu'en 1919 ! Série hybride entre le genre policier et le genre historique, créée par une femme, Meredith Stiehm, et avec une femme dans le rôle principal (Kathryn Morris dans le rôle de Lilly Rush) *Cold Case* revisite l'histoire américaine du XXe siècle : la ségrégation raciale, l'émancipation des femmes, des Afro-Américains, l'histoire des minorités asiatiques et hispaniques, la crise industrielle, la guerre du Vietnam, le rock'n'roll, les violences urbaines, la corruption politique, etc. Pour clore ces affaires en souffrance, Lilly et ses coéquipiers réexaminent les preuves avec leur regard d'aujourd'hui, réinterrogent les témoins qui osent souvent dire des choses qui « ne se disaient pas » à l'époque (l'homosexualité, l'adultère, les jalousies) pour rendre justice à la victime, la plupart du temps assassinée par quelqu'un qui l'aimait trop pour accepter de la voir changer.

Enfin, *New York : Unité spéciale des victimes* (*Law & Order: Special Victims Unit*, CBS, depuis 1999) retrace les enquêtes d'une unité de policiers new-yorkais spécialisés dans les crimes à caractère sexuel, plongeant dans les pires turpitudes des désirs humains (viols, pédophilie, *serial killer*, violences conjugales ou parentales en particulier).

Cette série est l'un des *spin-offs* de la série « interprétée par des acteurs de chair » la plus ancienne encore à l'écran : *New York District* (*Law & Order*, depuis 1990 !), qui est une série à la fois policière et judiciaire, et qui nous permet donc de faire la transition entre les deux genres…

L'hydre à deux têtes : New York District

New York District (*Law & Order*, NBC, depuis 1990) est une série à la fois policière et judiciaire. En effet, elle est construite en deux segments, de durée à peu près égale (environ vingt minutes chacun). Le premier segment consiste en la découverte de la scène de crime, puis l'enquête menée par deux policiers (toujours les mêmes), supervisés par leur commissaire. Ce premier segment aboutit à l'arrestation d'un suspect. Le second segment raconte le travail des assistants du procureur, qui examinent les preuves récoltées par les policiers et préparent les meilleurs arguments et chefs d'accusation contre le suspect. Parfois, leur travail soulève de nouvelles questions et demande à ce que les policiers fassent des recherches complémentaires. Si le suspect refuse de reconnaître qu'il est coupable et rejette le « deal » proposé par le bureau du procureur, l'épisode se termine par un procès.

Contrairement aux séries policières « pures », l'histoire ne s'arrête pas à l'arrestation du suspect principal (qui n'est pas toujours le vrai coupable) et se focalise sur ce qui se déroule *après* un acte criminel, sur le fonctionnement de l'appareil judiciaire et les difficultés rencontrées, mais aussi sur les questions éthiques et juridiques qu'il soulève. Le mobile qui a conduit au crime n'est que l'un des éléments permettant la mise en accusation d'un suspect. Ce qui justifie le procès, au regard de la loi, est l'existence de preuves suffisantes pouvant donner à croire que la personne arrêtée a pu commettre le crime. Dès lors, la mission du personnel attaché au bureau du procureur consiste à faire la preuve de sa culpabilité devant le tribunal.

New York District s'inspire de faits réels et traite de questions de société et de points de droit réels : éthique médicale (autopsie, clonage), corruption dans les milieux politique ou financier, libertés civiles, sectes, situation des anciens combattants, haine raciale, etc. Des questions importantes relatives au droit et à la justice sont souvent posées dans les conversations entre les personnages principaux, policiers ou assistants du procureur, montrant qu'il n'y a pas un seul point de vue acceptable sur une question donnée : peut-on / doit-on obliger une mère à vacciner son enfant pour protéger les autres enfants avec lesquels il va entrer en contact ? Un boutiquier tue deux hommes qui voulaient le cambrioler : s'agit-il de légitime défense ou d'un meurtre ? Le père d'un enfant violé assassine le pédophile repenti au cours d'un reality show : qui lui a indiqué l'endroit tenu secret où l'émission devait être tournée ? Un jeune garçon tue l'un de ses camarades à coups de pied : un chromosome en trop l'exonère-t-il de toute responsabilité ? Une jeune femme laisse mourir de faim sa grand-mère parce que celle-ci ne voulait plus vivre : en avait-elle le droit ? Un ancien militaire assassine un terroriste irakien en pleine rue à New York : est-ce un acte de guerre ou un meurtre avec préméditation ? Etc.

La réponse à chacune de ces questions n'est jamais simple : celle de la responsabilité et de la liberté individuelle, celle du rapport à la loi ; la généralisation d'un cas particulier par la jurisprudence a de lourdes conséquences. Le débat se retrouve ensuite lors du procès. Un problème est ainsi abordé sous plusieurs angles, lui donnant une dimension polémique et montrant sa complexité. Les tensions entre droit et justice, les dysfonctionnements du système sont mis en lumière.

On y voit ainsi des acquittements obtenus par la pression sur un juré, des témoins menacés qui changent leur version des faits, des erreurs de procédure, mais aussi des manœuvres parfois douteuses de la part de la police ou des agents de la justice pour obtenir des aveux ou une condamnation.

New York District est tourné dans la ville même de New York depuis le début des années 1990, et cette série témoigne des transformations de la métropole américaine depuis vingt ans, ainsi que des évolutions de la jurisprudence de cet État (révocation puis rétablissement de la peine de mort, 11 Septembre, *Patriot Act*, guerre en Irak et en Afghanistan, etc.)

Bref, c'est à la fois une série d'énigmes policières, une série pédagogique sur le système pénal américain, une série historique par sa durée, une critique sociale, la chronique d'une ville, et bien d'autres choses encore.…

Cette série créée par Dick Wolf a généré plusieurs *spin-offs*, dont deux sont uniquement des séries policières et ont rencontré le succès, *New York : Unité spéciale* (*cf.* p. 209) et *New York : Section criminelle* (*Law & Order: Criminal Intent*, NBC, 2001-2007, sur USA depuis), mais la troisième, *New York : Cour de justice* (*Law & Order: Trial By Jury*, NBC, 2005), centrée uniquement sur la préparation de procès, n'a pas séduit les téléspectateurs.

Les séries judiciaires

Moins manichéennes que les séries policières, les séries judiciaires racontent le travail des avocats et/ou des assistants du procureur pour défendre ou faire condamner un suspect.

Ce type de séries est très populaire aux États-Unis depuis les années 1960, car, là-bas, un procès ressemble généralement à une pièce de théâtre, qui se déroule devant un public, avec des personnes qui souvent jouent un rôle, ne sont pas toujours sincères, des dialogues musclés, des retournements de situation, des histoires émouvantes ou terrifiantes, etc.

Aux États-Unis, l'avocat est une figure mythique : il est à la fois un véritable héros mettant sa matière grise, sa connaissance du droit et sa maîtrise de la rhétorique au service de son client, et une figure puissante et redoutée par son pouvoir de manipulation des faits et souvent sa capacité à se « vendre » au plus offrant. Il est perçu plus ou moins comme un dentiste : on redoute d'avoir affaire à lui, on préférerait s'en passer, mais il vaut mieux en connaître « un bon » en cas de pépin…

Le fossé qui existe parfois entre « la loi » et la justice se trouve au cœur de ces séries, qui examinent sous tous les angles possibles le rapport entre l'individu et la société. En effet, la société américaine est une société procédurière : les Américains (quant ils ont les moyens de payer un avocat) se font des procès pour tout, car le droit – et la procédure judiciaire – n'est pas vu comme en France simplement tel un moyen de punir des coupables mais comme une façon de régler un conflit, quel qu'il soit. Or, comme le répétait une publicité américaine pour la chaîne TNT (spécialisée dans la rediffusion des séries dramatiques et qui produit depuis le début des années 2000 ses propres fictions originales), « une série dramatique, c'est un conflit » (*drama is conflict*).

Perry Mason, l'avocat mythique du petit écran américain

Les romans d'Earle Stanley Gardner donnèrent à la télévision l'un de ses personnages les plus durables en la personne de *Perry Mason* (CBS, 1957-1966, puis NBC, 1985-1993). Cet avocat ne se contentait pas de défendre les accusés, il démontrait leur innocence et démasquait le coupable, le tout en pleine salle d'audience. Tel un journaliste d'investigation, il cherchait avant tout à découvrir la vérité. Incarnant à la fois la liberté d'expression et le protecteur des faibles contre les puissants, Perry Mason était un véritable « justicier ».

Les clients de Mason étaient tous des innocents accusés à tort, et le vrai coupable finissait toujours par être démasqué, dans la salle d'audience même, à la fin de l'épisode. La vérité était donc établie sans l'ombre d'un doute, et il n'y avait jamais de délibération du jury ou de tractations entre le barreau et le parquet. Cette série n'abordait jamais les questions qui agitaient la jurisprudence américaine à l'époque : avortement, droit des suspects et des accusés, droits civiques des minorités, préjugés de la police, etc. (ex : la décision de la Cour suprême de juin 1966 *Miranda vs Arizona*, qui oblige les policiers à lire leurs droits à toute personne qu'ils arrêtent).

Cette série extrêmement rassurante, qui montrait que le système judiciaire fonctionnait bien, est on ne peut plus populaire aux États-Unis et le nom de son héros est devenu une référence dans le langage courant pour désigner un avocat qui fait des miracles dans un tribunal et se dévoue corps et âme à son client.

Dans les années 1980, une autre série judiciaire, *Matlock* (NBC, 1986-1992), est fondée exactement sur le même principe de l'avocat-justicier, avec Andy Griffith (*cf.* p. 148) dans le rôle principal.

La série la plus osée des années 1960 est une série judiciaire : The Defenders

Reginald Rose, auteur de la pièce *12 hommes en colère* (*Twelve Angry Men*), racontant le travail d'un jury de « gens ordinaires » lors d'un procès pour meurtre et adaptée au cinéma à la fin des années 1950, fut à l'origine d'une des séries judiciaires les plus intéressantes de la période 1950-1980 : *The Defenders* (CBS, 1961-1965).

Série inédite en France, elle a été citée récemment dans l'excellente *Mad Men* (*cf.* p. 255 et 323). Centrée sur le cabinet d'avocats de la défense Preston & Preston, comprenant un père désabusé et très au fait des procédures juridiques et son fils, idéaliste et passionné, cette série osait au tout début des années 1960 aborder de front les grandes questions politiques et sociales du moment : euthanasie, égalité entre les Noirs et les Blancs, discriminations diverses, censure et même avortement. Son but affiché était de faire réfléchir les téléspectateurs sur des problèmes de fond. Cette série remporta un succès non négligeable auprès des téléspectateurs et des critiques américains.

Les affaires qu'ils traitaient n'étaient pas toujours des meurtres (contrairement à Perry Mason). De plus, Preston père et fils ne remportaient pas systématiquement leurs procès, ce qui renforçait le débat et déstabilisait le téléspectateur. Un épisode se termine même avant que le verdict ne soit rendu, laissant le téléspectateur face à ses propres interrogations (une recette que reprend souvent *New York District*). En cela, *The Defenders* annonce les grandes séries judiciaires des années 1990 et 2000.

Mais la plupart des séries judiciaires produites aux États-Unis entre les années 1950 et le milieu des années 1980 ressemblent davantage à *Perry Mason* qu'à *The Defenders*. Dans ce premier âge des séries américaines, la télévision colle à l'autorité de l'institution jusque dans la mise en scène : le tribunal est le décor principal, et un happy end assure le triomphe de la justice. L'autorité est renforcée par la stabilité du cadre et des acteurs, ainsi que par la répétition du même schéma narratif, comme dans le rituel judiciaire traditionnel. La télévision se fait l'auxiliaire du sacré des institutions, et le téléspectateur ne peut que sortir rassuré par cet avocat dont il ne sait rien de la vie privée, car il ne voit son héros que dans son cadre professionnel.

Ce cliché rassurant, qui entretient le mythe de la justice, va être délogé par une nouvelle approche de la justice. C'est d'ailleurs le souci de garder son public – en d'autres termes, la loi du marché – qui poussa la télévision à élaborer des scénarios plus subtils.

À partir des années 1980, les séries américaines s'intéressent de plus en plus à la périphérie de l'institution judiciaire, aux coulisses du prétoire et à la psychologie de ses protagonistes. La fiction permet au téléspectateur américain de faire connaissance avec des personnages plus complexes, dévorés d'ambition, déchirés par des conflits de loyauté, agités par des affects contradictoires : en bref, par des gens qui nous ressemblent, en bien comme en mal.

Le pouvoir de l'argent : La Loi de Los Angeles

Comme tous les genres dans les années 1980, la série judiciaire prend un nouveau souffle avec *La Loi de Los Angeles* (*L.A. Law*, NBC, 1986-1994), série créée par Steven Bochco (*cf.* p. 200 et 296) et qui est la première à insister sur les failles du système judiciaire américain, en particulier sur l'inégalité entre riches et pauvres face à cette institution.

Cette série est emblématique des années Reagan, à la fois par sa fascination pour le style de vie luxueux des avocats (qui fait beaucoup penser à celui des personnages de *night-time soap* comme *Dynastie, cf.* p. 120) et par sa dénonciation des institutions américaines, car, à l'époque, l'individualisme était une valeur à la mode. D'autre part, comme dans toutes les séries novatrices des années 1980, vie privée et vie professionnelle se mêlent pour créer des intrigues croisées et faire le portrait non plus d'un ou deux personnages principaux, mais d'une bonne demi-douzaine d'individus.

Dans cette décennie fascinée par l'argent, le cabinet McKenzie, Brackman, Chaney et Kuzak est le premier cabinet d'avocats à la télévision américaine à s'occuper d'affaires civiles autant que pénales. La question des dommages et intérêts et de leur montant est récurrente, et les règlements à l'amiable fréquents. La gestion du cabinet, les honoraires des avocats et les services facturés aux clients (généralement très aisés) sont également abordés. Pour la première fois, l'aspect lucratif de la profession est mentionné, et la récompense des personnages principaux ne consiste pas seulement (voire pas du tout) dans le fait d'avoir établi la vérité. Le discours derrière cette omniprésence de l'argent est néanmoins le fait que l'argent ne fait pas le bonheur, et qu'oublier ses nobles motivations (la justice) pour ne se préoccuper que de ses gains matériels provoque de graves « bleus à l'âme ».

D'autre part, de moins en moins de scènes se passent au tribunal, et de plus en plus dans les cabinets des avocats, dans le bureau du juge, rendant l'administration de la justice moins solennelle et mettant l'accent sur la négociation. En se désacralisant, la justice devient plus familière et moins impressionnante pour le téléspectateur.

Ce dont on débat ici, c'est rarement de la culpabilité ou de l'innocence des uns et des autres, mais plus généralement de leurs opinions, de leurs droits et de leurs idées. De fait, la plupart des affaires ne se concluent pas de manière tranchée. Souvent, la responsabilité ou la culpabilité d'un défendeur restent incertaines, quel que soit le verdict. En cela, *La Loi de Los Angeles* apporte à la série judiciaire un réalisme jusque-là inédit. Cet aspect réaliste provient en grande partie du fait que la cocréatrice de la série, Terry Louise Fischer, et deux des principaux scénaristes ont été avocats. Par conséquent, un grand nombre de thèmes de société sont abordés en profondeur, comme l'avortement, le racisme, l'homosexualité, le harcèlement sexuel, le sida et la violence conjugale.

C'est dans cette grande série judiciaire des années 1980 qu'un jeune avocat, David E. Kelley (*cf.* p. 216), fait ses débuts de scénariste. C'est lui qui va créer la plupart des grandes séries judiciaires des années 1990 et 2000.

Les séries judiciaires des années 1990 : Ally McBeal et les autres

Débats de société

Picket Fences (CBS, 1992-1996), avec des titres français assez ridicules comme *Un drôle de shérif* puis *High Secret City : La ville du grand secret*, a été très mal diffusée en France mais comporte déjà tous les éléments du « style Kelley » (*cf.* encadré). Dans une petite ville du Wisconsin, un shérif, un médecin et un juge gèrent du mieux qu'ils peuvent des affaires étranges qui soulèvent toutes des questions de droit : un meurtre par injection fatale de nicotine, des parents qui veulent faire congeler leur fils malade en attendant que l'on trouve un traitement à sa maladie, un éléphant de cirque kidnappé par un nain, etc.

Des cas semblables, à la fois à la limite du surréalisme et posant des questions graves, reviennent à plusieurs reprises dans les séries ultérieures de David Kelley : un homme demande l'autorisation d'avoir recours au clonage pour avoir un enfant de sa défunte épouse ; un père emprisonné à vie souhaite faire le don de son cœur à sa fille en attente de transplantation et demande l'autorisation de se suicider ; un enfant malade souhaite faire un procès à Dieu lui-même ; une jeune fille de 17 ans réclame le droit de vote… Au-delà de l'aspect fantaisiste de ces histoires, les débats autour de l'euthanasie, du clonage, du don d'organe, des droits individuels et du « sens » de la loi sont traités avec intelligence et humour.

David E. Kelley, créateur de séries judiciaires engagées et farfelues

Né en 1956, David E. Kelley a fait des études de droit et exercé en tant qu'avocat mais a très tôt démontré ses talents d'écrivain, rédigeant un poème sur le complot ourdi par John F. Kennedy pour assassiner Fidel Castro, ou alors créant une pièce de théâtre dans laquelle chaque amendement à la Constitution des États-Unis était un personnage !

Après avoir fait ses débuts de scénariste de télévision avec *La Loi de Los Angeles*, il crée plusieurs séries marquantes dans les années 1990 : *High Secret City : La ville du grand secret* (*Picket Fences*, CBS, 1992-1996), la série médicale *Chicago Hope* (CBS, 1994-200, *cf.* p. 230), *Ally McBeal* (Fox, 1997-2002) et *The Practice* (ABC, 1997-2004), *Boston Public* (Fox, 2000-2004) sur le milieu enseignant et *Boston justice* (*Boston Legal*, ABC, 2004-2008). Le trait commun de toutes ces séries est, outre le fait de se dérouler à Boston (sauf *Picket Fences*), ville d'origine de Kelley, d'aborder de vraies questions éthiques et politiques, mais aussi de mettre en scène des personnages à la fois brillants et farfelus, souvent bourrés de toc, de phobies ou autres manies bizarres…

Cas de conscience

La difficulté du travail de l'avocat également est soulignée dans ces séries. Dans un épisode de *The Practice*, l'une des avocates du cabinet se trouve commise d'office à la défense d'un homme accusé d'un crime particulièrement odieux et que tout accable. L'avocate, par conscience professionnelle mais à contrecœur, défend son client de son mieux et parvient à débusquer un vice de procédure (une perquisition sans mandat dans les affaires de l'accusé) qui fait s'écrouler le dossier de l'accusation. Son client, vraisemblablement coupable, est par conséquent relâché pour vice de forme, au désespoir de tous, son avocate comprise. La loi a donc été respectée, mais la justice n'a pas pour autant été rendue…

Ally McBeal et The Practice, deux séries complémentaires

Ally McBeal, série de David E. Kelley la plus populaire en France, est le portrait d'une jeune et brillante avocate de 28 ans (au début de la série) à la recherche du « Grand Amour », interprétée par la charmante et maigrissime Calista Flockhart, mais aussi une véritable ode à la « différence », sous toutes ses formes. Les cas de harcèlement sexuel ou de discrimination (non seulement raciale, mais aussi envers les gros, les moches, les vieux, etc.) sont également très fréquents dans cette série. Les affaires font presque toujours écho aux problèmes personnels des personnages principaux, ce qui enrichit encore la vision de la question. Cette série mêle procès et rendez-vous dans le cabinet de l'avocat, vie au bureau, mais aussi scènes complètement oniriques de rêves, numéros musicaux, éléments appartenant à la comédie romantique et scènes burlesques.

Créée la même année, *The Practice* est une série judiciaire plus réaliste, dans laquelle les avocats du cabinet Donnell, installés dans des locaux exigus, défendent essentiellement des dealers de drogue et de petits malfrats pour pouvoir payer les factures. Les personnages principaux sont de jeunes avocats idéalistes qui souhaitent avant tout défendre la veuve et l'orphelin mais doivent souvent composer avec la réalité des affaires qui se présentent à eux et l'éventuelle culpabilité de leurs clients. Et, comme toujours dans les scénarios de Kelley, la vie privée ou affective des personnages fait écho aux cas qu'ils traitent, et leurs sentiments entrent régulièrement en conflit avec leur éthique professionnelle.

The Practice et *Ally McBeal* sont deux séries complémentaires : *The Practice* est une série sombre et réaliste, *Ally McBeal* en est une légère, vive, aux couleurs pétantes, et les deux lieux de travail sont à l'avenant : meubles sombres et bureaux exigus dans *The Practice*, suréclairage et grandes baies vitrées dans *Ally McBeal*. *The Practice* baigne dans une atmosphère lourde et inquiétante, *Ally McBeal* diffuse ce que les Anglo-Saxons désignent par le mot *fantasy* – une atmosphère irréelle, magique, poétique et musicale. Les avocats du cabinet Donnell sont des fous de travail, ceux d'*Ally McBeal* sont juste fous…

Richard Fish (Greg German), le patron d'Ally, est un obsédé sexuel qui fait installer des toilettes mixtes, dans lesquelles hommes et femmes se croisent, discutent et se disputent. John Cage (Peter MacNicol, que l'on retrouve dans *Numb3rs*, *cf.* p. 208), son associé, est très maladroit en société et fait régulièrement des bruits bizarres. Ses excentricités sont innombrables : son meilleur ami est une grenouille ; il a installé une chasse d'eau télécommandée dans les toilettes (« J'aime que la cuvette soit propre ») ; il bricole des escarpins à talons rétractables pour sa petite amie Nelle (jouée par Portia de Rossi) afin qu'elle soit à sa hauteur pour l'embrasser… Les femmes de la série ne sont pas plus équilibrées. Elaine Vassal (Jane Krakowski) est une secrétaire efficace, mais aussi indiscrète et obsédée par les hommes que son patron l'est par les femmes. La glaciale Ling Woo (Lucy Liu) complète la joyeuse bande, dans laquelle seuls Billy (Gil Bellows) et sa femme Georgia (Courtney Thorne-Smith, découverte dans *Melrose Place*, *cf.* p. 120) semblent – à peu près – normaux.

Ally McBeal, quant à elle, est une machine ambulante à produire des rêves et des fantasmes. Ses fantasmes se matérialisent sous la forme d'une licorne ou d'un bébé dansant ; ses émotions entraînent des déformations visibles de son corps, qui rapetisse, se craquelle ou change de couleur ; une déception sentimentale est représentée par l'image d'un corps catapulté dans une benne à ordures. Intelligente mais immature, sans cesse à la recherche du prince charmant, subtile mais rancunière, c'est un personnage certes attachant mais insupportable.

C'est dans l'importance de l'ego que réside la différence fondamentale entre les deux séries. Contrairement à leurs « cousins » de *The Practice*, tournés vers l'accomplissement d'une tâche vouée aux autres, les personnages d'*Ally McBeal* ne s'intéressent, au fond, qu'à eux-mêmes. Les tourments de leurs clients n'ont de sens que s'ils font échos aux leurs.

Ally McBeal est une comédie romantique, érotique et fantastique. Ses histoires tournent autour de la sexualité, de l'amour, du couple, du mariage et de toutes les complications qui en découlent, en examinant toutes les figures de la rencontre ou de la rupture amoureuses. Son inventivité cinématographique fait penser à *Dream On* (*cf.* p. 179) pour les métaphores visuelles mais aussi à *Tom et Jerry* ou à Tex Avery pour les déformations que subissent les personnages (les langues s'allongent jusqu'au sol lorsqu'une bombe sexuelle passe dans le champ). *Ally McBeal* n'a pas la prétention d'être réaliste.

Ce que semble vouloir examiner Kelley, c'est l'inexplicable étrangeté de l'autre, et les mystères de la sexualité pour des personnages dans l'ensemble très immatures. Les arguties et les débats, ici, ont peu de portée juridique. Ils sont faits pour souligner les ravages du « politiquement correct », les conflits entre raison et sentiments, entre biologie et culture, bref, les incohérences du monde. Les débats au tribunal sont d'ailleurs souvent incohérents, agressifs, absurdes, et les juges apparaissent le plus souvent très irrités par les arguments de Fish, les plaintes sentimentales d'Ally ou encore les bruitages de Cage…

Ally McBeal est aussi une mine de références à d'autres séries ou films, et en particulier au *Magicien d'Oz* (comédie musicale de 1939 avec Judy Garland) et aux chansons de Barry White, auquel la série a donné un « coup de jeune » et une dimension ultra-sexy.

ÉTONNANT

Ally McBeal et *The Practice*, pourtant diffusés sur des chaînes différentes aux États-Unis, ont eu un épisode *cross over* le 27 avril 1997 : l'histoire commençait dans *Ally McBeal*, diffusée sur la Fox à 21 h et se prolongeait dans *The Practice*, diffusé sur ABC à 22 h. De plus, les *guest stars* de cet épisode étaient des acteurs de la série *Picket Fences*, précédente création de Kelley, et l'histoire faisait directement référence à l'ambiance très particulière de cette première création. Cet événement exceptionnel dans l'histoire de la télévision américaine témoigne de la puissance de David E. Kelley à l'époque.

Les séries judiciaires actuelles

Boston Justice, la dernière création de David E. Kelley, mélange des personnages farfelus et des scènes parfois oniriques à la *Ally McBeal*, ainsi que des plaidoiries brillantes défendant de vrais idéaux politiques et un certain réalisme des procédures à la *The Practice*, montrant tout le talent de David E. Kelley pour divertir, éduquer et agacer… James Spader (découvert dans *Sexe, mensonges et vidéo*, palme d'or à Cannes en 1989) y incarne

Alan Shore, avocat dragueur et sans scrupule qui prend un malin plaisir à pourfendre tous les piliers de la société américaine traditionnelle. William Shatner (inoubliable capitaine Kirk dans *Star Trek*, *cf.* p. 285) est son partenaire, un ténor du barreau charismatique et conservateur. Cette association improbable se trouve au cœur de la dynamique de la série, donnant lieu à des débats sans fin, à de grandes scènes comiques, mais aussi à une véritable amitié virile.

French sauce !

Les séries judiciaires françaises sont très différentes des séries américaines. Moins nombreuses et beaucoup moins réalistes dans leur description du travail des avocats et de la procédure judiciaire, elles se concentrent généralement sur le travail du procureur ou du juge d'instruction, obéissant ainsi au schéma classique de la série policière centrée autour d'un « justicier » poursuivant les criminels.

La série judiciaire récente la plus connue est *Avocats et associés* (F2, 1998-2009), centrée sur les membres du cabinet Zeller. La part de la vie privée des personnages est très importante, voire prépondérante, dans cette série. Les auteurs de la série semblent privilégier les rapports humains au droit : rivalité entre collègues, ragots et critiques entre membres du personnel de bureau, attitude phallocrate des avocats envers leurs collègues féminines. Le propos de cette série est souvent machiste : de nombreuses scènes se terminent par le départ précipité d'un avocat abandonnant sa consœur au beau milieu d'une conversation : au restaurant, dans la cour de l'immeuble du cabinet, sur les marches du palais. Le motif principal invoqué pour justifier le départ d'une actrice de la série est la décision prise par l'avocate de quitter la profession ou de déménager pour suivre l'homme de sa vie.

Les séquences dans le bureau du juge sont assez fréquentes, mais les scènes de plaidoirie sont rares. Les affaires plaidées abordent des sujets de société comme le viol collectif, la séquestration et la maltraitance des enfants, ou encore leur enlèvement par l'un des parents, mais la morale reste très bien-pensante et l'intrigue linéaire.

Il est rare que de grandes questions éthiques soient posées, mais la déontologie n'est pas totalement absente du récit, et les avocats n'agissent pas toujours de façon irréprochable. Cas très rare, voire inédit, dans la « vraie vie », les avocats du cabinet traitent indifféremment des affaires criminelles ou civiles. Ils ne semblent ni particulièrement dévoués à leurs clients, dont une bonne majorité ne le méritent d'ailleurs pas, ni réellement attachés à faire triompher la justice ou à se battre pour défendre des causes précises. En revanche, la vérité occupe une place importante dans un certain nombre d'épisodes, car elle est nécessaire, ou du moins utile, pour élaborer une bonne plaidoirie, pour attaquer ou contrecarrer le camp adverse, ou tout simplement satisfaire la curiosité de l'avocat, et celle des téléspectateurs avec lui. L'image de ce dernier est celle d'un beau parleur, qui fait de grands discours plus qu'il n'agit, confirmant le stéréotype social en vigueur en France.

Comme la plupart des émissions françaises sur le monde professionnel, dans leur grande majorité écrites par des scénaristes qui n'ont aucune expérience des métiers qu'ils décrivent, *Avocats et associés* se focalise sur les interactions sociales « universelles » bien plus que sur les spécificités du métier d'avocat. La rivalité narcissique entre avocats, les problèmes entre hommes et femmes, l'attirance entre personnes de sexe opposé ou de même sexe, l'importance de la vie privée, la hiérarchie professionnelle, telles sont les préoccupations qui sous-tendent les intrigues, quand elles n'en constituent pas tout bonnement le cœur même.

Ce manque d'originalité des séries judiciaires françaises, et leur très petit nombre sur nos écrans par rapport aux séries judiciaires américaines, a comme conséquence le fait que de plus en plus de Français (y compris quelquefois de jeunes avocats !) s'adressent au juge qui préside la cour en lui disant « Votre Honneur », que l'on entend parfois des « Objection ! » fuser (alors que cette pratique n'existe pas en droit français) et que les officiers de police se voient souvent demander un « mandat »… Tous ces exemples montrent la force pédagogique des séries américaines, qui prennent leurs récits et leur rôle très au sérieux et refusent la plupart du temps de recourir à des approximations en se disant – comme c'est trop souvent le cas en France – que « les téléspectateurs ne verront pas la différence »…

Vers le renouveau

Outre les séries de David E. Kelley, quelques séries judiciaires ont été créées dans les années 2000 aux États-Unis, mais aucune n'a connu un grand succès. *Juste cause* (*Close to Home*, CBS-2005-2007) suit les aventures d'une jeune mère de famille assistante du procureur à Indianapolis, qui s'occupe d'affaires – en général des meurtres sordides – qui ont eu lieu dans une banlieue résidentielle chic comme celle où elle vit, et révèle les multiples hypocrisies de la classe moyenne supérieure américaine.

Dernier recours (*In Justice*, ABC, 2006) raconte le travail d'un groupe de jeunes avocats idéalistes qui réexaminent les dossiers de prisonniers qui clament leur innocence. Cette courte série (13 épisodes) avait le mérite de souligner les défaillances du système américain, dans lequel des innocents peuvent être enfermés durant de longues années, et en particulier de montrer l'inexactitude des analyses de la police scientifique, qui ne peuvent se substituer à un travail d'enquête classique.

Eli Stone (ABC, 2008-2009), la dernière-née, s'inspire beaucoup d'*Ally McBeal* en mêlant scènes oniriques (George Michael en personne vient y chanter ses tubes), affaires de cœur et plaidoiries davantage philosophiques que juridiques. Le personnage principal est en effet un « prophète » dont les visions le guident – souvent de façon occulte – vers la vérité et la justice.

Mais c'est sur le câble qu'a eu lieu le renouveau de la série judiciaire avec *Damages* (FX, depuis 2007). L'excellente actrice Glenn Close (*cf.* p. 312) y incarne Patty Hewes, une avocate prête à tout pour « faire triompher la justice (ou ses ambitions personnelles) » qui prend sous son aile la jeune et brillante Ellen Parsons (Rose Byrnes, impressionnante elle aussi) pour… mieux la manipuler. Jeu de chat et de la souris ultra-violent, à base de manipulations, de chantages et de meurtres, *Damages* présente le travail des avocats new-yorkais sous un jour nouveau, profondément politiquement incorrect où l'on ne sait très vite plus où est la frontière entre le Bien et le Mal, ni même si ces deux notions ont encore un sens… Mais surtout, c'est la construction du scénario qui fait de *Damages* une série révolutionnaire. En effet, chaque épisode raconte *à la fois le début et la fin* de l'histoire, en progressant vers le milieu, jusqu'à la révélation finale ! La première saison est magistrale, la deuxième un peu moins surprenante, car on est en droit de se demander si *Damages* n'est pas victime de son « concept » et peine à nous surprendre à nouveau.

Les séries dont les criminels sont les héros

Les séries américaines actuelles brouillent en effet de plus en plus les frontières entre ce qu'il convient d'appeler le Bien et le Mal, et une tendance récente consiste à mettre en scène des héros qui ne sont plus les « justiciers », mais les « criminels » eux-mêmes.

Oz, tragédie antique dans le milieu carcéral

Oz (HBO, 1997-2003) est une série « coup de poing » écrite par Tom Fontana (principalement) qui décrit sans fard la violence du milieu carcéral américain, reflet de la violence, des divisions et des failles de la société américaine elle-même.

La série raconte en effet le quotidien d'une zone expérimentale d'une prison de haute sécurité, où un nombre précis de membres de chaque « groupe social » (les Afro-Américains, les Hispaniques, les néo-nazis, les mafieux, des psychopathes, et quelques meurtriers « ordinaires », etc.) évoluent librement hors de leurs cellules vitrées pour – théoriquement – préparer leur réinsertion en leur apprenant à vivre ensemble… Mais, évidemment, comme dans la société « libre », ce sont les luttes de pouvoir, les rivalités, la violence, les passions et la haine qui mènent la danse, une danse étrange et fascinante entre ces « fauves » et leurs gardiens, eux aussi imparfaits, faillibles, et animés d'ambitions plus ou moins nobles, plus ou moins avouables, et interprétés par des acteurs au sommet de leur art.

Chaque épisode est introduit par un « récitant », à la manière d'une tragédie antique : Augustus Hill (Harold Perrineau Jr., aujourd'hui dans *Lost*, *cf.* p. 265), dealer afro-américain cloué dans une chaise roulante, nous annonce, face caméra, le « thème » de l'épisode : la famille, la loi, l'amour, la liberté, etc. avant de nous lâcher dans la fosse aux lions.

Série d'une grande richesse, commentaire critique des travers de la société américaine et des aspects les plus sombres de l'âme humaine, *Oz* est à la fois hypperréaliste et ultra-stylisée, pleine de bruit et de fureur, de haine et d'amour, de désespoir et de révolte. Un chef-d'œuvre qui a marqué l'histoire de la télévision.

Un mafieux en pleine crise de la quarantaine : Les Soprano

Les Soprano (HBO, 199-2007), série créée par David Chase (*cf.* p. 297), raconte l'histoire de Tony Soprano, parrain de la mafia dans le New Jersey (« banlieue » new-yorkaise industrielle moche et grise, beaucoup moins glamour que la mégalopole avoisinante), en pleine « crise de milieu de vie. » Oppressé par ses doubles obligations familiales – il est marié, père de famille, a des relations compliquées avec sa mère, mais il doit aussi gérer sa « famille » professionnelle, un clan de mafieux italo-américains – Tony entreprend une thérapie.

Mais nous ne sommes pas dans *Mafia Blues*, comédie portée par Robert De Niro et Billy Cristal, sortie la même année sur les écrans de cinéma : le ton est ici sombre, morose, le rythme de la narration est lent, s'attardant sur les petites misères du quotidien, qui ne font que mieux ressortir la violence et l'agressivité des luttes de pouvoir et autres règlements de compte au sein de la mafia, où Tony, anti-héros fort peu sympathique, règne en despote.

Remarquablement écrite, filmée et interprétée, *Les Soprano* a connu un succès sans précédent aux États-Unis pour une série diffusée sur une chaîne « à péage », atteignant souvent les 9 millions de téléspectateurs et renouvelant incontestablement le genre très américain du « film sur les mafieux ».

Dexter, le serial killer sympathique

Depuis 2006, Sowtime, la chaîne concurrente de HBO aux États-Unis, diffuse *Dexter*, une série dont le héros est… un serial killer ! Magistralement interprété par Michael C. Hall (*cf.* p. 309), Dexter Morgan est un psychopathe élevé par un père adoptif policier qui, décelant très tôt les tendances de son fils, lui a inculqué un « code moral » très strict pour lui permettre de suivre ses instincts meurtriers sans se faire attraper par la police et en contribuant d'une certaine façon au « maintien de l'ordre. »

À l'âge adulte, Dexter est en effet devenu expert de la police scientifique de Miami, ce qui lui permet de commettre des meurtres en série « parfaits » la nuit. Prédateur redoutable, Dexter se spécialise en effet, sur les conseils de son père, dans… le meurtre d'autres serial killers !

Suivant un procédé classique depuis *Richard III* de Shakespeare, les monologues de Dexter en voix-off nous placent en empathie immédiate avec ce serial killer « moral », qui tente du mieux possible de vivre parmi les gens normaux en assouvissant secrètement ses pulsions les plus sombres. Car, malgré ses « pulsions » assez peu banales, Dexter n'en est pas moins un archétype du « mâle contemporain », avec le deuil de son père à faire, un couple et une famille à construire, une petite sœur à protéger, des relations amicales et professionnelles. C'est bien en cela que *Dexter* est une série jubilatoire, car très juste dans sa peinture des sentiments et des interactions sociales, et pleine de second degré.

Des comédies dont les criminels sont les héros

Depuis 2005, Showtime diffuse *Weeds*, une comédie dans laquelle une *desperate housewife* devenue veuve devient dealeuse de haschich pour maintenir son train de vie et celui de ses deux fils… Peinture au vitriol des banlieues américaines résidentielles et de leur hypocrisie, cette série très politiquement incorrecte est à la fois jubilatoire et douce-amère.

Entre 2005 et 2009, NBC a diffusé *Earl* (*My Name is Earl* en VO), une comédie grinçante sur les *white trash*, ces pauvres blancs qui vivent dans des caravanes ou des motels et subsistent grâce à des petits larcins et autres délits. La critique de la société américaine, et des classes moyennes en particulier, y est là encore évidente et souvent très drôle.

L'évolution des séries policières et judiciaires depuis soixante ans, ainsi que l'apparition récente de séries dont les (anti-)héros sont des criminels, montre que la frontière entre le Bien et le Mal dans les fictions télévisées américaines est de plus en plus floue, reflet d'une société en perte de repères et à la recherche de nouvelles valeurs.

Chapitre 15

Quoi de neuf, docteur ? Les séries médicales

Dans ce chapitre

- La popularité des héros en blouse blanche
- Le tournant des années 1990 et le choc de *Chicago Hope* et d'*Urgences*
- Les visages des années 2000 : Dr House et Dr Grey

Les séries médicales sont moins nombreuses que les séries policières et judiciaires, mais elles sont souvent elles aussi extrêmement populaires : *Urgences* puis *Dr House* ont été ou sont encore d'énormes succès partout dans le monde, et *Grey's Anatomy* est très populaire chez les adolescents et les jeunes adultes.

La fascination du bistouri expliquée

Le « pouvoir de guérir » du médecin fascine, à juste titre. Les progrès de la médecine dépassent l'imagination, et dans le même temps un certain nombre de maladies restent incurables. Tout le monde peut tomber malade à un moment ou à un autre, et le cabinet du médecin ou l'hôpital sont de parfaits endroits pour observer la société et l'humain, pour raconter des histoires tristes ou joyeuses, des « petites histoires » quotidiennes comme des « miracles ». Une série médicale ne parle en effet pas que de maladie et de soin mais aussi des inégalités sociales, des difficultés des rapports familiaux ou de couple, des inégalités dans l'accès à l'information, du rapport philosophique à la vie et à la mort, etc.

Une partie du travail du médecin s'approche de celui de l'enquêteur lorsqu'il fait un diagnostic : de quelle maladie s'agit-il ? Comment la soigner ? Le pouvoir du médecin sur le patient est immense, et une blague très connue des médecins eux-mêmes dit que « la différence entre Dieu et un médecin, c'est que Dieu ne se prend pas pour un médecin… ».

Le médecin apparaît donc comme un parfait héros de série télévisée. Il connaît le fonctionnement du corps mais ne peut faire l'économie d'ausculter également l'âme du patient, en l'écoutant et en le réconfortant, en lui donnant de l'espoir ou alors en l'aidant à accepter son destin.

Les médecins sont des personnages qui apparaissent dans pratiquement toutes les séries américaines. Dans les séries judiciaires, les médecins se retrouvent régulièrement sur le banc des accusés, ou ils interviennent en tant qu'experts, notamment pour déterminer une éventuelle maladie psychiatrique chez l'accusé. Le médecin légiste est un personnage incontournable des séries policières dès lors que les enquêteurs ont affaire à un meurtre, car c'est lui qui va déterminer la cause de la mort (accident, suicide ou meurtre), et par conséquent orienter à la fois l'enquête et le chef d'accusation. *Preuve à l'appui* (*Crossing Jordan*, NBC, 2001-2007) était même une série dont tous les personnages principaux étaient des médecins légistes.

Mais nous allons traiter ici des médecins qui ont affaire à des vivants plutôt qu'à des cadavres, car la « relation de soin » comporte une dimension humaine, psychologique et compassionnelle qui distingue nettement les séries médicales des séries policières. Nous allons également nous centrer sur les séries médicales américaines, car ce sont les plus exactes dans leur description des symptômes, des maladies, des traitements et des réalités de la profession médicale. Et elles sont en outre souvent bien mieux connues et plus appréciées du public français.

EN FRANCE

Les séries médicales françaises, très peu nombreuses, répondent pour la plupart au schéma classique de « héros justicier » sur un mode idéalisé et en décrivant des traitements ou des procédures souvent fantaisistes ou approximatifs (or, la pratique de la médecine ne peut se contenter d'approximation).

Depuis les années 1960, chaque décennie a eu sa grande série médicale aux États-Unis : *Dr Kildare* dans les années 1960, *Marcus Welby* dans les années 1970, *St. Elsewhere* dans les années 1980, *Urgences* dans les années 1990 (et 2000), puis un certain nombre de séries médicales dans les années 2000, dont la plus emblématique est sans doute *Dr House*.

Rien ne se perd, rien ne se crée : les séries médicales des années 1960

Dr Kildare, de la radio à la télévision

Le Dr Kildare est un médecin de fiction qui a d'abord été le héros d'une dizaine de films produits entre 1937 et 1942. Ces derniers racontaient l'apprentissage du métier de médecin du jeune interne James Kildare auprès d'un médecin plus expérimenté, le Dr Gillespie. Les interprètes de Kildare ont changé régulièrement, et c'est finalement le Dr Gillespie (interprété par Lionel Barrymore, le grand-oncle de Drew Barrymore) qui devint le personnage le plus populaire et eut droit à une demi-douzaine de films au cours des années 1940, dans lesquels le Dr Kildare n'apparaissait plus.

En 1950-1951, *Dr Kildare* devient un feuilleton radiophonique, et ce n'est qu'en 1961 que l'histoire fait l'objet d'une adaptation en série télévisée, diffusée sur NBC jusqu'en 1966. Le jeune interne est cette fois-ci interprété par Richard Chamberlain, dont les grands yeux bleus et le visage parfait firent chavirer le cœur des Américaines (les Françaises sont tombées sous son charme avec *Les oiseaux se cachent pour mourir*, téléfilm de 1983).

Le principe de la série repose, comme pour les films et le feuilleton radiophonique, sur l'opposition entre l'idéaliste et fougueux Kildare et le sage Dr Gillespie. Dans le premier épisode de la série télévisée, Gillespie dit à Kildare : « Notre métier est de maintenir les gens en vie, pas de leur dire comment vivre. » Bien évidemment, Kildare aura beaucoup de mal à respecter ce principe, et de nombreux éléments empruntés au soap opera se mêlent à la série médicale, car les histoires de cœur du beau Dr Kildare l'occupent énormément, préfigurant, déjà, les jeunes internes de *Grey's Anatomy*… (*cf.* p. 238)

Ben Casey, l'écorché vif d'ABC

Exactement à la même époque, ABC propose elle aussi une série avec un médecin pour héros. *Ben Casey* (ABC, 1961-1966) est aussi brun que Kildare est blond, aussi sombre que son homologue est idéaliste, aussi révolté que l'autre est ambitieux et conformiste. Casey est un écorché vif, extrêmement talentueux mais en opposition permanente avec sa hiérarchie et des règles qu'il trouve absurdes, et a un sens très personnel du bien et du mal. Vince Edwards n'avait pas le charme de Richard Chamberlain et, par conséquent, la série ne fut pas aussi populaire que la précédente, mais les cas médicaux abordés y étaient beaucoup plus intéressants, et Ben Casey préfigurait lui aussi, déjà, un autre grand médecin des années 2000 : *Dr House*… (*cf.* p. 236)

Les années 1970 : Marcus Welby, justicier en blouse blanche

La grande série médicale des années 1970 (découverte en France à la fin des années 1980 sur M6) ne se passe pas à l'hôpital mais dans le cabinet des docteurs Welby et Kiley, médecins généralistes interprétés par Robert Young (auparavant héros de la comédie familiale *Father Knows Best*) et James Brolin (le père de Josh Brolin, et mari de Barbara Streisand depuis 1998).

Le principe de *Marcus Welby, M.D.* (ABC, 1969-1976) repose sur l'opposition entre deux conceptions de la médecine : Welby est un médecin d'âge mûr, en empathie avec ses patients, qui soigne davantage les âmes que les corps, tandis que Kiley est un jeune médecin très au fait des dernières techniques médicales qui s'intéresse bien plus aux corps et que les sentiments, émotions et doutes de ses patients mettent très mal à l'aise, car ils ne sont ni rationnels ni scientifiques. À la même époque exactement (1969-1976), CBS propose une série médicale intitulée *Medical Center*, fondée elle aussi sur l'opposition entre deux médecins d'âges et de sensibilités différents : un vieux chirurgien conservateur et un jeune chirurgien progressiste, dans un hôpital universitaire.

Mais c'est *Marcus Welby* qui remporta le plus de succès, étant même la série la plus regardée aux États-Unis en 1970-1971. La bonhomie et la façon de soigner très humaniste et non conventionnelle du Dr Welby l'ont rendu extrêmement populaire et rassurant, offrant une image humaine du médecin.

Les épisodes traitaient avec beaucoup de sensibilité et d'intelligence des cas médicaux « bénins » et d'autres qui le sont moins, comme l'impuissance, la dépression, les dommages cérébraux, le cancer du sein, la mononucléose, les maladies vénériennes, l'épilepsie, la leucémie, le viol, la dépendance aux médicaments antidouleur, etc.

La série s'attira néanmoins par deux fois les foudres des associations homosexuelles : en 1973, lorsque le « bon Dr Welby » conseilla à l'un de ses patients de résister à ses pulsions homosexuelles, et en 1974, lorsqu'un épisode raconta l'histoire d'un jeune lycéen violé par son professeur homosexuel, faisant l'amalgame entre homosexualité et pédophilie. Les protestations furent si grandes à propos de cet épisode que sept annonceurs refusèrent que leurs publicités soient diffusées pendant cet épisode, et dix-sept stations affiliées refusèrent de le diffuser. C'est le premier exemple de succès d'une pression exercée par un lobby contre le contenu d'un programme de fiction, et cela montre la puissance des téléspectateurs américains et des groupes d'intérêt aux États-Unis.

La série tournant des années 1980 : St. Elsewhere

C'est encore une fois une série produite dans les années 1980 qui a renouvelé le genre de la série médicale. *St. Elsewhere* (NBC, 1982-1988), inconnu de la majorité des Français (il a été diffusé sur Téva en 2000-2001), est la première série à montrer des médecins qui ne sont pas des héros (ni des sex-symbols pour adolescentes) et qui sont souvent aussi « malades » que leurs patients. Leur vie privée influence en effet largement leur vie professionnelle, et nous suivons une bonne dizaine de soignants au gré de leurs crises morales, de leurs infidélités, de leurs crimes, voire de leurs maladies. Pleine d'humour noir et de références à la culture populaire américaine, *St. Elsewhere* (qui signifie « saint Ailleurs » et est le surnom que les médecins donnent à leur hôpital, St. Eligius) est une série brillante et réflexive, agaçante parfois, et qui se clôt sur une révélation dérangeante, réflexive et pleine de sens à *La Quatrième Dimension* (*cf.* p. 21 et 262), dans la lignée des « révélations finales » du *Sixième Sens* de M. Night Shamalyan (1999) ou de *Fight Club* de David Fincher (1999).

Comme *Hill Street Blues* (*cf.* p. 71, 133 et 199), *St. Elsewhere* croise de multiples intrigues concernant une bonne dizaine de personnages et mélange les tons et les genres. Créée par Joshua Brand et John Falsey, cette série porte surtout la marque de Tom Fontana, l'un de ses principaux scénaristes, qui écrira ensuite *Homicide* (*cf.* p. 202) et *Oz* (*cf.* p. 221) Aucun de ces trois hommes n'a pratiqué la médecine, et leurs références proviennent essentiellement des séries médicales des années 1960 et 1970, dont ils ont envie de « casser » les codes.

De même que le commissariat de *Hill Street Blues*, l'hôpital de *St. Elsewhere* est décrépi, miteux, mal équipé et son personnel « cabossé par la vie ». Le responsable administratif, Auschlander, est atteint d'un cancer du foie ; le médecin chef, Westphall, est veuf et élève seul une fille adolescente et un petit garçon autiste ; le chirurgien chef, Craig, est une brute épaisse et raciste qui maltraite son entourage ; l'un des attachés, le Dr Samuels, a une blennorragie (maladie vénérienne relativement bénigne mais très douloureuse, également connue sous le nom de « chaude-pisse ») et, comme il a couché avec la moitié du service, il l'annonce à ses multiples partenaires tout au long du pilote pendant qu'une de ses collègues passe son temps à chercher un patient disparu de sa chambre…

L'atmosphère de St. Eligius est souvent déprimante, l'humour y est très noir, et la plupart des patients de l'hôpital (et même certains médecins !) finissent par mourir… L'un des médecins se suicide, un autre est atteint du sida, tandis qu'un troisième – violeur en série – est abattu par l'un de ses collègues ! Comme dans la « vraie vie », les médecins passent leur temps à faire des blagues graveleuses ou scatologiques pour supporter leur enfer quotidien : cancers, occlusions intestinales, chirurgie des transsexuels, ablations diverses et variées…

Pour la première fois à la télévision, les médecins de *St. Elsewhere* sont faillibles, n'ont pas toujours la réponse à leurs questions ou à celles que leur posent patients et infirmières. Les cas traités sont extrêmement durs : soigner à la fois la victime d'un attentat et le poseur de la bombe, annoncer à des parents que leur enfant est trisomique, gérer des épidémies, prendre position dans des cas d'erreur médicale, etc. Dès 1983, le sida est abordé, à une époque où la maladie était encore très mal connue et tout à fait taboue.

La série est également bourrée de références qui ne peuvent être saisies que par un public initié. Les patients portent régulièrement les noms des producteurs de la série, de personnages d'autres séries : on parle par exemple dans un épisode de « l'accident de voiture de M. Hasselhoff », allusion au héros de *K 2000*, série dans laquelle l'un des acteurs de *St. Elsewhere* faisait la « voix » de Kit ! Les scénaristes se font plaisir et s'adressent volontairement à un public « averti » et doté d'une grande culture télévisuelle. En cela, *St. Elsewhere* est typique des séries postmodernes et réflexives des années 1980, comme l'a également été *Clair de lune* (*cf.* p. 73).

Les résultats d'audience sont catastrophiques, mais NBC décide tout de même de maintenir la série à l'antenne pendant six saisons, car, rapidement, cette série innovante et sans concession attire un public de classes supérieures très recherché par les annonceurs publicitaires. Série élitiste et exigeante, *St. Elsewhere* a été, pour la télévision américaine, un vivier de talents qui explosent dans les années 1980-1990 et contribuent à la création de séries comme *Clair de lune*, *China Beach*, *La Loi de Los Angeles*, *NYPD Blue*, *Urgences*, etc. Côté acteurs, la série révèle rien moins que Denzel Washington (!), Helen Hunt, mais aussi Mark Harmon (le charismatique Gibbs de *NCIS*, *cf.* p. 207).

Les séries médicales des années 1990 : Chicago Hope et Urgences

Toutefois, l'échec de *St. Elsewhere* en termes d'audimat fait que, de 1988 à 1994, aucune série proprement médicale ne verra le jour aux États-Unis. Les personnages de médecins ne manquent pas pour autant, que ce soit dans le domaine de la comédie adolescente avec *Docteur Doogie.* (ABC, 1989-1993, *cf.* p. 200), dans celui des séries sur la guerre du Vietnam avec *China Beach* (ABC, 1988-1991, *cf.* p. 253-254), *ensemble show* avec des médecins et des infirmières dans un hôpital militaire au Vietnam parmi les personnages principaux, dans le western familial *Dr Quinn, femme médecin* (CBS, 1993-1998, *cf.* p. 248), ou encore dans *Bienvenue en Alaska* (*Northern Exposure*, CBS, 1990-1995), qui raconte l'installation d'un médecin new-yorkais dans un « trou paumé » au fin fond de l'Alaska, et *Picket Fences* (CBS, 1992-1996, *cf.* p. 215). Mais il faut attendre 1994 pour que les séries qui se situent purement dans l'univers médical reviennent, et en force puisque c'est l'année de naissance d'*Urgences*…

Chicago Hope, une série médicale à la David E. Kelley

Chicago Hope (CBS, 1994-2000) a débuté aux États-Unis le même soir qu'*Urgences* mais a connu un moindre succès. En France, la série a été diffusée de façon chaotique et sous divers titres : *La Vie à tout prix*, *Chicago Hospital*, puis *Chicago Hope*.

Les deux séries sont très différentes. *CH* a été créé par David E. Kelley (*cf.* p. 216). Située dans un hôpital de pointe, la série est un *ensemble show*, comme la plupart des séries des années 1990, centrée autour d'une bonne demi-douzaine de médecins. Comme dans les séries judiciaires de Kelley, ces personnages ont des personnalités hors normes et des ego surdimensionnés. Le personnage le plus marquant est Jeffrey Geiger (Mandy Pantinkin, que l'on a revu récemment dans les premières saisons d'*Esprits criminels*, *cf.* p. 208), chirurgien cardio-thoracique arrogant et rebelle, cachant une sensibilité à fleur de peau et un lourd secret. Il est toujours prêt à tenter les procédures les plus expérimentales pour sauver ses patients : séparer des siamois à la naissance, greffer un cœur de singe à une patiente dans le coma, etc.

Comme dans les autres séries de Kelley, les questions éthiques abondent, et les chirurgiens traitent un ou deux patients par épisode, qui présentent souvent des cas à la limite de la vraisemblance et, surtout, passent beaucoup de temps à gérer leurs nombreux problèmes personnels.

À la fin de la deuxième saison, Kelley cesse d'écrire pour *Chicago Hope*, très occupé à préparer ses deux prochains projets : *The Practice* et *Ally McBeal* (*cf.* p. 216). Mandy Patinkin et Peter MacNicol (qui joue le Dr Birch) quittent également la série (MacNicol aura l'un des rôles principaux dans *Ally McBeal*). Le personnage central de la série devient alors Kate Austin, nouvelle chirurgienne cardio-thoracique. Comme Geiger, Austin est arrogante, sûre d'elle, mais très immature dans ses interactions sociales.

Le ton de la série devient de plus en plus mélodramatique et se rapproche de soaps de journée comme *General Hospital*. L'évolution des personnages devient incohérente, et certains épisodes sont franchement ridicules, tandis que d'autres sont exceptionnels, s'inscrivant dans la tradition d'intertextualité initiée par *St. Elsewhere*.

Ainsi, un épisode rend directement hommage à *Rashomon* d'Akira Kurosawa (1950) lorsqu'un procureur vient interroger quatre médecins sur les circonstances de la mort d'un patient et que chacun raconte une histoire différente (ce procédé est repris dans de nombreuses séries télévisées américaines, notamment dans *Les Experts*, au cours d'un épisode intitulé… « Rashomama » !) ; un autre épisode raconte ce qui se passe dans la tête de l'un des personnages tombé dans le coma, et l'épisode devient une comédie musicale, avec des numéros dansés et chantés (un procédé que reprendront *Buffy contre les vampires*, *Scrubs* et bien d'autres séries). Un autre épisode tourné en noir et blanc est un hommage appuyé à Alfred Hitchcock. Malgré tout, et malgré un casting d'acteurs exceptionnel, les audiences de la série sont décevantes, et CBS l'annule au bout de sa sixième saison.

ÉTONNANT

L'aspect le plus drôle de *Chicago Hope*, ce sont les références à *Urgences* que l'on y trouve. Ainsi, dans un épisode, un personnage déclare qu'elle n'est pas libre le jeudi soir « parce qu'elle regarde *Urgences* » ! Dans un autre épisode, une équipe de tournage vient réaliser un spot publicitaire pour l'hôpital, et cela donne… le générique d'*Urgences*, mais avec les acteurs de Chicago Hope ! Ces références à des séries concurrentes sont désormais un trait d'humour récurrent dans beaucoup de séries actuelles.

Urgences, la révolutionnaire

Urgences (*ER*, NBC, 1994-2009) est sans aucun doute LA série médicale la plus connue dans le monde, même si *Dr House* lui fait aujourd'hui de l'ombre. Pour beaucoup de Français, elle a marqué leur découverte des séries américaines, car ce fut l'une des premières à être diffusée en prime time sur une chaîne hertzienne (France 2) et à recevoir les honneurs de la presse généraliste.

Urgences est à ce jour la seule série médicale américaine à avoir été créée par un médecin devenu romancier, le très talentueux et récemment décédé Michael Crichton.

Michael Crichton (1942-2008), médecin, scénariste et auteur de best-sellers

Dans les années 1960, après avoir fait des études de littérature et d'anthropologie, voyagé en Europe et en Afrique du Nord, Michael Crichton a suivi une formation médicale à Harvard, qu'il a financée en écrivant des thrillers. Ses écrits se vendent extrêmement bien, sont acclamés par la critique et beaucoup seront adaptés au cinéma.

Son diplôme de médecin en poche, Crichton se consacre à l'écriture de romans, de scénarios et à la réalisation de films dans les années 1970 et 1980. En 1979, il réalise notamment *L'Attaque du train d'or*, un film d'action qui se déroule au XIXe siècle, adapté de l'un de ses propres best-sellers, avec Sean Connery et Donald Sutherland. Ce film recevra plusieurs prix.

1994 sera l'année de toutes les consécrations : n° 1 des ventes de romans avec *Harcèlement* (qui sera ensuite adapté au cinéma avec Demi Moore et Michael Douglas) ; n° 1 du box-office avec le film de Spielberg, *Jurassic Park*, dont il a conçu le scénario ; il devient aussi n° 1 des audiences télévisées avec *Urgences* !

Ce géant de 2,09 mètres continua par la suite, jusqu'à sa mort, à écrire des romans et des scénarios qui mêlaient anticipation scientifique et suspense haletant.

Plein les yeux !

Michael Crichton voulait filmer l'intérieur du service des urgences d'un hôpital depuis la fin de ses études de médecine, lors desquelles il a découvert le rythme trépidant, la variété et la force dramatique des histoires qui s'y déroulent. Des nez qui coulent aux blessures par balle en passant par les cas de violence conjugale et les SDF, tous les cas médicaux et l'ensemble de la société américaine transitent en effet par ce service, à un moment ou à un autre (et généralement en même temps !).

Urgences s'inspire effectivement de la réalité, comme la plupart des grandes séries des années 1990. Avec Crichton aux commandes, deux médecins urgentistes et un interne parmi les scénaristes ainsi que des tas de médecins sur le plateau comme consultants, la série se veut le plus réaliste possible. C'est par souci de réalisme que le langage du personnel hospitalier et laissé tel quel, même s'il est souvent incompréhensible du grand public, et « NFS, chimi, iono » devient une des phrases récurrentes les plus marquantes de la série. Au bout de quelques épisodes, le téléspectateur s'habitue au jargon et, même s'il ne saisit pas tout ce qui se dit, il parvient sans difficulté à comprendre les tenants et les aboutissants de chaque histoire, et les problèmes auxquels soignants et patients sont confrontés.

D'emblée, il est prévu que 30 à 40 patients passent les portes du service dans chaque épisode, alors que, dans la plupart des séries précédentes, on traite un ou deux cas par épisode. Cela laisse donc très peu de temps pour le pathos, et les urgentistes soignent dans l'urgence : urgence de la situation, mais aussi manque de temps pour chaque patient. Fidèle à la réalité – chaque médecin consulte de nombreux patients dans une même journée, il les voit à plusieurs reprises, est interrompu, repart, revient, etc. –, le déroulement de chaque épisode laisse un sentiment de frustration qui s'apparente à celui des soignants. Qu'arrive-t-il à mon patient après son transfert en chirurgie ou en oncologie ? Qu'adviendra-t-il de l'adolescente à laquelle on vient d'annoncer qu'elle est enceinte ?

Autre volonté affirmée des auteurs : pas question de faire des épisodes « à thème » comme c'est souvent le cas dans les séries. Ce qui commande la narration (et le rythme du travail dans le service), ce n'est pas l'attachement d'un médecin à un malade, ce n'est pas non plus la valeur symbolique ou médiatique d'un « problème de société », c'est l'arrivée des « cas », imprévisible comme les choses de la vie.

Des messages forts et présents

Au sein de cette précipitation qui caractérise *Urgences*, avec des bouts d'histoire et une caméra déchaînée qui passe d'un groupe d'acteurs à un autre, cette série médicale parvient à faire passer des messages forts sur la société américaine : défaillances et injustices du système de santé américain, inégalités économiques et sociales, désintégration de la cellule familiale, discriminations, intolérance, ravages de la violence en général et des armes à feu en particulier, etc.

En effet, aux États-Unis, spécialement dans les grandes villes comme Chicago, le médecin « de quartier » ou « de famille » que l'on peut aller voir sans rendez-vous et à un coût modique n'existe pas. Pour faire soigner l'otite d'un bébé ou se faire recoudre le genou lorsque l'on est tombé, il faut forcément, à moins d'être ultra-privilégié, passer par la salle d'attente bondée des urgences. Sans compter les accidentés qui eux aussi arrivent en catastrophe au même endroit.

Face à cette marée humaine, les infirmières font de leur mieux pour évaluer la gravité des cas, distinguer les vraies urgences des fausses, hospitaliser les uns, faire sortir les autres le plus vite possible, et trouver des solutions acceptables pour ceux, nombreux, qui ne rentrent pas dans les catégories bien établies. C'est le « triage ».

Des personnages attachants

Mais *Urgences* ne parle pas que des patients, car les personnages récurrents sont bien les médecins, les infirmières, les secrétaires et les aides-soignants du Cook County Hospital de Chicago. Ces professionnels ont un métier qui les « bouffe », littéralement, mais ils n'en ont pas moins des émotions et des problèmes personnels. Au fil des épisodes, les carrières évoluent, les personnalités se construisent, les amitiés, et parfois les amours, se nouent.

Pendant les 11 premières saisons de la série, le personnage pivot est John Carter (Noah Wyle), qui débarque comme jeune étudiant en médecine dans le pilote et va ensuite gravir les différents échelons de la carrière médicale, en choisissant la médecine urgentiste plutôt que la chirurgie, carrière plus prestigieuse à laquelle ses ambitions et son parcours le destinaient au départ. Mais, et en cela aussi la série est réaliste, la réalité du métier de soignant va le faire changer d'avis et lui permettre de se découvrir lui-même.

Il est au début sous la coupe du Dr Benton (Eriq LaSalle), chirurgien noir de grand talent qui « en a bavé » pour arriver à ce statut respectable et respecté, qui au départ méprise Carter, né « avec une cuillère d'argent dans la bouche ». Mais, avec le temps, comme dans toute bonne histoire, ces deux personnalités opposées (Benton feint la froideur et se réfugie dans la technicité de la chirurgie, Carter est profondément empathique et sensible aux problèmes personnels de ses patients) apprendront à s'apprécier malgré leurs différences.

Petit à petit, Carter se rapproche du Dr Greene, l'autre personnage central des huit premières saisons. Greene est l'archétype du médecin empathique, totalement dévoué aux autres (ses patients, ses collègues), au point d'en négliger sa vie personnelle. Ce personnage extrêmement attachant, par ses qualités comme par ses défauts, mourut d'une tumeur au cerveau lors de la saison 8, ce qui émut l'Amérique entière et permit à cette saison de battre des records d'audience.

En 15 saisons, le nombre de médecins qui se sont succédé au Cook County est innombrable (et le Dr Ross, interprété par George Clooney, qui lui permettra de devenir une star de cinéma, n'est pas le personnage le plus intéressant, même s'il fut incontestablement le plus agréable à regarder…), créant à la fois un vaste spectre des différentes figures du médecin et un véritable univers, d'autant plus que certains acteurs reviennent régulièrement faire des apparitions sur leur ancien « lieu de travail », accentuant ainsi l'impression de réalité et de continuité. Le dernier épisode, qui met en scène un certain nombre d'anciens et voit les premiers pas de la fille du Dr Greene au Cook County, rappelant ceux de Carter quinze ans plus tôt, est très émouvant pour les fans de la première heure.

Une réalisation impressionnante

Au niveau cinématographique, *Urgences* est également impressionnant et novateur : le plateau est tout simplement immense, le nombre d'acteurs et de figurants est très important, la richesse du mobilier et du matériel médical est faramineuse pour une série télévisée, et la caméra virevolte entre tout cela, passant d'une intrigue à l'autre. En 1997, *Urgences* alla même encore plus loin en interprétant un épisode entièrement en direct, et deux fois de suite pour que les téléspectateurs de la côte est comme ceux de la côte ouest puissent le voir dans les mêmes conditions (il y a trois heures de décalage entre les deux côtes américaines, *cf.* p. 17). La France a été le seul autre pays où cet épisode a été diffusé en direct (*cf.* p. 96).

ÉTONNANT

Attiré par ce dispositif hors du commun, Quentin Tarantino préféra ainsi tourner un des derniers épisodes de la première saison d'*Urgences* plutôt qu'un épisode de *X-Files* écrit spécialement pour lui. Le seul autre épisode de série télévisée réalisé par Tarantino est le *season finale* en deux parties de la cinquième saison des *Experts*, dans lequel l'un des experts se retrouve enterré vivant…

Un réalisme médical éprouvé

Enfin, même si les événements sont concentrés pour plus d'efficacité dramatique, *Urgences*, par le réalisme des cas et des procédures décrites, a une portée pédagogique indéniable. On n'apprendra pas à être médecin en regardant *Urgences*, mais on s'instruira beaucoup sur la médecine, sur les symptômes des différentes maladies, sur les complications éventuelles, sur les choses à faire et à éviter, et aussi sur le métier de médecin. Patrice Peloux, médecin urgentiste, a notamment déclaré il y a plusieurs années qu'*Urgences* avait changé le comportement de nombreux patients arrivant dans ce service, car ils avaient pris conscience grâce à la série du stress dans lequel travaillait le personnel soignant.

Il faut noter la remarquable stabilité de la programmation d'*Urgences*, qui a occupé pendant ses 15 saisons la case horaire du jeudi soir à 22 h.

Pendant ses neuf premières saisons, *Urgences* a fait partie des cinq programmes de prime time les plus regardés aux États-Unis, attirant plus de 20 millions de téléspectateurs. À partir de sa 12e saison (2005), les audiences chutèrent considérablement, avec deux fois moins de fidèles. De nouvelles séries médicales avaient en effet vu le jour avec comme conséquence de donner un « coup de vieux » à *Urgences*…

Les grandes séries médicales des années 2000

Dr House ou la douleur de soigner

La série américaine la plus populaire en France au moment où ces lignes sont écrites est *Dr House* (*House, M.D.*, Fox, depuis 2004), rassemblant 9 millions de Français devant leur petit écran, alors que les Américains, pour une population 5 fois supérieure à celle de la France, ont été entre 12 et 19 millions en moyenne (ce qui a quand même permis à *House* de se classer parmi les dix programmes de prime time les plus regardés aux États-Unis lors de ses saisons 2, 3 et 4).

Après les grands *ensemble show* médicaux des années 1980 et 1990, *Dr House* a clairement un seul personnage principal. Gregory House est un diagnosticien de génie, qui sonde (au sens propre !) les corps pour traquer la cause de la maladie, mais il est très dérangé par « les gens ». House est misanthrope, boiteux, accro aux antidouleurs, incapable d'avoir des interactions sociales « normales ». S'il n'était pas médecin, il serait sans doute *serial killer*, car House est un vrai psychopathe, à l'aise seulement dans le travail et maître dans l'art de la manipulation.

Et malgré cela (ou peut-être grâce à cela !)… House est fascinant, séduisant, inquiétant, attirant, sympathique et agaçant. Les hommes rêvent d'être à sa place, et les femmes d'être dans son lit. Il manipule et harcèle ses collègues de travail, dont certains sont malgré tout ses amis, tord le cou aux règles éthiques, au consentement des patients et aux lois, fait endurer à ses patients les pires « tests » (bain de glaçons, forage de l'œil, chirurgie exploratoire, sondes, scanners, analyses, essais médicamenteux, etc.) pour les sauver, certes, mais peut-être surtout pour savoir ce qui les rend malades et menace de les tuer. Car House n'intervient que dans les cas les plus désespérés, quand tous les autres médecins ont déclaré forfait.

De fait, la série décrit uniquement des cas extrêmes et des maladies rares, avec des effets tout à fait spectaculaires sur le corps (hémorragies, perte de la vue, tremblements, arrêt cardiaque, défaillance des différents organes, et j'en passe) et un recours systématique à l'imagerie médicale. Comme dans *Les Experts* (*cf.* p. 206), les effets spéciaux sont utilisés pour décrire ce qui se passe au moment où le symptôme est décrit. Lorsqu'un caillot bouche un vaisseau sanguin, on le voit à l'écran, *idem* pour une bactérie ou un virus qui attaque un organe, un cœur qui s'arrête ou fonctionne mal, des reins qui cessent d'être actifs, etc. En cela, *Dr House* est une série tout à fait caractéristique des années 2000 par son aspect scientifique.

Elle l'est aussi par la dimension très « politiquement incorrecte » de son personnage principal, qui n'hésite pas à dire tout haut ce que tout le monde pense tout bas, et à percer à jour les grandes et les petites hypocrisies qui, pensons-nous, nous simplifient la vie. Ainsi, House annonce à un enfant qu'il a été adopté, à une jeune fille que son fiancé la trompe (ou inversement), etc. Partant du principe que « tout le monde ment », House envoie ses collaborateurs fouiller l'appartement de ses patients pour voir ce qu'ils cachent.

Dr House se rapproche ainsi beaucoup de la série policière, car, très souvent, la cause de la maladie se dissimule dans l'un des mensonges du patient. House soigne donc de la même façon que les experts de la police scientifique traquent les criminels : en trouvant la vérité au bout de son microscope, et non dans ce que les gens lui racontent.

Les deux premières saisons répondent à une formule unique : un patient arrive dans le service du Dr House atteint d'une maladie inconnue qui menace de le faire mourir à courte échéance. Aidé de trois médecins aux profils très différents (l'empathique Cameron, l'ambitieux Foreman et l'arriviste Chase), avec l'avis occasionnel de son ami et souffre-douleur l'oncologiste Wilson et sous l'autorité du Dr Cuddy, la directrice de l'hôpital chargée de lui rappeler la loi et l'éthique, House émet des hypothèses, qui sont toutes erronées, jusqu'à la dernière, qui est la bonne (mais cela n'empêche pas certaines fois le patient de décéder).

À partir de la troisième saison, la formule varie un peu et l'on commence à suivre House dans une longue descente aux enfers. À la fin de cette saison, il « vire » d'ailleurs ses trois « aides » et en engage trois nouveaux au cours de la quatrième saison, après une procédure de sélection cruelle s'inspirant des jeux de télé-réalité. La descente aux enfers se poursuit néanmoins, inexorablement, et House en arrive même à s'aliéner – provisoirement – ses deux plus proches amis, Wilson et Cuddy.

House est en effet la figure du médecin misanthrope poussée à l'extrême et cela pose de réelles questions sur ce qu'est l'exercice de la médecine et sur le rapport au patient, sur le bien et le mal, sur la fin et les moyens, et sur la nature humaine en général.

Grey's Anatomy ou les émois de l'« adulescence »

Grey's Anatomy (ABC, depuis 2005) est un *ensemble show* médical qui suit un groupe de jeunes internes au cours du long apprentissage qui fera d'eux des chirurgiens, dans l'hôpital fictif de Seattle Grace. Chaque épisode s'ouvre et se ferme sur la voix off du personnage qui donne son nom à la série, Meredith Grey. Mais outre l'apprentissage du métier de chirurgien, c'est de l'apprentissage de la vie d'adulte que traite d'abord et surtout *Grey's Anatomy* (*GA*). L'engagement dans le couple, le rapport aux parents, la fidélité et l'adultère, l'amitié, le passé douloureux, l'avenir incertain, c'est de tout cela que parle *GA*. Chaque épisode est articulé autour d'un thème, en général un sentiment, une émotion, un comportement ou une situation : la trahison, le mensonge, la déclaration d'amour, la rupture, le pardon, etc. Ce thème est alors visité sous plusieurs angles, grâce aux multiples personnages récurrents de la série (une bonne dizaine) mais aussi aux intrigues liées aux patients et à l'exercice de la médecine.

Par beaucoup d'aspects, *GA* rappelle *Ally McBeal* (*cf.* p. 216) : immaturité émotionnelle et égocentrisme de la plupart des personnages, sentiments exacerbés, cas limites, personnages loufoques, etc. Il n'y a pas de numéros chantés ni d'effets spéciaux pour déformer les corps, mais la musique (des chansons pop et rock d'artistes en vogue) commente ou souligne l'action, et les maladies suffisent pour déformer les corps, quand ils ne sont pas ouverts sur la table d'opération. Et, comme *Ally McBeal*, *GA* est une série à la fois attachante et agaçante, avec de très beaux épisodes et d'autres beaucoup moins bons.

En 2007, Shonda Rhimes (*cf.* p. 303) a créé un *spin-off* de *GA* : *Private Practice*, centré sur un cabinet de médecins atypiques à Los Angeles, dans lequel vient travailler Addison Montgomery, l'ex-femme obstétricienne du « Dr Mamour » de *GA*. On y retrouve les mêmes ingrédients que dans *GA* (personnalités *borderline*, cas limites, immaturité et exacerbation des sentiments), mais avec des personnages qui ont une dizaine d'années de plus que ceux de *GA*. Hors du cadre de l'hôpital, *Private Practice* montre d'autres aspects de la médecine : médecine chinoise, médecine holiste, obstétrique, fécondation *in vitro*, psychiatrie, avec pour objectif le « bien-être » du patient, comme l'indique le nom même du cabinet, « Oceanside Wellness » (le bien-être au bord de l'océan). De même que pour *GA*, les épisodes de cette série sont inégaux : parfois profondément émouvants, avec de belles réflexions sur la vie, la mort et toute la gamme des sentiments humains, et d'autres fois profondément agaçants ou simplement ennuyeux.

Nip/Tuck : une série médicale ultra-incorrecte

Depuis 2006, la chaîne câblée FX diffuse *Nip/Tuck*, série médicale dont les deux héros sont chirurgiens esthétiques. Les détails les plus abjects de leurs opérations (liftings, liposuccions, rhinoplastie, pose d'implants mammaires, etc.) sont montrés avec complaisance, car le propos général de la série est de souligner le décalage entre l'apparence physique et la réalité de l'âme.

En effet, la dimension psychologique du recours à la chirurgie plastique est évident chez tous leurs patients qui « ont quelque chose qui ne va pas avec leurs corps », et si Sean McNamara (Dylan Walsh) et Christian Troy (Julian MacMahon) sont capables de rendre « beau » à peu près n'importe qui, ils sont absolument incapables de rendre heureux qui que ce soit, y compris eux-mêmes…

Amis depuis la fac de médecine, Christian et Sean sont deux mâles en pleine crise de la quarantaine : Sean s'ennuie dans son couple et sa vie de famille pépère, tandis que Christian enchaîne les conquêtes amoureuses d'un soir et nage dans le luxe et la drogue, tout en rêvant d'autre chose (et en particulier de Julia, la femme de Sean…). Ces deux hommes profondément insatisfaits vont se lancer dans une course éperdue de sensations fortes, se livrant aux expérimentations les plus extrêmes, dans leur vie professionnelle aussi bien que dans leur vie personnelle (et sexuelle, surtout), tandis qu'autour d'eux, leurs proches deviennent (ou se révèlent) de plus en plus fous.

Nip/Tuck est faite pour choquer, de toutes les façons possibles, et ça marche plutôt très bien, même si, en cours de route, le fond du message (la dénonciation de la vanité des apparences) se perd un peu dans une surenchère permanente de sexe, de drogue, de violence et de passions excessives et absurdes.

À la rentrée 2009, les chaînes américaines proposent un nombre exceptionnel de nouvelles séries médicales, mais il est encore trop tôt pour juger de leurs qualités ou de leurs défauts.

Quoi qu'il en soit, la portée pédagogique des séries médicales américaines n'est pas négligeable et elles sont souvent, aussi, un vaste vivier de belles histoires très émouvantes et portent pour la plupart un regard acéré sur la société contemporaine, scrutant les âmes par-delà les souffrances du corps.

Chapitre 16

Rendons à César... : les séries historiques

Dans ce chapitre

- La conquête de l'Ouest
- Seconde Guerre mondiale et guerre du Vietnam, l'Amérique entre en guerre
- Péplums ou Renaissance : petites et grandes histoires dans les cours

En digne héritière des romans-feuilletons du XIXe siècle, des films sériels des débuts du cinéma et des feuilletons radiophoniques, la télévision a très tôt produit des « fictions historiques ». Les Français en particulier sont spécialement friands de « téléfilms en costume » (la célèbre anthologie *La caméra explore le temps*, diffusée sur la RTF puis l'ORTF entre 1957 et 1966, a marqué beaucoup de mémoires), qui revisitent soit de grands épisodes de l'histoire, soit des chefs-d'œuvre de la littérature. De même, les Anglais et les Américains ont produit, et produisent encore, de très nombreuses miniséries à gros budget qui « ressuscitent » un pan du passé.

Pour le traitement de l'histoire à la télévision française : *Quand la télévision explore le temps. L'histoire au petit écran, 1953-2000*, d'Isabelle Veyrat-Masson (Fayard, 2000).

Le traitement de l'histoire à la télévision est un sujet extrêmement vaste qui mériterait plusieurs livres à lui seul, mais ici nous allons nous concentrer sur les « séries » proprement dites, c'est-à-dire sur les fictions télévisées qui ont des personnages récurrents et un grand nombre d'épisodes, par conséquent essentiellement aux séries historiques américaines.

On se plaît souvent à dire que les États-Unis « n'ont pas d'histoire » et que les Américains sont un « peuple sans mémoire ». S'il est vrai que les Américains ont une histoire plus courte que les Européens et un rapport au passé beaucoup moins « patrimonial », ils n'en sont pas moins fascinés par leur histoire, qu'ils racontent et réinventent régulièrement au cinéma et à la télévision, comme en témoignent les nombreuses séries « situées dans le passé » produites par la télévision américaine depuis les années 1950.

La conquête de l'Ouest sur le petit écran

L'ère du western télévisé (1955-1975)

La période de l'histoire des États-Unis la plus mythifiée à l'écran est celle de la conquête de l'Ouest au XIXe siècle. Cette époque, où les Américains (blancs pour la plupart) se sont approprié leur territoire (en massacrant les Indiens), était particulièrement à la mode dans les années 1950 et 1960. Surfant sur le succès des westerns au cinéma, réutilisant les décors, les animaux, les cascadeurs et les figurants d'Hollywood, la télévision américaine a produit une très grande quantité de « séries western » entre 1955 et 1975. La plupart de ces séries étaient une ode aux valeurs américaines (un solide sens moral, l'attachement à la terre et à la famille, le maniement d'une arme à feu…), dans un Ouest sauvage et idéalisé.

L'ancêtre : The Lone Ranger

The Lone Ranger (*TLR*) a été le premier western télévisé aux États-Unis, diffusé entre 1949 et 1957 sur ABC. Comme la plupart des séries des années 1950, *TLR* a commencé à la radio, sous forme de feuilleton, entre 1933 et 1954, et a également donné lieu à des « films sériels » au cinéma à la fin des années 1930, dont la plupart des copies ont aujourd'hui disparu.

Naissances de stars : Steve McQueen et Clint Eastwood

Les westerns américains ont conquis également le public français. Avec *Au nom de la loi* (*Wanted: Dead or Alive*, CBS, 1958-1961), diffusé sur l'ORTF dans les années 1960, Steve McQueen a fait rêver toute une génération de petits Français, et est devenu une vedette internationale. Cette série racontait – en épisodes d'une demi-heure – les aventures de Josh Randall, chasseur de prime au grand cœur armé d'une Winchester à canon scié. Ce personnage timide et brave, vénal et généreux, misanthrope et chaleureux est l'antihéros d'une série à multiples facettes, puisque les histoires graves ou tragiques alternent avec les épisodes de pure comédie – McQueen était à l'aise dans les deux registres.

Ce rôle lancera la carrière de Steve McQueen au cinéma : *Les Sept Mercenaires* (1961), *La Grande Évasion* (1963), *Bullit* et *L'Affaire Thomas Crown* (1968), *Guet-Apens* (1972) figurent parmi les films qui ont fait de l'acteur une star.

L'autre grande figure du cinéma lancée par le western télévisé est évidemment Clint Eastwood, qui interpréta pendant toute la durée de la série *Rawhide* (1957-1966) le rôle de Rowdy Yates, l'un de ces cow-boys chargés d'acheminer sans encombre et sans trop de casse les bovins qui transitaient d'un bout à l'autre du territoire américain. C'est pendant la sixième saison qu'Eastwood se verra proposer par Sergio Leone le tournage en Italie de *Pour une poignée de dollars* (1964). La suite fait partie de l'histoire du cinéma... Longtemps inédit en France, *Rawhide* fut diffusé par Canal Plus à la fin des années 1980.

Zorro est arrivé-é-é...

Autre grand western des années 1950 qui fascina des générations d'enfants : *Zorro* (ABC, 1957-1959, *cf.* p. 21). Produite par Disney, cette adaptation télévisée du roman-feuilleton d'aventures de Johnston McCulley écrit en 1919, adapté au cinéma dans de très nombreux films, dont le premier date de 1920, avec Douglas Fairbanks dans le rôle-titre, est sans doute la plus fidèle à l'œuvre originale, car la structure en épisodes feuilletonesques reprend celle du roman original.

Zorro raconte l'histoire d'un justicier masqué, dont seul le serviteur muet, Bernardo, partage le secret. Située dans la Californie, alors sous autorité espagnole, la série raconte d'abord comment Don Diego de la Vega, *alias* Zorro, lutte contre la tyrannie de l'infâme commandant Monastario (13 épisodes), puis comment il lutte contre un autre ennemi masqué, l'Aigle, qui veut prendre le pouvoir en Californie (26 épisodes). L'un des personnages récurrents est le brave sergent Garcia, gros bonhomme pas très futé aux ordres de Monastario, qui se retrouve toujours dans des situations très comiques (souvent par la faute de Zorro).

Héros au grand cœur qui protège les faibles de la tyrannie (espagnole), Zorro est le parfait héros américain. La narration alterne drame, suspense, comédie romantique et comédie tout court, entrecoupés de scènes de combat de cape et d'épée et de cascades à cheval à couper le souffle (pour l'époque!).

Avec seulement 82 épisodes, mais grâce à d'innombrables rediffusions, cette série a fait de Zorro un héros populaire dans le monde entier, et tous les petits garçons ont eu – ou ont rêvé d'avoir – un costume de Zorro une fois dans leur vie.

Bonanza : la série western emblématique

Entre 1955 et 1975, la télévision américaine produit 30 séries western différentes. En 1960, par exemple, les Américains avaient le choix entre 22 séries western différentes par semaine! Au sein de cette énorme production, seules quelques-unes sont restées dans les mémoires, à commencer par *Bonanza* (NBC, 1959-1973) qui, pendant 14 saisons, a raconté le quotidien souvent tumultueux de la famille Cartwright, composée d'un père veuf et de ses trois fils, dans leur ranch du Nevada. Cette série fut parmi les premières à être filmée et diffusée en couleurs, et elle fut la série des années 1960 la plus regardée aux États-Unis.

Le père Cartwright, Ben (Lorne Greene), avait eu trois fils de trois femmes différentes, toutes décédées. *Bonanza* est une série « d'hommes » : chaque fois que l'un des personnages principaux tombe amoureux, le téléspectateur peut être sûr que l'amour en question va tomber gravement malade, être assassiné ou alors s'enfuir avec quelqu'un d'autre…

L'aîné des fils Cartwright, le solide Adam (Pernell Roberts), est devenu architecte et a bâti le ranch familial. Le deuxième, Eric (Dan Blocker), surnommé Hoss, est le stéréotype du « gros » au cœur d'or et avec un grand sens de l'humour, et le petit dernier, Joseph (Michael Landon, futur patriarche de *La Petite Maison dans la prairie*, *cf.* p. 246-247), est beau, impétueux et soupe au lait. Ces quatre personnalités opposées et bien campées font face aux différents problèmes que la vie (c'est-à-dire les scénaristes) ne manque pas de mettre sur leur route. Les Cartwright vivent aussi avec leur cuisinier, Hop Sing (Victor Sen Yung), marquant ainsi le fait que des Asiatiques faisaient aussi partie des « pionniers » américains.

Avec le temps, seuls un ou deux Cartwright jouaient les héros dans chaque épisode, permettant aux autres acteurs principaux de se reposer ou de faire autre chose. De plus, à partir de la troisième saison, tous les acteurs principaux portaient les mêmes vêtements dans plusieurs épisodes, ce qui permettait de réutiliser certaines scènes tournées pour un épisode dans un autre, en particulier les scènes d'action.

Ainsi, Ben Cartwright porte presque toujours une chemise mauve (ou verte), un gilet en cuir marron, un pantalon gris et un chapeau couleur crème. Pour Adam, c'est chemise noire, pantalon noir ou bleu marine et chapeau noir, car il est l'« urbain » de la famille, et donc plus « élégant » que les autres. Pour Hoss, c'est chemise blanche, gilet et veste marron, large chapeau blanc. Joseph se distingue en ne portant pas de gilet mais des vestes en velours, en général vertes, sur une chemise claire, et un pantalon et un chapeau marron clair.

ÉTONNANT

À part Michael Landon, tous les acteurs de la série ont porté une perruque ou un postiche à un moment ou à un autre, pour masquer leur calvitie !

Chaque épisode de *Bonanza* racontait une histoire « bouclée », montrant en général comment l'un des Cartwright rétablissait l'ordre dans son patelin ou résolvait le problème de tel ou tel de ses voisins ou d'un visiteur de passage.

Les Mystères de l'Ouest : le western le plus original

Parmi toutes les séries western des années 1950 et 1960, *Les Mystères de l'Ouest* (*The Wild Wild West*, CBS, 1965-1969) se démarquent par leur originalité. Cette série est en effet à la fois un western et une série « à espions », comme il y en eut beaucoup dans les années 1960. Son créateur, Michael Garrison, voulait faire « un James Bond à cheval ». Malheureusement, il mourut accidentellement (en glissant à la sortie de sa douche pour répondre au téléphone!) à la fin de la première saison de la série (la seule en noir et blanc). Bruce Lansbury le remplaça.

Les deux personnages principaux, James West (Robert Conrad) et Artemus Gordon (Ross Martin), sont en effet des agents secrets, mais ils travaillent dans l'Ouest américain des années 1870, pour protéger le président Ulysses S. Grant (président réel des États-Unis entre 1869 et 1877) de toute menace, et sont ainsi souvent habillés comme des cow-boys (santiags, chapeau, gilet de cuir, etc.). De plus, de nombreux épisodes incluent des éléments fantastiques qui font de cette série un vrai mélange des genres. West est « l'homme d'action », beau gosse, élégant et courageux, bon tireur au pistolet et habile de ses poings (il y avait au moins deux combats à mains nues par épisode), tandis que Gordon est un maître dans l'art du déguisement et des inventions techniques (tout à fait anachroniques!). Au cours des quatre saisons de la série, on peut voir Gordon endosser une centaine de costumes différents et parler une douzaine de langues!

À bord d'un train privé bourré de gadgets, les deux compères parcourent l'Amérique pour accomplir diverses missions, qui consistent la plupart du temps à déjouer les plans d'un ennemi machiavélique (le plus souvent Miguelito Loveless, un nain pervers et psychopathe, joué par Michael Dunn).

Certains épisodes étaient directement inspirés des romans de H. G. Wells, Edgar Allan Poe ou encore Jules Verne, donnant à la série une atmosphère très particulière, à la limite du fantastique. Toutefois, d'autres épisodes des *Mystères de l'Ouest* étaient très violents, et ils irritèrent un certain nombre de lobbys conservateurs. Face à ces protestations montantes, CBS décida d'arrêter la série au bout de sa quatrième saison, en 1969.

ÉTONNANT

Dans le 75e album de Lucky Luke (*L'Homme de Washington*, 2008), publié après la mort de Morris avec des dessins d'Achdé et un scénario de Laurent Gerra, les deux héros des *Mystères de l'Ouest* font une apparition, mais avec leurs noms changés en James East et Artémius Gin…

Gunsmoke : le plus long western télévisé

Le western télévisé américain peut également se glorifier d'être le détenteur d'un record : jusqu'à cette année (où *New York District* a égalé son record, *cf.* p. 210), la série *Gunsmoke* était la plus longue fiction télévisée jamais produite. Elle occupa en effet l'antenne de CBS pendant 20 saisons, de 1955 à 1975 – année où l'on se mit à en diffuser quelques épisodes en France…

Comme beaucoup de fictions des années 1950, *Gunsmoke* commença par être un feuilleton radiophonique, diffusé de 1952 à 1961 (sur la radio de CBS). De 1955 à 1961, les épisodes duraient une demi-heure et sont passés au format de 1 h ensuite. Jusqu'en 1966, les épisodes étaient tournés en noir et blanc, puis ils passent à la couleur.

Centré sur le personnage du marshal (officier de police fédérale) Matt Dillon (James Arness) et sur les habitants de la ville de Dodge City, au Kansas, ce western pour adultes préférait les conflits psychologiques aux coups de feu. Burt Reynolds y interprétait un maréchal-ferrant taciturne à moitié indien. Contrairement au feuilleton radiophonique qui était sombre et réaliste et abordait des sujets difficiles comme le viol, le massacre des Indiens, l'opiomanie et les lynchages, les épisodes de la série télévisée se concluaient toujours de façon très morale : le méchant était puni (tué, chassé ou emprisonné), et le marshal Dillon rétablissait l'ordre.

ÉTONNANT

Politiquement correct oblige, le personnage de miss Kitty, prostituée dans le feuilleton radiophonique (à laquelle Dillon rend régulièrement visite…), est simplement la « tenancière du saloon » et « bonne amie » de Dillon (on ne les voit jamais partager le même lit), dans la série télévisée.

Le premier épisode fut présenté par John Wayne lui-même, en voix off, qui apportait sa « caution » au programme. Entre 1957 et 1961, *Gunsmoke* fut la série la plus regardée par les Américains. Par la suite, le nombre de téléspectateurs diminua progressivement et, en 1975, lors de l'arrêt de la série, *Gunsmoke* était le seul western encore à l'antenne. Toutefois, malgré son record de longévité, CBS décida de ne pas commander une 21e saison sans en avertir à l'avance les créateurs, les scénaristes ou les acteurs, ce qui ne leur donna pas l'occasion d'offrir un *finale* digne de ce nom à la série. C'est par voie de presse que l'équipe de *Gunsmoke* apprit la nouvelle !

En 1975, donc, l'ère du western semble terminée… Toutefois, depuis trente-cinq ans, quelques séries revisitent régulièrement le genre.

Le western est mort, vive le western !

Avec la fin de *Gunsmoke* en 1975, une page de l'histoire de la télévision américaine se clôt, mais la période de la conquête de l'Ouest ne cesse pas pour autant d'inspirer les créateurs de série, et un certain nombre de personnages en Stetson et santiags continuent d'occuper le petit écran (eh non, ce ne sont pas seulement les personnages de *Dallas* ! *cf.* p. 70 et 119).

La Petite Maison dans la prairie : une série dégoulinante de bons sentiments

Dès 1974 arrive sur NBC une « série familiale à la sauce western », qui durera jusqu'en 1983 : *La Petite Maison dans la prairie*. Adaptée (avec beaucoup de libertés et de « politiquement correct ») des romans autobiographiques de Laura Ingalls Wells, cette série raconte la vie idéalisée d'une famille de pionniers dans l'Ouest américain durant la seconde moitié du XIXe siècle. Michael Landon, révélé par *Bonanza* (*cf.* p. 243), y endosse plus ou moins le même costume pour interpréter Charles Ingalls, le patriarche sage et travailleur qui construit de ses mains une « petite maison dans la prairie » pour y abriter sa femme, Caroline, leurs quatre filles Mary, Laura, Carrie et Grace, ainsi que trois enfants adoptés : Albert, puis James et Cassandra. Michael Landon a également réalisé 87 épisodes de la série. C'est lui qui a découvert la toute jeune Melissa Gilbert, qui interprète Laura, ainsi que Karen Gassle (Caroline) et Melissa Sue Anderson (Mary). Charles et Laura sont les deux personnages centraux de la série, et leurs deux interprètes (Melissa Gilbert avait 10 ans au début de la série) nouèrent une relation très forte, quasi filiale, d'autant plus que Melissa perdit son père pendant la deuxième saison de la série.

Les épisodes sont centrés essentiellement sur les relations parents-enfants, avec des parents qui savent toujours trouver les mots justes pour donner les « bonnes valeurs » à leurs enfants et ne les punissent jamais sévèrement, car un sermon suffit en général à leur faire comprendre leur erreur. Les Ingalls sont pauvres mais heureux; ils sont l'incarnation des valeurs américaines de la famille, du travail, de la « bien-pensance » et de la générosité. Face à eux, les Oleson représentent tout l'inverse : cupides, bêtes et malveillants, ils tiennent le seul magasin de la minuscule bourgade de Walnut Grove et pensent que l'argent leur donne tous les droits. La mère, Harriet, et la fille, Nellie, sont particulièrement « mauvaises », tandis que les hommes, le père Nelson et le fils Willie, sont parfois capables de bonnes actions. La bêtise des Oleson et l'hystérie permanente de Mme Oleson en font des personnages comiques qui apportent quelques touches de légèreté dans une série globalement sérieuse et dramatique.

Autour de ces deux familles centrales interviennent un nombre important de personnages secondaires pour « incarner », au fil des épisodes, tel ou tel problème, lié en grande majorité à l'éducation des enfants dans telle ou telle situation (la mort de l'un des deux parents, le handicap d'un enfant, les difficultés d'apprentissage, les punitions trop sévères, etc.).

Le créateur de *Malcom* (*cf.* p. 164), Linwood Boomer, joue Adam Kendall, le professeur aveugle qui épouse Mary (elle aussi devenue aveugle) !

Outre une vision idéale des relations parents-enfants, *La Petite Maison dans la prairie* offre également une vision idéale de la vie dans une très petite ville. Les quelques escapades de la famille Ingalls « à la ville » sont toujours des moments de désillusion, car la ville est présentée comme un milieu corrompu par l'argent et les ambitions personnelles, où les solidarités n'ont plus cours, et où les inégalités sociales sont insupportables. C'est d'ailleurs « en ville » que Charles Ingalls rencontre le jeune Albert, enfant des rues, et le recueille dans sa « petite maison » en grande partie pour le sauver des mauvaises influences de la cité et lui réapprendre les bonnes valeurs.

À l'inverse, le hameau de Walnut Grove est présenté comme un havre de paix, où tout le monde se connaît et où, à part les Oleson, tout le monde est prêt à se soutenir et à « développer » les infrastructures communes. Cette description totalement idéalisée de l'Amérique rurale est pleine d'anachronismes : le Dr Baker dispose d'un téléphone alors que ces appareils restaient extrêmement rares dans les années 1870-1880 et qu'il est fort peu probable qu'une bourgade comme Walnut Grove ait été raccordée au réseau national à cette époque ; on voit un certain nombre de femmes mariées (dont Laura elle-même) exercer le métier d'institutrice, alors que cette profession était réservée strictement aux femmes célibataires jusque dans les années 1930 (!) ; M. Oleson raconte qu'il a joué au football américain à l'université alors que le premier match de ce sport au niveau universitaire eut lieu en 1869 (donc bien après l'époque où le personnage était étudiant) ; on voit une mère faire un sandwich de « confiture et beurre de cacahuètes » pour son enfant, alors que le beurre de cacahuètes ne devint un produit de consommation courante aux États-Unis qu'à partir de 1940, etc.

Ce qui importe pour les créateurs de la série, ce n'est pas l'exactitude historique mais le discours sur les valeurs et la présentation d'un temps où l'Amérique était pure et innocente. La série est en effet diffusée juste après le fiasco américain au Vietnam, à une époque où les Américains se déchirent sur des questions essentielles telles que l'égalité des droits entre Noirs et Blancs, entre hommes et femmes, le droit à l'avortement, la liberté sexuelle, la société de consommation, etc. Série « reaganienne » avant l'heure, *La Petite Maison dans la prairie* prône incontestablement un retour aux valeurs traditionnelles. Cet aspect particulièrement « rassurant » de la série explique sans doute ses multiples rediffusions, aux États-Unis comme en France.

Dr Quinn, femme médecin : le western à la sauce multiculturelle

Après l'arrêt de *La Petite Maison dans la prairie* en 1983, les séries américaines se désintéressent de la fin du XIXe siècle pendant dix ans, et le « drame familial à la sauce western » ne revient qu'en 1993, avec *Dr Quinn, femme médecin* (CBS, 1993-1998), série bien plus familiale que médicale.

La série a pour personnage principal le Dr Michaela Quinn (Jane Seymour), une des premières « femmes médecins », qui a appris le métier auprès de son père, Josef, à Boston. Mais, à la mort de celui-ci, la bonne société bostonienne n'accepte pas d'être soignée par une femme, et Michaela part donc s'installer dans l'Ouest, à Colorado Springs, où elle élève également les trois enfants de son ancienne sage-femme décédée : Matthew, Colleen et Brian. Elle ne tarde pas à tomber sous le charme de Byron Sully (Joe Lando), un ancien militaire qui a fait le choix de vivre avec les Indiens.

La série commence en 1867, juste après la guerre de Sécession, et les conséquences de cette guerre sur la société américaine sont largement abordées. Mais cette série est surtout emblématique de la relecture « multiculturelle » de l'histoire des États-Unis : les valeurs féministes et la tolérance envers les Noirs et les Indiens y sont prônées, et les valeurs conservatrices et traditionnelles régulièrement tournées en ridicule, même si le ton de la série reste hautement moralisateur. Ce mélange d'idées progressistes et de bons sentiments rendit la série extrêmement populaire, aux États-Unis comme en France (où elle est régulièrement rediffusée sur M6), et les fans furent très déçus lorsque CBS décida d'arrêter la série au bout de sa sixième saison.

Deadwood : un western politiquement incorrect

Les années 2000 ont également eu droit à « leur » western, emblématique de cette décennie à plusieurs titres. D'abord, c'est une série du câble, diffusée sur HBO entre 2004 et 2007, par conséquent les scènes et le langage sont très crus ; ensuite, *exit* les bons sentiments, place au politiquement incorrect, au scandaleux, aux travers les plus sombres et les moins avouables de l'âme humaine...

Pour bien marquer que cette série est une série du câble, et donc qu'elle n'a pas à se plier aux contraintes de la FCC en matière de gros mots, le mot *fuck* (anachronique pour l'époque, mais Milch a choisi de recourir à des insultes contemporaines plutôt qu'aux jurons de la fin du XIXe siècle, trop exotiques pour être choquants) est prononcé 43 fois durant le premier épisode de la série. Au cours des 36 épisodes, il est prononcé 2 980 fois, ce qui fait une moyenne de 1,5 *fuck* par minute !

Deadwood est le nom d'une petite ville (au départ même plutôt un campement, que l'on voit progressivement évoluer sur le plan architectural) de chercheurs d'or, en quête d'une fortune rapide dans le territoire indien des Black Hills, qui ne fait pas encore partie des États-Unis. Les trois saisons (de 12 épisodes chacune) se passent en 1876-1877. Avec cette série créée par David Milch (l'un des cocréateur de *NYPD Blues*, *cf.* p. 201), on est à des années-lumière des bons sentiments de *La Petite Maison dans la prairie* et de la relecture tolérante et multiculturelle de *Dr Quinn*. Deadwood est une ville qui n'appartient à aucun État, où aucune législation ne s'applique, et par conséquent personne ne protège les faibles des injustices des puissants. L'argent et la violence règnent en maîtres.

L'objectif de Milch était de revisiter la naissance de la civilisation à partir du néant et du chaos. Il s'agit davantage d'une réflexion philosophique sur les rapports entre l'individu et la société que d'une reconstitution historique, même si le niveau de détail des costumes et des décors est impressionnant et fait très « vrai », en particulier parce que leur aspect sale change complètement de l'Ouest « technicolorisé » ou aseptisé des séries western produites jusque-là. Chaque épisode suit le déroulement d'une journée à Deadwood.

Le thème principal de la première saison est l'opposition entre Al Swearengen (Ian McShane), l'homme d'affaires le plus puissant de Deadwood (puisqu'il y possède le saloon et contrôle donc les deux ressources essentielles aux chercheurs d'or : l'alcool et les femmes), qui règne sur la ville en protégeant avant tout ses intérêts commerciaux, et Seth Bullock (Timothy Olyphant), ancien marshal dans le Montana, qui s'installe à Deadwood pour ouvrir un commerce, mais que les instincts de gardien de l'ordre finissent par rattraper. À la fin de la saison, ces deux hommes arrivent à un compromis, avec un semblant de loi instauré à Deadwood, même si le pouvoir de Swearengen reste immense.

À partir de la fin de la première saison et surtout dans la deuxième et la troisième se pose la question de l'absorption de Deadwood par les États-Unis en pleine expansion, et par conséquent de la juridiction locale à laquelle la petite ville va être rattachée. Les hommes politiques des districts avoisinants n'apparaissent pas meilleurs que Swearengen, voire pire, car sous l'apparence de la légalité ils cachent les mêmes bas instincts (corruption, soif de pouvoir, prêts à tout pour parvenir à leurs fins). À ces importantes questions d'ordre politique se mêlent des questions d'argent et des rivalités économiques omniprésentes tout au long de la série. David Milch se plaît en effet à insister sur les liens inextricables – et apparemment inévitables – entre le pouvoir politique et les milieux financiers, et la « civilisation » semble équivaloir au remplacement de l'individualisme primaire par sa version plus élaborée qu'est le capitalisme.

La critique de la société américaine, passée comme présente, est permanente et violente. Les questions du racisme, de la prostitution, de la misogynie, de la violence et de l'immigration sont abordées sans filtre « politiquement correct » et font souvent froid dans le dos par leur actualité.

Deadwood est une série sombre, crue et exigeante, difficile d'accès, mais qui propose un regard sans concession sur la société américaine, et sur les mécanismes de l'âme humaine en général. HBO, qui avait signé un contrat de trois ans avec l'équipe de *Deadwood*, décida en 2006 de ne pas renouveler les contrats, mettant ainsi fin à la série. David Milch réussit à négocier de pouvoir faire deux téléfilms de deux heures pour clore les intrigues, mais ces téléfilms ne virent jamais le jour.

C'était mieux avant ?

Quand la télé joue à la guerre

La Seconde Guerre mondiale, la « bonne guerre » des Américains

Dans la catégorie des séries dramatiques, trois séries ayant pour cadre la Seconde Guerre mondiale méritent d'être mentionnées : *Combat!* (ABC, 1962-1967), *Les Têtes brûlées* (*Baa Baa Black Sheep*, NBC, 1976-1978) et la minisérie *Frères d'armes* (*Band of Brothers*, HBO, 2001).

Combat! est une série réaliste qui décrit la progression de l'armée américaine en France en 1944-1945, créée par Robert Pirosh, un ancien combattant de la Seconde Guerre mondiale. La plupart des acteurs étaient également d'anciens combattants de la Seconde Guerre mondiale ou de la guerre de Corée, ce qui rendait très réaliste leur façon de bouger et de jouer en uniforme et dans les situations de combat. Grande source d'inspiration pour *Frères d'armes*, cette série se distinguait aussi par ses qualités cinématographiques, avec ses quatre premières saisons en noir et blanc. Robert Altman en a notamment réalisé certains épisodes.

Les Têtes brûlées sont une série dramatique légère qui raconte les aventures d'un groupe de pilotes américains dans le Pacifique, à la fois très doués en l'air et complètement ingérables à terre. Créée par Stephen J. Cannell (*cf.* p. 198), cette série offre une vision rassurante et folklorique de la Seconde Guerre mondiale, avec des ennemis (les Japonais) presque toujours invisibles. Le réalisme dans la reconstitution des combats aériens ou de la vie des soldats n'est pas la préoccupation des créateurs de la série, et ce sont bien davantage le côté spectaculaire des scènes aériennes, la camaraderie et les relations entre les personnages principaux qui sont au centre des intrigues.

Enfin, même s'il s'agit d'une minisérie en seulement 10 épisodes, *Frères d'armes* mérite d'être mentionné, car il est emblématique des fictions historiques à gros budget récemment produites à la télévision américaine.

Basée sur l'ouvrage éponyme de l'historien Stephen Ambrose et sur un certain nombre de témoignages d'anciens combattants, cette série produite par Steven Spielberg et Tom Hanks à la suite de leur collaboration sur le film *Il faut sauver le soldat Ryan* (1998) est une reconstitution à gros budget (110 millions de dollars pour 10 épisodes!) des aventures d'une compagnie de marines, de leur entraînement aux États-Unis à la libération de l'Allemagne en passant par le débarquement sur les plages de Normandie et la libération de la France.

Cette série est très réaliste et globalement correcte historiquement, même si, pour les besoins de la fiction, les histoires ont été condensées, dramatisées et que les personnages principaux ne portent pas leur casque en permanence afin que l'on puisse les identifier plus facilement. Les personnages sont bien campés, magistralement interprétés et choisis de façon à représenter la diversité ethnique des soldats américains de l'époque (tous blancs, car il n'y avait alors pas de Noirs dans le prestigieux corps des marines). On s'attache facilement à ces soldats, et la mort d'un certain nombre d'entre eux fait prendre conscience au téléspectateur de l'injustice et de l'imprévisibilité de la mort au combat.

Papa Schultz, la Seconde Guerre mondiale version sitcom !

Une des réinterprétations les plus intéressantes de la Seconde Guerre mondiale à la télévision américaine n'appartient pas au genre « sérieux » du drame mais au domaine de la sitcom. *Papa Schultz* (*Hogan's Heroes*, CBS, 1965-1971) est une comédie située… dans un camp de prisonniers allemand, pendant la Seconde Guerre mondiale, où les nazis sont constamment tournés en ridicule par leurs prisonniers alliés (américains, anglais, et même français et russes).

Les rôles des gardiens allemands étaient interprétés par des acteurs juifs qui avaient souffert dans leur chair ou perdu une grande partie de leur famille dans les camps de concentration. Le but de la série n'est pas le réalisme mais la « thérapie par le rire ». Se jouant de la bêtise de leurs gardiens nazis, et surtout de leur peur panique d'être envoyés sur le front russe, les prisonniers alliés utilisent leur prison, le Stalag 13, pour mener des opérations de contre-espionnage et contribuer à la victoire finale de leur camp, un peu dans l'esprit de *La Grande Évasion* (John Sturges, 1963, avec Steve McQueen, James Garner, James Coburn, Charles Bronson, etc.).

Cet aspect totalement irréaliste et volontairement parodique a été très mal reçu par une partie de la critique, qui pensait que la Seconde Guerre mondiale, et en particulier l'emprisonnement dans les camps allemands, ne pouvait pas prêter au rire.

Cette série a été diffusée en France à la fin des années 1980 sur Canal Plus, puis dans les années 1990 sur M6. Dans les années 1990, elle a également été diffusée en Allemagne, où elle a rencontré un grand succès, grâce notamment à un doublage hilarant, qui donnait différents accents aux Allemands et ajoutait de nombreuses blagues critiquant la société allemande de l'époque, et même un personnage « invisible » : la femme de ménage de Klink, le chef du camp, supposée faire le ménage nue !

La guerre du Vietnam, la guerre « douloureuse » des Américains

Outre *M*A*S*H* (*cf.* p. 178), sitcom censée se dérouler pendant la guerre de Corée et qui tourne en ridicule la guerre du Vietnam, la télévision américaine a produit deux séries dramatiques qui réinterprètent cette guerre qui a traumatisé l'Amérique. Surfant sur le succès de *Platoon* d'Oliver Stone en 1986, CBS en 1987 puis ABC en 1988 lancent leur « série sur la guerre du Vietnam », annonçant que leur but n'est pas de « faire de la politique » (entendez : critiquer la guerre du Vietnam), mais de « donner la parole aux anciens combattants » (entendez : adopter un discours néoconservateur laissant supposer que ce ne sont pas les bons soldats américains qui ont perdu cette guerre mais les politiciens corrompus).

L'Enfer du devoir (*Tour of Duty*, CBS, 1987-1990) adopte le même point de vue que *Platoon*, c'est-à-dire celui d'une section d'infanterie plongée dans l'enfer vietnamien, tandis que *China Beach* (ABC, 1988-1991) reprend celui de

*M*A*S*H*, montrant la guerre du point de vue des médecins et des infirmières militaires. Mais il ne s'agit pas du tout dans *China Beach* de tirer à boulets rouges sur la guerre en particulier et l'armée en général mais de rendre hommage au « soldat moyen » et aux « héros ordinaires ».

Ces deux séries se veulent réalistes et graves : les créateurs de *L'Enfer du devoir*, Steven Duncan et Travis L. Clark, sont ainsi des anciens combattants (noirs) du Vietnam, et ceux de *China Beach*, John Sacret Young et William Broyles, ont interviewé des centaines de personnes qui ont participé à la guerre, au combat ou en périphérie, comme des membres du personnel médical.

Toutefois, ces bonnes intentions affichées se heurtent aux exigences du prime time pendant lequel les programmes diffusés doivent être « politiquement corrects » sous peine de s'attirer les foudres des lobbys bien-pensants et de faire fuir les annonceurs. *L'Enfer du devoir* est donc une série qui raconte la guerre du Vietnam sans gros mots, avec peu de sang (les réalisateurs avaient le droit de filmer des corps soulevés de terre par une explosion mais pas de les montrer lorsqu'ils retombaient au sol) et dont la drogue est quasiment absente.

La transformation de la guerre du Vietnam en divertissement familial diffusé sur une grande chaîne commerciale américaine se fait effectivement au mépris du réalisme historique et de tout ce qui a rendu cette guerre unique, absurde et éminemment contestable. *L'Enfer du devoir* est donc une série classique des années 1980, avec des personnages très stéréotypés (le pilote d'hélicoptère arrogant, le soldat noir venant de la rue, le sergent au grand cœur) et des intrigues platement édifiantes et moralisatrices. Le personnage central, le sergent Zeke Anderson (Terence Knox), a toujours raison.

Par exemple, à la fin du pilote, une nouvelle recrue animée de sentiments pacifistes et qui refusait de tenir une arme s'est retrouvée obligée de tuer un Viêt-cong qui menaçait la vie de ses camarades. En proie à une grande angoisse, il se tourne vers son sergent et lui dit : « Je l'ai tué ! » Rassurant, ce dernier lui répond : « Tu as fait ce que tu es censé faire. Tu nous as sauvé la vie. » Le jeune pacifiste reprend : « La guerre, c'est mal ! », ce à quoi le sergent répond : « Peut-être. Mais ce n'est pas la question. »

L'Enfer du devoir est donc une série qui « ne pose pas de questions » sur la guerre du Vietnam, sur ses causes ou encore sur la stratégie américaine, mais qui se concentre sur des histoires d'amitiés viriles, où le bien est toujours récompensé. Évidemment, dans cette description, les Vietnamiens sont pratiquement toujours invisibles, et le « Vietnam » (la série est tournée en Californie) n'est qu'un décor.

Tandis que *L'Enfer du devoir* décrit un univers essentiellement masculin, les personnages principaux de *China Beach* sont surtout des femmes, incarnant tous les stéréotypes de l'imagerie populaire, de l'infirmière dévouée (interprétée par Dana Delany, aujourd'hui Katherine Mayfair dans *Desperate Housewives*), image de la mère consolatrice, jusqu'à K. C. (interprétée par Marg Helgenberger, qui joue aujourd'hui Catherine Willows dans *Les Experts*), prostituée au cœur froid, en passant par Cherry White (Nan Woods), jeune volontaire de la Croix-Rouge, image de l'innocence et de la virginité. En effet, *China Beach* n'est pas une série d'action mettant en scène des soldats sur le terrain mais un mélange entre le soap opera – du fait de l'importance accordée aux histoires sentimentales – et la série médicale, sur fond de guerre du Vietnam.

De fait, la série oscille constamment entre bluette, mélo et pamphlet pacifiste, sans jamais choisir son camp. Sous des allures de soap opera dans lequel de jolies femmes tombent constamment amoureuses de beaux militaires, *China Beach* délivre un message beaucoup plus fort sur l'horreur de la guerre que *L'Enfer du devoir*. Si les combats eux-mêmes ne sont pas montrés, leurs terribles conséquences physiques et psychologiques sont au cœur de la série.

Dans la dernière saison, la série suit ses personnages lors de leur retour aux États-Unis et les retrouve même une vingtaine d'années après, montrant comment ils ont essayé de « survivre » à leur traumatisme et de se réinsérer dans la société américaine. *China Beach* n'est alors plus une série « historique » sur une période révolue, mais une série qui reflète directement la société qui la regarde, la société américaine du début des années 1990. Les limites entre la fiction et la réalité sont volontairement brouillées par le mélange d'images d'archives sur la guerre du Vietnam et des extraits des épisodes précédents de la série.

Ces deux séries sont donc avant tout des séries des années 1980, bien-pensantes et moralisatrices, et la guerre du Vietnam n'est qu'un prétexte pour raconter des histoires édifiantes et passer des tubes des années 1960 et 1970, comme *Paint It Black* des Rollings Stones, qui accompagne le générique de *L'Enfer du Devoir*!

Une troisième série parle aussi de la guerre du Vietnam, mais du point de vue des civils : *Les Années coup de cœur* (*The Wonder Years*, ABC, 1988-1993) racontent en effet l'adolescence d'un jeune garçon, Kevin Arnold (Fred Savage), entre 1968 et 1973. Dès le premier épisode, sa voisine Winnie (Danica McKellar), qui est sa meilleure amie et dont il est très amoureux, perd son frère à la guerre. La grande sœur de Kevin, Karen, est étudiante et opposée à la guerre du Vietnam. Même si la série est centrée avant tout sur les émois du jeune Kevin et son passage progressif de l'enfance à l'âge adulte, à travers la « jungle » du collège et du lycée, la guerre du Vietnam, les bouleversements sociaux de la fin des années 1960 et du début des années 1970 sont très présents dans ce drame adolescent « historique ».

Plus récemment, *Mes plus belles années* (*American Dreams*, NBC, 2002-2005) revisitent la même période à travers l'histoire de la famille Pryor, famille catholique de Philadelphie. Outre la guerre du Vietnam, traitée à travers l'histoire du fils aîné, J. J., qui s'engage dans les marines en 1964, ce beau drame familial montre avec beaucoup de sensibilité le bouleversement de la société américaine au milieu des années 1960 : émancipation féminine, lutte des Noirs pour l'égalité avec les Blancs, conflit des générations... avec une bande-son truffée des tubes de l'époque.

Nous avons bien changé...

Outre des sitcoms « adolescentes » comme *Happy Days* (*cf.* p. 167) et *That 70's Show* (Fox, 1998-2006), dont l'aspect historique est source de comique plus que de réflexion, les drames historiques américains revisitent régulièrement les années 1950, 1960 et 1970 pour montrer à quel point la société américaine a évolué.

Les Ailes du destin (*I'll Fly Away*, NBC, 1991-1993) racontent l'histoire d'une famille blanche et de leur gouvernante noire en Géorgie, entre 1958 et 1961. Cette série, qui appartient au genre à la fois du drame familial (la mère est internée en hôpital psychiatrique et la gouvernante noire devient la figure maternelle dont les trois enfants Bedford, en particulier les deux plus jeunes, ont besoin) et de la série judiciaire (le père, Forrest Bedford, est procureur), explore en détail l'évolution des rapports entre Noirs et Blancs à l'époque où la ségrégation commence à être profondément remise en cause.

Plus récemment, la superbe *Mad Men* (AMC, depuis 2007) revisite aussi le tout début des années 1960, mais cette fois-ci à New York, dans le milieu de la publicité. *Mad Men* est la première fiction produite par AMC, une chaîne du câble jusque-là spécialisée dans la rediffusion de vieux films et de vieilles séries. *Mad Men* est une reconstitution politiquement incorrecte de l'Amérique d'il y a bientôt cinquante ans : les individus boivent comme des trous (au bureau comme chez eux), fument comme des pompiers (y compris les femmes enceintes !), les rapports hommes / femmes sont régis par un sexisme accepté et considéré comme normal (les femmes travaillent jusqu'à ce qu'elles se marient, comme secrétaires quasi exclusivement, et sont soit les épouses passives au foyer, soit les maîtresses des hommes), les Noirs sont totalement ignorés et ont des petits boulots de service comme liftier, le souci de l'environnement n'existe pas, de même que la psychologie enfantine, etc.

Cette série, créée par Matthew Weiner (ancien scénariste pour *Les Soprano*, *cf.* p. 222), se plaît à souligner combien d'années-lumière nous séparent de la façon de penser et de vivre de ces gens. Parmi la multitude de personnages de cette série, deux sont particulièrement fascinants et complexes. Côté hommes d'abord : Don Draper (John Hamm), brun ténébreux au physique de sex-symbol, est le directeur artistique de l'agence de publicité Sterling & Cooper. Il est talentueux et doté d'un charme irrésistible ; il séduit toutes les femmes, en garde une de temps en temps comme maîtresse et est marié à un sosie de Grace Kelly (January Jones, formidable), qui élève ses deux enfants dans leur pavillon de banlieue. Pourtant, Don cache un lourd secret qui le ronge… Côté femmes, Peggy Olson (Elisabeth Moss, *cf.* p. 314) commence à travailler comme secrétaire chez Sterling & Cooper lors du premier épisode de la série. Au départ, elle semble complètement ingénue et pas très futée, mais, au fil des épisodes, elle se révèle non seulement extrêmement douée pour la publicité, mais aussi très ambitieuse et d'une grande force de caractère (qui lui permettra de se remettre du drame qui la frappe entre la première et la deuxième saison). Petit à petit, Peggy se fait une place dans ce monde d'hommes, et elle est la première femme à quitter le « pool des secrétaires » pour un poste de rédactrice, avec son propre bureau et sa propre secrétaire.

D'autres séries américaines récentes ont choisi de revisiter les années 1970. *Swingtown* (CBS, 2007) se passe dans la banlieue de Chicago et raconte l'été 1976 de trois couples en crise : Bruce et Susan Miller quittent lors du premier épisode leur petit pavillon de « classe moyenne » pour emménager dans une maison plus luxueuse, car Bruce a fait fortune en tant que trader. Bruce et Susan sont ensemble depuis le lycée et élèvent leurs deux ados, Laurie et B. J. Ils s'éloignent ainsi de leurs voisins et amis de toujours, Roger et Janet Thompson, couple traditionnel typique qui a un fils du même âge que B. J., et se rapprochent de leurs nouveaux voisins, les sulfureux Tom et Trina Decker (lui est pilote d'avion et elle, ancienne hôtesse de l'air), couple sans enfants et qui a une sexualité très libre et non exclusive… Dans la chaleur de l'été, ces trois couples vont remettre en question tout ce qu'ils considéraient comme acquis et s'interroger sur leurs désirs profonds (en matière de sexualité, mais pas seulement). Malheureusement, cette série n'a pas rencontré de succès d'audience aux États-Unis et s'est arrêtée au bout d'une saison. La reconstitution de l'Amérique des années 1970, avec sa mode, son mobilier, ses papiers peints… est néanmoins de toute beauté, et la bande-son utilise de nombreux tubes de l'époque.

Sur un ton plus mélancolique, *Life on Mars* (ABC, 2008-2009) est le remake d'une série britannique du même nom (BBC 1, 2006-2007), à la limite entre la série de science-fiction et la série historique. Ces deux séries racontent en effet les aventures d'un flic d'aujourd'hui qui se retrouve catapulté, pour des raisons obscures au départ, dans les années 1970 (à Londres pour la série britannique, à New York pour la série américaine), où il exerce de nouveau le métier de flic, mais il se heurte à ses collègues, qui ont une philosophie et une pratique totalement différentes des siennes. Comme *Mad Men*, *Life on Mars* souligne les évolutions culturelles et comportementales entre aujourd'hui et « il y a une bonne trentaine d'années », en y ajoutant une forte dose de mystère et d'étrange, sur fond de hits des années 1970, avec des personnages en pantalon pattes d'ef et col pelle à tarte.

Si loin, si proches...

Des coproductions anglo-américaines récentes se sont penchées sur des époques historiques très éloignées de la nôtre.

Le péplum réinventé : Rome

Rome (HBO, 2005-2007) explore l'Antiquité, et plus précisément la période de la chute de la République romaine à l'avènement de l'Empire, entre environ 50 et 30 av. J.-C. Avec des moyens financiers faramineux (environ 10 millions de dollars par épisode, et il y en eut 22 produits), elle a été tournée dans les studios mythiques de Cinecittà, près de Rome, avec un souci du détail impressionnant (tous les personnages et les centaines de figurants portent des matières « naturelles » teintes comme à l'époque et sont chaussés de cuir ; le forum romain et certains quartiers ont été reconstruits quasiment en taille réelle), avec des acteurs britanniques parfaits dans leur rôle. Cette série mêle la grande histoire (celle de César, Pompée, Brutus, Cicéron, Octave / Auguste, Marc-Antoine, Cléopâtre, etc.) et la petite, grâce à deux personnages inventés, Lucius Vorenus et Titus Pullo, deux anciens légionnaires de César, et grâce également à l'invention, à partir de presque rien (les sources antiques ne parlent pratiquement que d'hommes), de très beaux personnages de femmes, en particulier Attia, mère d'Octave et maîtresse de Marc-Antoine, archétype de la « méchante assoiffée de vengeance » des *night-time soaps*, et Servilia, mère de Brutus et maîtresse éconduite de César, toutes deux engagée dans une lutte à mort contre l'autre.

Comme *Deadwood* (*cf.* p. 249), cette série du câble – et donc pleine de sang, de gros mots et de scènes de sexe particulièrement explicites – engage une réflexion sur le pouvoir, sur ses effets sur les individus qui le détiennent et ceux qui veulent le conquérir, sur la force de l'opinion publique et la facilité avec laquelle on la manipule, mais aussi sur la morale avant le christianisme. En effet, outre la revisite d'images d'Épinal historiques comme César franchissant le Rubicon, son triomphe à Rome, sa rencontre avec Cléopâtre, son assassinat, puis la lutte à mort que se livrent Octave et Marc-Antoine pour lui succéder, *Rome* nous plonge dans un monde de sexe et de violence, d'ambitions et de passions, où les valeurs, et en particulier celles de la vie humaine, ne sont pas celles d'aujourd'hui. Un monde païen, brutal, où le christianisme n'a pas encore imposé sa morale. Dans le dernier épisode, un personnage demande à Lucius Vorenus si Titus Pullo est un homme bon. Vorenus lui répond : « Dis-moi ce que tu entends par *bon*. » C'est en effet une réflexion politiquement incorrecte autour des notions de bien et de mal, et surtout de la nature humaine, qu'offre *Rome*, car il s'agit avant tout d'une fiction et pas seulement d'une reconstitution historique (même si celle-ci est de très grande qualité et extrêmement documentée).

Un night-time soap à la Renaissance : Les Tudors

Showtime, chaîne câblée concurrente de HBO, produit elle aussi depuis 2007, en association avec des chaînes britanniques et irlandaises, un drame historique à gros budget (mais nettement inférieur à celui de *Rome* : « seulement » 3,5 millions de dollars par épisode !). Plutôt que l'Antiquité, Showtime a choisi la Renaissance, et plus précisément la cour de Henry VIII, personnage sulfureux dont la vie est particulièrement riche en rebondissements et une véritable mine pour scénaristes.

En effet, Henry VIII a eu six femmes différentes. Il en a fait assassiner deux, en a répudié deux autres, une est morte en couches en lui donnant le fils qu'il désirait tant et seule la dernière a réussi à lui survivre. Outre cet aspect soap, Henry VIII est également le roi qui a coupé les liens entre l'Angleterre et l'Église catholique, fondant sa propre Église réformée, l'Église anglicane.

Chaque saison est centrée autour d'une des femmes de Henry VIII mais raconte également les aspects mondains et diplomatiques de la vie à la Cour, et suit la difficile réforme de l'Église anglaise, avec un roi de plus en plus ivre de pouvoir et des conseillers qui ont peur de lui tout en le manipulant avec plus ou moins de facilité.

Comme la plupart des séries du câble, les épisodes comportent souvent des scènes sanglantes et/ou des scènes de sexe explicites. Pour rendre la fiction plus efficace, les auteurs ont pris un certain nombre de libertés avec l'histoire : certains personnages sont des « fusions » de plusieurs personnages historiques pour simplifier les trames narratives (Henry dans la série n'a qu'une sœur, Margaret, alors que le vrai roi en avait deux), d'autres événements sont dramatisés (le cardinal Wolsey serait mort accidentellement, alors que dans la série il se suicide), les fluctuations de la diplomatie internationale sont simplifiées et condensées, tout cela pour rendre l'intrigue plus captivante. Mais la plus grande liberté prise avec l'histoire est dans le choix de Jonathan Rhys-Meyer pour interpréter Henry VIII, car il est beaucoup plus jeune que le personnage qu'il interprète, ne semble pas vieillir physiquement alors que les événements racontés dans la série se déroulent sur plus d'une décennie et, surtout, ne devient pas obèse comme l'était Henry VIII à la suite de sa mauvaise blessure lors d'une joute en 1536 (cette joute et la mauvaise blessure sont en revanche montrées dans la série). Le Henry VIII de la série a ainsi des allures davantage de rock star paranoïaque que de despote vieillissant et lubrique.

Cela étant dit, *Les Tudors* permettent de se plonger dans l'ambiance très particulière de l'Angleterre au moment de son changement de religion officielle et de revivre une page de l'histoire particulièrement chaotique, à travers de beaux personnages troubles et dévorés d'ambition. Les costumes sont superbes, et la reconstitution de la vie mondaine à la Cour est à la fois exotique et familière (dans la description des comportements, de la force des ragots et des complots de plus ou moins grande envergure).

L'histoire d'une époque

Les séries « historiques » sont donc toujours une relecture du passé qui certes s'inspirent d'événements réels et révolus mais surtout témoignent de la période à laquelle ils ont été produits et des questions que se pose une société à un moment donné sur ses origines.

Des séries policières comme *Cold Case* (*cf.* p. 209) revisitent elles aussi le passé, de même que des séries de science-fiction qui racontent des voyages dans le temps, comme *Doctor Who* (*cf.* p. 85-86) et *Code Quantum* (*Quantum Leap*, NBC, 1989-1993). *Code Quantum* raconte en effet les voyages « aléatoires » dans le temps du scientifique Sam Beckett entre 1953 (date de sa naissance) et la fin de l'année 1993, lors desquels il investit le corps de quelqu'un d'autre pour rétablir la justice et faire le bien. Reconstitution du passé récent de l'Amérique truffée de références cinématographiques et littéraires, *Code Quantum* est une série qui se situe à la charnière de la série historique et de la série de science-fiction, avec une réelle interrogation sur la nature humaine, la quête des origines et l'existence d'une « puissance supérieure ».

Chapitre 17

La vérité est ailleurs : les séries fantastiques et de science-fiction

Dans ce chapitre

- Les définitions du fantastique, de la *fantasy* et de la science-fiction
- L'irruption du fantastique, de *La Quatrième Dimension* à *Lost*
- Une autre vision de la mort : la *dark fantasy*… et les vampires
- Fées, démons, immortels et super-héros de tout poil, passés au crible
- La question extraterrestre et les voyages intersidéraux

Les séries fantastiques et les séries de science-fiction ont la particularité d'être situées dans un univers parallèle au nôtre. Le fantastique et la science-fiction sont des genres littéraires très populaires dans le monde anglo-saxon depuis le XIXe siècle, avec des auteurs brillants et prolifiques comme Edgar Allan Poe, H. G. Wells, J. R. R. Tolkien, Isaac Asimov… et j'en passe.

Au royaume de l'imaginaire

Le fantastique est un genre que l'on peut décrire comme l'intrusion du surnaturel dans le cadre réaliste d'un récit, autrement dit l'apparition de faits inexpliqués et théoriquement inexplicables qui déstabilisent le héros et intriguent le lecteur ou le (télé)spectateur. *La Quatrième Dimension* (*cf.* p. 21 et 262) est l'archétype de la série fantastique.

La *fantasy* est une autre forme de fantastique, dans laquelle les pouvoirs magiques et les créatures surnaturelles (vampires, zombies, Hobbits, elfes, fées, etc.), extraterrestres, font partie du décor et sont acceptés en tant que tels. Il existe de très nombreux sous-genres de la *fantasy.* Parmi eux, on peut citer la *superhero fantasy*, dans laquelle le monde est peuplé de super-héros

(Superman, Spiderman, etc.) ; l'*heroic fantasy*, dans laquelle l'univers est un monde « médiévalisant » peuplé d'elfes, d'orcs, de dragons, et de tout un tas de créatures qui se battent avec des épées et des flèches (ex : *Le Seigneur des anneaux*), ou encore la *dark fantasy* (avec des vampires, des loups-garous, etc.).

La science-fiction est un type de récit structuré par des hypothèses sur ce que pourraient être le futur et / ou les univers inconnus (planètes éloignées, extraterrestres, etc.), en partant des connaissances actuelles (scientifiques, technologiques, ethnologiques, etc.). On parle parfois aussi d'« anticipation ».

Tous ces genres font appel à l'imaginaire et construisent des univers avec leurs propres règles. Les incursions dans le fantastique sont assez fréquentes dans beaucoup de séries anglo-saxonnes, mais nous allons évoquer ici les grandes séries télévisées dont l'univers appartient entièrement à l'un ou l'autre de ces genres « de l'imaginaire », très populaires aux États-Unis et en Grande-Bretagne.

EN FRANCE

En France, *Kaamelott* est une série qui joue avec les codes de l'*heroic fantasy*, et même d'un sous-genre de *fantasy* bien particulier, celui qui est attaché à la légende arthurienne, très populaire dans l'univers des jeux de rôle (*cf.* p. 192 et 319).

Les sagas françaises de l'été (*cf.* p. 130) de 2005-2007, comme *Zodiaque*, *Le Maître du zodiaque*, *Dolmen*… ont également inclus des éléments fantastiques à leurs trames narratives. En 2006, *David Nolande*, sur France 2, raconte les aventures d'un agent publicitaire auquel des Gitans ont jeté un sort et qui doit par conséquent sauver des vies après les avoir « vues » en rêve, sous peine d'assister à la mort de l'un de ses proches. En 2007, France 2 diffuse *Greco*, série dans laquelle un capitaine de la brigade criminelle se découvre le don de communiquer avec les morts après avoir été dans le coma pendant plusieurs semaines.

Bizarres, vous avez dit bizarres ?

L'invention du fantastique sur le petit écran : La Quatrième Dimension

Produite entre 1959 et 1965 par le producteur et scénariste Rod Serling, *La Quatrième Dimension* (*The Twilight Zone*, CBS, 1959-1964, *cf.* p. 21) est une suite de fables, d'histoires fantastiques ou de science-fiction terminées, dans la grande tradition anglo-saxonne de la nouvelle, par une chute aussi ironique que brutale.

Chaque épisode de cette anthologie (*cf.* lexique) est un véritable bijou, avec un scénario au cordeau, des effets spéciaux malins, des effets sonores et visuels inventifs, des acteurs remarquables. Le noir et blanc permet aussi à cette série de mieux vieillir que les séries en couleurs des années 1960.

Archétype du genre fantastique à la télévision, les histoires racontées sont celles de gens ordinaires qu'un événement d'apparence anodine (un pneu crevé, une visite dans un grand magasin) ou un objet étrange (un appareil photo qui donne des clichés d'un futur proche, une machine à écrire) révèlent à eux-mêmes en les faisant basculer temporairement ou définitivement dans la « quatrième dimension ».

Quelques exemples de points de départ d'épisode : pour échapper à l'ennemi, un aviateur de la guerre de 1914-1918 traverse un nuage... et se retrouve dans le ciel des années 1950 ; cinq personnages – un clown, une ballerine, un Écossais joueur de cornemuse, un vagabond et un général – se réveillent dans un puits à ciel ouvert aux parois complètement lisses ; par un hublot, un passager aperçoit un monstre déchirant l'aile de l'avion qui le transporte – mais personne ne le croit ; des extraterrestres suprêmement intelligents viennent apporter sur la Terre la paix et le bonheur – mais à quel prix ?

Outre la volonté affichée d'inquiéter le téléspectateur, *La Quatrième Dimension* lui donnait aussi matière à réfléchir sur de grands sujets philosophiques comme la fragilité de la vie, le pouvoir du mensonge et de la vérité, la frontière ténue entre réalité et fiction, entre bonheur et hypocrisie, etc., mais aussi sur des sujets politiques contemporains comme l'intolérance, l'hystérie anticommuniste, la peur nucléaire... Le prétexte du fantastique permettait de contourner la censure des cadres de la chaîne et / ou des lobbys de téléspectateurs « concernés ». Ainsi, *La Quatrième Dimension* a également insufflé une dimension politique indéniable que l'on retrouve dans toutes les « grandes » séries de science-fiction (*Star Trek* et *Battlestar Galactica*, en particulier).

Grâce à des rediffusions quasi ininterrompues sur les chaînes américaines depuis le milieu des années 1960, *La Quatrième Dimension* a marqué plusieurs générations d'Américains, et fait partie des « grandes références » des scénaristes et réalisateurs (de séries télévisées et / ou de cinéma) anglo-saxons.

Cette anthologie fit l'objet d'un remake sur CBS entre 1985 et 1989, puis sur UPN en 2002-2003. Ces séries n'eurent pas le succès de l'originale, mais certains de leurs épisodes sont néanmoins de grande qualité.

Côté anglais, *Le Prisonnier* (*cf.* p. 85) également a marqué l'histoire du récit fantastique sur le petit écran.

Dead Zone, à la frontière entre le policier et le fantastique

Les années 1960, 1970, 1980 et 1990 sont dépourvues de séries proprement fantastiques ; même si *Twin Peaks* (*cf.* p. 77) comporte beaucoup d'éléments fantastiques, c'est un mélange de nombreux autres genres. *Dead Zone* (CBS, 2002-2005) est un exemple de série récente qui mêle les genres policier et fantastique, mais en penchant quand même largement vers le fantastique. En effet, cette série est construite à partir des personnages d'un roman du même nom du maître de l'horreur Stephen King, dans lequel un homme sortant de six ans de coma se découvre des pouvoirs de médium grâce à la « zone morte » dans son cerveau, qui lui permet d'entrevoir le passé ou le futur en touchant des gens ou des objets. À son réveil, Johnny (Anthony Michael Hall) apprend que sa fiancée a donné naissance à leur enfant mais qu'elle a épousé un autre homme, Walt, shérif de son état. Johnny fait de son mieux pour ne pas perturber leur vie de famille heureuse tout en regardant son fils grandir et occupe l'essentiel de son temps à aider la police (et par conséquent Walt, dont il devient progressivement l'ami, après l'avoir considéré comme un rival) à résoudre des affaires criminelles grâce à ses dons de voyance.

Cette série est globalement structurée comme une série policière classique et fait beaucoup penser à *Medium* (*cf.* p. 208), même si l'atmosphère sombre de la série (dans le ton comme à l'image), la fait davantage pencher vers l'univers fantastique. L'un des épisodes les plus intelligemment construits de cette série est le 15e de la seconde saison, intitulée *Déjà voodoo*, petit bijou d'écriture fantastique. Dans cet épisode, Johnny rencontre une jolie jeune femme (interprétée par Reyko Aylesworth, Michelle dans *24 heures chrono*) au bar d'un restaurant où il attend un ami pour dîner, engage la conversation avec elle et, dès qu'il touche un objet lui appartenant, il a une vision du reste de leur soirée, qui se termine toujours de façon tragique. Après chaque vision, il tente de changer le cours des choses, agit différemment, a une nouvelle vision, etc. La fin de l'épisode, très astucieuse, est digne d'un épisode de *La Quatrième Dimension*.

La Caravane de l'étrange : le fantastique à la sauce HBO

La grande série fantastique récente date des débuts des années 2000 et a été diffusée sur la chaîne câblée HBO.

La Caravane de l'étrange (*Carnivàle*, HBO, 2002-2005) comporte deux saisons de 12 épisodes. Chaque épisode disposait d'un important budget de 4 millions de dollars, ce qui explique en grande partie les qualités cinématographiques assez exceptionnelles de la série. HBO diffusant ses épisodes sans coupures publicitaires, le rythme de cette série (ainsi que de toutes les autres séries HBO) est beaucoup plus lent que celui des séries diffusées sur les *networks* et se rapproche de celui de la narration cinématographique.

La Caravane de l'étrange se passe aux États-Unis en 1934-1935, pendant la Grande Dépression, période reconstituée avec beaucoup de soin grâce à la présence sur le plateau d'un historien. La bande originale comprend aussi un grand nombre de chansons – plus ou moins connues – des années 1930, pour mettre le téléspectateur dans l'ambiance de l'époque.

Dans un univers sec et plein de poussière, cette série fantastique aborde le thème éternel de la lutte entre le bien et le mal, et le questionnement entre la liberté individuelle et le destin, en mélangeant des éléments empruntés à la religion chrétienne et à la franc-maçonnerie (avec les mythes des Templiers, notamment), ainsi que d'autres superstitions populaires (la divination dans les cartes de tarot, les rêves prémonitoires, etc.).

La série comporte deux lignes narratives principales qui finissent par se rejoindre : la première est construite autour d'un jeune homme, Ben Hawkins (Nick Stahl), au don de guérisseur, qui rejoint un groupe de forains et de « monstres » itinérants (un nain, un boiteux, une diseuse de bonne aventure qui communique avec sa mère catatonique par télépathie, un voyant extralucide aveugle, une charmeuse de serpents, un jeune garçon à la force herculéenne, une strip-teaseuse, etc.). Ben est à la recherche d'un homme appelé Henry Scudder, qui lui est apparu en rêve et semble être doté de pouvoirs similaires aux siens ; la seconde ligne narrative est construite autour d'un pasteur méthodiste bien-pensant, Justin Crowe (Clancy Brown), qui se découvre le pouvoir de plier les autres à sa volonté et de leur faire apparaître leurs plus graves péchés sous la forme de visions terrifiantes. Justin et Ben se retrouvent progressivement en conflit l'un avec l'autre.

La Caravane de l'étrange est une série souvent très cryptique, qui a tendance à se perdre dans des intrigues secondaires et manque parfois de cohérence. C'est pour ces raisons ainsi que par son univers très étrange qu'elle peut soit fasciner, soit très rapidement ennuyer, comme la plupart des séries fantastiques et de science-fiction exigeantes.

Elle est régulièrement comparée à *Twin Peaks* ou à *Lost*, séries elles aussi très déconcertantes qui créent un univers réellement à part...

L'énigme Lost

Diffusée sur ABC depuis 2004, *Lost* est une série fantastique qui a séduit quantité de téléspectateurs au départ, pour en « perdre » un certain nombre en cours de route, mais elle continue de fasciner un « noyau dur » de fans, qui s'expriment et émettent des hypothèses sur Internet pour tenter d'interpréter les multiples énigmes que ses créateurs, J. J. Abrams, Jeffrey Liber et Damon

Lindelof, ne manquent pas de semer au fil des 103 épisodes que compte aujourd'hui la série, qui devrait se conclure en 2010 avec une sixième saison.

Au départ, *Lost* raconte les aventures d'un groupe de survivants d'un accident d'avion qui se retrouvent sur une île tropicale, isolés du reste du monde… du moins le pensent-ils au début…

Pendant les trois premières saisons, chaque épisode est centré sur l'un des survivants, dont l'on voit la pupille en gros plan au début de l'épisode, et mêle son « présent » sur l'île et des flash-back de son passé avant le crash. Ensuite, les intrigues se complexifient à l'extrême et impliquent notamment des allers-retours dans le temps, des chronologies alternatives, etc. Des « arcs » narratifs courent également sur toute la saison, voire sur toute la série, et la plupart des épisodes se terminent par des *cliffhangers* intenables.

La série est tournée sur l'île d'Oahu, dans l'archipel d'Hawaï, et est certainement la série la plus chère actuellement en production. Le pilote fut le plus onéreux de l'histoire de la télévision américaine, avec un budget compris entre 10 et 14 millions de dollars (les pilotes coûtent actuellement en moyenne autour de 4 millions de dollars pour les séries dramatiques). Le succès fut au rendez-vous, avec 15 à 16 millions d'Américains devant leur petit écran pendant les trois premières saisons. Ensuite, le nombre de téléspectateurs est descendu à 13 millions, puis 11 millions pour la cinquième saison.

La série comporte un très grand nombre de personnages principaux et se caractérise par sa capacité à en faire disparaître certains (mais cela ne signifie pas qu'ils ne vont pas réapparaître par la suite) et à en ajouter d'autres, ainsi qu'à tisser des connexions inattendues entre eux, que ce soit dans le présent, le passé ou le futur.

L'univers de *Lost* mêle fantastique, théorie du complot, surnaturel et science-fiction, ainsi qu'une multitude de références religieuses, littéraires, cinématographiques, télévisées, à des jeux de rôles, à des jeux vidéo et à d'autres composantes de la « culture *geek* ».

Série exigeante, complexe et qui demande une bonne culture télévisée, *Lost* peut séduire comme rebuter et n'est pas facile d'accès, surtout si on la prend en cours de route…

Ni mort ni vraiment vivant non plus…

Un grand thème des séries fantastiques, souvent à la limite avec la *dark fantasy* (sous-genre de la *fantasy*, qui traite de thèmes sombres et souvent en étroit rapport avec la mort), est la communication avec l'au-delà, ou encore les intersections entre le monde des morts et celui des vivants. Un certain nombre de séries récentes abordent ce thème, sous des angles différents.

Six Feet Under : le blues du croque-mort

Six Feet Under (HBO, 2001-2005) est une très belle série créée par Alan Ball (également créateur de *True Blood*, *cf.* p. 282) qui raconte le quotidien d'une famille de « croque-morts » de Los Angeles. Chaque épisode raconte comment les employés de cette entreprise familiale prennent en charge les funérailles (le nettoyage du corps, le choix du cercueil, l'organisation de la cérémonie, etc.) d'une personne qui décède au début de l'épisode, souvent de façon absurde et tragique, et avec lequel l'un des personnages principaux a souvent une conversation imaginaire. Cette série aborde de front, et sous tous les angles, l'un des grands tabous de nos sociétés contemporaines : la mort.

Compagnon inévitable de la mort, cette série parle aussi essentiellement du deuil, car la famille Fisher est « décapitée » au début de la série par la mort du père, Nathaniel, fondateur de l'entreprise de pompes funèbres dans laquelle il travaillait avec son fils cadet David et sa femme Ruth. Son père disparu, le fils aîné et rebelle Nate revient pour assurer la gestion de l'entreprise avec son frère... Le travail de deuil de la famille Fisher (qui comprend aussi la petite dernière adolescente, Claire) occupe une bonne partie de la série. Car *Six Feet Under* est aussi une chronique familiale, avec des personnages non conventionnels magistralement interprétés par un casting hors pair et servis par des dialogues qui sonnent toujours juste. Si les personnages de SFU côtoient la mort en permanence, la série est également une ode à la vie et à l'amour, dans leur complexité et leur beauté, pleine d'humour noir et avec des passages oniriques et/ou surréalistes, rappelant au téléspectateur que le pire n'est peut-être pas de mourir, mais bien d'oublier de vivre...

Dead Like Me, série pince-sans-rire et désenchantée

Série du câble diffusée sur Showtime entre 2003 et 2004, *Dead Like Me* est une série pince-sans-rire qui raconte les aventures d'une jeune fille de 18 ans, Georgia (Ellen Muth), tuée dans le premier épisode par la cuvette des toilettes d'une navette spatiale tombée du ciel (!), et qui devient une « faucheuse » dont le métier est de séparer l'âme et le corps des personnes juste avant leur mort (par accident, meurtre ou suicide), pour faciliter leur passage dans l'au-delà et empêcher qu'elles se retrouvent en enfer.

Elle est « adoptée » par un petit groupe d'autres faucheurs et reçoit un « nouveau corps » pour passer inaperçue aux yeux des mortels. Des intrigues secondaires décrivent comment sa famille (son père, sa mère et sa petite sœur) fait son deuil. Tous les personnages de cette série sont atteints de dépression, qu'ils gèrent d'une façon ou d'une autre. Le thème principal de la série est le deuil, en particulier après une mort violente.

Tru Calling : toute vie doit-elle être sauvée ?

Tru Calling (Fox, 2003-2005) apparaît comme l'exact opposé de *Dead Like Me*. En effet, Tru (Eliza Dushku, Faith dans *Buffy contre les vampires, cf.* p. 280, et actuellement Echo dans *Dollhouse, cf.* p. 278) a pour particularité de recevoir des « appels » de personnes récemment décédées (elle travaille dans une morgue, ce qui facilite les communications…), qui la font revenir une journée en arrière pour lui permettre de renverser le cours des événements et les empêcher de mourir. Pour compliquer les choses, à partir du milieu de la première saison, Tru doit affronter Jack Harper (Jason Priestley, « le » Brandon de *Beverly Hills, cf.* p. 134), dont la mission est à l'inverse de s'assurer que ces personnes vont bien mourir comme prévu, et préserver ainsi « l'ordre du monde » et « le cours des choses ». Cet affrontement pose en permanence la question du rapport de l'individu au groupe et de savoir s'il est moral de perturber l'ordre établi pour sauver la vie d'une seule personne.

Ces deux séries, très sombres, n'ont pas réussi à séduire un public suffisant pour être rentables et ont été abandonnées à la fin de leur deuxième saison.

Ghost Whisperer : le deuil réparateur

Ghost Whisperer (CBS, depuis 2005) suit les aventures de Melinda Gordon (Jennifer Love Hewitt, découverte dans *La Vie à cinq*), qui a le don de voir et d'entendre les fantômes. Ces derniers viennent habituellement à elle pour qu'elle les aide à faire passer un message aux survivants, ce qui leur permet en général de faire le deuil de l'être disparu et de mener une vie plus heureuse, tandis que le fantôme peut enfin rejoindre l'au-delà. Des éléments feuilletonesques liés à la vie personnelle de Melinda et de son mari, Jim (David Conrad), ses multiples secrets de famille ainsi que la vie de ses amis structurent chaque saison.

Cette série, beaucoup plus légère et rassurante que les deux précédentes, entre actuellement dans sa cinquième saison et, malgré une diffusion le vendredi soir (soir où les audiences télé sont les plus faibles aux États-Unis), séduit entre 10 et 11 millions d'Américains chaque semaine. Les fans de cette série sont très actifs sur le Net.

Quand Amélie Poulain rencontre La Faucheuse : Pushing Daisies

L'univers créé pour cette série était tout à fait original à la télévision américaine, avec une voix off et un monde plein de couleurs et de personnages bizarres qui rappellent furieusement les films de Caro et

Jeunet, ou encore ceux de Tim Burton (*Big Fish* en particulier). *Pushing Daisies* raconte l'histoire de Ned, un jeune homme qui a le don de ressusciter les morts en les touchant. Mais, s'il ne les retouche pas dans la minute qui suit leur résurrection, les remettant définitivement parmi les morts, une autre personne, qui se trouve à proximité, meurt. Ned tient un restaurant spécialisé dans les tartes aux fruits et aide à ses heures perdues un détective privé qui a découvert son don, en demandant simplement aux victimes qui les a tuées, puis en les rendant au royaume des Ombres.

La vie de Ned pourrait être simple si, au cours du premier épisode, l'une des victimes qu'il vient interviewer n'était pas Chuck, son amour d'enfance qu'il n'a jamais pu oublier. Ned se retrouve donc incapable de la « remettre dans le royaume des Morts », ce qui a pour conséquence à court terme de tuer quelqu'un d'autre, et à long terme de l'empêcher totalement de toucher la jolie Chuck, car sinon elle mourra « pour de vrai ». Chuck s'installe immédiatement dans sa vie, personnelle et professionnelle, mais leur histoire d'amour est condamnée à n'être que strictement platonique.

Pushing Daisies se caractérise par la fantaisie la plus débridée, notamment dans la description des sentiments (qu'ils soient nobles ou très noirs) et des objets, un décor ultra-coloré, une atmosphère de conte parfaitement assumée, et le traitement de thèmes assez sombres comme le deuil, la jalousie, la vengeance et la difficulté à devenir adulte.

Malgré un excellent démarrage (24 millions de téléspectateurs aux États-Unis) et des critiques dithyrambiques, *Pushing Daisies* perdit des téléspectateurs d'épisode en épisode, avec une moyenne de 9,5 millions pour sa première saison, puis de 6 millions pour la seconde.

Des thèmes aussi sombres que la mort sont difficiles à traiter sous le mode de la série télévisée, et le plus bel exemple de réussite est la très belle *Six Feet Under* (*cf.* p. 267).

Fées, sorcières, immortels et démons

L'intrusion de la *fantasy* dans les séries télévisées américaines est un trait fréquent de ces fictions, notamment dans les comédies familiales des années 1960 (*cf.* p. 153). Des séries récentes ont décrit également des univers dans lesquels les sorcières, les sorts, les pouvoirs magiques sont considérés comme « normaux ». Nous allons aborder ici quelques-unes de ces séries, dont l'atmosphère est plutôt légère, et qui s'adressent en priorité à un public plutôt jeune.

Les sorcières féministes de Charmed

Charmed (WB, 1998-2006) raconte les aventures des sœurs Halliwell dans le San Francisco d'aujourd'hui, qui ont la particularité d'être de puissantes sorcières, chacune avec des dons spécifiques et qui sont pratiquement invincibles quand elles combattent ensemble les forces démoniaques. Toutefois, comme dans la plupart des séries de *fantasy* situées à l'époque contemporaine, les sœurs Halliwell cachent du mieux qu'elles le peuvent leurs pouvoirs surnaturels au reste du monde (et surtout à ceux qui ne « croient pas » à la magie).

Charmed est la seule série à avoir embauché un « démonologiste » (un spécialiste des démons, de la magie noire et blanche et des forces occultes) pour superviser l'écriture des scénarios.

Pendant les trois premières saisons, les sœurs Halliwell sont Prue (Shannen Doherty), qui a le pouvoir de télékinésie (déplacer les objets par la force de la pensée), Piper (Hollie Marie Combs), qui a le pouvoir de faire exploser ou de « bloquer » les objets, et de paralyser ou repousser les personnes, et Phoebe (Alyssa Milano), qui a des dons de prémonition et de lévitation. Shannen Doherty a quitté la série à la fin de la troisième saison et est remplacée par Rose McGowan, qui joue Paige, une demi-sœur « cachée » qui a des pouvoirs similaires à ceux de Prue et qui est aussi à demi « être de lumière » (l'un des types de créatures surnaturelles rencontrées dans la série), ce qui lui permet de se téléporter et d'emmener d'autres personnes avec elle, mais aussi de guérir, en particulier les blessures causées par des forces magiques.

En plus de leurs dons, les sœurs Halliwell possèdent Le *Livre des ombres*, un recueil d'incantations transmis de génération en génération dans leur famille, qui leur permettent de lancer ou d'annuler des sorts, de concocter des potions, de combattre les démons, etc. Pendant les deux premières saisons, les épisodes racontent comment les sœurs Halliwell viennent à bout du « démon de la semaine », mais ensuite les intrigues se complexifient, des « arcs » sont développés sur plusieurs épisodes, parfois sur une saison entière, et leurs vies personnelles créent des éléments de plus en plus feuilletonesques, voire « soapesques ».

Charmed est la plus longue série dramatique dont tous les personnages principaux sont des femmes. Cet aspect féminin donne même un ton résolument féministe aux deux ou trois premières saisons de la série, où les sœurs Halliwell se présentent comme des femmes indépendantes, puissantes, et que la nécessité de garder leurs pouvoirs magiques secrets empêche de nouer des relations sérieuses avec les hommes. Les personnages masculins apparaissent aussi souvent clairement comme des « objets sexuels » : du maçon sexy venu faire des travaux chez elle à l'officier de police en passant par leur collègue de bureau, un pompier, le type « du câble » ou celui « du téléphone », etc.

Mais, à partir de la troisième saison, cet aspect féministe faiblit, même si les histoires mettant en scène des sorcières restent traditionnellement des métaphores féministes et que le sous-texte sexuel est évident pour ceux qui veulent le décoder, et les sœurs Halliwell deviennent toutes plus ou moins engagées dans des relations amoureuses sérieuses, qui évoluent plus ou moins bien, se marient, deviennent mères, etc.

À partir de la troisième saison, Piper entame une relation sérieuse avec Léo, qui se révèle un « être de lumière » envoyé par des forces magiques supérieures pour protéger les sœurs Halliwell. Ils finiront par se marier et avoir deux enfants. À partir de la saison 5, un grand nombre d'intrigues tournent autour de la grossesse, puis de la maternité de Piper, qui met au monde un bébé extrêmement puissant et convoité par les forces obscures. On retrouve là une intrigue classique des soaps américains avec une mère qui a constamment peur qu'on lui « vole » son bébé.

L'une des intrigues principales des saisons 3 à 5 est la relation amoureuse tumultueuse entre Phoebe et Cole Turner (Julian MacMahon), qui se révèle être un démon maléfique et « vole » son fils à Phoebe pour le confier aux forces du mal.

Comme toutes les séries de *fantasy*, l'univers magique n'est qu'un prétexte pour parler de sentiments et de personnalités très « humains ».

Hercule et Xena la guerrière : des séries d'heroic fantasy

Hercule (*Hercules: The Legendary Journeys*, USA, 1995-1999) est une série racontant les aventures du demi-dieu Hercule dans un univers mêlant des éléments « antiquisants », « égyptisants » et « médiévalisants », et n'ayant qu'un rapport lointain et libre avec la mythologie grecque. Le second degré et les éléments comiques abondent dans cette série légère.

Hercule (Kevin Sorbo) est dans cette série un personnage bon et loyal, qui parcourt la Grèce pour venir en aide à ceux qui en ont besoin, accompagné de son fidèle ami Iolaus (Michael Hurst). Les deux premières saisons sont composées d'épisodes indépendants, lors desquels on croise souvent d'autres personnages – librement – inspirés de la mythologie grecque : la déesse de l'Amour Aphrodite est ainsi l'archétype de la blonde écervelée à forte poitrine... À partir de la saison 3, les éléments feuilletonesques se multiplient et le personnage prend de l'épaisseur, notamment dans sa confrontation avec son demi-frère maléfique Arès, le dieu de la Guerre, et dans sa recherche de l'amour et de la reconnaissance paternelle (Hercule est le fils de Zeus). Un certain nombre d'intrigues développent aussi les thèmes classiques des histoires de « super-héros », autrement dit une réflexion sur le pouvoir, la responsabilité et le statut du « héros » face au reste du monde.

Xena la guerrière (*Xena: The Warrior Princess*, Syndication, 1995-2001) est un *spin-off* d'*Hercule*, car le personnage de Xena (Lucy Lawless), guerrière brune à très forte poitrine, apparaît pour la première fois dans cette série. L'univers de *Xena* est ainsi très semblable à celui d'*Hercule*, mêlant éléments « antiquisants », « égyptisants » et « médiévalisants » avec beaucoup de second degré. Xena est une simple paysanne devenue une guerrière redoutable, puis une « princesse » pour venger le meurtre de sa famille.

Xena est une série ultra-féministe. En effet, hétérosexuelle au départ, Xena se tourne de plus en plus souvent, puis exclusivement, vers les femmes, avec lesquelles elle vit soit des aventures amoureuses (en particulier avec Gabrielle, une barde interprétée par Renée O'Connor), soit des combats à mort. Les personnages masculins s'effacent de plus en plus, et les épisodes sont souvent des réécritures au féminin de grands mythes de l'Antiquité : l'*Odyssée*, le combat entre David et Goliath, l'histoire de Cléopâtre, etc.

ÉTONNANT

Xena la guerrière a été l'une des premières séries à avoir une communauté de fans très active sur Internet, et c'est sous leur influence que l'aspect lesbien et ultra-féministe des intrigues a été développé.

S'il ne doit en rester qu'un : Highlander

Highlander (TF1 puis M6, 1992-1998) est une coproduction franco-canadienne anglophone à destination des publics européen et américain. Son univers s'appuie sur les films du même nom, avec Christophe Lambert (le premier date de 1986) dans le rôle principal, au sein desquels des Immortels s'affrontent à l'épée depuis la nuit des temps « jusqu'à ce qu'il n'en reste qu'un ». Christophe Lambert incarnait Connor MacLeod, un Immortel né en Écosse, d'où son surnom de « Highlander ». La série a pour personnage principal son cousin Duncan (Adrian Paul), et Christophe Lambert fait une apparition dans le premier épisode pour marquer la continuité entre les films et la série. Cette continuité est également marquée par le générique, qui est le même pour la série que pour le film de 1986 : *Princes of the Universe*, du groupe Queen.

Les Immortels sont des « superhumains » qui ont la particularité d'être stériles, de ne pas vieillir après leur « première mort » et de ressusciter chaque fois qu'ils sont tués (sauf s'ils sont décapités). Lorsqu'un Immortel en décapite un autre, il récupère toute sa puissance et ses expériences passées. Les Immortels sont observés par des « Observateurs », qui chroniquent leurs aventures pour la postérité, mais ils sont également poursuivis par des « Chasseurs », un groupe de mortels qui souhaitent les exterminer.

La plupart des épisodes ont lieu soit à Vancouver, soit à Paris, et les flash-back du passé de MacLeod (qui a déjà vécu quatre cents ans au moment où la série commence) reconstituent différents épisodes et « ambiances » de l'histoire. Les épisodes sont tous construits autour de l'affrontement de Duncan à l'épée (dans des scènes de combat bien chorégraphiées) avec « le vilain de la semaine », même si certains « vilains » viennent hanter plusieurs épisodes. Les éléments feuilletonesques proviennent des histoires d'amour de MacLeod avec de jeunes femmes mortelles ou immortelles, ainsi que de ses relations d'amitié.

En 1998-1999, *Highlander* donna naissance à une série *spin-off*, *L'Immortelle*, centrée sur le personnage d'Amanda (Elizabeth Gracen), une Immortelle cleptomane qui avait un rôle secondaire important dans la série d'origine.

En 2000, le film *Highlander: Endgame*, le quatrième de la série au cinéma, met en scène les deux cousins MacLeod, interprétés par Christophe Lambert et Adrian Paul. En 2007, *Highlander: The Source* (sorti directement en DVD) comprend uniquement Adrian Paul dans le rôle de Duncan McLeod.

Supernatural ou le douloureux passage à l'âge adulte

Supernatural (WB puis CW, depuis 2005) raconte les aventures de deux frères, Dean (Jensen Ackles, vu dans *Smallville*, *cf.* p. 276), l'aîné cynique, et Sam (Jared Padalecki, vu dans *Gilmore Girls*), le cadet au grand cœur, qui combattent les forces du mal dans tous les États-Unis, cherchant dans le même temps à retrouver leur père et le démon qui a décimé leur famille. La première saison comporte très peu d'éléments feuilletonesques et voit Dean et Sam affronter le « démon de la semaine » et sauver la « blonde du jour », dans des atmosphères très inspirées des films d'horreur classiques et des légendes urbaines. À partir de la deuxième saison, la série change totalement de formule, sous l'influence d'une nouvelle équipe de scénaristes : les éléments feuilletonesques sont désormais omniprésents, et la quête familiale devient le moteur principal des pérégrinations des deux frères. Les personnages s'étoffent, des personnages secondaires importants apparaissent, et l'univers s'enrichit d'une mythologie propre et d'un second degré de bon aloi dans cette atmosphère crépusculaire (très bien rendue à l'image). *Supernatural*, série destinée en priorité aux adolescents, leur fait, comme *Buffy contre les vampires* (*cf.* p. 280), le compliment de ne pas les prendre pour des imbéciles et de traiter souvent avec beaucoup de sensibilité de la difficulté du passage à l'âge adulte et de la complexité des relations familiales.

Super-héros en série

Un des sous-genres de la *fantasy* est la *superhero fantasy*, qui raconte les aventures de super-héros, parfois issus de *comics* existants, parfois inventés par les créateurs de série.

L'adaptation télévisée de super-héros : Superman sous toutes les coutures

L'adaptation de la vie des super-héros « classiques » est une tendance affirmée de ces dernières années au cinéma, un sous-genre à part entière des dessins animés américains, mais les adaptations de super-héros traditionnels sur le petit écran en séries télévisées jouées par des acteurs de chair et d'os n'ont pas été si nombreuses que ça, sans doute parce que les budgets manquent pour les effets spéciaux nécessaires à ce genre d'histoire. Dans les années 1970, *Wonder Woman* et *Hulk* (*cf.* p. 66) ont eu droit à leur adaptation en séries, mais celles-ci ont très mal vieilli et apparaissent aujourd'hui extrêmement kitsch.

Les Aventures de Superman

Le plus intéressant à retracer dans cette sous-catégorie est l'histoire des multiples réinterprétations du mythe de Superman sur le petit écran. En effet, Superman est le premier super-héros à avoir eu « sa » série télévisée, de 1952 à 1958 sur ABC, avec *Les Aventures de Superman*, et fait encore aujourd'hui l'objet d'une série à succès avec *Smallville* (WB puis CW, depuis 2001).

Les Aventures de Superman (*Adventures of Superman*, ABC, 1952-1958) étaient une série en noir et blanc jusqu'en 1954, puis tournée en couleurs dès 1955 (!), à une époque où les postes de télévision américains recevaient encore en noir et blanc, car les producteurs de la série prévoyaient déjà la rediffusion de leur création pendant plusieurs années. Comme la plupart des séries des années 1950, *Les Aventures de Superman* avaient été un feuilleton radiophonique de 1940 à 1951. Pendant la même période, Superman avait aussi été le héros de « films sériels » au cinéma.

Dans cette première série télévisée, George Reeves interprétait Superman, rôle qu'il avait déjà endossé au cinéma dans un film de série B de 1951, *Superman and the Mole Men*.

La tragique histoire de George Reeves a été racontée dans *Hollywoodland* (2006) d'Allen Coulter, avec Ben Affleck.

Les Aventures de Superman sont une adaptation classique de la bande dessinée créée en 1938 par Jerry Siegel et Joe Schuster, racontant le combat de Superman contre le crime, ainsi que sa vie de journaliste en tant que Clark Kent et ses amours compliquées avec sa collègue Lois Lane (Phyllis Coates), au caractère bien trempé. La série, destinée en priorité au jeune public, était sponsorisée par les céréales Kellogg's. Toutefois, les scènes de violence étaient nombreuses, surtout dans la première saison, avec quelques « méchants » qui mouraient à l'écran et des combats épiques. À partir de la deuxième saison, puis surtout de la troisième, le ton devint plus franchement comique et la violence moins présente et moins crédible. Les effets spéciaux étaient très élaborés pour l'époque, avec un Superman que l'on voyait littéralement s'envoler, voler et atterrir, grâce à un mécanisme de poulies et de câbles d'abord, puis un système de tremplin à ressort pour le décollage et des scènes filmées devant des décors en trompe-l'œil ainsi que d'ingénieux effets de caméras pour les scènes de « vol ».

La série, conformément aux prédictions de ses producteurs, a été rediffusée à de très nombreuses reprises à la télévision américaine et a marqué des générations d'Américains. En France, elle n'a été diffusée pour la première fois qu'à la fin des années 1980, sur Canal Plus.

Superman fit ensuite l'objet d'adaptations en dessins animés dans les années 1960 et à la fin des années 1990, et également d'une adaptation mineure en série « de chair » à la fin des années 1980, avec *Superboy* (Syndication, 1988-1992), en épisodes d'une demi-heure retraçant les années d'étudiant de Clark Kent dans une université de Floride (car la série était tournée là-bas).

Lois et Clark

Mais la grande réadaptation du mythe eut lieu dans les années 1990, avec *Lois et Clark* (*Lois & Clark: The New Adventures of Superman*, ABC, 1993-1997) avec Teri Hatcher (future Susan dans *Desperate Housewives*) et Dean Cain dans les rôles-titres.

Il n'est pas anodin que le titre de la série mentionne Lois en premier puis désigne Superman sous son prénom « humain ». En effet, Superman est ici davantage la métaphore des fantasmes féminins autour d'un prince charmant idéal, inaccessible et sans défauts, qu'un super-héros traditionnel. Ce n'est pas lui le personnage central de la série, qui parle avant tout de la relation entre Lois et Clark Kent, et du dilemme de cette jeune femme indépendante, brillante et romantique qui préfère rêver à un homme idéal plutôt que de voir l'amour qu'un homme réel (et forcément imparfait) lui porte. En cela, *Lois et Clark* est bien plus une réflexion sur la difficulté des rapports hommes-femmes dans l'ère postféministe qu'une simple redite des aventures de Superman.

Smallville

Smallville (WB puis CW, depuis 2001) commence lorsque le jeune Clark Kent (Tom Welling) est au lycée. Il s'agit en quelque sorte de la « préhistoire » du mythe de Superman. Clark n'est pas encore un super-héros. Il possède déjà certains pouvoirs – dont une force surhumaine – et en découvre d'autres au fil du temps, qu'il doit cacher à son entourage (sauf à ses parents adoptifs, qui l'aiment tel qu'il est mais essaient avant tout de lui inculquer de solides valeurs morales… humaines). Depuis, neuf saisons, la série raconte la genèse d'un super-héros, faisant énormément de références au « mythe » : films, *comic books*, etc. Les éléments du mythe se mettent progressivement en place (la kryptonite, la forteresse de Solitude, Jor-El, etc.)

Le plaisir de la série provient du fait que l'on « sait » déjà qui Clark va devenir, quelles seront ses relations à l'âge adulte avec Lex Luthor (son futur grand ennemi, avec lequel il a une relation d'amitié compliquée dans la série), ou encore avec Lois Lane (qui n'apparaît qu'à partir de la quatrième saison). Mais *Smallville* est aussi une réflexion sur l'adolescence (l'essentiel des épisodes des trois premières saisons se passe dans le cadre d'un lycée, avec ses joueurs de football américain, ses pom-pom girls, ses ados mal dans leur peau) avec des superpouvoirs (qui ne sont pas réservés à Clark), qui sont autant de métaphores des émois et des fantasmes de l'adolescence.

À partir de la saison 2, Clark se lance aussi dans la quête de ses origines et lutte entre son identité « innée » (la mission que son père extraterrestre, le mystérieux et inquiétant Jor-El, lui a confiée) et son identité « acquise » (son amour pour ses parents adoptifs, les valeurs qu'ils lui ont inculquées, son désir de s'intégrer à la société des hommes mais son impossibilité d'y apparaître tel qu'il est vraiment, etc.). Clark est de plus en plus hanté par les secrets qu'il est obligé d'avoir à l'égard de ses amis et de la jeune fille dont il est éperdument amoureux – Lana Lang (Kristin Kreuk).

Au fil des saisons et avec l'entrée dans l'âge adulte, l'atmosphère se fait de plus en plus sombre, les dilemmes face auxquels se retrouve Clark de plus en plus cornéliens, les deuils de plus en plus douloureux.

Réflexion sur les responsabilités liées au pouvoir (surnaturels, de l'argent, de l'intelligence, etc.) et récit d'un passage douloureux à l'âge adulte, *Smallville* est à la fois une série faite pour ravir les fans de Superman de la première heure, mais aussi une série de *superhero fantasy* qui crée sa propre mythologie et enrichit le mythe depuis 175 épisodes (à l'heure où nous écrivons), incluant notamment des éléments de mythologie amérindienne dans l'histoire de Kal-El (nom kryptonien de Superman), des tas de « superméchants » et développant les histoires individuelles des personnages qui entourent Clark Kent.

L'invention de super-héros pour la télévision

Outre la réinterprétation de mythes classiques autour des super-héros, la télévision américaine a également créé de toutes pièces ses propres super-héros, dont les superpouvoirs trouvent le plus souvent leur origine dans l'intervention humaine plutôt que dans une explication surnaturelle, ce qui rapproche la plupart de ces séries de l'univers de la science-fiction davantage que de celui de la *superhero fantasy*.

Les super-héros technologiques

Depuis les années 1970, de nombreux super-héros ont vu le jour à la télévision américaine, qui sont en fait des êtres humains « améliorés » par la technologie. Dans les années 1970, *L'Homme qui valait 3 milliards* (*The Six Million Dollar Man*, ABC, 1974-1978) et son équivalent féminin *Super Jaimie* (*The Bionic Woman*, NBC, 1976-1978) sont deux justiciers au service des États-Unis, car un service gouvernemental secret les a sauvés de terribles accidents en leur greffant des membres bioniques et en les dotant de sens surdéveloppés. Ces séries sont surtout des séries d'action et offrent peu de réflexion sur le « statut » de super-héros. (*Super Jaimie* a fait l'objet d'un remake sur NBC en 2007 sous le titre *Bionic Woman*, mais la série s'est arrêtée au bout de 8 épisodes, faute de public).

Dans les années 1980, on voit des héros devenir « super » non pas grâce à des améliorations internes, mais grâce à la maîtrise d'un véhicule hors du commun : une voiture qui parle et réfléchit dans *K 2000* (*Knight Rider*, NBC, 1982-1986), un hélicoptère bourré de gadgets dans *Supercopter* (CBS, 1984-1986) ou alors une moto ultra-puissante dans *Tonnerre mécanique* (*Street Hawk*, ABC, 1986). Là encore, ces séries sont davantage des séries d'action que de réflexion.

À partir de la fin des années 1990, le récit de super-héros « technologique » présente davantage de sensibilité et d'humanité. *Un agent très secret* (*Now & Again*, CBS, 1999-2000) raconte l'histoire de Michael Wiseman, un agent d'assurances obèse d'une bonne quarantaine d'années qui meurt renversé par une rame de métro, mais dont le cerveau est récupéré par le gouvernement américain et placé dans un corps technologiquement amélioré (sens hyper-développés, force surhumaine, etc.)... qui à l'apparence d'un très beau jeune homme de 27 ans (Eric Close, Martin dans *FBI Portés disparus*). Cette série aurait pu être *L'Homme qui valait 3 milliards bis* si cet agent d'assurances n'était pas éperdument amoureux de sa femme et très attaché à leur fille adolescente, ces dernières ayant des rôles importants dans la série, car bien évidemment il entre en contact avec elles dans son « nouveau corps », sans pouvoir leur révéler qui il est... Au final, *Un agent très secret* est surtout une série sentimentale, avec des acteurs formidables (et notamment Dennis Haysbert, futur David Palmer de *24 heures chrono*, dans le rôle du gardien-mentor du « nouveau » Michael).

Dark Angel (Fox, 2000-2002) est une série de science-fiction créée par James Cameron (le réalisateur des deux premiers *Terminator* au cinéma) et Charles H. Eglee, à la suite de l'échec de Cameron de parvenir à adapter *Spiderman* au cinéma. Cette série raconte les aventures de Max Guevara (Jessica Alba), une « super-soldat » améliorée génétiquement qui a échappé à l'armée et vit dans un Seattle dévasté par l'explosion d'une bombe électromagnétique qui a détruit (pratiquement) tous les systèmes électriques et électroniques de l'ensemble du territoire américain. Dans cette ambiance postapocalyptique, Max, héroïne postféministe, poursuit sa propre quête des origines, recherchant ses « frères et sœurs » génétiquement modifiés, et tentant de comprendre dans quel but le gouvernement s'est livré à de telles expériences.

Tout récemment, l'univers créé par James Cameron avec la série cinématographique des *Terminator* a été adapté en série télévisée. Depuis 2008 sur la Fox, *Terminator: The Sarah Connor Chronicles* (*TSCC*) raconte la fuite de Sarah et John Connor à travers les États-Unis pour éviter d'être à la fois arrêtés par la police (car ils sont hors-la-loi) et repérés par de « méchants cyborgs » venus du futur. Ils sont protégés par une jeune, très jolie et « gentille » cyborg, baptisée Cameron (un hommage des scénaristes au réalisateur des deux premiers films). En effet, comme dans le cycle cinématographique, le jeune John Connor deviendra, à l'âge adulte, le leader de la résistance des humains contre les machines qui ne vont pas tarder à conquérir « notre » monde. Le personnage principal reste néanmoins Sarah (Lena Headey) dans le rôle d'une mère célibataire surentraînée prête à tout pour protéger et défendre son fils.

Enfin, la série télévisée américaine la plus récente à avoir mis en scène des êtres humains « modifiés » par la science est *Dollhouse* (Fox, depuis 2009), de Joss Whedon (*cf.* p. 280 et 301). Cette série raconte les aventures de jeunes gens « vidés » de leur personnalité et qu'une équipe de scientifiques peut reprogrammer à loisir en fonction des besoins de leurs richissimes clients. Cette série, moins facile d'accès que les précédentes, ouvre des pistes de réflexion sur l'humanité, l'identité, le vrai et le faux en matière de sentiments et de relations, et est aussi une belle métaphore du jeu de l'acteur et de la différence parfois ténue entre « soi » et le « personnage ».

Tout récemment (octobre-novembre 2009), Canal Plus a produit une série originale abordant des thèmes proches de ceux de *Dollhouse*. *Kali* (Canal Plus, 2009) raconte l'histoire d'une jeune femme dont des scientifiques ont « effacé » la personnalité et amélioré les performances physiques pour en faire une machine de guerre, mais la « créature » échappe à ses maîtres et part en quête de son identité (celle qu'elle a perdue, mais aussi celle qu'elle est libre de s'inventer).

La réinvention des super-héros

Les 4400 (USA, 2004-2007) racontent le retour sur Terre de 4400 personnes disparues mystérieusement au cours des soixante dernières années et dont une partie développe des pouvoirs extraordinaires. Cette odyssée collective, mettant en scène une multitude de personnages, mêle récit apocalyptique, mythologie des super-héros et théorie du complot, autour d'une interrogation principale sur les rapports entre l'individu et le groupe, entre les intérêts particuliers et le bien collectif, avec comme enjeu rien moins que l'avenir de l'humanité...

On retrouve cette même thématique dans *Heroes*, série diffusée sur NBC depuis 2006, qui revisite également la thématique des super-héros.

Elle est centrée non pas sur un seul super-héros, mais elle aussi sur une multitude d'individus se découvrant des pouvoirs extraordinaires (voyager dans le temps et dans l'espace, voler, guérir très rapidement, devenir invisible, contrôler les esprits, geler par le toucher, etc.). Les questions récurrentes de la série sont, entre autres : que faire lorsque l'on est extraordinaire ? Quelles sont les responsabilités associées au pouvoir ? Qu'est-ce que le bien, qu'est-ce que le mal ? Doit-on partager ses pouvoirs ou alors les contrôler ou les éliminer ? *Heroes* crée un univers extrêmement complexe, avec de multiples chronologies, des intrigues qui se croisent et se décroisent, et mélange les genres et les influences : thriller, horreur, action, soap, mangas, *comic books*, jeux vidéo, jeux de rôle, religion, philosophies occidentales et orientales, etc., au risque de perdre les téléspectateurs (près de 14 millions de téléspectateurs pour la première saison, mais plus que 11 millions pour la deuxième, et à peine 7,5 pour la troisième) et de perdre de vue la cohérence de l'ensemble. Néanmoins, *Heroes* est sans doute, avec *Lost*, (*cf.* p. 265), l'une des deux séries actuelles les plus complexes en matière de structure narrative et les plus intrigantes pour le téléspectateur.

La série est également déclinée en bandes dessinées sur le Web et dans les librairies, qui étoffent encore l'univers de *Heroes* et ravissent les fans.

Du sang ! Les séries de vampires

Parmi les créatures de *dark fantasy*, le vampire est la créature qui a le plus de succès ces derniers temps. Le mélange d'immortalité, d'horreur et de fantasmes sexuels associés à la figure du vampire fascine les romanciers, les réalisateurs et les scénaristes depuis plus d'un siècle. À la télévision, *Dark Shadows* (*cf.* p. 114) rendit un personnage de vampire extrêmement populaire dans les années 1970.

Buffy contre les vampires

C'est à la fin des années 1990 que la figure du vampire redevient extrêmement populaire à la télévision, en particulier auprès des adolescents, qui sont structurellement à un âge où ils sont fascinés par le sexe et la mort. *Buffy contre les vampires* (*Buffy the Vampire Slayer*, WB puis UPN, 1997-2003) est rapidement devenu une série culte, avec fans dévoués, festivals et séminaires consacrés à l'étude et à l'interprétation du « Buffyverse » (contraction de Buffy et d'« univers » en anglais), créé par Joss Whedon (*cf.* p. 280 et 301).

Buffy contre les vampires raconte le passage à l'âge adulte de Buffy (Sarah Michelle Gellar), adolescente blonde et pétillante qui a comme hobby de combattre la nuit les vampires, les démons et autres créatures maléfiques qui menacent la petite ville californienne de Sunnydale (qui se trouve être située en plein sur la « bouche de l'Enfer ! »), grâce à une force surhumaine. Buffy est en effet « la Tueuse », et elle est aidée dans sa mission par Giles, son mentor, qui est aussi le bibliothécaire du lycée, et par ses fidèles amis, en particulier Willow (Alysson Hannigan) et Alex (Nicholas Brendon), qui forment le « Scooby-Gang ».

Joss Whedon, auteur culte de séries télévisées

Né en 1964, Joss Whedon est fils et petit-fils de scénaristes de télévision. *Buffy contre les vampires* est la première série qu'il a créée pour la télévision, à 33 ans à peine, et a d'emblée imposé un style unique : un mélange de réalisme et de *fantasy*, avec des dialogues enlevés truffés de références à la *pop culture* et qui prennent beaucoup de libertés avec la structure classique de la langue américaine, inventant ou transformant des noms, des verbes et des adjectifs tout en restant très compréhensibles. Sur le fond, Whedon se revendique comme « féministe » et donne dans la plupart de ses créations les rôles les plus importants à des femmes, décrivant leur psychologie avec beaucoup de finesse. Il se revendique en outre athée, existentialiste et humaniste, et ces conceptions philosophiques se retrouvent dans la plupart de ses œuvres.

Avec *Buffy*, puis *Angel* (*cf.* p. 281), *Firefly* (*cf.* p. 289) et *Dollhouse* (*cf.* p. 278), il a créé à la télévision un véritable univers, travaillant très souvent avec les mêmes acteurs et les mêmes scénaristes. Whedon est un auteur ultra-respecté, voire adulé, dans la communauté des fans de science-fiction et de fantastique, et ce statut très particulier explique en grande partie pourquoi la Fox a commandé une deuxième saison de *Dollhouse*, malgré une première saison décevante en termes d'audimat.

La série trouve son originalité dans le mélange de préoccupations très adolescentes puis « adulescentes » (Buffy et ses amis sont lycéens pendant les trois premières saisons, et étudiants ou dans la vie active pendant les quatre suivantes) avec des thèmes tirés de la *dark fantasy*. Buffy et ses amis combattent en effet de très nombreuses créatures maléfiques issues de divers légendes et œuvres littéraires ou films de cinéma, et leur monde est peuplé, outre de vampires, de loups-garous, de puissantes sorcières, de zombies, etc.

Mais, derrière ces aspects légers, *Buffy* traite de nombreux thèmes graves comme le deuil, le passage à l'âge adulte, l'engagement, l'homosexualité, les relations parents-enfants, la différence, la maladie... et les « monstres » sont toujours des métaphores assez transparentes des thèmes qui sont réellement abordés. Aux yeux de tous les critiques de séries télévisées, *Buffy* est un petit bijou dont la valeur est bien supérieure à celle d'une simple « série pour ados avec des vampires dedans ».

À partir de 1999, le personnage d'Angel (David Boreanaz, actuellement dans *Bones*), le premier petit ami de Buffy, un vampire torturé par son âme humaine, devient le héros de sa propre série. *Angel* (WB, 1999-2004), toujours créé par Joss Whedon, est plus sombre (puisque Angel ne peut vivre que la nuit !), plus « mâle » et plus « adulte » que *Buffy contre les vampires*, et raconte les aventures de son personnage principal à Los Angeles, en quête de rédemption pour son passé de monstre sanguinaire. Angel y devient détective privé et protège les plus faibles face aux forces démoniaques ou tout simplement face à des humains eux aussi démoniaques. Les *cross overs* entre *Buffy* et *Angel* sont très nombreux, et un grand nombre de personnages passent d'une série à l'autre, enrichissant l'univers créé par Whedon.

La lutte personnelle d'Angel pour rester « du côté du bien » et ne pas boire le sang d'êtres humains est une métaphore claire du combat d'alcooliques ou de drogués sevrés pour ne pas retomber dans l'addiction. Cette caractéristique, ainsi que de nombreuses références verbales ou visuelles, rapproche *Angel* de l'atmosphère des « films noirs » plus que des films d'horreur ou de l'univers traditionnel de la *dark fantasy*, au moins dans les premières saisons. À partir de la troisième saison, la question de la liberté individuelle face à un destin prophétisé est centrale, de même que la question de la trahison et du mensonge.

Le « Buffyverse » continue à s'étendre depuis sous forme de *comic books* et de romans, de dessins animés, de jeux vidéo mais aussi avec tout un tas d'histoires écrites par des fans et d'études universitaires produites pour la plupart aux États-Unis, où la série est étudiée dans certaines universités. On compte plus de 20 ouvrages universitaires et des centaines d'articles consacrés à l'étude de *Buffy contre les vampires* sous différents angles (sociologie, linguistique, psychologie, *gender studies*, etc.)

Les vampires à la télévision aujourd'hui

Aujourd'hui, la figure du vampire reste très populaire. Au cinéma, le film *Twilight* (Catherine Hardwicke, 2008), adaptation du premier volume d'une série de « romans de vampires » écrits par Stephanie Meyer, a connu un succès énorme auprès des adolescents. À la télévision, la série *Moonlight* (CBS, 2007-2008) ressuscita la figure du vampire-détective privé qui combat ses instincts de prédateur et tombe amoureux d'une jeune mortelle. Depuis la rentrée 2009, *The Vampire Diaries*, sur CW, s'inspire largement de l'univers de *Twilight* pour raconter les amours compliquées entre un vampire et une mortelle, dans le cadre d'un lycée américain.

Beaucoup plus « adulte », *True Blood* (HBO, depuis 2008) est l'adaptation par Alan Ball, le créateur de *Six Feet Under* (*cf.* p. 267), des romans à succès de Charlaine Harris. Série du câble, qui se complaît dans la description d'un univers plein de sang, de violence et de sexe, *True Blood* est aussi une réflexion sur la différence, dans un monde où les vampires sont « sortis du placard » et tentent de vivre parmi les humains, mais où d'autres créatures surnaturelles doivent encore se cacher. Le message politique de cette série située dans la Louisiane profonde, marquée par des siècles de racisme et les fondamentalismes chrétiens les plus radicaux, condamne avec violence tous les obscurantismes et les préjugés, tout en interrogeant sur les limites de la tolérance et la capacité réelle d'êtres fondamentalement différents de vivre ensemble et de s'aimer.

David Vincent les a vus, et vous aussi : les extraterrestres à la télévision

Des extraterrestres communistes : Les Envahisseurs

Pendant la guerre froide, les invasions extraterrestres étaient des métaphores évidentes pour parler aux Occidentaux de leur peur d'être envahis par les communistes. Ce thème a été traité à maintes reprises au cinéma et a fait l'objet à la télévision d'une série télévisée qui a marqué les imaginaires, aux États-Unis comme en France, car *Les Envahisseurs* (*The Invaders*, ABC, 1967-1968) ont été diffusés sur l'ORTF dès 1969. Chaque épisode commençait par le texte suivant, dit en voix off : « Les envahisseurs : des créatures extraterrestres originaires d'une planète à l'agonie. Leur destination : la Terre. Leur but : en faire leur univers. David Vincent les a vus. Pour lui, tout a commencé au cours d'une nuit d'errance, sur une route de campagne solitaire, alors qu'il cherchait un raccourci que jamais il ne trouva. Cela a commencé par une auberge abandonnée et par un homme que le manque de sommeil avait rendu trop las pour continuer sa route. Cela a commencé par l'atterrissage d'un engin en provenance d'une autre galaxie. À présent, David Vincent sait que les envahisseurs sont là, qu'ils ont pris forme humaine. Il doit trouver comment convaincre un monde incrédule que le cauchemar a déjà commencé. »

Ce résumé explique bien le point de départ et l'ambiance paranoïaque de la série. Les envahisseurs sont représentés avec un minimum d'effets spéciaux : ils ont une apparence parfaitement humaine, sauf qu'ils ne saignent pas et n'ont pas de pouls, et qu'un certain nombre d'entre eux (mais pas tous) ont un annulaire paralysé dans une position bizarre. Pour maintenir leur apparence humaine, les envahisseurs ont besoin d'une grande quantité d'énergie électrique et ont à leur disposition des technologies plus avancées que les humains, comme des fusils laser.

RÉFÉRENCE

Cette série a fait l'objet de multiples parodies, dont une proprement hilarante par Les Inconnus (qui ont également parodié *Star Trek*, *cf.* p. 285).

Cette série jouait de façon transparente avec les peurs anticommunistes mais reprenait aussi un grand nombre de légendes populaires associées aux ovnis. Les ovnis furent particulièrement à la mode aux États-Unis en 1966 et 1967, mais celle-ci commença à disparaître à partir de 1968, et de fait les scores d'audience des *Envahisseurs* faiblirent et la série fut annulée au bout de sa deuxième saison.

En 1995, *Les Envahisseurs* firent l'objet d'un remake en minisérie de 3 épisodes.

Des extraterrestres nazis : V

V commença en 1983 et 1984 sous la forme de miniséries sur NBC, racontant l'arrivée d'extraterrestres dans d'énormes vaisseaux spatiaux qui stationnent au-dessus des plus grandes villes du monde. Ils se présentent à l'ONU sous l'aspect humain, affirmant venir en amis et voulant acheter des matières premières présentes sur la Terre et nécessaires à leur monde. Ces visiteurs fascinants sont très bien reçus par les humains et gagnent de plus en plus d'influence sur Terre. Mais, petit à petit, certains êtres humains, et en particulier les scientifiques qui s'intéressent à ces visiteurs d'un peu trop près, disparaissent ou adoptent des comportements de plus en plus étranges...

Le caméraman Michael Donovan découvre que ces visiteurs sont en réalité des reptiles carnivores qui aiment se nourrir d'êtres humains, et ceux-ci se mettent à le pourchasser, car il les a filmés. Les humains se divisent entre ceux qui sont tombés – volontairement ou non – sous le charme de ces extraterrestres et ceux qui souhaitent leur résister et mettre fin à leur domination, dans une claire métaphore de l'oppression nazie en Europe dans les années 1930 et 1940.

La série télévisée comprend 19 épisodes diffusés en 1984 et 1985 et démarre là où les miniséries se sont arrêtées : les humains semblent avoir remporté leur combat contre les extraterrestres, mais certains continuent de fomenter des complots pour récupérer les extraterrestres survivants dans l'espoir de comprendre leur technologie bien plus avancée et ainsi de faire progresser la race humaine. Évidemment, les extraterrestres (et la méchante Diana en particulier) en tirent parti et une deuxième invasion de la Terre est lancée. Les combats entre la Résistance et les extraterrestres reprennent, et c'est finalement à Elizabeth, premier enfant d'un extraterrestre et d'une humaine, que va revenir la décision de l'avenir des relations entre les deux races…

À la rentrée 2009, cette série va faire l'objet d'un remake aux États-Unis.

Je veux y croire : X-Files

X-Files (Fox, 1993-2002) est la grande série de science-fiction des années 1990, mêlant présence extraterrestre sur Terre et théorie du complot. Pendant les sept premières saisons, ses deux personnages principaux sont le torturé Fox Mulder (David Duchovny), dont la sœur a été enlevée par des extraterrestres, et l'incrédule Dana Scully (Gillian Anderson), chargée de le surveiller. Certains épisodes racontaient des histoires « bouclées » dans lesquelles Mulder et Scully résolvaient une énigme ayant trait au paranormal, et dans d'autres ils poursuivaient leur propre quête pour savoir « ce que le gouvernement nous cache » (en particulier l'existence d'extraterrestres parmi nous). La série tirait aussi une grande partie de son charme de la tension sexuelle quasi palpable entre les deux agents aux personnalités opposées. Les saisons 8 et 9, avec des acteurs différents, n'ont pas le même charme.

La série s'inspire d'un nombre très important de mythes et de légendes populaires pour construire son propre univers ; elle a intrigué des millions de téléspectateurs, aux États-Unis comme en France, pendant près de dix ans. Cette série a donné lieu à deux films de cinéma mettant en scène Mulder et Scully : *Combattre le futur* (*Fight the Future*) en 1998 et *Régénération* (*I Want to Believe*) en 2008.

X-Files a marqué l'histoire de la science-fiction à la télévision. On retrouve son ambiance sombre, pince-sans-rire, ses thèses « conspirationnistes » et l'élaboration d'une mythologie complexe aux influences multiples dans la récente *Fringe* (Fox, depuis 2008), dont les effets spéciaux sont à couper le souffle.

Les adolescents sont des extraterrestres : Roswell

Mêlant les ingrédients qui ont fait le succès de *Buffy contre les vampires* et de *X-Files*, *Roswell* (WB puis UPN, 1999-2002) est une série qui raconte l'adolescence de trois jeunes extraterrestres dans la petite ville de Roswell, au Nouveau-Mexique, rendue célèbre par le supposé crash d'un ovni en 1947 qui aurait contenu le corps d'un extraterrestre… Max (Jason Behr) et Isabel (Katherine Heigl, aujourd'hui dans *Grey's Anatomy*) ont été recueillis à l'âge de 6 ans par les gentils Evans, qui les élèvent comme leurs propres enfants dans une banlieue chic de la ville, tandis que Michael (Brendan Fehr) est élevé dans une caravane par un homme violent et alcoolique. Au lycée, Max tombe amoureux de la jeune Liz (Shiri Appleby). Celle-ci finit par partager le secret des trois adolescents, ainsi que deux de leurs amis, Maria et Alex.

Cette série mêle récit des émois de l'adolescence avec une quête des origines propre aux séries fantastiques, ainsi que des éléments de théorie du complot, car les extraterrestres doivent constamment se cacher d'agents du FBI qui les recherchent. À partir de la deuxième saison, la série s'ancre résolument dans le genre de la science-fiction, et les intrigues deviennent plus sombres et plus inquiétantes, avec l'arrivée de Tess, nouvelle extraterrestre qui était la femme de Max sur leur planète d'origine. À partir de là, la série mêle science-fiction et soap opera, suivant les personnages principaux dans leur quête de la vérité d'une part et de l'amour d'autre part.

L'espace, frontière infinie : voyages intersidéraux en série

L'univers Star Trek

Avec la première série *Star Trek* en 1966 naît un véritable univers, qui s'est enrichi jusqu'à aujourd'hui grâce à cinq séries télévisées différentes, une série animée, et onze films au cinéma, ainsi que des livres, des bandes dessinées et toute une littérature produite par des fans particulièrement actifs et inspirés.

L'univers *Star Trek* dépeint un futur optimiste, utopique, dans lequel l'humanité a éradiqué la maladie, le racisme, la pauvreté, l'intolérance et la guerre sur Terre. Elle s'est également unie à d'autres espèces intelligentes de la galaxie pour former la Fédération des planètes unies, dans laquelle l'argent n'existe plus et où les hommes peuvent se consacrer dans l'harmonie au progrès des sciences et des technologies.

Au bord d'un vaisseau spatial, des scientifiques et des militaires (pacifiques) de la FPU explorent l'espace, à la recherche de nouveaux mondes et de nouvelles civilisations, et s'aventurent, comme l'annonce le générique de la série originelle, « là où aucun homme n'est jamais allé ».

Star Trek : la série originale

La première série, diffusée entre 1966 et 1969 sur NBC, était très en avance sur son temps, décrivant un équipage multiracial (une femme noire, un Russe, un Écossais, un Asiatique, un métis extraterrestre, entre autres) et abordant des thèmes très osés pour l'époque (les amours interraciales, l'homosexualité, de grandes questions politiques, les horreurs de la guerre et de la violence, la nécessité de préserver l'environnement, etc.) dans un univers de science-fiction très élaboré. Lors de sa première diffusion, elle conquit peu de téléspectateurs mais fut rediffusée régulièrement, gagnant de plus en plus de fans, dont beaucoup, désignés sous le nom de « Trekkies » ou « Trekkers », lui vouèrent un véritable culte.

Comme toutes les séries jusque dans les années 1980, chaque épisode de cette série originelle raconte une histoire « bouclée » et peut être regardé indépendamment des autres. De nombreux épisodes de cette première série racontent une confrontation avec une puissance supérieure, généralement une race extraterrestre avancée (possédant souvent de formidables pouvoirs mentaux), avec une technologie de pointe, ou alors avec un être humain ayant acquis, dans des circonstances particulières, des pouvoirs inhabituels, parfois même avec un dieu. Souvent, le but de la puissance en question est d'asservir (ou de détruire) le vaisseau et son équipage, mais tous deux sont sauvés par le capitaine Kirk (William Shatner). Parfois, le scénario est inversé, et les « aliens » moralisent les humains, leur faisant entrevoir d'autres façons de vivre et de penser.

Star Trek : la nouvelle génération

Face à une communauté de fans de plus en plus nombreux et actifs, Hollywood décide de produire en 1979 un film de cinéma inspiré de *Star Trek*, simplement intitulé *Star Trek : Le film* (*Star Trek: The Motion Picture*, Robert Wise, 1979), dans lequel la plupart des acteurs de la série originelle reprennent leur rôle. Le succès est au rendez-vous, et suivront trois autres films avant que ne soit lancée une nouvelle série sur le petit écran, *Star Trek: The Next Generation* (*ST: TNG*, Syndication, 1987-1994), avec un nouvel équipage, sous le commandement du capitaine Picard (Patrick Stewart). Contrairement à la série originelle, *ST: TNG* décrit un univers dans lequel la plupart des races rencontrées sont équivalentes du point de vue technologique et un nombre important d'épisodes ne sont plus basés sur le concept de « premier contact » mais sur de nouveaux arguments tels que les paradoxes du voyage temporel.

La Directive Première, qui contraint la Fédération à ne pas interférer dans l'évolution des espèces moins « civilisées », prend plus d'importance dans cette série. Elle est l'occasion de cas de conscience lorsque des espèces menacées de destruction ne devraient pas être assistées, par respect de cette directive.

Enfin, reflétant l'évolution de l'écriture de séries télévisées dans les années 1980, cette nouvelle série développe des « arcs » narratifs sur plusieurs épisodes.

Star Trek: Deep Space Nine

Star Trek: Deep Space Nine (*DS9*, Syndication, 1993-1999) se passe non pas dans un vaisseau spatial mouvant mais dans une station orbitale statique. En raison de cette différence fondamentale, les habitants de la station orbitale ne sont pas des explorateurs mais des pionniers, finalement très semblables aux Américains « de la frontière » du XIXe siècle.

Cette série est typique, dans son écriture, des séries des années 1990, multipliant les intrigues et les personnages principaux, développant leurs relations sur le long terme. Les histoires sont également souvent plus sombres, la guerre y est plus présente sous ses différents aspects et les personnages principaux sont loin d'être de purs héros : certains ont commis ou commettent des actes criminels (meurtres, inculpations d'innocents, empoisonnement de planètes).

L'un des principaux thèmes abordés dans *DS9* est celui de la religion : la foi, le fanatisme, l'interprétation religieuse de phénomènes scientifiques, l'interférence entre pouvoir religieux et pouvoir politique, le développement des sectes font directement écho aux préoccupations de la société américaine des années 1990.

L'autre grand thème de *DS9* est la guerre, observée dans tous ses aspects (ses causes, futiles ou profondes, son déroulement et ses conséquences sur les hommes qui la mènent, sur ceux qui la subissent et ceux qui tentent de s'y opposer, les deuils, les trahisons, l'héroïsme, etc.)

Cette série est souvent comparée à *Babylon 5* (PTEN puis TNT, 1993-1999), série de science-fiction diffusée exactement à la même époque, dont l'action se déroule également sur une station spatiale et qui développe des thèmes tout à fait similaires.

Si l'on arrive à voir au-delà des costumes et des maquillages déroutants portés par les acteurs pour caractériser les différents « peuples » de la galaxie, ces deux séries proposent un discours intelligemment critique de la société américaine et restent d'une étonnante actualité à notre époque, où les États-Unis sont engagés dans deux guerres en Afghanistan et en Irak, et où la question religieuse continue de diviser les sociétés et les nations...

Star Trek: Voyager

Star Trek: Voyager (UPN, 1995-2001) raconte les aventures de l'équipage du *Voyager*, commandé par une femme, la capitaine Kathryn Janeway (Kate Mulgrew), qui poursuit un vaisseau rebelle à travers la galaxie. Les deux vaisseaux se retrouvent par erreur au fin fond de la galaxie, et seul *Voyager* est capable de ramener tout le monde à bon port. L'équipage doit donc composer avec les rebelles survivants tout au long de leur long voyage de retour. Cette série est sans doute la moins intéressante de toutes les séries *Star Trek*, offrant peu d'originalité, ou même de continuité, avec le reste de l'« univers *Star Trek* ».

Star Trek: Enterprise

Star Trek: Enterprise (UPN, 2001-2005) se déroule cent ans avant la série originelle, et deux cents ans avant toutes les autres séries dérivées et raconte les aventures du vaisseau *Entreprise*, commandé par le capitaine Jonathan Archer (Scott Bakula, qui a joué le rôle principal de *Code Quantum*). Cette série raconte le premier contact entre les humains et les Vulcains (le peuple d'origine du père de Spock, personnage central de la première série). Les deux premières saisons comprennent des épisodes très classiques de voyages intersidéraux, avec des épisodes bouclés et très peu d'éléments feuilletonesques. Les choses changent radicalement avec la troisième saison, qui développe une seule mission sur ses 24 épisodes ! La quatrième et dernière saison explore véritablement les fondations de l'univers Star Trek : l'univers miroir, les surhommes, la philosophie vulcaine et la création de la Fédération des planètes unies.

Parallèlement à toutes ces séries, des films sont régulièrement sortis dans les salles obscures, le dernier datant de cette année, réalisé par J. J. Abrams (le créateur d'*Alias* et de *Lost*, entre autres), avec Zachary Quinto (l'un des acteurs de *Heroes*) dans le rôle de Spock, car le film raconte les premières missions menées par Kirk et Spock. Ce film très attendu par les Trekkies n'en a pas déçu beaucoup et semble prouver que l'univers *Star Trek* n'a toujours pas perdu de sa vitalité et de sa force de séduction depuis quarante-trois ans !

Les autres voyages intersidéraux

Farscape : quand l'Australie se moque de l'Amérique

Les années 1993-1999 sont décidément les années des voyages intersidéraux. *Farscape* est une série australienne qui a conquis un grand nombre de fans de science-fiction à travers le monde. Elle raconte les aventures de John Crichton, astronaute américain arrivé par erreur dans une galaxie inconnue, dans laquelle il ne tarde pas à se faire des amis et des ennemis… Cette série montre un humain, et plus précisément un Américain, confronté à un monde inconnu, dont il ne connaît pas les règles, et qui va commencer par lui appliquer ses propres « codes » avant de pouvoir mieux le comprendre. Bourrée de second degré, de références à la *pop culture* et à l'histoire, et de stéréotypes concernant les Américains, cette série de science-fiction est à la fois touchante, intelligente et drôle.

L'univers Stargate

Série s'inspirant de l'univers créé par Roland Emmerich et Dea Devlin dans le blockbuster de 1994, *Stargate : La porte des étoiles*, *Stargate SG-1* (Sci-Fi, 1997-2006) est une série de voyages intersidéraux sans vaisseau spatial, la communication avec les autres « mondes » s'effectuant au travers d'un « portail » construit par une civilisation extraterrestre. Les personnages principaux sont un groupe d'explorateurs intersidéraux commandés par le colonel Jack O'Neill (Richard Dean Anderson, inoubliable interprète de *MacGyver*) pendant les huit premières saisons. Cette série est très feuilletonesque, construisant un véritable univers inspiré de très nombreux mythes et légendes, sur fond de découvertes archéologiques. Cette série très manichéenne et moralisatrice fait l'éloge du patriotisme, voire du militarisme (américain...), tout en fustigeant les obscurantismes religieux. Elle est, en cela, tout à fait révélatrice de l'état d'esprit de l'Amérique « bushienne », dont elle est contemporaine...

Stargate: Atlantis (Sci-Fi, 2004-2009) reprend le principe de la « porte des étoiles » mais se déroule sur la planète Pégase, très éloignée de la Terre, et raconte les aventures d'une équipe non plus militaire mais civile, à la recherche de la mystérieuse citée perdue de l'Atlantide et des anciens qui l'ont peuplée. Ce petit groupe d'explorateurs se retrouve très vite en guerre ouverte contre les Wraiths, des vampires gothiques qui veulent exterminer les humains.

Une nouvelle série dérivée de l'univers Stargate, *Stargate: Universe*, devrait débuter sur les écrans anglo-saxons à l'automne 2009.

Firefly : un western dans l'espace

Firefly (Fox, 2002) est une série de voyage intersidéral créée par Joss Whedon. Dans un lointain futur où les hommes ont quitté la Terre pour coloniser d'autres planètes, Malcolm Reynolds (Nathan Fillion, aujourd'hui dans *Castle*, *cf.* p. 208) pilote un petit vaisseau-cargo baptisé *Firefly*, sorte de diligence de l'espace qui navigue de planète en planète, trimballant des chargements plus ou moins légaux... L'atmosphère de la série s'inspire très clairement des westerns (version *Deadwood* plus que John Wayne), décrivant un univers violent et imprévisible, peuplé de bandits, de potentats locaux, d'esclavagistes, de fanatiques religieux, et de pauvres hères qui tentent comme ils le peuvent de survivre sur des planètes peu accueillantes et dont des bureaucrates, représentants hautains d'un gouvernement lointain, s'acharnent à compliquer la vie... La critique de la société américaine

– celle du XIXe siècle comme celle d'aujourd'hui – est évidente et savoureuse. L'univers de *Firefly* fut prolongé au cinéma par le film *Serenity*, écrit et réalisé par Joss Whedon.

Battlestar Galactica : qu'est-ce que l'homme ?

Battlestar Galactica (Sci-Fi, 2004-2009) est une réinterprétation de l'univers créé par Glen A. Larson (également créateur de *Magnum* !, *cf.* p. 197) en 1978 et qui avait atteint le statut de série culte auprès des fans de science-fiction. Après de multiples tentatives, *Battlestar Galactica* (*BG*) revient finalement sur les petits écrans en 2003, avec une minisérie, puis à partir de 2004 sous forme de série télévisée.

Dans un univers apocalyptique qui se rapproche du futur de l'univers de *Terminator* (*cf.* p. 278), les humains sont une race pratiquement décimée par des robots intelligents qu'ils ont eux-mêmes créés, les Cylons. Au moment où la série commence, il ne reste plus que 40 000 survivants de la race humaine, et un seul vaisseau spatial de guerre, le vétuste *Battlestar Galactica*. Tentant d'échapper de leur mieux aux Cylons, les humains partent à la recherche de la mythique planète Terre, où un futur plus riant pourrait les attendre…

L'univers de *BG* est dépourvu d'extraterrestres et comprend très peu de « technologie avancée », et les équipements du *BG* apparaissent même assez antédiluviens à nos regards d'hommes et de femmes du XXIe siècle. La teneur politique des intrigues est évidente, car la nouvelle présidente des humains, Laura Roslin (Mary MacDonnell), est fréquemment confrontée à des choix cornéliens l'obligeant à sacrifier une partie de son peuple pour assurer l'avenir de la « race ». La religion est également un des thèmes récurrents de la série, et ici les humains sont polythéistes, avec une religion inspirée de la mythologie grecque et de l'hindouisme, tandis que les Cylons sont monothéistes, craignant un Dieu tout-puissant.

Les relations entre humains et Cylons évoluent au cours de la série, car une guerre civile interne aux Cylons pousse un certain nombre d'entre eux à faire alliance avec les humains. D'autre part, beaucoup de Cylons ayant une apparence humaine, certains d'entre eux se pensant même humains, *BG* soulève des questions d'une grande actualité autour de ce qui définit véritablement l'être humain (cela se réduit-il à la biologie ?), autour de la possibilité et des limites de l'intégration de peuples différents, surtout en période de guerre, avec des métaphores évidentes du terrorisme actuel (cellules dormantes, trahisons, attentats, etc.).

Salué par la critique, servi par un casting d'acteurs extraordinairement beaux (beaucoup sont d'anciens mannequins), débarrassé des maquillages souvent grotesques ou surprenants de beaucoup de séries racontant des voyages intersidéraux, *Battlestar Galactica* est une excellente série de science-fiction, mêlant interrogations politiques et philosophiques, discours progressiste sur la nature humaine et critique acerbe de la société contemporaine.

En 2010 devrait apparaître sur les écrans américains un *prequel* de *Battlestar Galactica*: *Caprica* devrait raconter les prémices de la révolte des Cylons contre les humains.

Situées dans des univers imaginaires, les meilleures séries fantastiques et de science-fiction ne parlent en fait que de notre monde et, libérées des contraintes du réalisme, l'interrogent inlassablement et sans concession.

Cinquième partie

La partie des Dix

Dans cette partie...

Dans cette partie, vous ferez connaissance avec un ancien boxeur, un magicien amateur et une publiciste reconvertie, devenus quelques-uns des auteurs de séries télé les plus talentueux (chapitre 18). Puis vous ferez le tour d'une galerie de portraits des comédiens et comédiennes qui incarnent de grands premiers rôles ou les seconds rôles marquants du petit écran (chapitre 19). La liste des dix intégrales qu'il faut avoir en DVD (chapitre 20) vous permettra d'occuper vos longues soirées d'hiver... Le dernier chapitre (chapitre 21) quant à lui indique les dix séries à suivre actuellement, qui montent, qui montent... ou qui sont déjà arrivées au sommet d'un art enfin reconnu comme tel.

Chapitre 18

Les dix auteurs de séries télévisées à connaître

Dans ce chapitre

- Les portraits de quelques-uns des plus grands créateurs de séries
- Leurs débuts, leurs bijoux, leurs vies, en quelques mots et quelques chiffres
- Les créateurs de séries télévisées, un monde majoritairement masculin

Le scénariste se trouve au centre de la création d'une série télévisée. Petit panorama de quelques figures « emblématiques » de ces personnages clés pour les séries télévisées : huit Américains, un Français, un Britannique.

Rod Serling, pionnier du premier âge d'or

Rodman Edward Serling (1924-1975) est probablement le plus grand auteur du premier âge d'or des séries télévisées américaines. Boxeur amateur (en catégorie « poids léger »), il grandit dans l'État de New York et combat dans le Pacifique pendant la Seconde Guerre mondiale, entre 1943 et 1945, où il est blessé au poignet et au genou et décoré pour sa bravoure au combat. Cette expérience de la guerre (il vit notamment son meilleur ami mourir sous ses yeux...), à un très jeune âge (il avait alors entre 19 et 21 ans !), le marquera pour le reste de sa vie.

De retour à la vie civile, il décide de se lancer dans l'écriture et, grand amateur de feuilletons radiophoniques, il a très vite envie d'écrire pour le média naissant qu'est alors la télévision. Dès 1951, ses premiers scénarios sont achetés par différentes maisons de production. En 1955, son 72e scénario à être adapté à la télévision, intitulé *Patterns* (« schémas ») et racontant l'histoire d'une compétition entre un vieux chef d'entreprise en mal d'inspiration et un jeune loup aux dents longues, est un énorme succès et lui vaudra d'être reconnu comme un véritable « auteur » de télévision.

Ses scénarios suivants sont tous de grands succès publics et critiques, mais Serling a assez vite l'envie de créer sa propre série. Il choisit le domaine de la science-fiction, car c'est le genre qui lui offre le plus de libertés pour aborder, de façon métaphorique, les thèmes politiques et sociaux qui lui tiennent à cœur (le racisme, les rapports hommes-femmes, l'abus de pouvoir, les excès de l'anticommunisme, etc.). En 1959 est diffusé le premier épisode de *La Quatrième Dimension* (*cf.* p. 21 et 262), une série qui a durablement marqué l'histoire de la télévision et créé un grand nombre de petits chefs-d'œuvre du fantastique, écrits par Serling lui-même ou par d'autres auteurs très talentueux.

Après cinq ans et 156 épisodes de *La Quatrième Dimension*, Serling a envie de faire autre chose. De 1969 à 1973, il crée et écrit la plupart des scénarios de *Night Gallery*, une série fantastique très sombre inspirée des mythes gothiques et de la *dark fantasy* (*cf.* p. 262). Le pilote de cette nouvelle série commence avec un conservateur de musée révélant au téléspectateur trois tableaux, chacun lié à une histoire macabre et étrange…

Serling écrit aussi des scénarios pour le cinéma, dont ceux de *La Planète des singes* (Franklin J. Schaffner, 1968, avec Charlton Heston) et de *The Man* (Joseph Sargent, 1972). Dans ce dernier, James Earl Jones incarne le premier président noir à l'écran !

ANECDOTE

Le saviez-vous ? C'est également lui qui fait la voix off de la version américaine des films documentaires du commandant Cousteau, ainsi que dans *Phantom of the Paradise*, de Brian de Palma (1974).

En 1974, Serling retourne à ses premières amours – la radio –, en créant *The Zero Hour*, une série de contes fantastiques diffusés sur les ondes, mais, à l'ère de la télévision, les auditeurs seront peu nombreux.

En 1975, Rod Serling subit trois attaques cardiaques, dont la troisième lui sera fatale. Il meurt à 50 ans à peine.

ÉTONNANT

Le neuvième épisode de la deuxième saison de la série *Medium* (*cf.* p. 208), intitulé « Un peu d'âme sur la toile » (*Still Life* en VO), a « ressuscité » numériquement Rod Serling, grâce à des extraits d'un des épisodes de *La Quatrième Dimension* dans lequel il apparaissait, avec un autre acteur qui lui prêtait sa voix pour un dialogue avec Patricia Arquette. Le thème de l'épisode (des peintures qui prenaient vie) était en lui-même un hommage à *La Quatrième Dimension* et à *Night Gallery*.

Steven Bochco, révolutionnaire et contrasté

Né en 1943, Steven Bochco a révolutionné les séries télévisées américaines dans les années 1980 et 1990, lors du deuxième âge d'or de la télévision américaine. Ayant toujours voulu être scénariste, Bochco décroche un stage chez Universal pendant ses études et, très vite, soumet des scénarios à tous les producteurs qu'il rencontre. Ironie de l'histoire, les premières lignes qu'il écrit pour la télévision sont incluses dans un téléfilm de la fin des années 1960 dans lequel joue... Rod Serling! (*Cf.* juste au-dessus.)

Dans les années 1970, il écrit entre autres de nombreux épisodes de *Columbo* mais travaille aussi pour des séries qui seront des échecs commerciaux, annulées au bout de quelques semaines. Néanmoins, pendant ces années de « formation », il apprend énormément et rencontre des scénaristes et des acteurs avec lesquels il a envie de travailler, notamment Michael Kozoll, avec lequel il créera *Hill Street Blues* en 1981, une série télévisée qui révolutionnera la façon d'écrire et de filmer des histoires pour la télévision (*cf.* p. 71, 133 et 199).

En 1986, Bochco crée *La Loi de Los Angeles* (*cf.* p. 234), série qui là encore apporte un regard tout à fait nouveau sur le métier d'avocat. En 1989, il crée *Docteur Doogie* (*cf.* p. 200), un mélange de comédie adolescente et de série médicale, à une époque où les genres télévisuels sont encore cloisonnés. Puis ce sera la sombre et réaliste série policière *NYPD Blue* (*cf.* p. 201), la très réaliste série judiciaire *Murder One* (*cf.* p. 200) et, tout récemment, une nouvelle série judiciaire réaliste : *Raising the Bar* (*cf.* p. 200).

Mais la carrière de Steven Bochco n'est pas constituée uniquement de succès, loin s'en faut. Il a également créé de très nombreuses séries qui ont été des échecs commerciaux : *Cop Rock* (ABC, 1990, 11 épisodes), une hybridation entre la série policière et la comédie musicale (!), *Blind Justice* (ABC, 2005), une série dont le personnage principal est un policier aveugle, *Over There* (FX, 2005), première série à raconter le quotidien de soldats américains en Irak pendant la guerre qu'y mènent actuellement les États-Unis, pour n'en nommer que quelques-unes.

La carrière de Steven Bochco témoigne du fait que, pour créer des œuvres révolutionnaires, il faut essayer beaucoup, et échouer beaucoup aussi, avant de trouver le ton juste et la bonne « formule ».

David Chase, le père des Soprano

Né en 1945, David DeCesare, dit David Chase, écrit, réalise et produit des séries télévisées depuis trente ans. Il a grandi en fils unique dans une famille italo-américaine étouffante du New Jersey, et ce rapport compliqué à ses origines se retrouve dans ses œuvres, en particulier dans son chef-d'œuvre *Les Soprano* (*cf.* p. 222).

Avant de créer *Les Soprano*, il a travaillé en tant que scénariste et producteur sur des séries comme *200 dollars plus les frais* (*The Rockford Files*, NBC, 1974-1980, *cf.* p. 197), *Les Ailes du destin* (*cf.* p. 255) ou encore *Bienvenue en Alaska* (*cf.* p. 230). En 1988 et 1989, il crée une première série, *Almost Grown*, sur CBS, qui ne dura que 10 épisodes et explore la vie d'un couple à travers trois moments critiques de son évolution.

Mais c'est avec *Les Soprano* que David Chase devient un auteur reconnu et encensé par la critique et par ses pairs. Il est créateur, scénariste principal de 30 épisodes sur les 86 que compte la série, dont le pilote et le dernier épisode, qu'il a également réalisé lui-même, *showrunner* et scénariste en chef. *Les Soprano* sont incontestablement l'œuvre de David Chase, et les personnages empruntent beaucoup à sa personnalité ou à celles de ses proches. Tous les fans des *Soprano* attendent sa prochaine création avec impatience !

David Simon, un scénariste à suivre

Né en 1960, David Simon est un personnage atypique dans l'univers de la fiction télévisée américaine. Journaliste respecté et écrivain reconnu, originaire de Baltimore, David Simon a vu l'un de ses succès majeurs d'écrivain-reporter, *Homicide: A Year on the Killing Street*, adapté en série télévisée par Tom Fontana et Barry Levinson dans les années 1990. David Simon devient l'un des producteurs et l'un des scénaristes de *Homicide* (*cf.* p. 202), et il apprend à écrire pour la télévision.

En 1997, David Simon crée sa première minisérie : *The Corner: A Year in the Life of an Inner-City Neighborhood*, diffusée sur HBO, et adaptée de l'un de ses livres, où il décrit les activités d'un « coin » où l'on vend de la drogue à Baltimore. Portrait à la fois nuancé et sensible des faillites de l'Amérique « clintonienne » et des hypocrisies de la lutte contre les dealeurs de drogue, cette minisérie est acclamée par la critique.

À la suite de ce succès, HBO commande une série entière à David Simon, qui, aidé de son ami Ed Burns, ancien flic à Baltimore, crée *Sur écoute* (*The Wire*, *cf.* p. 203), portrait extrêmement réaliste et documenté des bas-fonds de Baltimore (mais aussi du monde politique, éducatif, du système policier et judiciaire, etc.) en cinq saisons et 60 épisodes.

En 2008, David Simon quitte Baltimore afin de créer une nouvelle minisérie pour HBO, décrivant cette fois la première guerre du Golfe. *Generation Kill* témoigne des mêmes caractéristiques que *The Corner* et *The Wire* : réalisme extrême, argot des soldats pas du tout édulcoré ou rendu compréhensible pour le commun des mortels, attention portée aux détails et aux petites choses, dénonciation de l'absurdité bureaucratique et des faillites du système américain, qui se doublent d'une critique frontale de la guerre en général et des deux guerres en Irak en particulier.

Avec cette minisérie, David Simon prouve qu'il n'est pas qu'un journaliste qui adapte ses livres pour la télévision, mais qu'il est désormais capable d'écrire directement pour le petit écran, tout en apportant à l'écriture de séries et de miniséries sa « patte » de journaliste d'investigation, sa prédilection pour le « réalisme » et l'authenticité, son humanisme et sa révolte face à tout ce qui fonctionne mal aux États-Unis et finit par broyer des vies.

Un auteur de séries télévisées est né. À suivre…

Aaron Sorkin, le génie torturé

Né en 1961, Aaron Sorkin est l'incarnation sans doute la plus emblématique aujourd'hui parmi les scénaristes de séries télévisées du « génie torturé ». Fasciné depuis sa plus tendre enfance par le théâtre, Sorkin tente dans un premier temps de devenir acteur, mais c'est en tant qu'auteur dramatique qu'il rencontre le succès à la fin des années 1980 avec sa pièce *Des hommes d'honneur*, écrite au départ sur des serviettes en papier dans un bar, à la suite d'une conversation téléphonique avec sa sœur, alors avocate pour les tribunaux militaires de la Marine américaine ! En 1992, cette pièce est adaptée au cinéma par Rob Reiner avec Tom Cruise, Demi Moore et Jack Nicholson dans les rôles principaux, sur un scénario de Sorkin lui-même.

En 1995, il écrit le scénario du *Président et miss Wade*, réalisé par Rob Reiner avec Michael Douglas et Annette Bening dans les rôles principaux. C'est en travaillant pour ce film qu'il aura l'idée de ses deux premières séries télévisées : *Sports Night* (*cf.* p. 183), sur les coulisses d'un journal télévisé donnant les résultats sportifs, car il était devenu accro à ce type d'émission, qui le distrayait de ses longues journées d'écriture, et *À la Maison-Blanche* (*cf.* p. 76), série centrée sur le travail des conseillers d'un président des États-Unis. Ces deux séries sont acceptées par les chaînes américaines à un an d'intervalle : en 1998 pour *Sports Night* et en 1999 pour *À la Maison-Blanche*.

Or, Aaron Sorkin se distingue de ses collègues scénaristes de télévision par son incapacité à écrire en groupe. Sorkin écrit pratiquement tout seul, et ses « coscénaristes » sont cantonnés à un travail de recherche ; ils ne peuvent que lui « pitcher » des idées, qu'il inclut ensuite dans ses scénarios. En 1999, il doit donc écrire – seul – un épisode de 1 h pour *À la Maison-Blanche* et un épisode d'une demi-heure pour *Sports Night*… par semaine ! C'est à ce moment-là qu'il retombe dans l'addiction à la cocaïne et à d'autres substances hallucinogènes, qu'il a développée à la fin des années 1980 et vaincue une première fois au milieu des années 1990.

Les séries de Sorkin se caractérisent par de très longs dialogues, brillants et très « écrits », et les personnages sont tous motivés par un but précis, qui souvent se heurte à celui de quelqu'un d'autre, créant des joutes verbales de haut vol, généralement filmées par Thomas Schlamme tandis que les personnages marchent dans un couloir.

Ouvertement démocrate, Sorkin défend ses opinions politiques dans ses séries, et en particulier dans les quatre premières saisons d'*À la Maison-Blanche*, dont il a écrit 87 épisodes sur 88!

En revanche, à cause de l'incapacité de Sorkin à écrire en équipe, dans ses séries, les itinéraires personnels de chaque personnage ne sont pas toujours développés de façon cohérente, car les scénarios sont écrits systématiquement dans l'urgence, et Sorkin n'a pas toujours le temps de prendre de la hauteur ni de considérer l'ensemble des « arcs » narratifs sur une saison.

Sports Night est arrêté au bout de deux saisons, faute d'audience, tandis qu'*À la Maison-Blanche* est un succès. En 2002, Sorkin entame un processus de désintoxication et quitte *À la Maison-Blanche* en 2003, épuisé par la charge de travail et les batailles internes à la Warner, qui produisait la série.

En 2006, il crée une nouvelle série, *Studio 60 on the Sunset Strip*, qui explore encore les coulisses d'une émission de télévision, mais cette fois-ci une émission comique « à sketchs » diffusée en direct un soir par semaine, comme le *Saturday Night Live*. Cette série est truffée d'éléments autobiographiques, décrivant un scénariste qui écrit pratiquement tout seul, un producteur qui est un ancien accro à la cocaïne, une relation d'amitié très forte entre ses deux personnages (qui ressemble sans doute à celle qui unit Sorkin à son « complice », le réalisateur et producteur Thomas Schlamme, qui a travaillé avec lui sur *Sports Night*, *À la Maison-Blanche* et *Studio 60 on the Sunset Strip*), et une relation amoureuse très compliquée entre un scénariste et une actrice (Aaron Sorkin a eu une relation amoureuse mouvementée avec l'actrice Kristin Chenoweth, grande actrice de Broadway qui joue souvent dans des séries télévisées, qui a notamment reçu un Emmy Award en 2009 pour son rôle dans *Pushing Daisies*, *cf.* p. 268). Mais le public américain ne suit pas, et la série est arrêtée au bout d'une saison.

Depuis, Sorkin a écrit des scénarios pour le cinéma, comme celui de *La Guerre selon Charlie Wilson* (*Charlie Wilson's War*, de Mike Nichols, 2007, avec Tom Hanks, Julia Roberts et Philip Seymour Hoffman), et adapté l'un de ses scénarios traitant d'une bataille juridique autour de la technologie permettant la télévision, *The Farnsworth Intervention*, pour le théâtre, en 2007.

Joss Whedon, féministe et culte

Né en 1964, Joseph Joss Whedon est un scénariste de la troisième génération : son grand-père John écrivait pour *The Donna Reed Show* dans les années 1950, et son père Tom a notamment écrit pour la sitcom *Les Craquantes* (*The Golden Girls*, NBC, 1985-1992), mettant en scène quatre femmes d'âge mûr pleines d'humour et de vitalité, qui vivent ensemble et profitent au mieux de leur troisième âge. Ses petits frères Jed et Zach sont également scénaristes pour la télévision, travaillant avec leur grand frère ou alors séparément pour des séries telles que *Deadwood* (*cf.* p. 249). Mais l'influence la plus forte sur Joss est, selon ses propres dires, sa mère, Lee Stearns, enseignante au lycée, romancière et féministe convaincue.

Féministe comme sa mère (il soutient activement l'association Equality Now), Joss fait ses débuts de scénariste en travaillant pour la sitcom *Roseanne* (*cf.* p. 161) et se fait remarquer par sa capacité à écrire des dialogues sensibles et crédibles pour les personnages féminins. Toutes ses séries mettent en scène des personnages féminins forts et complexes, qui sont souvent au centre des intrigues principales.

C'est avec sa première création, *Buffy contre les vampires* (*cf.* p. 280), que Joss accède au statut envié d'« auteur culte » dans le monde du fantastique et de la science-fiction. Il crée ensuite *Angel* (*cf.* p. 281), *Firefly* (*cf.* p. 289) et *Dollhouse* (*cf.* p. 278).

Son univers fantastique est plus cohérent et moins énigmatique (voire cryptique) que celui de J. J. Abrams (*cf.* ci-dessous), empreint d'une forte dose d'humour et de second degré, ainsi que d'une philosophie humaniste et féministe qui parvient à traiter de sujets graves sans tomber dans l'excès de pathos. Par ailleurs, ses séries se caractérisent par un univers qui tarde à se mettre en place et à révéler toute sa complexité, et bien souvent les secondes saisons sont celles où tout commence véritablement à prendre de l'ampleur et à accrocher le téléspectateur.

Whedon a également participé à l'écriture de nombreux scénarios de films de cinéma, et notamment à *Toy Story* (film animé des studios Pixar, 1995) et *Alien Resurrection* (Jean-Pierre Jeunet, 1997). Il a aussi été consultant pour les scénarios de *Speed* (Jan de Bont, 1994), *Waterworld* (Kevin Reynolds, 1995), *Twister* (Jan de Bont, 1996) et *X-Men* (Bryan Singer, 2000).

Il a écrit et réalisé *Serenity* en 2005, un film basé sur l'univers créé avec sa série *Firefly*. Il travaille actuellement sur un film d'horreur intitulé *The Cabin in the Woods*.

Whedon est également auteur de bandes dessinées qui prolongent l'univers qu'il a créé à la télévision avec ses différentes séries (en particulier *Buffy* et *Firefly*). Il a aussi écrit un volume de la série de *comics* mettant en scène les X-Men ou encore Spiderman.

Depuis 2005, Whedon expérimente aussi les webséries, dont la plus réussie est certainement la satire musicale *Dr Horrible's Sing-Along Blog*, avec Neil Patrick Harris (révélé avec *Docteur Doogie* et actuellement dans *How I Met Your Mother*, *cf.* p. 310) et Nathan Fillion (le héros de *Firefly* et *Serenity*, actuellement dans *Castle*, *cf.* p. 208). Ses fans, regroupés sur whedonesque.com, sont parmi les plus actifs du Web.

J. J. Abrams, l'homme-orchestre

Né en 1966, Jeffrey Jacob Abrams, dit « J. J. », est un homme-orchestre : producteur, scénariste, réalisateur, acteur, compositeur, il a endossé à un moment ou à un autre pratiquement toutes les « casquettes » qui composent un plateau de cinéma ou de télévision et commencé à œuvrer pour le cinéma dès l'âge de 16 ans !

En 1998, il a travaillé avec Jerry Bruckheimer (grand producteur de films et de séries télévisées ; c'est notamment lui qui produit les trois séries *Les Experts*, *FBI Portés disparus* et *Cold Case*) et Michael Bay sur le film *Armageddon* (avec Bruce Willis, Ben Affleck et Liv Tyler). La même année, il crée sa première série télévisée, *Felicity* (WB, 1998-2002), chronique sensible des années d'étudiante d'une jeune californienne à New York, interprétée par Keri Russel.

En 2001, il crée *Alias* (ABC, 2001-2006), une série d'espionnage mêlant de nombreux éléments fantastiques et une atmosphère de théorie du complot qui a fait de Jennifer Garner une star et a connu un énorme succès aux États-Unis et dans le reste du monde. Depuis 2005, il est l'un des cocréateurs et producteurs exécutifs de *Lost* (*cf.* p. 265), l'une des séries fantastiques les plus intrigantes du moment. Depuis 2008, il a également créé pour la Fox *Fringe*, une série de science-fiction bourrée d'effets spéciaux, d'énigmes irrésolues, sur fond de « théorie du complot ». Pour toutes ces séries, il a également composé lui-même la musique des génériques (parfois très courte, comme pour *Lost*).

J. J. Abrams est l'un des auteurs de séries télévisées les plus « en vogue » actuellement, et il a également ravi les fans de science-fiction en réalisant le dernier volet de la saga *Star Trek* au cinéma en 2009. J. J. Abrams est l'archétype du surdoué touche-à-tout, pouvant être à la fois fascinant et très énervant.

ANECDOTE

Comme Joss Whedon (*cf.* p. 301), il emploie souvent les mêmes acteurs dans ses séries et/ou films, et en particulier son ami d'enfance Greg Grunberg (actuellement dans *Heroes* (*cf.* p. 279) une série fantastique qui n'est pas produite par J. J. Abrams), qui a joué dans *Felicity*, *Alias*, *Lost*, *What About Brian* (une sitcom qu'il a créée en 2006 mais qui n'a pas duré) et dans les films *Mission : Impossible III* et *Star Trek*.

Shonda Rhimes ou le succès au féminin

Dans un monde qui reste fortement dominé par les hommes (même si les scénaristes femmes sont très nombreuses, elles sont rarement créatrices de séries), et par les Blancs (elle est afro-américaine), Shonda Rhimes (née en 1970) a fait une entrée remarquée en 2005 avec *Grey's Anatomy* (*cf.* p. 238).

Fille d'universitaires de l'Illinois, Shonda abandonne assez vite une carrière dans la publicité pour se consacrer à l'écriture de scénarios pour la télévision. Les années 1990 sont difficiles, mais Shonda parvient à se faire un nom en écrivant le scénario du téléfilm *Introducing Dorothy Dandridge* diffusé sur HBO en 1999, avec Halle Berry dans le rôle principal. Elle enchaîna ensuite en écrivant la bluette insipide *Crossroads* en 2002, destinée à faire de Britney Spears une vedette de cinéma…

Tout en continuant d'écrire des scénarios standardisés et sans grand intérêt pour Disney, Shonda découvre des séries télévisées comme *Buffy contre les vampires* et *Les Soprano*, qui lui donnent envie d'écrire sa propre série. *Grey's Anatomy* fut accepté par ABC et diffusé comme série de remplacement à la mi-saison 2005. Le succès est immédiat, tant public que critique. Servis par un casting sexy et multiracial, les dialogues et la voix off très écrits de *Grey's Anatomy* séduient les téléspectateurs du monde entier, de même que la bande-son très « hype » (avec souvent des groupes pop rock ou électro inconnus du grand public) et le mélange de cas médicaux impressionnants et d'histoires sentimentales « soapesques ».

En 2007, le magazine *Time* nomme Shonda Rhimes parmi les 100 personnes qui « contribuent à changer le monde », et la même année elle lance une série *spin-off* de *GA*, *Private Practice* (*cf.* p. 238). Toutefois, depuis, ces deux séries ont récemment eu tendance à souvent verser dans le pathos le plus outrancier et à irriter les fans et la critique. De plus, les scandales divers ou les petites phrases des acteurs de *Grey's Anatomy* laissent penser que l'ambiance n'est pas toujours au beau fixe sur le plateau de cette série…

Malgré tout, la réussite de Shonda Rhimes est symboliquement emblématique de la nouvelle génération d'Américains en train de « prendre le pouvoir » aux États-Unis.

L'Écossais Steven Moffat

La télévision britannique est un véritable vivier d'auteurs (*cf.* p. 82), et les scénaristes britanniques jouissent d'un statut reconnu et prestigieux dans leur pays et sont admirés par le reste du monde, y compris par les Américains, qui ne cessent de tenter des remakes de séries britanniques.

Né en 1961, l'Écossais Steven Moffat crée depuis la fin des années 1980 des séries pour la télévision britannique aux tons très divers mais qui témoignent toutes du talent de cet auteur. Au départ professeur d'anglais et fils d'enseignant, Moffat connaît bien l'univers des lycées anglais et choisit d'y installer sa première création : *Press Gang* (ITV, 1989-1993), racontant les aventures de lycéens travaillant pour le journal de leur établissement. Dans cette comédie adolescente dont la qualité de l'écriture et la finesse des dialogues ravissent le public et la critique, Moffat parle aussi de lui-même et commente de façon plus ou moins masquée l'échec de son premier mariage. Sa deuxième création, une sitcom intitulée *Joking Apart* (BBC2, 1993-1995), est directement inspirée de cette expérience douloureuse, car elle raconte sur le mode comique l'implosion d'un couple…

En 1997, Moffat écrit *Chalk* (BBC1, 1997), une sitcom s'inspirant de ses propres expériences lorsqu'il était professeur d'anglais au lycée. Le succès est immense, et la série lui permet également de rencontrer la productrice Sue Vertue, qui deviendra sa seconde épouse… C'est encore une fois sa propre vie, et plus particulièrement sa rencontre avec Sue et le début de leur vie de couple, qui inspire *Coupling* (BBC2, 2000-2004) à Moffat, une sitcom juste et hilarante sur les relations hommes-femmes aujourd'hui (*cf.* p. 172).

Par la suite, Moffat s'éloigne du genre de la comédie et de l'autobiographie transparente pour s'essayer au genre fantastique. Il crée en 2007 l'impressionnant *Jekyll* (BBC1, 2007), réinterprétation moderne et pleine d'humour noir du célèbre conte de Robert Louis Stevenson, *Dr Jekyll et Mr Hyde* (1886).

Depuis 2008, Moffat est devenu le principal scénariste de la mythique série britannique *Doctor Who* (*cf.* p. 85-86), il a écrit le scénario du prochain film de Steven Spielberg basé sur le personnage de Tintin et travaille également à une réinterprétation contemporaine de Sherlock Holmes. Un auteur à suivre !

Alexandre Astier, le choix de la liberté

Depuis la privatisation de l'ORTF, les « auteurs » de télévision français se font rares, d'autant plus que les chaînes et la plupart des maisons de production considèrent souvent le scénariste comme « la dernière roue du carrosse » et privilégient le choix du réalisateur et de la « star » plutôt que celui du (ou des !) scénariste(s).

Alexandre Astier semble être l'une des rares exceptions récentes et a bénéficié pour *Kaamelott* d'une liberté rare à la télévision française. Né en 1974, cet « enfant de la balle » lyonnais, rôliste (c'est-à-dire qui joue à des jeux de rôles) et féru de culture populaire et classique, semble savoir tout faire : pour *Kaamelott*, il est acteur, auteur, réalisateur, compositeur et monteur ! Il y fait également jouer son père (Lionnel Astier, qui joue Léodagan), sa mère (Joëlle Sevilla, qui joue Séli), sa belle-mère (Josée Drevon, qui joue Ygerne), son demi-frère (Simon Astier, qui joue Yvain), et parfois ses deux filles aînées, Ariane et Jeanne !

Avant de créer *Kaamelott*, Alexandre Astier s'est fait remarquer sur les planches, puis sur des courts-métrages, en particulier sur *Dies Irae*, en 2003, qui raconte les mésaventures d'un roi Arthur dépassé par sa « mission » et entouré d'une bande de bras cassés… En 2005, M6 cherche un programme pour remplacer la *shortcom Caméra café* et commande 100 épisodes de moins de quatre minutes au jeune auteur.

Kaamelott est divisée non pas en saisons mais en « livres », ce qui souligne le statut d'auteur incontesté d'Alexandre Astier, et rend aussi un bel hommage aux influences littéraires de la série. Cette œuvre joue avec les codes des séries télévisées, les formats, les genres, le langage, multiplie les influences cinématographiques, télévisées, littéraires… Alexandre Astier y fait preuve d'une liberté de ton rare à la télévision française, que le public apprécie, et *Kaamelott* est assurément la série française avec la *fanbase* la plus puissante et la plus active sur Internet. Les chiffres d'audience sont bons, les ventes de DVD importantes, et, comme Joss Whedon, Astier devient aussi scénariste de bandes dessinées prolongeant l'univers de *Kaamelott* (*cf.* p. 192 et 319).

Une preuve que la télévision française peut parfois permettre à des auteurs de s'épanouir, de développer et d'enrichir un univers sur le long terme, en espérant qu'Astier ne reste pas l'exception qui confirme la règle…

Chapitre 19

Dix acteurs à (re)connaître

Dans ce chapitre

- Une galerie de portraits d'hommes et de femmes de talent
- La palette des rôles que leur ont offerts les séries télé
- Les ponts entre le petit et le grand écran

Les séries télévisées sont un vivier d'acteurs et d'actrices doués ; elles leur permettent d'exprimer et d'explorer sur le long terme, par la construction de personnages qui entrent dans notre quotidien, toute l'étendue de leurs talents. Le risque lié à ce type d'interprétation est d'être marqué à vie par un rôle et de ne pas réussir à sortir de son personnage une fois la série terminée, comme ce fut le cas pour Tom Selleck après *Magnum* (*cf.* p. 197).

Lorsque l'on regarde beaucoup de séries américaines, on finit par reconnaître de très nombreux visages, car beaucoup d'acteurs obtiennent des petits rôles ou des apparitions dans un certain nombre de séries, avant de décrocher (ou non) un grand rôle. D'autres se spécialisent volontairement dans les petits rôles, car, dans les séries télévisées bien plus qu'au cinéma, ceux-ci sont souvent extrêmement intéressants à jouer, notamment les rôles de criminels dans les séries policières.

Voici quelques exemples, parmi une flopée, d'acteurs qui, grâce à la télévision, ont prouvé l'étendue de leur talent.

Bill Cosby, du stand-up au Cosby Show

Né en 1937, Bill Cosby est le premier acteur afro-américain à obtenir un rôle principal dans une série dramatique en prime time avec *Les Espions* (*I, Spy*, NBC, 1965-1968, *cf.* p. 62). Cosby a commencé sa carrière sur les planches, comme comédien de *stand-up*. Il retournera à la comédie avec la sitcom la plus regardée aux États-Unis dans les années 1980, *The Cosby Show* (*cf.* p. 159), dont il était le personnage central.

Issu d'un milieu modeste de Philadelphie, avec un père cuisinier pour la Marine américaine (pendant la Seconde Guerre mondiale notamment), Cosby, élève très dissipé, s'engage dans la Marine, où il sert en tant qu'aide-soignant dans un hôpital militaire, et découvre les vertus de la thérapie par le rire et l'exercice physique pour les soldats revenant de la guerre en Corée. Après cinq ans dans l'armée, Cosby entame une carrière de comédien de *stand-up*, racontant dans des cabarets de l'ensemble du pays son enfance avec humour, sans mentionner la question du racisme ou de la ségrégation de façon trop appuyée, à une époque où la plupart des comiques sont engagés et critiquent la société. Il acquiert au début des années 1960 une renommée nationale.

En 1965, Bill Cosby obtient l'un des deux rôles principaux d'une série d'espionnage en prime time, *Les Espions* : une première pour un acteur afro-américain. La série est un énorme succès et Cosby remporte trois Emmy Awards pour sa performance d'acteur, assez éloignée de ses sketchs de *stand-up*, mariant humour, second degré et moments plus émouvants.

En 1969, Cosby joue le rôle principal de la sitcom *The Bill Cosby Show*, racontant les aventures d'un professeur de sport dans un lycée de Los Angeles (Cosby avait, dans la « vraie vie », un diplôme de professeur de sport). La sitcom dure deux saisons, puis Cosby se consacre à des études en sciences de l'éducation, intéressé par le pouvoir pédagogique des médias et les questions de la valorisation académique des compétences acquises dans le monde professionnel.

De 1972 à 1984, Cosby anime une émission pour enfants diffusée sur CBS le samedi matin, *Fat Albert and the Cosby Kids*. En 1976, il obtient un doctorat en sciences de l'éducation pour son travail sur les possibles usages de son émission dans l'enseignement primaire.

En 1984 débute *The Cosby Show* (*cf.* p. 159), la sitcom la plus regardée de tous les temps aux États-Unis, volontairement légère, optimiste, drôle et dépourvue de toute allusion au racisme, racontant avec énormément d'humour les petits soucis quotidiens d'une famille nombreuse afro-américaine (un père, une mère, leur fils et leurs quatre filles, comme la famille de Bill dans la vraie vie), dans un quartier huppé de Philadelphie.

Dans les années 1990 et 2000, Cosby joue dans de nombreux films, téléfilms et documentaires, ainsi que dans la sitcom *Cosby* (CBS, 1996-2000), racontant le quotidien d'un homme forcé de prendre sa retraite et très mécontent d'entrer dans le troisième âge.

À plus de 70 ans, Bill Cosby reste aujourd'hui très actif, continuant à monter occasionnellement sur les planches et développant divers projets pour la télévision, essentiellement des émissions pour enfants. Il intervient également beaucoup pour parler de la dyslexie, un handicap dont son fils, assassiné en 1997, était atteint.

Bill Cosby est l'archétype de l'Afro-Américain qui revendique sa part du rêve américain sans se révolter ou critiquer les Blancs, étant profondément persuadé que c'est par le travail et une moralité irréprochable que l'on progresse dans la vie, et non par la violence ou la victimisation de soi. Ces positions font de lui une figure controversée au sein de la communauté afro-américaine mais très populaire dans l'ensemble de la population.

Kyle MacLachlan, brillant et ambigu

Avec son physique irréprochable et sa gueule d'ange, Kyle MacLachlan aurait pu être acteur de soap opera ou chanteur à minettes, mais non : cet Américain né en 1959 dans une petite ville de l'État de Washington a décidé de mener une carrière d'acteur « culte », hors des sentiers battus d'Hollywood.

Kyle est en effet l'un des acteurs fétiches du réalisateur expérimental et exigeant David Lynch, qui lui offre le rôle principal de *Dune* en 1984, puis celui de Jeffrey Beaumont dans *Blue Velvet* en 1986. C'est toujours avec David Lynch que Kyle MacLachlan fait ses débuts à la télévision, interprétant l'énigmatique agent Cooper dans *Twin Peaks* (*cf.* p. 77).

À partir de là, c'est à la télévision qu'il va trouver des rôles à la mesure de son ambiguïté : Joseph K. dans une adaptation télévisée du *Procès* de Kafka en 1993, d'autres téléfilms dans les années 1990, comme *Roswell* en 1994.

En 2000-2002, Kyle MacLachlan interprète Trey MacDougal, le premier mari de Charlotte dans *Sex and the City* (*cf.* p. 172), caricature du prince charmant parfait sur le papier, qui se révèle avoir de sérieux problèmes avec sa mère, sa sexualité et son désir d'enfant.

Il enchaîne ensuite les apparitions dans certaines séries, notamment dans *New York : Unité spéciale* (*cf.* p. 209), interprétant là encore des personnages très ambigus. En 2005, il est l'un des rôles principaux de la courte série judiciaire *Dernier recours* (*cf.* p. 220), où il interprète un avocat aux dents longues qui n'est pas pour autant dépourvu d'un certain idéalisme. Enfin, depuis la deuxième saison de cette série, il est Orson Hodges, le mari énigmatique et touchant de Bree dans *Desperate Housewives* (*cf.* p. 122).

Michael C. Hall, l'acteur caméléon

Né en 1971 en Caroline du Nord, Michael C. Hall est un acteur caméléon. Il a commencé sa carrière à Broadway, jouant aussi bien dans des pièces de Shakespeare que dans des comédies musicales ou encore dans des créations contemporaines expérimentales et controversées. Il fait ses débuts à la télévision en interprétant David Fischer dans *Six Feet Under* (*cf.* p. 267), le frère aîné homosexuel mal dans sa peau. Dès la première saison de la série, Michael est nominé comme meilleur acteur dans une série dramatique aux Emmy Awards et reçoit les louanges de tous les critiques de télévision, ainsi que des associations homosexuelles. Parallèlement à la série, il continue à jouer dans des comédies musicales, notamment dans *Chicago*, où il est Billy Flynn en 2003.

En 2005, après l'arrêt de *Six Feet Under*, Michael C. Hall obtient le rôle principal d'une nouvelle série, sur Showtime, la chaîne concurrente de NBC, et devient… Dexter (*cf.* p. 223), *serial killer* la nuit et expert de la police scientifique le jour. La métamorphose physique est impressionnante : David Fischer était extrêmement pâle, peu expressif, très brun, les épaules en dedans et la tête souvent baissée ; Dexter Morgan est bronzé, châtain clair, puissamment musclé, charismatique et énigmatique, inquiétant et sympathique. Ces deux rôles montrent que Michael C. Hall est incontestablement un acteur extraordinaire.

Neil Patrick Harris, comique et performer

Neil Patrick Harris fait partie des rares enfants-stars des comédies des années 1980 à avoir continué une brillante carrière d'acteur à l'âge adulte.

Né en 1973 au Nouveau-Mexique, Neil fait ses débuts sur les planches à l'école primaire, interprétant le rôle de Toto dans *Le Magicien d'Oz*. À 15 ans, il interprète le jeune David face à Whoopi Goldberg dans *Clara's Heart* (Robert Mulligan, 1988), ce qui lui vaut d'être nominé aux Golden Globes. L'année suivante, il débute sa carrière d'acteur de télévision avec *Docteur Doogie* (*cf.* p. 200) et devient une star aux États-Unis et dans de nombreux pays du monde. Dans les années 1990, il joue des seconds rôles dans de très nombreux films, téléfilms et sitcoms.

Au début des années 2000, Neil Patrick Harris se fait remarquer dans un grand nombre de pièces dramatiques et dans des comédies musicales à Broadway (en particulier dans *Cabaret* et *Rent*). Il a joué aussi dans un grand nombre de films, principalement des films indépendants comme les comédies ultra-référentielles *Harold & Kumar*, fait de nombreuses voix off pour des films d'animation et enregistré des livres audio.

Depuis 2005, il interprète Barney, le *womanizer* insupportable, pathétique, drôle et touchant de *How I Met Your Mother* (*cf.* p. 57 et 173), qui est aussi sans aucun doute le personnage le plus populaire de cette comédie amicale. Avec ce rôle, Neil Patrick Harris se livre également à un certain nombre de numéros de magicien, son autre passion.

En 2006, des rumeurs à propos de son homosexualité commencent à envahir le Web, forçant Neil à « sortir du placard » par une déclaration officielle d'une grande sobriété, qui lui a valu le respect des médias et du public. En 2007, Neil Patrick Harris a assisté à la cérémonie des Emmy Awards avec son petit ami de longue date, le chef cuisinier David Burtka, affichant publiquement leur bonheur.

En 2008, il est le personnage principal de la websérie de Joss Whedon (*cf.* p. 301), *Dr Horrible's Sing-Along Blog*, et, en 2009, il se fait remarquer en animant avec talent des cérémonies de remises de prix comme celle des Tony (récompensant les meilleures performances théâtrales aux États-Unis) et des Emmy (récompensant les meilleures émissions télévisées).

Comédien de grand talent, avec un don particulier pour la comédie et les performances scéniques (il chante, danse et fait des tours de magie), Neil Patrick Harris est sans doute l'un des acteurs les plus sympathiques aujourd'hui à la télévision.

L'intense Kevin McKidd

Récemment, de très nombreux acteurs « étrangers », en particulier britanniques ou australiens, viennent faire carrière aux États-Unis et accèdent à une notoriété mondiale. C'est le cas notamment du Britannique Hugh Laurie avec *Dr House* (*cf.* p. 236), et la liste est extrêmement longue, mais nous allons parler ici de la star montante Kevin McKidd, car elle est emblématique de ce type de parcours transatlantique (ou transpacifique pour les Australiens).

Né en 1973, cet Écossais, qui a appris le métier d'acteur sur les planches à Édimbourg, a fait ses débuts au cinéma dans *Trainspotting* (Danny Boyle, 1996). Il a également joué dans le film d'horreur britannique culte *Dog Soldiers* en 2002, ou encore dans *Kingdom of Heaven* (Ridley Scott, 2005).

Son interprétation de Lucius Vorenus, le légionnaire « raide comme la justice » dans *Rome* (*cf.* p. 257), lui permet de devenir « hot » aux États-Unis, où il devient très demandé. En 2007, il est le héros de *Journeyman* sur CBS, mais cette série à la morale ultra-conservatrice racontant des voyages dans le temps ne séduit pas le public. Depuis 2008, il interprète avec beaucoup d'intensité le Dr Owen Hunt dans *Grey's Anatomy* (*cf.* p. 238), chirurgien traumatisé par son expérience en Irak et amoureux de Christina Yang. Il est actuellement pressenti pour interpréter Highlander dans un remake du film de 1986.

L'éclatante Glenn Close

Les séries télévisées actuelles sont une mine de rôles féminins bien plus intéressants que ceux que les actrices se voient en général proposés au cinéma et permettent à des femmes d'un certain âge ou bien à la beauté « non conventionnelle » de faire la preuve éclatante de leur talent.

Star de cinéma, spécialiste des rôles de psychopathe (elle est notamment l'inoubliable maîtresse de Michael Douglas dans *Liaison fatale*, en 1987), grande actrice de théâtre, Glenn Close (née en 1947 dans le Connecticut) fait désormais carrière à la télévision. En 2005, à presque 60 ans, elle interprète la rude capitaine Monica Rawling dans la saison 4 de *The Shield* (*cf.* p. 204) et enchante la critique et les téléspectateurs. Depuis 2007, elle interprète la terrible Patty Hewes dans la série judiciaire sanglante *Damages* (*cf.* p. 221), rôle pour lequel elle a remporté l'Emmy Award de la meilleure actrice en 2009.

Glenn Close est emblématique de ces actrices d'âge mûr qui ont trouvé dans les séries télévisées actuelles des rôles à leur mesure. Par exemple, Sally Field, grande actrice de cinéma, s'est elle aussi reconvertie à la télévision dans le rôle de Nora, la mère poule de *Brothers and Sisters* (*cf.* p. 134), pour lequel elle a reçu l'Emmy de la meilleure actrice en 2007.

Edie Falco, tout en nuances

Edie Falco est née à Brooklyn en 1963, d'une mère actrice d'origine suédoise et d'un père italo-américain musicien de jazz. Ayant grandi dans ce milieu d'artistes (son oncle est poète et romancier), Edie étudie l'art dramatique à New York, où elle se lie d'amitié avec Stanley Tucci et Ving Rhames, devenus de grands acteurs de cinéma et de télévision.

Dans les années 1990, Tom Fontana découvre cette actrice à la beauté « non classique » (Edie ressemble à Mme Tout-le-monde, ce qui aurait été un atout formidable en Grande-Bretagne mais est moins évident pour une actrice aux États-Unis) et lui offre le rôle d'Eva Thormann, la femme d'un officier de police gravement blessé, dans *Homicide* (*cf.* p. 202). Elle est ensuite la gardienne de prison Diane Whittlesey dans *Oz* (*cf.* p. 221), toujours de Tom Fontana. Elle est extrêmement touchante dans ce rôle de mère célibataire qui se bat pour élever sa fille, prendre soin de sa mère et surmonter ses propres traumatismes (un ex-mari violent, l'alcoolisme). Elle est l'un des rares personnages de la série à avoir droit à une happy end à la fin de la saison 3.

De 1999 à 2007, elle interprète Carmela, la femme de Tony dans *Les Soprano* (*cf.* p. 222), un très beau personnage de femme tout en nuances, qui lui vaut de remporter un très grand nombre de prix et d'établir sa réputation d'excellente actrice.

Depuis 2009, Edie Falco joue le rôle principal dans *Nurse Jackie* (*cf.* p. 185), où elle interprète une sorte de Dr House au féminin : une infirmière à la fois dure et sensible, grande gueule et secrète, qui aime son mari et ses enfants mais aussi son amant le pharmacien de l'hôpital, qui la fournit en pilules diverses qu'elle avale ou sniffe à longueur de temps pour supporter le stress de son métier (et de sa double vie !).

Marcia Cross, rousse incendiaire

Née en 1962 dans le Massachusetts, la rousse incendiaire Marcia Cross a débuté sa carrière d'actrice dans des soap operas pendant les années 1980. En 1991, elle « passe en prime time » grâce à un rôle dans *Côte ouest* (*cf.* p. 119), où elle partage déjà de nombreuses scènes avec Nicollette Sheridan (actuellement Eddie dans *Desperate Housewives*). Mais c'est son interprétation du Dr Kimberly Shaw dans *Melrose Place* qui marque le véritable tournant de sa carrière. Durant cinq saisons, elle incarne cette psychopathe avec énergie et profondeur, donnant la mesure de son talent.

Par ailleurs, elle est apparue dans de très nombreuses séries, qu'elles soient comiques (*Seinfeld*, *Ally McBeal*, *Spin City*, etc.) ou dramatiques (*Les Anges du bonheur*, *Profiler*, *Les Experts*, etc.). Dans *Everwood* (WB, 2002-2006), série dramatique qui hybride la série médicale, la série adolescente et la chronique d'une petite ville américaine, Marcia interprète avec beaucoup de sensibilité une jeune doctoresse séropositive, montrant qu'elle est capable de jouer autre chose que les garces sociopathes.

C'est néanmoins un nouveau rôle de psychopathe, Bree Van de Camp, la « maîtresse de maison parfaite » dans *Desperate Housewives* (*cf.* p. 122), qui la fait accéder au rang de star, voire d'icône télévisuelle, car il est indéniable que Marcia joue la folie comme personne !

Melissa George, australienne de la nouvelle génération

Comme les acteurs britanniques, les acteurs australiens envahissent Hollywood depuis quelques années, et les actrices australiennes sont très nombreuses dans les séries américaines : Rachel Griffiths (Brenda Chenowith dans *Six Feet Under* et Sarah Walker dans *Brothers and Sisters*),

Poppy Montgomery (Samantha Spade dans *FBI Portés disparus*), Emilie de Ravin (Claire dans *Lost*), Anna Torv (Olivia Dunham dans *Fringe*), Yvonne Strahovski (Sarah dans *Chuck*), Rose Byrne (Ellen Parsons dans *Damages*), Dichen Lachman (Sierra dans *Dollhouse*), Toni Collette (*United States of Tara*), etc.

Melissa George (née en 1976 à Perth) est assez emblématique de cette génération de « jeunes beautés » recrutées de l'autre côté du Pacifique par la télévision américaine. Passionnée de danse, Melissa est dans son adolescence vice-championne du monde junior de patinage artistique (sur roulettes, pas sur glace) et mannequin. Elle entame sa carrière d'actrice pendant les années 1990 dans le soap australien *Home and Away*. Mais, au bout de trois ans, elle quitte le feuilleton, pose nue dans *Playboy*, commercialise une vidéo de gymnastique et une ligne de pyjamas sexy avant de quitter l'Australie pour les États-Unis à la fin des années 1990. Elle décroche des rôles secondaires dans *Charmed*, *Friends* (c'est la nounou d'Emma, l'enfant de Ross et Rachel) et *Alias*, où elle joue Lauren Reed, la femme de Michael Vaughn (Michael Vartan) dans la troisième saison, détestée par les fans, car elle s'immisçait dans la relation amoureuse compliquée entre Sydney et Vaughn.

Melissa poursuit ensuite sa carrière au cinéma puis revient à la télévision en 2008 en interprétant la troublante Laura dans *In Treatment* (HBO, depuis 2008), qui fait perdre pied à son psy (interprété par Gabriel Byrne) en pleine crise de la cinquantaine.

La même année, elle interprète aussi le rôle de Sadie Harris dans *Grey's Anatomy* (*cf.* p. 238), une ancienne compagne de voyage de Meredith qui vient faire son internat au Seattle Grace, mais met ses collègues en danger par son amour du risque et ses pulsions autodestructrices. Elle a obtenu cette année-là aussi la double nationalité américaine et australienne.

Elisabeth Moss, une étoile montante

Parmi les jeunes actrices américaines de séries télévisées, Elisabeth Moss, née en 1982 à Los Angeles d'un père britannique et d'une mère américaine, est sans doute l'une des plus intéressantes. Elle débute sa carrière à 10 ans dans *Picket Fences* (*cf.* p. 215), une série de David E. Kelley. Elle enchaîne ensuite les rôles dans des films et des téléfilms, parmi lesquels on peut citer *L'Ultime Souper* (1995), *Une vie volée* (1999, avec Angelina Jolie et Winona Ryder). À la télévision, on la voit dans *The Practice* (*cf.* p. 217) en 2003, *Invasion*, série de science-fiction, en 2005, *New York : Section criminelle* en 2006, *Grey's Anatomy*, *Medium* et *Ghost Whisperer* en 2007, mais on se souvient surtout de son rôle dans *À la Maison-Blanche*, où elle interprète la charmante Zoey Bartlett, la « petite dernière » du président, qui tombe amoureuse de l'assistant personnel afro-américain de celui-ci, l'indispensable Charlie Young, et se fait kidnapper à la fin de la quatrième saison…

Depuis 2007, Elisabeth interprète l'ambitieuse et énigmatique Peggy Olson dans *Mad Men* (*cf.* p. 255 et 323), parmi un casting d'acteurs incroyables (John Hamm, January Jones, Vincent Kartheiser, Christina Hendicks, John Slattery, etc.). Sa performance mêlant force et sensibilité lui a valu une nomination à l'Emmy Award de la meilleure actrice en 2009, aux côtés d'actrices plus que confirmées comme Glenn Close, Sally Field ou Kyra Sedgwick. Une actrice à suivre, incontestablement.

Chapitre 20

Les dix intégrales qu'il faut avoir en DVD

Dans ce chapitre

- Les séries mythiques, à voir ou à revoir
- Des univers aussi variés que le fantastique, le policier sombre, la comédie familiale ou la sphère adolescente

Cette liste vous indique dix « grandes séries », pour tous les goûts et toutes les sensibilités, classées par ordre chronologique et non par ordre de préférence.

La Quatrième Dimension

Série fantastique mythique des années 1950-1960 (*cf.* p. 21 et 262) ; le noir et blanc, la cinématographie léchée, l'interprétation impeccable et surtout l'écriture au cordeau lui ont permis de ne pas prendre une ride et vous promettent des heures de frissons… Un classique !

Le Prisonnier

Série britannique culte des années 1960 (*cf.* p. 85), *Le Prisonnier* est un petit bijou de seulement 17 épisodes, qui mérite d'être regardé plusieurs fois tant l'univers créé par George Markstein et Patrick McGoohan est intriguant, complexe et d'une beauté hypnotique.

Friends

Sitcom générationnelle, multidiffusée certes, *Friends* (*cf.* p. 171) mérite d'être regardée dans la continuité (et en VO !) et vous garantit des heures de rire mais aussi beaucoup d'émotion, grâce à des dialogues imparables et à un casting exceptionnel.

Buffy contre les vampires

Bien plus qu'une série d'ados et bien plus qu'une « série de vampires », *Buffy contre les vampires* (*cf.* p. 280) aussi mérite d'être (re)vue dans la continuité, VO (tellement plus riche que la VF, souvent fausse) pour saisir toute la richesse et la saveur de cette œuvre féministe, drôle et pleine de sensibilité de Joss Whedon.

À la Maison-Blanche (The West Wing)

Incontournable pour comprendre le fonctionnement de la politique américaine, cette série (*cf.* p. 76) réussit le tour de force d'être à la fois intelligente, pédagogique et divertissante, avec une galerie de personnages extrêmement touchants, des acteurs formidables et des sujets de société abordés en profondeur. À voir absolument !

Sex and The City

Une série (*cf.* p. 172) à voir absolument en VO et dans la continuité, pour savourer la complexité des personnages et des dialogues (desservis par une VF médiocre) et pour comprendre la psychologie des « célibattantes » de 30 ans : quatre très beaux portraits de femmes libres dans le New York « hype » du tournant du siècle, unies par une amitié indéfectible, l'obsession pour les chaussures de luxe, des garde-robes affolantes, des amours compliquées et un rapport décomplexé au sexe.

Les Soprano et Six Feet Under

Pour les cinéphiles en général et les amateurs de films « avec des mafieux » en particulier. *Les Soprano* (*cf.* p. 222) est une série exigeante, pas toujours facile d'accès, mais dont la lenteur, la violence et la noirceur a quelque chose de tout à fait fascinant. Le magnifique portrait d'un homme d'âge mûr, aux prises avec ses démons, et des personnages secondaires complexes.

Deuxième chef-d'œuvre des années 2000 encensé par la critique des deux côtés de l'Atlantique, *Six Feet Under* (*cf.* p. 267) est une comédie familiale sombre et émouvante, une belle réflexion sur le sens de la vie, sa beauté et son absurdité, servie par un casting royal, des dialogues sublimes et une cinématographie envoûtante.

Les intellectuels ont crié aux chefs-d'œuvre : jugez donc par vous-mêmes !

Sur écoute (The Wire)

Autre série très exigeante, portrait d'un réalisme documentaire de la ville de Baltimore dans ses aspects les plus sombres, *Sur écoute* (*cf.* p. 203) ravit en particulier tous ceux qui « n'aiment pas les séries en général » par son authenticité et son écriture, qui la rapprochent bien davantage du cinéma d'auteur d'un Ken Loach que de *Desperate Housewives*.

Battlestar Galactica

Sublime série de science-fiction qui commente avec intelligence et profondeur les dérives de la société actuelle (américaine certes, mais pas seulement), *Battlestar Galactica* (*cf.* p. 290) a l'avantage d'être débarrassée de la plupart des côtés farfelus des séries de science-fiction (les costumes bizarres ressemblant à des pyjamas, les maquillages grotesques, les inventions bizarroïdes et les effets spéciaux antédiluviens) pour en garder le meilleur : la mythologie et les interrogations existentielles.

Kaamelott

Kaamelott (*cf.* p. 192) est incontestablement LA série française à regarder en DVD et dans la continuité.

Les trois premiers « livres » sont composés de 100 épisodes non feuilletonesques de 3 minutes et 30 secondes, fidèles au format *shortcom* demandé par M6. À partir du livre IV, la série devient feuilletonesque. Puis, avec le livre V, les épisodes passent au format de 7 minutes (plus de 50 épisodes) et le ton devient nettement plus sombre que la franche comédie des débuts. L'édition DVD les propose regroupés en 8 épisodes de 50 minutes, plus fidèles à la vision originale de leur auteur, Alexandre

Astier (*cf.* p. 304). Le livre VI est divisé en 9 épisodes de 40 minutes, un format « américain ». De plus, Astier fait faire à ses personnages un retour dans le temps, racontant cette fois la jeunesse du roi Arthur, filmée dans rien moins que les décors de *Rome* (*cf.* p. 257), dans les studios mythiques de Cinécittà !

L'univers de la série télévisée sera ensuite transposé au cinéma dans une trilogie… Une raison supplémentaire de (re)découvrir la série télé en DVD, qui sont, de plus, bourrés de bonus passionnants.

Chapitre 21

Les dix séries à suivre en ce moment

Dans ce chapitre

- Des pistes pour vos prochaines soirées !
- Des propositions pour tous les goûts

Cette liste vous indique dix séries qui méritent particulièrement d'être suivies en ce moment sur vos écrans, dans tous les genres et pour toutes les sensibilités, par ordre alphabétique et non par ordre de préférence.

24 heures chrono

Série d'action haletante, qui rend véritablement accro, avec des saisons plus réussies que d'autres (*cf.* p. 135), *24 heures chrono* est une série feuilletonesque qui sait se renouveler à intervalles réguliers et parvient parfois à développer des personnages et un discours bien moins manichéens ou conservateurs qu'il n'y paraît de prime abord.

Cold Case

Parce que cette série policière (*cf.* p. 209) n'est pas sortie – et ne sortira peut-être jamais, pour des questions de droits musicaux – en DVD, il faut donc la regarder à la télévision pour la découvrir. Des épisodes inégaux, des scénarios qui deviennent prévisibles au bon moment, mais une réflexion profonde et sensible sur la société américaine d'hier et d'aujourd'hui, des reconstitutions historiques justes et de grande qualité, une bande-son incroyable composée presque uniquement de hits, de beaux personnages principaux et des *guests* de qualité mêlant jeunes et vieux acteurs, un discours féministe et tolérant… bref, autant de bonnes raisons de suivre l'enquêtrice-historienne Lilly Rush dans son interrogation du passé !

Dexter

Un générique de toute beauté, un antihéros hors norme interprété par l'un des meilleurs acteurs du moment (*cf.* p. 223 et 309), un suspense intenable, le soleil de Miami, du sang et des meurtres cruels, mais aussi une belle réflexion sur l'identité masculine aujourd'hui : le rapport au père, l'acquis et l'inné, la quête des origines, l'engagement amoureux, l'amitié virile, les rapports fraternels, l'expression des sentiments, l'acceptation des émotions, et, dans la dernière saison, la paternité…

Dr House

« Carton d'audience » en France et aux États-Unis, cette série médicale (*cf.* p. 236) très technologique et scientifique, bourrée d'images en 3D du corps humain et de procédures complexes, a aussi de beaux personnages principaux et secondaires, dévorés par l'ambition, qui mentent et qui se mentent, mais en quête de simplicité et d'authenticité dans leurs rapports aux autres, qui ne peuvent s'appréhender que si l'on regarde les épisodes dans l'ordre !

Gossip Girl

Portrait d'une jeunesse dorée et désenchantée, accro aux vêtements de luxe, au sexe, à Internet et aux SMS, mais profondément romantique et fragile au fond et en manque de figures parentales, *Gossip Girl* (*cf.* p. 134) est sans doute la meilleure description, sans hypocrisie politiquement correcte, de l'adolescence actuelle, servie par un casting remarquable et des répliques bien senties, dans un New York luxueux et fascinant.

How I Met Your Mother

Incontestablement l'une des meilleures comédies du moment. Résolument inscrite dans sa génération (les trentenaires d'aujourd'hui), à la fois hilarante et touchante, *How I Met Your Mother* (*cf.* p. 57 et 173) fait passer *Friends* pour de la guimauve en révolutionnant les techniques de narration de la comédie et en offrant des rôles sur mesure à des acteurs brillants, Neil Patrick Harris en tête (*cf.* p. 310).

Lost

Assurément la série la plus intrigante du moment (*cf.* p. 265). Pour les amateurs de fantastique, d'univers bizarres, de questionnements métaphysiques et ceux qui aiment se laisser « balader » et surprendre par des scénaristes qui affirment savoir où ils vont. Une série complexe, exigeante et inégale, avec une structure extrêmement compliquée qui demande qu'on la regarde du début à la fin.

Mad Men

Une reconstitution magnifique et politiquement incorrecte de l'Amérique des années 1960 (*cf.* p. 255), la description d'un univers qui nous paraît étrange et exotique, avant le féminisme et la tolérance des différences raciales, religieuses et sexuelles, avant que l'on se soucie de préserver sa santé et l'environnement, servie par des acteurs impeccables et diablement sexy qui incarnent des hommes et des femmes au bord d'un précipice où l'« évolution des mœurs » va les jeter... Remarquablement bien écrite, filmée et interprétée, le « chef-d'œuvre » du moment !

Plus belle la vie

Parce que des scénaristes français sont aujourd'hui capables de produire 20 minutes de fiction par jour, avec *cliffhangers*, intrigues croisées, mélange des genres, personnages qui évoluent, *Plus belle la vie* (*cf.* p. 131), véritable divertissement populaire mâtiné d'un discours politique et social progressiste et tolérant, mérite d'être regardé dans sa continuité et que l'on passe outre ses défauts pour en tirer des leçons (de construction et d'emboîtement des intrigues, de « réalisme » social et d'audace, en particulier).

Un village français

Série historique dont l'ambition est de dépeindre le quotidien de Français dans un petit village du centre de la France pendant l'Occupation, en s'éloignant de la fresque « édifiante » pour construire, en 60 épisodes prévus, des personnages complexes aux prises avec une situation extraordinaire et des sentiments ordinaires (interprétés par un casting remarquable).

Sixième partie

Annexes

Annexe A

Glossaire

Affiliates : chaînes locales de télévision qui passent un contrat avec un *network* pour diffuser leurs programmes pendant la plus grande partie de la journée.

Anthologie : série sans personnage récurrent et dont chaque épisode, construit autour d'une thématique commune, constitue une histoire complète. *The Twilight Zone* (*La Quatrième Dimension*) et *Alfred Hitchcock Presents* sont des anthologies.

Arc : suite d'épisodes constituant une histoire complète, au sein d'une série feuilleton. Certaines séries comme *X-Files* sont constituées d'une succession d'« arcs » séparés par des *stand-alone episodes* (*cf.* ci-après).

Buddy series : littéralement « série de potes ». Elle met généralement en scène les aventures de deux personnages associés pour le meilleur ou pour le pire – *Starsky et Hutch*, par exemple.

Cliffhanger : scène située à la fin d'un épisode et dans laquelle les personnages restent en suspens (le mot signifie littéralement « suspendu à la paroi »). Le *season finale* des séries feuilletons se clôt souvent sur un *cliffhanger*, pour s'assurer le retour des téléspectateurs au début de la saison suivante.

Climax : littéralement « point culminant » d'un épisode, c'est-à-dire moment de tension extrême entre les personnages. Chaque série comporte en général plusieurs *climaxes* successifs, situés juste avant les coupures publicitaires.

Crossover : épisode d'une série A dans lequel interviennent des personnages d'une série B. Les *crossovers* servent en général à attirer le public d'une série très populaire vers une autre série moins regardée. Un *crossover* peut être constitué d'une histoire en deux parties, qui commence dans une série et se termine dans l'autre. Ce fut le cas des trois *crossovers* entre *Law & Order* (*New York District*) et *Homicide*. En général, les *crossovers* concernent deux séries diffusées par une même chaîne. Exceptionnellement, il peut s'agir d'un *crossover* entre deux chaînes différentes tel celui qui unit *Ally McBeal* (Fox) à *The Practice* (ABC) en 1998, parce que ces deux séries ont le même créateur, David E. Kelley.

Plus récemment, il y a eu des *crossovers* entre *FBI Portés disparus* et *Les Experts : Las Vegas*, entre *Cold Case* et *Les Experts : Manhattan*, qui sont toutes des séries produites par Jerry Bruckheimer et diffusées sur CBS, ou encore un *crossover* de 6 épisodes entre *Grey's Anatomy* et *Private Practice*, diffusées toutes les deux sur ABC, et l'une à la suite de l'autre.

En France, où les épisodes sont diffusés dans le désordre, à des rythmes différents et parfois sur des chaînes concurrentes, ces *crossovers* sont perdus pour le téléspectateur qui n'a pas les moyens de comprendre toute l'histoire et n'en voit qu'une partie.

***Daytime soap* :** soap opera diffusé cinq jours par semaine, le matin ou en début d'après-midi, toute l'année ou presque.

***Drama* :** série dramatique en général constituée d'épisodes de 1 h. Aux États-Unis, les *dramas* sont diffusés en deuxième partie de soirée (22 h-23 h).

***Dramedy* :** comédie dramatique mêlant des scènes de comédie débridée et des thèmes graves. Le genre est relativement récent à la télévision américaine et remonte à *Hill Street Blues (Capitaine Furillo). L.A. Law* (*La Loi de Los Angeles*) et, plus récemment, *Ally McBeal* et *Ugly Betty* sont des *dramedies*.

***Ensemble show* :** série mettant en scène un nombre important de personnages réguliers, sans que l'un soit clairement le « personnage principal » (ex : *Urgences*).

Feuilleton télévisé : œuvre de fiction à épisodes dont chacun est la suite du précédent. Les soap operas (*cf.* ci-après) sont des feuilletons diffusés quotidiennement. S'agissant d'un feuilleton, la vision d'un épisode isolé n'a pas plus de sens que la lecture d'un chapitre pris au hasard dans un roman.

***Formula show* :** série dont les épisodes sont tous construits autour d'un concept quasi immuable. *Mission : Impossible*, *Columbo*, *Law & Order* (*New York District*), *Les Experts* sont des *formula shows*.

***Guest star* :** acteur populaire ou célèbre interprétant un rôle occasionnel dans un ou plusieurs épisodes d'une série, et dont la présence vise à doper l'audience. Les *guest stars* les plus prestigieuses apparaissent en général dans les épisodes diffusés à l'époque cruciale des *sweeps* (*cf.* plus loin).

Indice Nielsen : indice américain d'audimat. Il s'agit de la proportion de foyers équipés d'un téléviseur regardant un même programme à un moment donné. Cet indice doit son nom à la firme A.C. Nielsen, qui le mesure. Il existe d'autres indices permettant de déterminer les taux d'écoute, mais celui élaboré par Nielsen est le plus répandu.

Minisérie : feuilleton constitué d'un nombre d'épisodes fini (2 à 8 le plus souvent). Il s'agit en général de l'adaptation d'une œuvre littéraire : *Roots* et *Holocaust* sont des miniséries.

Network : mot anglais signifiant « réseau » et qui désigne les cinq grandes chaînes de télévision hertzienne des États-Unis : NBC, CBS, ABC, Fox et CW. Chaque réseau est constitué d'un ensemble de stations locales de télévision appartenant ou affiliées à la « chaîne mère » (que l'on nomme aussi, par analogie, *network*) et qui en diffuse les programmes. C'est la chaîne mère qui finance le développement des concepts d'émissions et des scénarios en projet, décide de la programmation pour la saison, affecte les cases dans la grille des programmes, commande ou annule les séries. Elle exerce un certain regard sur les scénarios qui lui sont soumis.

Night-time soap* ou *prime time soap : série dont les caractéristiques narratives et thématiques sont celles d'un soap opera mais dont la diffusion a lieu le soir, une fois par semaine en prime time (*cf.* ce terme) sous forme d'épisodes de 1 h. *Dallas* ne fut pas le premier mais reste le plus connu.

Pilote (*pilot episode*) **:** épisode inaugural dans lequel se mettent en place les personnages et le concept narratif d'une série. Jusque dans les années 1980, le pilote (qui contait l'histoire complète) était distinct du premier épisode de la série. Il s'agissait d'un téléfilm de 75 ou 90 minutes, commandé par une chaîne à une maison de production et diffusé au printemps. Ses résultats d'audience incitaient ensuite à la commande ou non d'une série par la chaîne. À l'heure actuelle, pour des raisons de coût de production, le pilote est aussi le premier épisode de la série. Il a en général le même format que les suivants (une demi-heure pour les sitcoms, 1 h pour les *dramas*). Il est montré aux responsables de la chaîne et n'est pas diffusé si ces derniers ne passent pas une commande ferme de plusieurs épisodes. Le concept initial ou la distribution peut changer entre la réalisation du pilote et le passage des épisodes à l'antenne. Souvent, le pilote peut être si représentatif des objectifs des créateurs que sa construction imprime une marque quasi indélébile sur toute la série. Il n'est pas seulement le premier des épisodes, mais aussi leur patron (leur modèle).

Prime time : heures de grande écoute – 20 h-23 h pour les régions de l'est des États-Unis (*Eastern Standard Time*) et 19 h-22 h pour le Middle West et les Rocheuses (*Central Time*). En France, il s'agit de la tranche 20 h 30-22 h 30.

Saison (*season*) **:** période de première diffusion d'une série, habituellement située entre octobre et mai. Par extension, le mot « saison » désigne l'ensemble des épisodes diffusés au cours de ce laps de temps. Dans les années 1960, une saison pouvait compter jusqu'à 35 épisodes. À l'heure actuelle, elle n'en compte en général que 22 ou 23. Pour des raisons diverses (lancement en milieu d'année, contraintes de production), certaines séries produisent chaque année un nombre d'épisodes plus faible encore et ont des saisons très courtes, en particulier sur les chaînes du câble (13 épisodes par an pour *The Sopranos*, 8 par an pour *Oz*).

Season finale **:** dernier épisode d'une saison, il se termine souvent – mais pas toujours – par un *cliffhanger* (*cf.* ce mot).

Season premiere **:** épisode ouvrant une saison de production. Dans le cas des séries feuilletons, le *season premiere* reprend et parfois conclut les trames laissées en suspens par le dernier épisode de la saison précédente.

Série : œuvre de fiction télévisée à épisodes, diffusée sur un rythme hebdomadaire, dont les personnages, la thématique ou la forme narrative sont des éléments constants. Le terme anglais exact est *episodic series*.

Série culte : terme passe-partout, n'ayant pas grande signification, utilisé à tort et à travers par des journalistes parfois dénués de culture télévisuelle et courts en vocabulaire.

L'origine du terme se trouve dans l'expression *cult movie*, qui désigne un film dont le succès initial a été modeste mais dont l'exploitation s'est poursuivie pendant des années grâce à un public réduit mais fervent et inconditionnel – le mot *cult*, en anglais, signifie « secte ». Avec un peu de chance et au gré de nombreuses rediffusions télévisées, les *cult movies* deviennent représentatifs d'une époque ou d'un état d'esprit particuliers. Ils finissent même parfois, comme *The Rocky Horror Picture Show* ou *Casablanca*, par devenir des icônes, c'est-à-dire des objets « *cult*-urels ». Mais, pour devenir « cultes », films ou séries doivent nécessairement avoir effectué d'abord une longue traversée du désert.

Il est par conséquent stupide d'accoler le qualificatif de « culte » à des séries ayant joui d'emblée d'un succès massif, comme *The X-Files* ou *Friends*. Celles-ci sont tout simplement des « séries-très-populaires ». En revanche, *Star Trek* (1966-1969) et *The Prisoner* (1967-1968) – qui, lors de leur première diffusion, furent des fours – répondent à cette définition.

Série feuilletonesque : série dont les épisodes racontent une histoire complète mais aussi des lignes narratives, principales ou secondaires, pouvant courir pendant plusieurs semaines, voire toute la durée de la série… *Urgences* est une série feuilletonesque. *Columbo* ne l'est pas. À l'autre extrême, *24 heures chrono* est une série dans laquelle aucune intrigue n'est bouclée au sein d'un seul épisode.

Sitcom **:** série comique tournée en studio, devant un public, et avec trois caméras fixes.

Soap opera (ou soap) **:** littéralement « opéra-lessive ». Feuilleton quotidien diffusé en fin de matinée ou en début d'après-midi. Les soap operas télévisés ont pris la suite (voire les personnages) des feuilletons radiophoniques originellement commandités par des fabricants de lessive – d'où leur surnom. Les deux caractéristiques principales des *soaps* sont leur tonalité (celle de mélodrames où sexe, argent et conflits de pouvoirs familiaux et professionnels sont déclinés à l'infini) et leur méthode de tournage (en studio, dans des décors simplifiés) et de diffusion (chaque jour du lundi au vendredi).

Spin-off : série « dérivée », c'est-à-dire reprenant des personnages (ou, parfois, un concept) créés dans une série antérieure. *Knots Landing* (*Côte ouest*) est un *spin-off* de *Dallas*. *Angel* est un *spin-off* de *Buffy contre les vampires*. *Private Practice* est un *spin-off* de *Grey's Anatomy*.

Les *spin-offs* peuvent aussi reprendre non pas des personnages découverts dans une série antérieure mais une formule (ex : *Les Experts : Miami* et *Les Experts : Manhattan*, par rapport aux *Experts : Las Vegas*).

Sponsor : annonceur publicitaire. Les feuilletons radiophoniques des années 1940 puis les séries des années 1950-1960 étaient financés par un sponsor unique. Aujourd'hui, la diffusion d'une série s'accompagne de la vente d'espaces publicitaires à plusieurs annonceurs dans sa case horaire. Un bon audimat attire les annonceurs et fait monter le prix de vente de l'espace publicitaire. Un mauvais audimat a l'effet inverse. Les séries dont l'audimat est le plus élevé renégocient régulièrement leur prix d'achat à l'épisode.

Stand-alone episode : au sein d'une série feuilleton, épisode isolé contant une histoire complète. Dans le cas de *The X-Files*, par exemple, les *stand-alone episodes* sont ceux qui ne font pas référence à la « conspiration ».

Sweeps : périodes de l'année (novembre, février, juillet, mai) pendant lesquelles l'Institut Nielsen procède à la mesure d'audimat sur tous les marchés télévisuels locaux. L'audimat mesuré pendant les *sweeps* fixe le prix des spots publicitaires locaux (deux minutes par demi-heure de programme).

Syndication : mettre un programme en *syndication*, c'est le vendre à des stations locales indépendantes ou à des chaînes du câble ou du satellite. La *syndication* est une sorte de second marché qui achète les séries ayant déjà atteint 100 épisodes et les diffuse du lundi au vendredi pendant une saison entière. Certaines séries sont conçues spécialement pour la *syndication* (*Star Trek: The Next Generation*). La *syndication* n'est pas un circuit mineur aux États-Unis. Grâce à ses rediffusions permanentes en *syndication*, la série *Star Trek* des années 1960 put constituer au fil des années le public que sa première diffusion sur NBC ne lui avait pas apporté. Plus récemment, l'audience de la série *Law & Order* sur NBC s'est accrue de manière importante lorsque ses premières saisons furent rediffusées par la chaîne du câble A&E (*Arts and Entertainment*) et touchèrent ainsi un plus large public.

Teaser : séquence prégénérique. Presque toutes les séries depuis trente ans ont recours à un teaser. Initialement, elle montrait des scènes choisies de l'épisode qui allait suivre. Aujourd'hui, elle commence par un rappel des épisodes précédents puis attire l'attention des spectateurs par une scène très forte qui ouvre sur l'épisode de la soirée.

Annexe B

Le programme le plus regardé à la télévision américaine

Voici un tableau récapitulatif qui indique, année par année, LE programme le plus regardé du moment, de l'autre côté de l'Atlantique. Et, ô surprise, les séries télé y occupent une place prépondérante…

Année(s)	***Titre***	***Genre/Descriptif rapide***	***Chaîne***
1951	« Texaco Star Theater »	Émission de variétés et de sketchs comiques animée par Milton Berle	NBC
1952	« Arthur Gidfrey's Talent Scouts »	Émission de variétés consacrée à la recherche de nouveaux talents, élus à l'applaudimètre par le public (une sorte de « Graine de star »)	CBS
1953-1955	*I Love Lucy*	Sitcom (*cf.* p. 146)	CBS
1956	« The $ 64,000 Question »	Jeu télévisé (équivalent du « Jeu des mille francs »)	CBS
1957	*I Love Lucy*	Sitcom (*cf.* p. 146)	CBS
1958-1961	*Gunsmoke*	Série western (*cf.* p. 245)	CBS
1962	*Wagon Train*	Série western	NBC
1963-1964	*The Beverly Hillbillies*	Sitcom (*cf.* p. 149)	CBS
1965-1967	*Bonanza*	Série western (*cf.* p. 243)	NBC
1968	*The Andy Griffith Show*	Sitcom (*cf.* p. 148)	CBS

Année(s)	*Titre*	*Genre/Descriptif rapide*	*Chaîne*
1969-1970	« Rowan & Martin's Laugh-In »	Émission de sketchs comiques, à tonalité souvent sexuelle ou politique, interprétés par le duo Dan Rowan et Dick Martin	NBC
1971	*Marcus Welby, M.D.*	Série médicale (*cf.* p. 227)	ABC
1972-1976	*All in the Family*	Sitcom (*cf.* p. 156)	CBS
1977	*Happy Days*	Sitcom (*cf.* p. 167)	ABC
1978	*Laverne & Shirley*	Sitcom, *spin-off* de *Happy Days*	ABC
1979	*Three's Company*	Sitcom (*cf.* p. 168)	ABC
1980	« 60 Minutes »	Magazine de reportages d'investigation	CBS
1981-1982	*Dallas*	*Night-time soap* (*cf.* p. 70 et 119)	CBS
1983	« 60 Minutes »	Magazine de reportages d'investigation	CBS
1984	*Dallas*	*Night-time soap* (*cf.* p. 70 et 119)	CBS
1985	*Dynasty*	*Night-time soap* (*cf.* p. 120)	ABC
1986-1989	*The Cosby Show*	Sitcom (*cf.* p. 159)	NBC
1990	*The Cosby Show* et *Roseanne*	Sitcoms (*cf.* p. 159) et 161)	NBC et ABC
1991	*Cheers*	Sitcom (*cf.* p. 169)	NBC
1992-1993	« 60 Minutes »	Magazine de reportages d'investigation	CBS
1994	*Home Improvement* (*Papa bricole* en VF)	Sitcom (*cf.* p. 162)	ABC
1995	*Seinfeld*	Sitcom (*cf.* p. 170)	NBC
1996-1997	*ER* (*Urgences* en VF)	Série médicale (*cf.* p. 232)	NBC
1998	*Seinfeld*	Sitcom (*cf.* p. 170)	NBC
1999	*ER* (*Urgences* en VF)	Série médicale (*cf.* p. 232)	NBC
2000	« Who Wants to Be a Millionaire ? »	Jeu télévisé. Adapté en France sous le titre « Qui veut gagner des millions ? »	ABC

Année(s)	*Titre*	*Genre/Descriptif rapide*	*Chaîne*
2001	« Survivor: The Australian Outback »	Émission de télé-réalité. Adaptée en France sous le titre « Koh-Lanta »	CBS
2002	Friends	Sitcom (*cf.* p. 171)	NBC
2003-2004	*CSI* (*Les Experts : Las Vegas* en VF)	Série policière (*cf.* p. 206)	CBS
2005-2008	« American Idol »	Émission de télé-réalité. Adaptée en France sous le titre « À la recherche de la Nouvelle Star »	FOX

Annexe C

Bibliographie

Ressources en français

Le magazine bimestriel *Génériques* propose des dossiers, des critiques et des articles fouillés sur des séries actuelles ou passées. Il a également une version en ligne : `www.generiques-mag.net`.

Au niveau des livres en français, les ouvrages écrits et/ou dirigés par Martin Winckler nous apparaissent incontournables :

- Martin Winckler et Christophe Petit (dir.), *Les Séries télé*, Guide Totem Larousse, 1999 : un dictionnaire des séries ayant été faites entre les années 1950 et la fin des années 1990, avec des analyses plus longues de certaines séries « incontournables ».
- Martin Winckler, *Les miroirs de la vie*, Le Passage, 2003 : une analyse des grandes séries « réalistes » des années 1990 et de la façon dont elle reflètent la société américaine.
- Martin Winckler (dir.), *Les miroirs obscurs : grandes séries américaines d'aujourd'hui*, Au Diable Vauvert, 2005 : cet ouvrage collectif décrypte en détails les séries américaines « sombres » des années 1990-2000.
- Martin Winckler (dir.), *Le Meilleur des Séries*, Hors Collection, 2007 ; Marjolaine Boutet et Martin Winckler (dir.), *L'Année des Séries 2008*, Hors Collection, 2008 : une approche critique des séries télévisées du moment (américaine, françaises, britanniques, canadiennes, belges, allemandes, etc.) et de quelques « grandes anciennes ».

Voici d'autres ouvrages généralistes :

- Alain Carrazé, *Les séries télé*, Hachette Pratique, 2007 : ouvrage généraliste écrit par l'un des grands spécialistes des séries télévisées en France, qui cite un très grand nombre de séries, beaucoup d'anecdotes, de définitions utiles et d'explications sur le fonctionnement des séries.
- Delphine Gaston, *Les séries TV américaines*, Milan, « Les essentiels », 2008 : une courte synthèse bien faite et très maniable.

- Abdessamed Sahali, *Les Séries TV*, Le Cavalier Bleu, 2009 : l'auteur combat avec humour et érudition les « idées reçues » concernant les séries télévisées américaines. Rafraîchissant !
- Steven Johnson, *Tout ce qui est mauvais est bon pour vous : Pourquoi les séries télé et les jeux vidéo rendent intelligent*, Éditions Privé, 2009 : la traduction d'un ouvrage américain iconoclaste qui déculpabilisent les accros de « pop culture » et prouvent aux autres que oui, on peut apprendre beaucoup de choses en regardant la télé et en jouant à des jeux vidéos !

Et enfin, des publications plus spécialisées :

- Barbara Villez, *Séries Télé : visions de la justice*, PUF, 2005 : une analyse très détaillée des séries judiciaires américaines et françaises et de leur représentation de la justice et du monde judiciaire, par la spécialiste de ces questions.
- Éric Maigret et Guillaume Soulez, « Les raisons d'aimer… les séries télé », *Médiamorphoses*, INA/Armand Colin, hors série de janvier 2007 : un numéro d'une revue universitaire consacrée au séries télévisées.
- Thibaut de Saint-Maurice, *Philosophie en séries*, Ellipses, 2009 : une approche pédagogique des grandes séries télévisées du moment, qui montre en quoi elles peuvent être utilisées pour réfléchir à des questions de philosophie.
- *Écrivains en série*, Léo Scheer, 2009 : des regards d'écrivains sur des séries télévisées qui les ont marqués.

Ressources en anglais

Les ouvrages en anglais sur les séries télévisées sont extrêmement nombreux. Les presses de l'université de Syracuse, dans l'État de New York, se sont notamment spécialisées dans la publication d'ouvrages de référence sur la télévision, et l'intégralité de leur catalogue est remarquable. Voir notamment :

- Harry Castleman et Walter J. Podrazik, *Watching TV: Six Decades of American Television*, Syracuse University Press, 2004 : une analyse des programmes américains proposes en prime-time de 1944 à 2004, bourrée d'anecdotes savoureuses, d'analyses pertinentes et de photographies rares.
- Robert J. Thompson, *Television's Second Golden Age : from Hill Street Blues to ER*, Syracuse University Press, 1994 : l'ouvrage incontournable pour comprendre la révolution qui s'est opérée dans l'histoire des séries télévisées américaines dans les années 1980 et le début des années 1990.

Chez d'autres éditeurs très réputés :

- Gary R. Edgerton, *The Columbia History of Television*, Columbia University Press, 2009 : une histoire complète et très détaillée de la télévision aux États-Unis.
- Jason Mittel, *Television and American Culture*, Oxford University Press, 2009 : un excellent ouvrage qui analyse en détails l'importance de la télévision aux États-Unis, comment cette industrie fonctionne et comment il est possible de l'étudier et de la critiquer.

Depuis plusieurs années, le spécialiste de la télévision Vincent Terrace publie des encyclopédies concernant *toutes* les émissions de la télévision américaine, avec des commentaires et des analyses particulièrement savoureux. Voir notamment :

- Vincent Terrace, *Encyclopedia of Television Shows, 1925 through 2007*, McFarland, 2008 (4 volumes!)
- Vincent Terrace, *Encyclopedia of Television Subjects, Themes and Settings*, McFarland, 2007.
- Vincent Terrace, *Television Characters: 1,485 Profiles From 1947 to 2004*, McFarland, 2005.
- Vincent Terrace, *Crime Fighting Heroes of Television: Over 10,000 Facts From 151 Shows, 1949-2001*, McFarland, 2002.
- Vincent Terrace, *Television Sitcom Factbook: Over 8,700 Details From 130 Shows, 1985-2000*, McFarland, 2000.

Sur le web

Le net, enfin, regorge de sites qui sont des mines d'informations, en français comme en anglais. Maintenant que vous n'êtes plus des « nuls » en séries télévisées (!), vous allez pouvoir comprendre ce qui se dit sur ces sites et dans les médias, et choisir ceux qui vous paraissent les plus intéressants. Bon surf, mais surtout bon visionnage de séries !

Index des séries

Parmi les références qui suivent, les renvois aux développements les plus importants sont indiqués en caractères gras, lorsque les occurrences sont nombreuses.

G

H

I

J

Q

R

S

T

U

V

W

X

Z

Disponibles dans la collection « Pour les Nuls »

Culture générale

Histoire

Titre	*Auteur*	*Prix*	*ISBN*
La Culture générale, 2e édition	Florence Braunstein, Jean-François Pépin	22,90 €	978-2-7540-1628-5
La Culture générale illustrée, 2e édition	Florence Braunstein, Jean-François Pépin	29,90 €	978-2-7540-1275-1
La Révolution française	Alain-Jacques Czouz-Tornare	22,90 €	978-2-7540-0811-2
Les Années 60	Stéphane Benhamou	22,90 €	978-2-7540-0610-1
La Mythologie illustrée	Collectif	29,90 €	978-2-7540-0989-8
Les Grandes Civilisations	Florence Braunstein, Jean-François Pépin	22,90 €	978-2-7540-0605-7
La Première Guerre mondiale	Jean-Yves Le Naour	22,90 €	978-2-7540-0616-3
La Ve République	Nicolas Charbonneau, Laurent Guimier	24,90 €	978-2-7540-0620-0
Le Moyen Âge	Pierre Langevin	22,90 €	978-2-7540-0563-0
L'Histoire de la Suisse	Georges Andrey	22,90 €	978-2-7540-0489-3
Paris	Danielle Chadych, Dominique Leborgne	22,90 €	978-2-7540-0168-7
L'Égypte ancienne	Florence Maruéjol	22,90 €	978-2-7540-0256-1
La Mythologie	Christopher W. Blackwell, Amy Hackney Blackwell	22,90 €	978-2-7540-0257-8
L'Histoire de France illustrée	Jean-Joseph Julaud	29,90 €	978-2-7540-0110-6
Léonard de Vinci	Jessica Teisch, Tracy Barr	22,90 €	978-2-7540-0037-6
L'Histoire de France	Jean-Joseph Julaud	22,90 €	978-2-8769-1941-9

Religion

Titre	*Auteur*	*Prix*	*ISBN*
Le Coran	Malek Chebel, Sohaib Sultan	22,90 €	978-2-7540-0982-9
La Torah	Arthur Kurzweil, Victor Malka	22,90 €	978-2-7540-0978-2
Le Christianisme	Richard Wagner, Père Denis Metzinger	22,90 €	978-2-7540-0991-1
L'Islam	Malcolm Clark, Malek Chebel	22,90 €	978-2-7540-0531-9
Le Judaïsme	Josy Eisenberg	22,90 €	978-2-7540-0596-8

Titre	Auteur	Prix	ISBN
La Bible illustrée	Éric Denimal	29,90 €	978-2-7540-0274-5
Le Catholicisme	John Trigilio, Père Pierre Lartigue	22,90 €	978-2-7540-0182-3
La Franc-Maçonnerie	Christopher Hodapp, Philippe Benhamou	22,90 €	978-2-7540-0150-2
Le Bouddhisme	Jonathan Landaw, Stephan Bodian	22,90 €	978-2-7540-0062-8
La Bible	Éric Denimal	21,90 €	978-2-8769-1800-9
Sagesse et Spiritualité	Sharon Janis	21,90 €	978-2-8769-1769-9

Société

Titre	Auteur	Prix	ISBN
L'Europe, 2e édition	Sylvie Goulard	22,90€	978-2-7540-1213-3
L'Écologie	Franck Courchamp	22,90 €	978-2-7540-0554-8
Le Socialisme	Alain Bergounioux, Denis Lefebvre	22,90 €	978-2-7540-0817-4
La Géopolitique	Philippe Moreau Defarges	22,90 €	978-2-7540-0623-1
La Justice	Emmanuel Pierrat	22,90 €	978-2-7540-0553-1
La Philosophie, 2e édition	Christian Godin	22,90 €	978-2-7540-0460-2
L'Économie	Michel Musolino	22,90 €	978-2-7540-0351-3
La Politique	Philippe Reinhard	22,90 €	978-2-7540-0335-3
La Géographie française	Jean-Joseph Julaud	22,90 €	978-2-7540-0245-5

Sciences et techniques

Titre	Auteur	Prix	ISBN
L'Histoire des sciences	Vincent Jullien	22,90 €	978-2-7540-0977-5
La Physique	Dominique Meier	22,90 €	978-2-7540-0915-7
La Conquête spatiale	Michel Polacco	22,90 €	978-2-7540-1143-3
Le Corps humain	Dr Patrick Gepner	22,90 €	978-2-7540-1121-1
Les Maths	Jean-Louis Boursin	22,90 €	978-2-7540-0093-2
L'Astronomie	Stephen Maran, Pascal Bordé	21,90 €	978-2-8769-1634-0

Beaux-arts

Titre	Auteur	Prix	ISBN
Les Séries télé	Marjolaine Boutet	22,90 €	978-2-7540-0912-6
Le Rock	Nicolas Dupuy	22,90 €	978-2-7540-0819-8

Titre	*Auteur*	*Prix*	*ISBN*
L'Histoire de la peinture	Jean-Jacques Breton, Dominique Williatte	22,90 €	978-2-7540-0812-9
La Danse classique	Evelyne Cisneros, Scott Speck, Florence Balique	22,90 €	978-2-7540-1045-0
L'Histoire du cinéma	Vincent Mirabel	22,90 €	978-2-7540-0609-5
Le Jazz	Dirk Sutro, Stéphane Koechlin	22,90 €	978-2-7540-0779-5
L'Histoire de l'art illustrée	Jean-Jacques Breton, Philippe Cachau, Dominique Williatte	29,90 €	978-2-7540-0493-0
L'Histoire de l'art	Jean-Jacques Breton, Philippe Cachau, Dominique Wialatte	22,90 €	978-2-7540-0229-5
L'Opéra	David Pogue, Claire Delamarche	22,90 €	978-2-7540-0244-8
La Musique classique	David Pogue, Claire Delamarche	22,90 €	978-2-7540-0151-9

Langue française

Titre	*Auteur*	*Prix*	*ISBN*
La Littérature française illustrée	Jean-Joseph Julaud	29,90 €	978-2-7540-0258-5
La Littérature française	Jean-Joseph Julaud	22,90 €	978-2-7540-0061-1
Le Français correct	Jean-Joseph Julaud	21,90 €	978-2-8769-1640-1

… en Poche

Titre	*Auteur*	*Prix*	*ISBN*
L'Histoire de France – tome 1 Des origines à 1789	Jean-Joseph Julaud	11,90 €	978-2-7540-0180-9
L'Histoire de France – tome 2 De 1789 à nos jours	Jean-Joseph Julaud	11,90 €	978-2-7540-0181-6
Paris Rive droite	Danielle Chadych, Dominique Leborgne	11,90 €	978-2-7540-0694-1
Paris Rive gauche	Danielle Chadych, Dominique Leborgne	11,90 €	978-2-7540-0695-8
La Culture générale – tome 1 Histoire, géographie, art et littérature	Florence Braunstein, Jean-François Pépin	11,90 €	978-2-7540-0798-6
La Culture générale – tome 2 Sciences, sports, loisirs et spiritualité	Florence Braunstein, Jean-François Pépin	11,90 €	978-2-7540-0799-3
La Franc-Maçonnerie	Philippe Benhamou	11,90 €	978-2-7540-0696-5
Le Bouddhisme	Jonathan Landraw, Stephan Bodian	11,90 €	978-2-7540-03148
La Philosophie – tome 1 Antiquité, Moyen Âge et Renaissance	Christian Godin	11,90 €	978-2-7540-0796-2

Titre	*Auteur*	*Prix*	*ISBN*
La Philosophie – tome 2 Du XVIIe siècle à nos jours	Christian Godin	11,90 €	978-2-7540-0797-9
L'Astrologie	Rae Orion	11,90 €	978-2-8769-1999-0
La Littérature française – tome 1 Du Moyen Âge au XVIIIe siècle	Jean-Joseph Julaud	11,90 €	978-2-7540-0611-8
La Littérature française – tome 2 Du XVIIIe siècle à nos jours	Jean-Joseph Julaud	11,90 €	978-2-7540-0612-5
Le Français correct	Jean-Joseph Julaud	11,90 €	978-2-8769-1924-2

Vie pratique

Cuisine

Titre	*Auteur*	*Prix*	*ISBN*
Les Cuisines du monde	Philippe Chavanne	22,90 €	978-2-7540-0103-8
Le Vin, 4e édition	Laure Liger, Ivan-Paul Cassetari	22,90 €	978-2-7540-0961-4
La Cuisine	Bryan Miller	21,90 €	978-2-8769-1683-8

Santé

Titre	*Auteur*	*Prix*	*ISBN*
Maigrir avec la méthode Montignac	Michel Montignac	22,90 €	978-2-7540-1586-8
La Maladie d'Alzheimer	Christian Derouesne, Jacques Selmes	22,90 €	978-2-7540-1058-0
Améliorer sa mémoire	John B. Arden	22,90 €	978-2-7540-0323-0
Maigrir	Jane Kirby, Dr Jocelyne Raison	22,90 €	978-2-7540-0005-5
Bien s'alimenter	Carol Ann Rinzler	21,90 €	978-2-8769-1897-9
Asthme et Allergies	W.E. Berger, Dr Pierrick Hordé	21,19 €	978-2-87691-604-3
Le Sexe	Dr Ruth	21,19 €	978-2-87691-615-9

Bien-être

Titre	*Auteur*	*Prix*	*ISBN*
Shiatsu et Réflexologie	Synthia Andrews, Bobbi Dempsey, Michel Odoul	22,90 €	978-2-7540-0981-2
Le Développement personnel	Collectif	29,90 €	978-2-7540-0865-5

Titre	Auteur	Prix	ISBN
Zen ! La Méditation, 2e édition	Stephan Bodian	22,90 €	978-2-7540-0322-3
Le Tai-Chi	Therèse Iknoian	22,90 €	978-2-7540-0137-3
Les Massages	Steve Capellini, Michel Van Welden	22,90 €	978-2-7540-0060-4
La Méthode Pilates	Ellie Herman	21,90 €	978-2-8769-1767-5
Le Yoga	Georg Feuerstein	21,90 €	978-2-8769-1752-1
Le Feng Shui	David Kennedy	21,90 €	978-2-8769-1687-6

Psychologie

Titre	Auteur	Prix	ISBN
Exercices de programmation neuro-linguistique	Romilla Ready, Kate Burton, Béatrice Millêtre	19,90 €	978-2-7540-1593-6
Exercices de thérapies comportementales et cognitives	Rhena Branch, Rob Willson, Béatrice Millêtre	19,90 €	978-2-7540-1592-9
Les Relations amoureuses	Florence Escaravage, Kate M. Wachs	22,90 €	978-2-7540-1499-1
Apprendre	Marie Joseph Chalvin	22,90 €	978-2-7540-1261-4
Le Langage des gestes	Joseph Messinger	22,90 €	978-2-7540-0597-5
La Confiance en soi	Kate Burton	22,90 €	978-2-7540-0647-7
Le Coaching	Jeni Mumford	22,90 €	978-2-7540-0353-7
Les Huiles essentielles	Elske Miles	22,90 €	978-2-7540-1596-7
La PNL	Romilla Ready, Kate Burton	22,90 €	978-2-7540-0169-4
Les Thérapies comportementales et cognitives	Rob Willson, Rhena Branch	22,90 €	978-2-7540-0246-2
La Psychologie	Dr Adam Cash	21,90 €	978-2-8769-1802-3

Puériculture

Titre	Auteur	Prix	ISBN
La Grossesse, 2e édition	Dr Joëlle Bensimhon, Dr Eddleman, Dr J. Stone	22,90 €	978-2-7540-1429-8

Droit pratique

Titre	Auteur	Prix	ISBN
Le Divorce	Martine Valot-Forest	22,90 €	978-2-7540-1479-3

Titre	*Auteur*	*Prix*	*ISBN*
Préparer sa retraite	Laurence de Percin	22,90 €	978-2-7540-0792-4
L'Immobilier, 2e édition	Laurence Boccara, Catherine Sabbah	22,90 €	978-2-7540-0530-2

Finances personnelles

Titre	*Auteur*	*Prix*	*ISBN*
Payer moins d'impôts, 3e édition	Robert Matthieu	22,90 €	978-2-7540-1630-8
La Bourse	Gérard Horny	22,90 €	978-2-7540-0637-8
Les Finances personnelles	Collectif	22,90 €	978-2-7540-0630-9

Maison

Titre	*Auteur*	*Prix*	*ISBN*
Le Bricolage, 2e édition	Frank Lecor	24,90 €	978-2-7540-1426-7
Vivre écolo	Liz Barclay, Michael Grosvenor, Franck Laval	22,90 €	978-2-7540-0707-8

… En Poche

Titre	*Auteur*	*Prix*	*ISBN*
Le Code de la route, édition 2010	DFC Production	14,90 €	978-2-7540-1563-9
La Couture	Janice Saunders Maresh	11,90 €	978-2-7540-1600-1
L'Armagnac	Chantal Armagnac	11,90 €	978-2-7540-1613-1
Le Diabète	Dr Alan Rubin, Dr Marc Levy	11,90 €	978-2-7540-1436-6
Les Massages	Steve Capellini, Jocelyne Rolland, Michel Van Welden	11,90 €	978-2-7540-1330-7
S'arrêter de fumer	Pr B. Dautzenberg, Dr D. Brizer	11,90 €	978-2-7540-1293-5
Les Tests du Code de la route	Denis Mohr	14,90 €	978-2-7540-0751-1
Le Vin	Laure Liger, Yvan-Paul Cassetari	11,90 €	978-2-7540-0087-1
La Cuisine facile	Brian Miller, Alain Le Courtois	11,90 €	978-2-8769-1872-6
Le Sexe	Dr Ruth	11,90 €	978-2-8769-1956-3
Maigrir	Jane Kirby	11,90 €	978-2-8769-1870-2
Zen ! La Méditation	Stephan Bodian	11,90 €	978-2-7540-0000-0
Un bureau feng shui	Holly Ziegler, Jennifer Lawler	11,90 €	978-2-8769-1949-5

Titre	*Auteur*	*Prix*	*ISBN*
La Méthode Pilates	Ellie Herman	11,90 €	978-2-7540-0223-3
Le Yoga	Georg Feuerstein, Larry Pane	11,90 €	978-2-7540-0063-5
Guérir l'anxiété	Dr Martine André, Dr Charles Eliott, Dr Laura Smith	11,90 €	978-2-7540-1195-2
Les Thérapies comportementales et cognitives	Rob Willson, Rhena Branch	11,90 €	978-2-7540-1074-0
La PNL	Romilla Ready, Kate Burton	11,90 €	978-2-7540-0879-2
La Psychologie	Dr Adam Cash	11,90 €	978-2-8769-1957-0
Le Bricolage	Gene Hamilton, Katie Hamilton	11,90 €	978-2-7540-0373-5

Business

Titre	*Auteur*	*Prix*	*ISBN*
Consultant	Hubert Kratiroff	22,90 €	978-2-7540-1253-9
Trouver un job	Joyce Lain Kennedy, Nicolas Barrier	22,90 €	978-2-7540-1092-4
Le Marketing, 2e édition	Alexander Hiam	22,90 €	978-2-7540-0688-0
La Comptabilité	Laurence Le Gallo	22,90 €	978-2-7540-0617-0
Créer sa boîte	Laurence de Percin	22,90 €	978-2-7540-0492-3
Le Management	Bob Nelson	21,90 €	978-2-8769-1952-5
Business Plans	Paul Tifany, Steven D. Peterson	21,90 €	978-2-8769-1712-5
La Vente	Tom Hopkins	21,90 €	978-2-8769-1670-8

… en Poche

Titre	*Auteur*	*Prix*	*ISBN*
Le Marketing	Alexander Hiam	11,90 €	978-2-7540-1598-1
Le Management	Bob Nelson	11,90 €	978-2-7540-0454-1
Business Plans	Paul Tiffany, Steven D. Peterson	11,90 €	978-2-7540-0094-9
La Vente	Tom Hopkins	11,90 €	978-2-8769-1950-1

Loisirs

Sports

Titre	*Auteur*	*Prix*	*ISBN*
Les Arts martiaux	Nicolas Dupuy, Jennifer Lawler, Éric Le Cam	22,90 €	978-2-7540-1052-8
Courir	Tere Stouffer Drenth, Philippe Maquat	22,90 €	978-2-7540-1044-3
Gym et Musculation	Cyndi Targosz, Jean-Pierre Clémenceau	22,90 €	978-2-7540-1059-7
L'Équitation	Audrey Pavia, Marie Martin	22,90 €	978-2-7540-0732-0
Le Rugby, 2e édition	François Duboisset, Frédéric Viard	22,90 €	978-2-7540-0459-6
Le Golf	Gary McCord	22,90 €	978-2-7540-0078-9
La Voile	J.-J. Isler, Peter Isler	22,90 €	978-2-7540-0059-8

Musique

Titre	*Auteur*	*Prix*	*ISBN*
Exercices de piano	David Pearl, Marc Rozenbaum	19,90 €	978-2-7540-1337-6
Exercices de guitare	John Chappell, Mark Phillips, Antoine Polin	19,90 €	978-2-7540-1336-9
L'Harmonica	Winslow Yerxa, Jean-Jacques Milteau	22,90 €	978-2-7540-1210-2
DJ	John Steventon, Nicolas Dambre	22,90 €	978-2-7540-1198-3
La Batterie	Jeff Strong, Laurent Bataille	22,90 €	978-2-7540-0352-0
Le Chant	Pamela S. Phillips, Mariette Jost	22,90 €	978-2-7540-0462-6
Le Solfège	Michael Pilhofer, Jean-Clément Jollet	22,90 €	978-2-7540-0586-9
La Guitare basse	Patrick Pfeiffer	22,90 €	978-2-7540-0288-2
Claviers et Synthétiseurs	Christophe Martin de Montagu	22,90 €	978-2-7540-0118-2
La Guitare, 2e édition	Mark Phillips, Jon Chappel	22,90 €	978-2-7540-0124-3
Le Piano	Blake Neely, Marc Rozenbaum	22,90 €	978-2-7540-0102-1
La Guitare électrique	John Chappell	22,90 €	978-2-8769-1983-9

Loisirs créatifs

Titre	*Auteur*	*Prix*	*ISBN*
L'Aquarelle	Colette Pitcher	24,90 €	978-2-7540-0934-8
La Peinture à l'huile	Anita Giddings, Cherry Stone Clifton	24,90 €	978-2-7540-0935-5
Dessiner des mangas	Kensuke Okabayashi, Nobuyuki Anzai	22,90 €	978-2-7540-0494-7

Titre	Auteur	Prix	ISBN
La Couture	Janice Saunders Maresh	22,90 €	978-2-7540-0193-9
Le Dessin	Brenda Hoddinott	22,90 €	978-2-7540-0185-4
Le Tricot	Pam Allen	21,90 €	978-2-8769-1705-7

Nature

Titre	Auteur	Prix	ISBN
Un aquarium	Maddy Hargrove, Mic Hargrove	22,90 €	978-2-7540-0917-1
Le Cheval	Audray Pavia, Marie Martin	22,90 €	978-2-7540-0367-4
Éduquer son chiot	Sarah Hodgson	22,90 €	978-2-7540-0372-8
Éduquer son chien	Jack Volahrd, Wendy Volahrd	22,90 €	978-2-7540-0152-6

Jeux

Titre	Auteur	Prix	ISBN
Dungeons & Dragons	Richard Baker, Bill Slavicsek	22,90 €	978-2-7540-1390-1
Le Casino	Kevin Blackwood, François Montmirel	22,90 €	978-2-7540-0447-3
Le Poker Texas Hold'em	Mark Harlan, François Montmirel	22,90 €	978-2-7540-0448-0
La Magie	David Pogue, Bernard Bilis	22,90 €	978-2-7540-0453-4
Le Bridge	Eddie Kantar, Dominique Portal, Patrice Marmion	22,90 €	978-2-7540-0276-9
Le Poker	Richard D. Harroch, Lou Krieger, François Montmirel	22,90 €	978-2-7540-0123-6
Les Échecs	James Eade	21,90 €	978-2-8769-1824-5

… en Poche

Titre	Auteur	Prix	ISBN
Le Chant	Mariette Jost, Pamelia S. Philips	11,90 €	978-2-7540-1597-4
Le Poker	François Montmirel	11,90 €	978-2-7540-1548-6
Un chien	Gina Spadafori, Catherine Collignon	11,90 €	978-2-7540-1320-8
Un chat	Gina Spadafori, Monique Bourdin	11,90 €	978-2-7540-1321-5
Accords de guitare	Antoine Polin	11,90 €	978-2-7540-1009-2
Le Tricot	Pam Allen	11,90 €	978-2-7540-0135-9
Le Dessin	Brenda Hoddinott	11,90 €	978-2-7540-0889-1

Langues

Méthodes de langues

Titre	*Auteur*	*Prix*	*ISBN*
Le Latin	Clifford Hull, Steven Perkins, Tracy Barr, Danièle Robert	22,90 €	978-2-7540-0881-5
La Grammaire anglaise	Géraldine Woods, Claude Raimond	22,90 €	978-2-7540-0564-7
Le Russe	Vincent Bénet, Oleg Chinkarouk, Serafima Gettys, Andrew Kaufman	22,90 €	978-2-7540-0813-6
Le Portugais	Karen Keller, Ricardo Rodrigues	22,90 €	978-2-7540-0831-0
L'Arabe	Amine Bouchentouf, Sylvie Chraibi, Aboubakar Chraibi	22,90 €	978-2-7540-0312-4
Le Japonais	Eriko Sato, Vincent Grépinet	22,90 €	978-2-7540-0495-4
Le Néerlandais	Margreet Kwakernaak, Michael Hofland, Annick Christiaens	22,90 €	978-2-7540-0313-1
Le Chinois	Wendy Abraham, Joël Bellassen	22,90 €	978-2-7540-0212-7
L'Allemand	Paulina Christensen, Claude Raimond	22,90 €	978-2-7540-0038-3
L'Anglais	Gail Brenner, Claude Raimond	22,90 €	978-2-8769-1973-0
L'Espagnol	Suzanna Wald, Anne-Carole Grillot	22,90 €	978-2-8769-1974-7
L'Italien	Francesca Onufri, Sylvie Le Bras	22,90 €	978-2-7540-0039-0

Guides de conversation

Titre	*Auteur*	*Prix*	*ISBN*
L'Anglais des affaires	Claude Raimond	5,90 €	978-2-7540-1519-6
L'Anglais du voyageur	Claude Raimond	5,90 €	978-2-7540-1520-2
Le Parler québécois	Marie-Pierre Gazaille, Marie-Lou Guévin, Yannick Resch	5,90 €	978-2-7540-1476-2
Le Chti'mi	Pierre-Marie Gryson	5,90 €	978-2-7540-1475-5
Le Basque	Jean-Baptiste Coyos, Jasone Salaberria	5,90 €	978-2-7540-1239-3
Le Breton	Hervé Le Bihan, Gwendal Denis, Martial Ménard	5,90 €	978-2-7540-1240-9
Le Japonais	Eriko Sato, Vincent Grépinet	5,90 €	978-2-7540-0653-8
L'Arabe	Amine Bouchentouf, Sylvie Chraïbi, Aboubakr Chraïbi	5,90 €	978-2-7540-0839-6
Le Portugais	Karen Keller, Ricardo Rodrigues	5,90 €	978-2-7540-1016-0

Titre	*Auteur*	*Prix*	*ISBN*
Le Russe	Vincent Bénet, Oleg Chinkarouk, Serafima Gettys, Andrew Kaufman	5,90 €	978-2-7540-1010-8
L'Allemand	Paulina Christensen, Claude Raimond	5,90 €	978-2-7540-0324-7
L'Italien	Francesca Onofri, Sylvie Le Bras	5,90 €	978-2-7540-0325-4
Le Chinois	Wendy Abraham, Joël Bellassen	5,90 €	978-2-7540-0485-5
Le Néerlandais	Margreet Kwakernaak, Michael Hofland, Annick Christiaens	5,90 €	978-2-7540-0484-8
L'Espagnol	Suzanna Wald, Anne-Carole Grillot	5,90 €	978-2-7540-0178-6
L'Anglais	Gail Brenner, Claude Raimond	5,90 €	978-2-7540-0177-9

Kits audio

Titre	*Auteur*	*Prix*	*ISBN*
L'Italien	Teresa L. Picarazzi	17,90 €	978-2-7540-1328-4
Le Chinois	Mengjun Liu, Mike Packevics	17,90 €	978-2-7540-1329-1
L'Anglais	Gail Brenner	17,90 €	978-2-7540-0963-8
L'Espagnol	Jessica Langemeier	17,90 €	978-2-7540-0964-5

… en Poche

Titre	*Auteur*	*Prix*	*ISBN*
L'Anglais correct	Claude Raimond	11,90 €	978-2-8769-1923-5

Parascolaire

Collège

Titre	*Auteur*	*Prix*	*ISBN*
Maths 6e	Cédric Bertone	7,95 €	978-2-7540-1176-1
Maths 5e	Yann Gélébart	7,95 €	978-2-7540-1178-5
Maths 4e	Jean-Charles Alvado	7,95 €	978-2-7540-1180-8
Maths 3e	Yann Gélébart	7,95 €	978-2-7540-1182-2
Français 6e	Dominique Rat, Anne Lavielle	7,95 €	978-2-7540-1175-4
Français 5e	Nathalie Soihet	7,95 €	978-2-7540-1177-8
Français 4e	Hélène Papiernick	7,95 €	978-2-7540-1179-2
Français 3e	Hélène Papiernick	7,95 €	978-2-7540-1181-5

Lycée

Titre	*Auteur*	*Prix*	*ISBN*
Le Bac Philosophie, édition 2010	Christian Godin	12,90 €	978-2-7540-1633-9
Le Bac Français, édition 2010	Gilles Guilleron	12,90 €	978-2-7540-1631-5
Le Bac Histoire-Géo, édition 2010	Nicolas Arnaud, Hugues Vessemont	12,90 €	978-2-7540-1632-2
Le Bac Philosophie	Christian Godin	12,90 €	978-2-7540-1098-6
Le Bac Français	Gilles Guilleron	12,90 €	978-2-7540-1099-3
Le Bac Histoire-Géo	Nicolas Arnaud, Hugues Vessemont	12,90 €	978-2-7540-1100-6

Cahiers pour adultes

Titre	*Auteur*	*Prix*	*ISBN*
Cahier de français	Gilles Guilleron	6,90 €	978-2-7540-1303-1
Cahier d'Histoire du monde	Jean-Joseph Julaud, Hélène Gest	6,90 €	978-2-7540-1309-3
Cahier de Culture générale	Jean-Joseph Julaud	6,90 €	978-2-7540-1305-5
Cahier de Jeux d'esprit et de logique	Nicolas Conti	6,90 €	978-2-7540-1304-8
Cahier d'Histoire de France	Jean-Joseph Julaud	6,90 €	978-2-7540-1011-5